第十册

宋理宗紹定二年己丑十月起
宋帝㬎德祐二年丙子閏三月止

續資治通鑑

卷一百六十五
至一百八十二

中華書局

續資治通鑑卷第一百六十五

賜進士及第兵部尚書兼都察院右都御史總督湖北湖南等處地方軍務兼理糧餉世襲二等輕車都尉畢沅編集

宋紀一百六十五 起屠維赤奮若(己丑)十月,盡重光單閼(辛卯)十二月,凡二年有奇。

理宗建道備德大功復興烈文仁武聖明安孝皇帝

紹定二年 金正大六年,蒙古太宗元年。(己丑、一二二九)

1冬,十月,乙未朔,詔:「諸道提點刑獄,以十一月按部理囚徒。」

2蒙古兵入慶陽界。金詔陝西行省遣使奉羊酒幣帛,乞緩師請和,蒙古不受。

3癸卯,太學錄陳塤進言:「方張之敵,未亡之金,叵測之忠義,跳梁之羣盜,皆所當慮。」帝曰:「此正治不忘亂,安不忘危之意。」塤言:「正爲國體未治且安耳。」又言用人貴乎公,帝曰:「今人才亦自難得。」

4丁未,臣寮言:「請申飭監司、郡守,自今所屬闕官,以次攝事,毋得差非見任官。如有違,其受差及差之人並鐫斥。」從之。

5庚戌,進知吉州趙汝愈官一等,以和糴有勞也。

6己未,臣寮言:「百司庶府,循例而忘法;監司守令,枉人而徇情。請飭內外奉行法令。」從之。

7壬戌,詔賑台州被水之民,蠲諸色賦稅有差。

8丁卯,臣寮言:「請下國子監、內外學校之官,令于士子程課之外,迪以義理之學,厲以行藝之實。」從之。

9新知婺州莫澤朝辭,帝曰:「婺州正要得人,記向時守臣魏豹文曾理會經界,如何?」澤言:「婺州向時凋弊,皆緣稅籍不明。今經界既正,賦役均平,故不費力。」帝曰:「義役聞尚未了。」澤言:「義役乃民間自樂爲,州縣扶助耳。」帝曰:「峒寇尚未消弭,正要理會。」澤曰:「盜賊不足慮,全要州縣得人。」帝曰:「然。」

10己巳,太府少卿、知臨安府趙立夫言,請將茶槽、下沙合爲一寨,帝曰:「每寨幾人?」立夫曰:「多者百二十人。」帝曰:「京城民訟如何?」對曰:「臣幸與民相安。」帝曰:「都民當撫摩,使常在舂〔春〕風和氣中,不可使有愁歎。」又問:「刑獄如何?」對云:「獄常空。」帝曰:「民命所關,不可淹延。」

11己卯,臣寮言:「請令戶部下諸路監司,凡民訟,依次第官司結絕,如未經予奪,不得索案改送，先從臺部常切遵守。」從之。

12 十一月，己丑，熒惑入氐。

13 十二月，丙申，雪。蠲大理寺、三衙、臨安府點檢緻賞酒庫所見鹽贓賞錢。給諸軍薪炭錢，出戍官兵倍之。

14 丙午，前知安吉州趙必觀，言楮劵破損腐爛，人不以爲重，帝曰：「此緣錢少耳。」因問：「苕霅之民今已安業否？」必觀言：「臣至郡，民不聊生；聖恩賑給，連歲小稔，民粗安業。」

15 辛亥，以翰林學士鄭清之爲端明殿學士、簽書樞密院事。

16 乙卯，軍器監度正言：「江西、福建、湖南災蕩，老弱轉溝壑，壯者遂爲盜賊。」帝曰：「此州縣不得人以至于此。」對曰：「今選任之際，更宜謹之。」帝曰：「選任誠不可不審。」又言：「近來放散忠義軍及破落士人，去爲賊用，請行下諸將，隨宜招收，籍以爲軍。士人在賊中者招諭之，更宜示之以信。又力行節儉，以阜財用，以化貪鄙。」帝曰：「恭者不侮人，儉者不奪人，朕平日力行此二者。」

17 蒙古始置倉廩，立驛傳，命河北漢民以戶計出賦調，耶律楚材主之；西域人以丁計出賦調，瑪哈摩斯古喇迪爾（舊作麻哈沒的滑剌西迷。）主之。又以史天澤、劉嶷、舒穆嚕札拉（舊作石抹查剌。）三人爲萬戶，分守中原。

18丙辰，再給諸軍薪炭錢。

19蒙古圍慶陽，金遣伊喇布哈舊作移剌蒲阿，今改。救之。

先是金主欲遣使諭意於布哈，謂白華曰：「汝往邠州，六日能往復乎？」華自量日可馳三百里，應曰：「能如期宣諭而復。」金主甚喜，謂華曰：「汝從來語及征進，必有難色，今銳於平時，何也？」華曰：「向日用兵，以南征及討李全之事梗之，不能專意北方，故以爲難。今蒙古兵入界已三百餘里，若縱之令下秦川，則何以救！不得不以一戰摧之。與其戰於近裏之平川，不若戰於近邊之要隘也。」

20是歲，金罷近京獵地百里，聽民耕稼。

紹定三年金正大七年，蒙古太宗二年。（庚寅、一二三〇）

1春，正月，壬申，雷。

2臣僚「請令諸路提點刑獄官親行所部，凡翻異駁勘之獄，同守臣審鞫，便宜予決，毋得滯留。其有職兼守臣者，令以次監司行。」從之。

3金伊喇布哈遇蒙古兵於大昌原，以忠孝軍提控完顏彝爲前鋒。彝擐甲上馬，不返顧，士氣皆倍，以四百騎破蒙古八千之衆，遂解慶陽之圍。自蒙古搆兵二十年，僅有此捷，奏功第一，於是陳和尙之名震國中，完顏彝小字陳和尙，見前。授定遠大將軍，世襲穆昆。舊作謀克，今改。

忠孝軍皆回紇、柰曼、舊作乃蠻，今改。羌、渾及中原被俘避罪來歸者，鷙很難制，唯彝御之有方，坐作進退，皆中程式，所過州縣，秋毫無犯，每戰則先登，疾若風雨，諸將倚爲重。【考異】大昌原之捷，陳桱續編繫於正大五年，哈達以陳和尙爲前鋒，薛氏通鑑因之，此本於金史忠義傳也。徐氏後編繫於六年，布哈以陳和尙爲前鋒，此采用金史哀宗紀也。按金史紀、傳疑俱有舛誤，蓋以元史及金史前後證之，而知其不合也。金正大五年，蒙古皇子圖壘（舊作拖雷。）監國六年之春，太宗尙未卽位，其時當無大舉之事。且大昌原之戰以捷聞，在元人或爲之諱敗，金史本紀斷無闕而不書之理。原其致誤之由，忠義傳多采元好問、劉祁所撰述，事由記憶，語屬傳聞，故年月不能無舛。本紀之誤，則因六年布哈率陳和尙駐邠州，遂連書其後事耳。金人之救慶陽，布哈傳、約赫德（舊作牙吾塔。）傳、白華傳載之甚詳。本紀於七年正月書副樞布哈等解慶陽之圍，約赫德、布哈傳云，七年正月戰於大昌原，慶陽圍解，此卽陳和尙爲前鋒奏捷之事也。前人誤分大昌原、慶陽爲二役，固宜輾轉而不得其實矣。今定作七年。

金主命權簽樞密院事額爾克舊作訛可，今改。屯邠州，布哈及總帥約赫德還京兆。

初，蒙古遣翁鄂囉舊作斡骨欒，今改。爲小使，至陝西行省，恐泄事機，留之。布哈等旣解慶陽之圍，志氣驕滿，乃遣翁鄂囉歸，語之曰：「我已準備軍馬，能戰則來。」翁鄂囉還白之，蒙古主怒，議遣皇弟圖壘伐金。

布哈之馭軍也無法，好趨小利，嘗一日夜馳二百里，軍中莫敢諫止。完顏彝憂之，私謂同列曰：「副樞以大將爲剽掠之事，今日得生口三百，明日得牛羊一二千，士卒喘死者則不復計。國家數年所積，一旦必爲是人破除盡矣。」或以告布哈。一日，置酒會諸將，行酒至彝，布哈曰：「汝嘗短長我，又謂國家兵力當由我盡壞，信有之乎？」彝飮畢，徐曰：「有之。」布哈見其無懼容，漫爲好語云：「有過當面論，無後言也。」

4 是月，蒙古定諸路課額。

初，太祖征西域，倉庫無斗粟尺帛之儲，于是羣臣咸言：「雖得漢人，亦無所用，不若盡殺之，使草木暢茂，以爲牧地。」耶律楚材曰：「夫以天下之廣，四海之富，何求而不得！但不爲耳，何名無用哉？」因言：「地稅、商稅、酒、醋、鹽、鐵、山澤之利，可得銀五十萬兩，絹八萬匹，粟四十餘萬石。」太祖曰：「誠如卿言，則國用有餘矣，卿試爲之。」至是用楚材言，定課稅，酒稅，驗實，息十取一，雜稅二十取一。

5 二月，庚戌，以直寶章閣魏大有知潭州，措置招捕盜賊；起復直寶章閣陳韡知南劍州、福建路兵馬鈐轄，同措置。又起復趙范、趙葵節制鎭江、滁州軍馬。范、葵時丁母憂，求解官，不許；卒哭，乃起視事。

6 庚申，蠲江西、湖南、福建被盜州縣稅賦一年。

7 閏月，癸酉，逃卒穆椿竊入皇城縱火，焚御前甲仗庫，衞士捕得之，磔於市。

時李全欲銷朝廷兵備，故遣椿爲亂。於是先朝甲仗燒毀殆盡。

8戊子，詔：「江西、湖南、福建盜寇，凡脅從之民，束身出官，並與釋罪；能自戮渠首來者補官；僞官、土豪帥衆立功者官之。」

9三月，戊戌，臣僚請補禁衞兵額，戒內侍毋得私役，革貰號，修火政，以肅宮禁，從之。

10癸丑，置會子庫監官一員，專作堂差，以有舉選人充。

11夏，四月，庚午，詔：「諸道提點刑獄，以五月按部理囚徒。」

12癸酉，蠲紹興府餘姚、上虞縣民戶折麥一年，以水災也。

13己卯，漳州連城盜起，知龍巖縣莊夢說，尉鍾自強，不能效死守土，詔各削二秩，罷。

14五月，丁未，知撫州林孝聞削二秩，罷，以臣僚言官軍入境，閉關不納，科擾軍糧，民戶被害也。

15御射殿，閱諸班直射藝，遷賞有差。

16甲寅，以李全爲彰化・保康軍節度使、(開府)儀同三司、京東鎭撫使。全不受命。

初，全欲先據揚州以渡江，分兵徇通、泰以趨海，其下皆曰：「通、泰鹽場在焉，莫若先取爲家計，且使朝廷失鹽利。」全欲朝廷不爲備，且不遽絕其給，乃挾蒙古李、宋二宣差以虛喝朝廷，然蒙古實未嘗資全兵。全遣張國明齎金寶至臨安稟議，揚言：「李宣差英略絕倫，騎射五百步，朝廷莫若裂地王之，與增錢糧，使備邊境。」偏餽要津，求主其說。國明入見，以百口保全不叛。朝廷雖知其姦，姑事苟安，不之詰。

及全羅麥舟過鹽城，知揚州翟朝宗，嗾尉兵奪之。全怒，以捕盜爲名，水陸數萬，徑擣鹽城，戍將陳益、樓彊、知縣陳遇皆遁，全入城，據之。朝宗倉皇遣幹官王節懇全退師，全不許，留鄭祥、董友守鹽城，而自提兵還楚州，以狀白于朝曰：「遣兵捕盜，過鹽城，縣令自棄城遁去，慮軍民驚擾，不免入城安衆。」朝廷乃授全節鉞，令釋兵，命制置司幹官耶律均往諭之。全曰：「朝廷待我如小兒，啼則與果。」不受制命。朝廷爲罷朝宗，命通判趙璥夫攝州事。

先是士大夫無賢愚，皆策全必反，而不敢言，國子監丞度正獨上疏極言之，且獻斃全之策有三。其言梗亮激切，時不能用。至是趙范、趙葵累疏以全必反爲言，史彌遠不納。

17 丁巳，臣僚言：「請下江東、西、湖南、北、福建諸路總漕倉司，應鄰境被寇州郡，合解諸司錢物，比之常年期限並展一季。」詔戶部詳度。

18 六月，戊辰，臣僚言：「二廣諸郡，凡教官、法掾，自謂閒官，率厭風土，置身臺幕。請行戒飭，如循習不悛，並與鐫斥，帥、漕併置于罰。」從之。

19 癸酉，錄行在繫囚。

20 辛卯，臣僚請戒飭郡守，痛革稅賦、刑獄、差役、版籍四弊，從之。

21壬辰，臣僚請戒飭二廣漕司：「嚴禁所部州縣，丁錢每歲核實見存之數造簿，依條限前期發下，催納、銷注，違者按劾。」詔吏部詳度。

22蒙古兵圍京兆，金兵救之，爲蒙古所敗，城遂破。

23秋，七月，丁酉，以汀州寧化縣曾寡婦晏氏，給軍糧，禦潭寇有功，又全活鄉民數萬，詔封恭人，官其子承信郎。

24丁未，臣僚請今後疏決，先期降旨，下臨安府、三衙：「應犯罪在指揮前，許引用恩赦；如指揮後有犯罪，雖已停決，不在原減之數。其合引赦人，不許于停決前輕行斷遣。如或違失，從故出入人罪條制施行。」令刑部詳度。

25癸丑，臣僚請申嚴堂除之制，庶幾士人毋敢躁進，中書之務可清，從之。

26蒙古主自將伐金，皇弟圖壘、皇姪莽賚扣（舊作蒙哥。）率師從征。道經平陽，見田野不治，問兵馬都總管李守賢，對曰：「民貧，乏耕具致然。」蒙古主命給牛萬頭，仍徙關中戶口墾地河東。

27八月，癸亥，詔：「明禋侍祠執事官既受事，毋得臨期規避。如或循習，罰無赦。仍委臺諫覺察。」

28武仙既歸金，金復以爲恆山公，置府衞州。蒙古兵圍之，金將完顏哈達（舊作合達。）率衆來援，完顏彝先登，蒙古諸帥皆北。既而史天澤以千人繞出金兵後，合諸帥攻之，仙逸出，屯胡嶺關。天澤遂取衞州。

29 九月，辛丑，大饗于明堂，赦天下。

30 丙午，封美人謝氏爲貴妃。

31 壬子，詔：「浙西提舉司下所部州縣，將修復圍田減納苗稅，毋收斛面。」

32 冬，十月，辛酉，臣僚請下吏部：「今後縣典獄官，須曾歷三攷，有縣令舉主三員，無過犯人，許注，毋得破格輕授。或監司、帥守辟置，亦令吏部審實合格，方許放行。」從之。

33 壬戌，進知棗陽軍史嵩之官一等，以置堰、屯田有勞也。

34 以趙善湘爲江淮制置使。

時李全造船益急，至發冢取杉板，煉鐵錢爲釘，熬囚脂爲油灰，列炬繼晷，招沿海亡命爲水手；又紿趙璥夫，以蒙古爲辭，邀增五千人錢糧，求誓書、鐵券。朝廷猶遺餉不絕，全得米，即自轉輸淮海，入鹽城以贍其衆。他軍士見者曰：「朝廷惟恐賊不飽，我曹何力殺賊！」射陽湖人皆怨，至有「養北賊、戕淮民」之語。全又遣人以金牌誘脅周安民等，造浮橋於喻口，以便鹽城往來，史彌遠泄泄如平時。鄭淸之力勸帝討全，帝乃使善湘圖之，許便宜從事，仍命以內圖進取，外用調停，唯趙范、趙葵力請進兵討之。

35蒙古主遣蘇格舊作速哥，今改。使金，因覘其虛實，語之曰：「卽不還，子孫無憂不富貴也。」蘇格至汴，見金主曰：「天子念爾土地日狹，民力日疲，故遣我致命。爾能恭修歲幣，通好不絕，則轉禍爲福矣。」謁者令下拜，蘇格曰：「我大國使，爲爾屈乎！」金主壯之，飲以金巵，曰：「歸語汝主，必欲加兵，敢率精銳以相周旋，歲幣非所聞也。」蘇格飲畢，卽懷金巵以出，默識其地理阨塞，人民強弱。既復命，備以虛實告，且獻所懷金巵。蒙古主喜曰：「我得金於汝手中矣！」復賜之。

36蒙古圖壘帥衆入陝西，于京兆、同、華間破砦柵六十餘所，遂趨鳳翔。金以完顏哈達及布哈行省事于閿鄉，以備潼關。

37十一月，丁卯，殿前司請撥本司一千人名額，令嘉興府招瀕海漁業、慣熟風濤、少壯趫捷之人，試驗，刺充澉浦水軍。仍增置統制官一員，通行部轄。從之。

38癸卯，臣僚言：「曾經奏劾，有永不得親民差遣指揮之人，如引赦，乞改正。並令都司、吏部取元犯攷訂，除情輕從舊制外，其或貪贓慘酷，刑寺不得例作不曾推勘免約法許令改正。」從之。

39丙午，詔：「壽明慈睿皇太后，明年聖壽七十五，古稀有甚之慶，令禮部、太常寺討論以聞。」

40戊申，立貴妃謝氏爲皇后。后，天台人，丞相深甫之孫也。帝即位，議擇中宮，太后以深甫有援己功，命選謝氏女，遂與賈涉女同入宮。賈女有殊色，帝欲立之，太后曰：「謝女端重，宜正中宮。」左右亦相竊謂曰：「不立眞皇后，乃立假皇后耶？」帝不能奪。賈才人專寵後宮，后處之裕如，太后益賢之。

41陳塤上言，請去君側之蠱媚以正主德，從天下之公論以新庶政，蓋指賈才人及史彌遠也。

塤，彌遠之甥也。彌遠謂塤曰：「吾甥殆好名耶？」塤曰：「好名，孟子所不取也。然求士於三代之上唯恐其好名，求士於三代以下唯恐其不好名耳。」力求去，出（通）判嘉興府。

42李全突至揚州，副都統丁勝拒之，全攻南門。趙璥夫得史彌遠書，許增萬五千石〔人〕糧，勸全歸楚州，遣劉易就全壘示之，全笑曰：「史丞相勸我歸，丁都統與我戰，非相紿耶？」擲書不受。璥夫恐，亟發牌印，逆趙范于鎮江，范亦刻日約趙葵，葵帥雄勝、寧淮、武定、強勇四軍萬四千赴之。

時全引兵攻泰州，知州宋濟迎入郡治，盡收其子女貨幣。將趨揚，聞范、葵已入揚城，乃鞭鄭衍德曰：「我計先取揚州渡江，爾曹勸我取通、泰，今二趙已入揚州，江其可渡耶！」既而曰：「今惟徑擣揚州耳。」遂分兵守泰，而悉衆攻揚州。至灣頭立砦，據運河之衝，使胡儀將先鋒，駐平山堂以伺機便。

全攻東門，葵親搏戰。全將張友，呼城門請葵出，葵出，與全隔濠立馬相勞苦，問全來爲何，全曰：「朝廷動見猜疑，今復絶我糧餉，我非背叛，索錢糧耳。」葵曰：「朝廷待汝以忠臣孝子，而乃反戈攻陷城邑，朝廷安得不絶汝錢糧！汝云非反，欺人乎？欺天乎？」全無以對，彎弓抽矢向葵而去。自是屢戰，全兵多敗。

全每云：「我不要淮上州縣，渡江浮海，徑至蘇、杭，孰能當我！」然全志吞揚州三城，而兵每不得薄城下。宗雄武獻策曰：「城中素無薪，且儲蓄爲總領所支借殆盡，若築長圍，三城自困。」全乃悉衆及驅鄉農凡數十萬，立砦圍三城，制司、總所糧援俱絶。范、葵命三城諸門各出兵劫砦，舉火爲期，夜半，縱兵衝擊，殲賊甚衆。自是全一意長圍，以待久困官軍，不復薄城。

全張蓋奏樂于平山堂，布置築圍。范、葵令諸門以輕兵牽制，親帥將士出保（堡）砦西攻之。全分兵諸門鏖戰，自辰至未，殺傷相當。兵官王青力戰，死之。明日，范出師大戰，獲全糧數十艘。葵亦力戰，敗之。

43 蒙古始置十路徵收課税使，以陳時可、趙昉使燕京，劉中、劉恆（桓）使宣德，周立和、王貞使西京，呂振、劉子振使太原，楊簡、高廷英使平陽，王晉、賈從使眞定，張瑜、王銳使東平，王德亨、侯顯使北京，瓜勒佳（舊作夾谷。）永、程泰使平州，田水（木）西、李天翼使濟南，從耶律楚材之言，始用士人也。楚材乘間進說周、孔之教，且謂天下雖得之馬上，不可以馬上治，蒙古主深然之。

44 蒙古兵攻潼關、藍關，不克。

45 十二月，庚申，錄用孔子四十九代孫燦，補官。

46 詔：「上壽明慈睿皇太后尊號曰壽明仁福慈睿皇太后，其令有司詳具儀注。」

47 行都聞李全之叛，居民有爭逃避者，史彌遠計無所出，引疾不視事。甲子，帝爲下詔曰：「朕尊禮元勳，未欲勞以朝請，可十日一赴內引入堂治事。」時飛檄載道，彌遠益恇悚，中夜，欲自沈於池，其妾見而持之，乃止。

48 乙丑，以簽書樞密院事鄭清之爲參知政事兼簽書樞密院事，禮部尚書喬行簡爲端明殿學士、同簽書樞密院事，袁韶爲資政殿學士、浙西安撫制置使兼知臨安府。

史彌遠欲韶鎮遏臨安，韶言於彌遠曰：「失揚，則京口不可保。淮將尚有可用者，柰何僅爲行都計乎？」乃議聲討。詔：「削奪李全官爵，停給錢糧，能擒斬以降者，加不次之賞。」

49 丁卯，御文德殿，册皇后。

50 壬申，以雪寒，詔出封樁庫緡錢三十萬，賑卹臨安貧乏之民。

51 癸未，帝率羣臣上皇太后尊號册寶。

52 乙酉，慈明殿出緡錢一百五十萬，大犒諸軍，賑卹臨安貧乏之民。【考異】宋史本紀作己卯，今從宋史全文。

53 蒙古兵拔天全、天勝砦及韓城、蒲坂。

紹定四年 金正大八年，蒙古太宗三年。（辛卯、一二三一）

1 春，正月，戊子朔，帝詣慈明殿行慶壽禮，大赦天下。以慶壽恩，進史彌遠、薛極官各二等，葛洪、袁韶、喬行簡各一等。

2 進鎭江府都統丁整左武大夫、果州團練使，統領沈興、劉明官各一等，以追襲李全，焚毁糧聚也。

3 辛丑，詔：「右武大夫、彰州防禦使王青，特贈建武軍節度使、右驍衞大將軍，與二子官，仍立廟揚州，額爲忠果。」

4 蒙古圍鳳翔府，金行省完顏哈達、伊喇布哈救之，逗遛不進。金主遣樞密判官白華往促之，哈達、布哈言北兵勢甚，不可輕進。白華還，金主復遣往，諭以「鳳翔圍久，恐守者不可支，可領軍出關，略與渭北軍交手，彼大軍聞之，必當奔赴，少紓鳳翔之急。」哈達、布哈乃出關。行至華陰，與渭北軍交戰，比晚，收軍入關，不復顧鳳翔矣。

[5]趙范、趙葵大敗李全于揚州。

時全浚圍城塹，范、葵遣諸將出東門掩擊；全走土城，官軍躡之，蹂溺甚衆。范陣于西門，賊閉壘不出，葵曰：「賊俟我收兵而出耳。」乃伏騎破垣間，收步卒誘之。賊兵數千果趨濠側，李虎力戰，城上矢石雨注，賊退。有頃，賊別隊自東北馳至，范、葵揮步騎夾浮橋、弔橋並出，爲三迭陣以待之。自巳至未，與賊大戰，別遣虎等以馬步五百出賊背，而葵率輕兵橫衝之，三道夾擊，賊敗走。

始，全反謀已成，然多顧忌，且懼其黨不順，而邊陲喜事者欲挾全爲重，遂激成之。及聲罪致討，罷支錢糧，攻城不得，累戰不利，全始大悔，忽忽不樂，或令左右抱其臂，曰：「是我手否？」人皆怪之。

范、葵夜議所向，葵曰：「出東門。」范曰：「西出嘗不利，賊必見易，因所易而圖之必勝，不如出堡塞（砦）西門。」是夕，全張燈置酒，高會平山堂。有候卒識全槍垂雙拂，以告范，范謂葵曰：「賊勇而輕，必成擒矣！」詰朝，乃悉精兵而西，張官軍素爲賊所易之旗幟。全望見，謂李、宋二宣差曰：「看我掃南軍。」官軍見賊，突鬭而前，范麾兵並進，葵親搏戰，諸軍爭奮。賊欲走入土城，李虎軍已塞其甕門，全窘，從數十騎北走。葵率諸軍蹙之，全趨新塘。新塘自決水後，淖深數尺，會久晴，浮戰塵如燥壤，全騎過之，皆陷淖中，不能自拔。制勇軍趙必勝等追及，奮長槍刺之，全呼曰：「無殺我，我乃頭目。」羣卒碎其尸而分其鞍器、甲馬，并殺三十餘人，皆將校也。全死，餘黨欲潰，國安用不從；議推一人爲首，莫肯相下，欲還淮安奉楊妙眞。范葵追擊，復敗走之。

6 二月，壬戌，臣僚請申飭諸路州縣：「自今遇訴災傷，邑委佐官，州委幕職，于秋成以前，務覈的實蠲減田租，仍以分數揭之通衢。如或稽慢，令守鐫斥，漕臣覺察不嚴，一體議罰。」從之。

7 丙子，起復孟珙從義郎、京西路分棗陽軍駐劄。

8 三月，癸巳，以經筵進講論語終篇，召輔臣聽講。己酉，賜宰執、講讀、說書、修注官宴于祕書省。

9 初，盜起閩中，朝廷以陳韡爲福建路總捕使，討平之；至是又躬往邵武督捕餘盜。賊首晏彪迎降，韡以彪力屈方降，非其本心，斬之。時衢盜汪徐、來二破常山、開化，勢張甚；韡令淮西將李大聲，提兵七百，出賊不意，夜薄其砦。賊出迎戰，見算子旗，驚曰：「此陳招捕軍也！」皆哭。韡令急擊之，衢寇悉平。

10 夏，四月，乙丑，浙東提刑言溫州司戶參軍趙汝騤，權宰平陽，侵用官錢贓罪，抵死。詔：「汝騤追毀出身文字，除名勒停。」

11 丙子，以久雨，錮大理寺、三衙、臨安府點檢贍軍激賞酒庫所見盥贓賞錢。

12 丁丑，詔中外決繫囚。

13 以鄭清之兼同知樞密院事，喬行簡簽書樞密院事。

14 加趙善湘爲江淮制置大使，趙范淮東安撫使，趙葵淮東提刑。善湘季子汝楳，史彌遠壻也，故凡奏請得無阻。而善湘亦以范、葵進取有方，慰藉殷勤，故能成揚州之功。

15 蒙古取金鳳翔，完顏哈達、伊喇布哈遷京兆民于河南，使完顏慶善努（舊作慶山奴。）戍之。

【考異】元史太宗紀，是年二月取鳳翔府，今從金史。

16 金完顏彝敗蒙古將蘇布特（舊作速不台。）于倒回谷。蒙古主召蘇布特責之，圖壘爲請曰：「兵家勝負不常，宜令立功自效。」遂令蘇布特從圖壘南伐。

17 五月，丙戌朔，進前知西和州張孝錫官二等，以四川制置司言其措置邊防之勞也。

18 趙范、趙葵帥步騎十萬攻鹽城，屢敗賊衆，遂薄淮安，殺賊萬計，城中哭聲震天。淮安五城俱破，焚其砦柵，斬首數千。淮北賊來援，舟師邀擊，復破之，焚水柵，賊始懼。王旻、趙必勝、全子才等移砦西門，與賊大戰，賊連敗。楊妙眞謂鄭衍德等曰：「二十年梨花槍，天下無敵手，今事勢已去，撐拄不行。汝等未降者，以我在耳。今我欲歸老漣水，汝等請降，可乎？」衆曰：「諾。」妙眞遂絕淮而去，其黨卽遣馮垍等納款軍門，淮安遂平。

19 庚戌，詔：「今後行在遇暑慮囚，所差官將臨安府三獄見禁公事，除情重不原外，餘隨輕重減降決遣。大理寺、三衙、兩赤縣一體裁決。」

20 楊妙眞構浮橋于楚州之北，就蒙古帥蘇嚕克圖舊作唆魯胡吐，今改。乞師爲李全報讐。金人覘知之，以爲蒙古兵果能渡淮，淮與河南跬步間耳，乃使完顏哈達、伊喇布哈戍礉〔漖〕河口。時八里莊民叛蒙古，逐守將而納之，金以八里莊爲鎭淮府。

21 六月，己未，詔：「魏了翁、眞德秀、尤焴、尤爚，並敍復官職祠祿。」

22 國安用從楊妙眞走山東，降于蒙古，蒙古以爲都元帥，行省山東。

23 金降人李國昌言于蒙古圖壘曰：「金遷汴將二十年，其所恃以安者，潼關、黃河耳。若出寶雞以侵漢中，不一月可達唐、鄧，大事集矣。」圖壘然之，白于蒙古主。蒙古主乃會諸將，期以明年正月合南北軍攻汴，遣圖壘先趨寶雞。蘇巴爾罕舊作速不罕，今改。來，假道淮東以趣河南，且請以兵會之。

24 秋，七月，乙酉朔，詔：「制總諸帥戎司，凡忠勇死義之家，並與優給其家；其有子才藝異衆者，赴樞密院審視錄用。」

25 丙戌，臣僚言：「建、劍之間，秋霜害稼，請下諸司措置，般運廣米，應濟市糴。湖、秀、嚴、徽，春霜損桑，水潦爲沴，令監司郡守留意賑存，與減税色。」從之。

26丁未，樞密院檢會「右武大夫、敍復吉州刺史、江州副都統制陳世雄，會合荆、鄂軍馬于吉州龍泉，親臨賊境，一戰而擒二酋，委有勞績。」詔以世雄爲左武大夫、濠州團練使、江州都統制。

27丙寅，詔：「近民之官，莫如縣令，日來間有貪虐昏繆，不能任事之人，重爲民害，令諸路監司、守臣覺察，具職任上于尙書省，取旨施行。」

28蘇巴爾罕至沔州青野原，金（校者按：金字衍。）統制張宣殺之。圖壘聞蘇巴爾罕死，曰：「宋自食言，背盟棄好，今日之事，曲直有歸矣。」

29八月，蒙古圖壘分騎兵三萬入大散關，攻破鳳州，徑趨華陽，屠洋州，攻武休，開生山，截焦崖，出武休東南，遂圍興元。軍民散走，死于沙窩者數十萬。分軍而西，西軍由別路入沔州，取大安軍路，開魚鼈山，撤屋爲筏，渡嘉陵江，入關堡，並江趨葭萌，略地至西水縣，破城砦百四十而還。東軍屯于興元、洋州之間，以趨饒風關。

30蒙古始立中書省，改定官名，以耶律楚材爲中書令。

時蒙古主至雲中，諸路所貢課額銀幣，以倉廩物料文簿具陳于前，悉符楚材原奏之數。蒙古主笑曰：「卿何使錢幣流入如此？」即日授以中書省印，俾領其事，事無巨細，一以委之。鈕祜祿（舊作粘合。）重山爲左丞相，鎭海爲右丞相。

楚材奏：「諸路州縣長吏專理民事，萬戶府專總軍政，課稅所專掌錢穀，各不相統攝，著爲令。」又舉鎭海、鈕祜祿重山爲左、右丞相，與之同事，權貴不得志。燕京路長官舒穆嚕（舊作石抹。）咸得卜激怒皇叔烏珍，（舊作斡眞，今改。）使奏「楚材用南朝舊人，恐有異志，不宜重用」，因誣構百端，必欲置于死地。鎭海、重山等懼，讓楚材曰：「何爲強更張？必有今日事。」楚材曰：「立朝廷以來，每事皆吾自爲，諸公何預焉！若果獲罪，吾自當之。」蒙古主察烏珍之誣，逐其使者。而咸得卜爲人所訴，帝命楚材鞫治，楚材奏曰：「此人倨傲，故易招謗。今方有事南方，他日治之未晚也。」蒙古主私謂近侍曰：「楚材不校私讐，眞寬厚長者，汝曹當效之。」

31 蒙古主以高麗殺使者，命撒禮塔率衆討之，取四十餘城。高麗王瞮遣其弟懷安公請降。撒禮塔承制設官分鎭其地，乃還。

32 九月，丙戌夜，臨安大火。殿前司副都指揮使馮榯，率衞卒專護史彌遠相府，火延及太廟、三省、六部、御史臺、祕書省、玉牒所俱燬，唯彌遠府獨全。帝素服，減膳，徹樂。詔：「太廟神主暫奉御於景靈宮，三省、樞密院暫就都亭驛，六部暫就傳法寺治事。」【考異】宋史全文不載史彌遠府獨全，但言馮榯以救焚弗力，罷官而已。咸淳臨安志載丙戌夜，行都火，延太廟、三省、六部、御史臺、祕書監、玉牒所，唯丞相史彌遠府獨存，洪舜俞有譏殿帥馮榯詩。按洪咨夔平齋集有詩云：「殿前將軍猛如虎，救得汾陽令公府。九廟神靈飛上天，可憐九廟成焦土。」蓋紀實也。今參用宋史蔣重珍傳。

庚寅，詔：「火後合行寬卹條件，悉令三省施行，其令學士院降詔出封樁庫錢、豐儲倉米，賑卹被火之家。蠲臨安府城內外之征一月。」辛卯，復出內藏庫緡錢二十萬，賑卹貧乏之民。

壬辰，詔曰：「乃（者）丙戌之夕，回祿延災，信宿之間，上及太室，延燔民廬，莽焉荒燬，都人奔避，間遭死傷。皇天降威，孰大于此！內外臣僚、士庶，咸許直言，指陳過失，毋有所隱。」詔罷前軍統制徐儀，仍削官三等。統領馬振遠除名勒停，編置湖南州軍，以馮榯言其救火弗力也。

校書郎蔣重珍上疏曰：「臣欲陛下親攬大柄，不退託於人；盡破恩私，求無愧於己。儻以富貴之私視之，一言一動不忘其私，則是以天下生靈、社稷宗廟之事爲輕，而以一身富貴之從來爲重，不惟上負天命與先帝、聖母，卽公卿百執事之所以望陛下者，亦不如此也。昔周勃握璽授文帝，是夜卽以宋昌領南北軍；霍光定策立宣帝，而明年卽稽首歸政。今臨御八年，未聞有所作爲，進退人才，興廢政事，天下皆曰此丞相意。一時恩怨，雖歸廟堂，異日治亂，實在陛下。焉有爲天之子，爲人之主，而自朝廷達於天下，皆言相而不言君哉！天之所以火宗廟，火都城者，殆以此。九廟至重，事如生存，而徹小塗大，不防於火之將至；宰相之居，華屋廣袤，而焦頭爛額，獨全於火之未然，亦足見人心陷溺，知有權勢，不知有君父矣。他有變故，何所倚仗！陛下自視，不亦孤乎？昔史浩兩入相，才五月或九月卽罷，孝宗之報功，寧有窮已！顧如（此）其亟，何哉？保全功臣之道，可厚以富貴，不可久以權也。」帝讀之感動。

員外郞吳潛疏論致災之由：「願陛下齋戒修省，恐懼對越，毋徒減膳而已；疎損聲色，毋徒徹樂而已。閹宦之竊弄威福者勿親，女寵之根萌禍患者勿昵；以暗室屋漏爲尊嚴之區而必敬必戒，以恆舞酣歌爲亂亡之宅而不淫不泆；使皇天后土知陛下有畏之之心，使三軍百姓知陛下有憂之之心。然後明詔二三大臣，和衷竭慮，力改弦轍，收召賢哲，選用忠良，貪殘者屛，回邪者斥，懷姦黨賊者誅，賈怨誤國者黜。毋並進君子小人以爲包荒，毋兼容邪說正論以爲皇極，以培國家一綫之脈，以救生民一旦之命。庶幾天意可回，天災可息，弭禍爲祥，易亂爲治。」籍田令徐淸叟，疏請爲濟王立後以和異氣。帝皆不省。

33 丙申，金慈聖皇太后都察氏（舊作溫敦氏。）殂。后性莊嚴，頗達古今。金主已立爲太子，有過，倘切責之；及卽位，始免夏楚。一日，宮中就食，尙器有玉盌楪三，一奉太后，二奉帝及中宮；荆王守紀母眞妃龐氏則以瑪瑙器進食。后見之，怒，召主者責曰：「誰令汝妄生分別？荊王母豈卑我兒婦耶？」是後宮中奉眞妃有加。金主嘗愛一宮人，欲立爲后，后惡其微賤，固命出之，金主不得已放之出宮。比年小捷，文士有奏賦頌以聖德中興爲言者，后聞，不悅曰：「帝年少氣銳，無懼心則驕怠生。今幸一勝，何等中興？而若輩諂之如是！」至是殂于慈聖宮，遺命園陵制度務從儉約。葬汴京迎朔門外莊獻太子墓之西，謚明惠皇后。

34 庚子，建昌軍火。

35 壬子，以火災告于天地、宗廟、社稷。

36 甲寅，度支郎官王與權進對，論近日火災，帝曰：「此皆朕之不德。最是延及太廟，朕不遑安處。」與權曰：「中外臣子所同痛心。今災變極矣，惟修德可回天意。」帝然之。

37 乙卯，監察御史何處久，言兩司修建太廟，合遵舊制，百司庶府不必華侈，從之。

38 太常少卿度正，以宗廟之制未合於古，爲二說以獻。其一則用朱熹之議，其一則因舊制而參以熹之說。「自西徂東爲一列，每室之後爲一室，以藏祧廟之主。如僖祖廟以次，祧主則藏之，昭居左，穆居右。後世穆之祧主藏太祖廟，昭之祧主藏太宗廟。仁宗爲百世不遷之宗，後世昭之祧主則藏之；高宗爲百世不遷之宗，後世穆之祧主則藏之。室之前爲兩室，三年祫饗，則帷帳冪之，通爲一室，盡出諸廟主及祧廟主並爲一列，合食其上。往者此廟爲一室，凡遇祫饗，合祭於室，名爲合饗而實未嘗合饗。今增此三室，後有藏祧主之所，前有祖宗合食之地，於本朝之制初無更革，而頗已得三年大祫之義。」編修官李心傳亦上疏言：「茲緣災異，宜舉行之。」詔兩省、侍從、臺諫集議。

[39]丙辰，宰執以太室延燎，乞鐫罷。詔：「史彌遠降奉化郡公，薛極、鄭清之、喬行簡各降一秩。」

[40]丁巳，詔兩浙轉運判官趙汝憚予祠，以臣僚言其火後營繕、科擾州縣也。

[41]戊午，馮椅及主管侍衞步軍司王虎各奪一官，罷之，以蔣重珍之言也。

[42]癸酉，度正言：「蜀報蒙古兵深入，事勢頗危。又聞七方關已潰散，纔透文、隴，便入綿、漢，皆是平地，蜀便難保。願早擇帥，付之事權。蜀中財用已乏，願陛下不惜出內庫金帛應付之。」帝曰：「當早爲擇帥，應付財帛。」

[43]蒙古兵攻河中，【考異】元史作十月，圍河中，今從金史繫於九月，其後事則連書之。金權簽樞密院事草火額爾克、舊作訛可，今改。元帥板子額爾克，懼軍力不足，截故城之半以守。蒙古築松樓，高二百尺，下瞰城中，土山地穴，百道並進。晝夜力戰，樓櫓俱盡，白戰又半月，力竭，城破。草火額爾克親搏戰數十合，始被擒，就死；板子額爾克以敗卒三千奪船走閿鄉。

初，板子額爾克在鳳翔，爲監戰奉御陸爾舊作六兒，今改。所制，有隙。及改河中總帥，同赴召，陸爾遜譖額爾克奉旨防秋，畏怯違避，金主信之；至是怒其不能死節，因杖殺之。兩額爾克皆內族，一得賊，好以草火燒之，一嘗誤呼宮中牙牌爲板子，時人因以別之。

自宣宗喜用內侍以爲耳目，伺察百官，至是仍而不改，故奉御輩采訪民間，號「行路御史」，或得一二事入奏之，即抵罪。又，方面之柄，雖委將帥，復差一奉御在軍中，號曰「監戰」，每臨機制變，多爲所牽制，遇敵輒先奔，故師多喪敗，以至亡國。

44 蒙古主命平陽移粟輸雲中，都總管李守賢，言百姓疲敝，不任輸載，蒙古主命罷之。

45 冬，十月，甲子，以余天錫爲戶部侍郎兼知臨安府、浙西安撫使。

46 戊寅，以煥章閣待制、知遂寧府李㙺爲煥章閣直學士、四川安撫制置使、知成都府，四川制置副使趙彥吶進直龍圖閣兼知興元府、利路安撫副使。

47 金丞相薩布（舊作賽不。）行省京兆，謂都事商衡曰：「古來宰相必用文人，以其知爲相之道。我何所知，而居此位！恐他日史官書之，某時以某爲相而國乃亡。」遂致仕。

48 十一月，乙酉，詔：「忠義總管田遂，贈武節大夫、忠州刺史，特與加封立廟。」以四川制置司言其總率忠義力戰而沒也。

49 詔：「四川關外州軍，近經蒙古兵殘破去處，未能復業，軍民日前或有詿誤陷于罪戾，合行曲赦，令三省條其事件以聞。」

50 福建招捕使司奏，知邵武縣劉純歿於王事，詔贈純官三等，與一子下州文學。

51 十二月，癸丑，臣僚「請嚴飭州縣科糴及人戶投糴不即給錢多取斛面之弊；其州縣折苗，並依祖宗成法，止以下戶畸零減直折錢，違者奏劾，重置典憲。」

52 蒙古圖壘攻破饒風關，由金州而東，將趨汴京，民皆入保城堡險阻以避之。金主召宰執臺諫入議，皆曰：「北軍冒萬里之險，歷二年之久，方入武休，其勞苦已極。爲吾計者，以兵屯睢、鄭、昌武、歸德及京畿諸縣，以大將守洛陽、潼關、懷、孟等處，嚴兵備之，京師積糧數百萬斛，令河南州郡堅壁清野，彼欲攻不能，欲戰不得，師老食盡，不擊自歸矣。」金主太息曰：「南渡二十年，所在之民，破田宅，鬻妻子，以養軍士；今敵至不能迎戰，徒欲自保京城，雖存何以爲國！天下其謂我何！朕思之熟矣，存亡有天命，惟不負吾民可也。」乃詔諸將屯襄、鄧，完顏哈達、伊喇布哈諸帥入鄧州，完顏彝、楊沃衍、武仙兵皆會之。

53 戊辰，蒙古兵渡漢，哈達、布哈召諸將議曰：「由光化截漢與戰，及縱之渡而後戰，孰愈？」張惠、阿達茂（舊作按得木，今改。）皆曰：「截漢便。縱之渡，則我腹空虛，必爲所潰。」布哈不從，曰：「使彼在沙磧，且當往求之，況自來乎！」遂次于順陽。

丙子，蒙古兵畢渡。【考異】元史太宗紀：正月，庚寅，圖壘渡漢江；蓋據次年報聞之日也，今從金史作十二月。哈達、布哈始進至禹山，分據地勢，列步卒于山前，騎士于山後。蒙古兵至，大帥以兩小旗前導來觀，已而散如鴈翎，轉山麓，出金騎兵之後，分三隊而至。哈達曰：「今日之勢，未可戰也。」俄而蒙古騎兵突前，金兵不得不戰，短兵接，三合，蒙古兵少卻。其在西者，望布哈親軍，環繞甲騎後而突之。金富察鼎珠(舊作蒲察定住。)力戰，始退。

哈達曰：「彼衆號三萬，而輜重居其一。今相持二三日，彼不得食，吾乘其卻而擁之，必勝矣。」布哈曰：「江路已絕，黃河不冰，彼入重地，將安歸乎？何以速爲！」遂不逐。明日，蒙古兵忽不見。己卯，邏騎還，始知在光化對岸棗林中，晝作食，夜不下馬，望林中，往來不六十步，而四日不聞音響。

庚辰，哈達、布哈議入鄧州就糧；辰巳間到林後，蒙古兵忽至，哈達、布哈迎戰。方交綏，蒙古兵以百騎邀輜重而去。金兵幾不成列，逮夜二鼓，哈達、布哈乃入鄧州城，恐軍士迷路，鳴鐘招之。

哈達、布哈隱其敗，以大捷聞；百官表賀，諸相置酒省中。左丞李蹊且喜且泣曰：「非今日之捷，生靈之禍，可勝言哉！」于是民保城壁者皆散還鄉社，不數日，蒙古游騎突至，多被俘獲。

54 辛巳，詔出封樁庫緡錢二十萬，下臨安府賑䘏。

續資治通鑑卷第一百六十六

賜進士及第兵部尚書兼都察院右都御史總督湖北湖南等處地方軍務兼理糧餉世襲二等輕車都尉畢沅編集

宋紀一百六十六 起玄黓執徐（壬辰）正月，盡昭陽大荒落（癸巳）三月，凡一年有奇。

理宗建道備德大功復興烈文仁武聖明安孝皇帝

紹定五年 金天興元年，蒙古太宗四年。（壬辰、一二三二）

1 春，正月，己丑，以孟珙爲京西路兵馬鈐轄。

初，珙父宗政知棗陽，招唐、鄧、蔡州壯士二萬餘人，號忠順軍，命江海統之，衆不服；制置司以珙代海，珙分其軍爲三，衆皆帖然。珙又創平堰于棗陽，自城至軍西十八里，由八疊河經漸水側，水跨九阜，建通天槽八十有三丈，溉田萬頃，立十莊、三轄，使軍民分屯，邊儲豐牣。又命忠順軍家自畜馬，官給芻粟，馬益蕃息。

2 金下詔求言，凡章奏，先令御史大夫費摩阿古岱、舊作裴滿阿虎帶，今改。尚書完顏納紳舊作奴申，今改。看詳，然後進御，直言無一達者。

3 庚寅，詔：「李全之叛，海陵簿吳嘉罵賊而死，特贈朝奉郎，官其一子。」

4 壬辰，以史嵩之爲京湖安撫制置使、知襄陽府。

5 蒙古兵自唐州趣汴，金元帥完顏兩洛索（舊作婁室，今改。）戰于襄城，敗績，走還汴。金主詔羣臣議，尙書令史楊居仁請乘其遠至擊之。平章拜甡（舊作白撒，今改。）遣莽依蘇（舊作麻斤出，今改。）等部民丁壯萬人，開短隄，決河水，以衞京城。命瓜勒佳薩哈勒（舊作夾谷撒合，今改。）將步騎三萬巡河渡，起近京諸色軍家屬五十萬口入京城。

蒙古主用西夏人恤克計，自河中由河清縣白坡渡河，遣人馳報圖壘（舊作拖雷，今改。）率師來會。薩哈勒行至封丘而還，蒙古兵掩至，莽依蘇等皆死，丁壯得免者僅三百人。甲午，蒙古主入鄭州。

金主詔羣臣議所守，有言珠赫埒果勒齊（舊作朮虎高琪。）所築裏城決不可守，外城決不可棄，于是決計守外城，命修樓櫓器具。時京城諸軍不滿四萬，而城周百二十里，不能徧守，故議以遷避之民充軍。又召在京軍官于上清宮，平日防城得功者，截長補短，假借而用，得百餘人。又集京東、西沿河舊屯兩都尉及衞州義軍凡四萬并丁壯二萬，分置四面，每面選千名飛虎軍以專救應，然亦不能軍矣。

6 金元帥完顏延壽，以衆保少室山太平寨，元夕，擊毬爲嬉，蒙古都總管李守賢，潛遣輕捷者數十人緣崖蟻附以登，殺其守卒，遂縱兵入，破之。下令禁抄掠，悉收餘衆以歸。連天、交牙、蘭若、香爐諸寨俱下。

乙未，蒙古游騎至汴京，金完顏哈達、（舊作合達。）伊喇布哈（舊作移剌蒲阿。）自鄧州率步騎十五萬赴援。蒙古圖壘問蘇布特（舊作速不台。）以方略，蘇布特曰：「城居之人，不耐辛苦，數挑以勞之戰，乃可也。」遂以騎三千尾之。哈達等謀曰：「敵兵三千而我不戰，是弱也。」進至鈞州沙河，蒙古兵不戰而退。金軍方盤營，蒙古兵復來襲。金軍不得休息、食飲，且行且戰，至黃榆店，距鈞州三十五里。丁酉，大雪三尺，金兵僵立，刀槊凍不能舉。圖壘以其衆衝出，蒙古兵自北渡者畢集，前後以大樹塞道。楊沃衍奪路而前，金軍遂次三峯山，軍士有不食至三日者。蒙古兵與河北兵合，四面圍之，熾薪燔肉，更迭休息，乘金困憊，開鈞州路縱之走，而以生兵夾擊之。金軍潰，聲如崩山，武仙率三十騎入竹林中，走密縣；楊沃衍、樊澤、張惠步持大槍，奮戰而死。哈達知大事已去，欲下馬戰，而布哈已失所在，乃與完顏彝等以數百騎走入鈞州。

蒙古主在鄭州，聞圖壘與金相持，遣昆布哈、（舊作口溫不花，今改。）齊拉袞（舊作赤老溫，今改。）等赴之，至則金軍已潰。于是乃合攻鈞州，塹其城外。哈達匿窟室中，城破，蒙古兵發而殺之。

【考異】元史郭德海傳：完顏哈達、伊喇布哈走匿浮圖上，德海命掘浮圖基，出其柱而焚之。按哈達、布哈非同時死也。

歸潛志作哈達匿土室，與金史同，今從金史。因揚言曰：「汝家所恃，唯黃河與哈達耳，今哈達爲我殺，黃河爲我有，不降何待！」

完顏彝趣避隱處，殺掠稍定，乃出，自言曰：「我金國大將，欲見白事。」蒙古兵以數騎夾之，詣圖壘，問其名姓，曰：「我忠孝軍總領完顏陳和尚，大昌原、衞州倒回谷之勝，皆我也。我死亂軍中，人將謂我負國家。今日明白死，天下必有知我者。」圖壘欲其降，不肯。乃斫足脛，折之，劃口吻至耳，噀血而呼，至死不屈。蒙古將有義之者，以馬湩酹而祝曰：「好男子，他日再生，當令我得之。」

布哈走汴，蒙古兵追躡，擒之，圖壘命之降，往復數百言，終不肯，但曰：「我金國大將，惟當金國境內死耳。」遂殺之。【考異】元史太宗紀：丁酉，獲金將布哈；戊戌，獲金將哈達。是布哈之擒，在哈達之先也。今從金史。金之健將銳卒俱盡，自是不可復振矣。

蒙古遂略商、虢、嵩、汝、陝、洛、許、鄭、陳、亳、潁、壽、睢、永等州。時民北徙者多餓死，東平萬戶嚴實，命作糜粥置道傍，全活者衆。

8庚子，金主御端門，肆赦，改元開興。翰林學士趙秉文爲赦文，宣布悔悟哀慟之意，指事陳義，情辭俱盡，聞者莫不感勵。

9壬寅，新作太廟成。

10 二月，癸丑，帝謁太廟。

11 初，金主聞蒙古入饒風關，遣圖克坦烏登舊作徒單兀典，今改。行省閿鄉以備潼關，圖克坦伯嘉舊作徒單百家，今改。爲關陝總帥，便宜行事。伯嘉馳入陝，榜縣鎮遷入大城，糧斛、輜重聚之陝州，近山者入山寨避兵。會阿里哈（舊作阿里合。）傳旨召烏登援汴，烏登遂與潼關總帥納哈普舍音，（舊作納合合閏。）秦藍總帥完顏重喜等，帥軍十一萬，騎五千，盡撤秦、藍諸關之備，從虢入陝，同、華、閿鄉一帶軍糧數十萬斛，備關船二百餘艘，皆順流東下。俄聞蒙古兵近，糧不及載，船悉空下，復盡起州民運靈寶、硤石倉粟。會蒙古游騎至，殺掠不可勝計。金守將李平以潼關降于蒙古，蒙古兵長驅至陝。

烏登所發閿鄉軍士，各以老幼自隨，由西南徑入大山冰雪中，部將多叛去。蒙古聞之，自盧氏以數百騎追及，山路積雪，晝日凍釋，泥淖及脛，隨軍婦民，棄擲老幼，哀號盈路。行至鐵嶺，欲戰而飢憊不能振，于是重喜先降，蒙古斬之於馬前。金兵遂大潰，秦、藍總帥府經歷商衡死焉。烏登、納哈普舍音從數十騎走山谷間，追騎擒之，皆被殺。

12 金慶善努舊作慶山奴，今改。行省徐州，引兵入援，至楊驛店，馬蹶，爲蒙古所擒。見史天澤，問爲誰，天澤言：「我眞定五路史萬戶也。」慶善努曰：「是天澤乎？吾國已殘破，公其以生靈爲念！」及見特穆爾岱舊作忒木䚟，今改。誘之使招京城，不從。左右以刀斫其足，足折，終不屈，遂殺之。

13蒙古將特穆爾岱取金睢州，遂圍歸德府。金行院實嘉紐勒歡舊作石盞女魯歡，今改。偕經歷冀禹錫等竭力守禦。初患礮少，父老有言北門之西菜園中，時得古礮，云是唐張巡所埋，發之，得五千有奇，城中賴之。會慶善努潰兵亦至，勢稍振。乃遣提控張定夜出斫營，發數礮而還。

南城外有高地，相傳爲尹子奇攻破睢陽故址，蒙古移營其上，晝夜攻城，不能下。或見特穆爾岱，獻決河之策，特穆爾岱從之。河既決，水從西北而下，至城西南，入故濉水，城反以水爲固。特穆爾岱收獻策者欲殺之，而不知所在，乃緩攻。

14金平章侯摯，朴直無蘊藉，朝士輕之，久致仕。兵事急，徐州行尙書省闕，無敢行者，復拜摯平章政事。都堂會議，摯以國勢不支，因論數事，曰：「只是更無擘畫。」拜甡怒曰：「平章出此言，國家何望耶！」意在置之不測。故相薩布(舊作賽不。)曰：「侯相言甚當。」拜甡含憤而罷。

至是蒙古兵日迫，財匱援絕，金主大懼，嘗自縊，又欲墮樓，俱爲左右救免。拜甡以爲勢必講和，和議定，則首相當往爲質，乃力請金主起薩布爲相，且括汴京民軍二十萬分隸諸帥，人月給粟一石五斗。

15三月，蒙古立礮攻洛陽。洛陽城中唯三峰潰卒三四千及忠孝軍百餘，留守薩哈連舊作撒合輦，今改。疽發于背，不能軍，妻通吉舊作獨吉，今改。氏度城必破，謂薩哈連曰：「公受國家恩最厚，今大兵臨城，公不幸病，不能禦敵，死猶可以報國，幸無以我爲慮！」薩哈連出城，通吉氏盛服自經死。薩哈連從外至，聞狀，曰：「夫人不辱我，我可辱朝廷乎！」投濠而死。元帥任守眞因行府事。

16金翰林直學士錫默愛實，錫默，舊作斜卯，今改。憤時相非其人，言於金主曰：「平章拜甡，固權市恩，擊丸外百無一能。丞相薩布，菽麥不分，縱使乏材，亦不至此人爲相。參政兼樞密副使特嘉喀齊喀舊作赤盞合喜，今改。粗暴，一馬軍之材止矣，乃令兼將相之權。右丞實嘉（舊作顏盞。）世魯，居相位已七八年，碌碌無補，備員而已。患難之際，倚注此類，欲冀中興，難矣！」於是世魯罷相，薩布乞致仕，而拜甡、喀齊喀不卹也。

17蒙古主將北還，使蘇布特攻汴，復遣人諭金主降，且索翰林學士趙秉文、衍聖公孔元措等二十七家及歸順人家屬，伊喇布哈（舊作移剌蒲阿。）妻子幷繡女、弓匠、鷹人等。金主乃封荆王守純子額爾克舊作訛可，今改。爲曹王，議以爲質。密國公璹求見，金主問：「叔父欲何言？」璹曰：「聞額爾克欲出議和，額爾克年幼，未嘗諳練，恐不能辦大事，臣請副之，或代其行。」金主慰之曰：「南渡後，國家比承平時，有何奉養！然叔父亦未嘗沾溉；無事則置之冷地，無所顧藉，緩急則置於不測。叔父盡忠固可，天下其謂朕何！叔父休矣！」於是君臣相顧泣下。未幾，疇以疾薨。

壬寅，命尚書左丞李蹊送額爾克出質，諫議大夫費摩阿固岱爲講和使。未行，蒙古蘇布特聞之曰：「我受命攻城，不知其他。」乃立攻具，沿濠列木栅，驅漢俘及婦女老幼負薪草塡濠，頃刻，平十餘步。平章拜甡，以議和不敢與戰，城中喧鬨。金主聞之，從六七騎出端門，至舟橋。時新雨淖，車駕忽出，都人驚愕失措，但跪于道旁，有望而拜者。金主麾之曰：「勿拜，恐泥汚汝衣。」老幼遮擁，至有誤觸金主衣者。少頃，宰相、從官皆至，進笠，不受，曰：「軍中暴露，我何用此！」西南軍士五六十輩進曰：「北兵塡濠過半，平章傳令勿放一鏃，恐壞和事。豈有此計耶？」金主曰：「朕以生靈之故，稱臣進奉，無不順從。止有一子，養來長成，今往作質。汝等略忍，待曹王出，蒙古不退，汝等死戰未晚。」是日，曹王額爾克行。

蒙古留曹王於營，遣李蹊等還。癸卯，併力進攻。

金礮石取艮嶽太湖、靈壁假山爲之，大小各有斤重，圓如燈毬。蒙古礮破大磑或碌碡爲二三，皆用之攢竹礮，有至十三梢者。每城一角，置礮百餘枚，更迭上下，晝夜不息。數日，石幾與裏城平。而城上樓櫓，皆拆故宮及芳華、玉溪之材爲之，合抱之木，隨擊而碎。以馬糞、麥秸布其上，網索旃褥固護之，其懸風板之外，皆以牛皮爲障，蒙古兵以火礮擊之，隨卽延爇，不可撲救。城乃周世宗所築，取虎牢土爲之，堅密如鐵，受礮所擊，唯凹而已。金主復出撫將士，値被創者，親傅以藥，手酌巵酒以賜，且出內府金帛以待有功者。蒙古兵濠外築城，圍百五十里，城有乳口樓櫓，壕深丈許，闊亦如之，三四十步置一鋪，鋪置百許人守之。初，拜甡命築門外短牆，委曲陿隘，僅容二三人得過，以防蒙古奪門。及被攻，諸將請乘夜斫營，軍乃不能猝出，比出，已爲蒙古所覺。後募死士千人，穴城由濠徑渡，燒其礮座，城上懸紅紙燈爲應，約燈起渡壕。又放紙鳶，置文書其上，至蒙古營斷之，以誘被俘者，皆爲蒙古所覺。時有大礮，名震天雷，以鐵礶盛藥，以火點之，礮起火發，其聲如雷，聞百里外，所爇圍半畝已上，火點著鐵甲皆透。蒙古時爲牛皮洞，直至城下，掘城爲龕，間可容人，城上莫如之何。乃以鐵繩懸震天雷，順城而下，至掘處火發，人與牛皮皆碎迸無迹。又有飛火槍，注藥，以火發之，輒前燒十餘步。蒙古唯畏此二物。攻城十六晝夜，內外死者以百萬計。明惠皇后陵被發，金主遣中官求得其柩，復葬之。

蘇布特知未易取，乃爲好語曰：「兩國已講和，更相攻耶？」金主因就應之。乃遣戶部侍郎楊居仁出宜秋門，以酒炙犒蒙古兵，且以金帛珍異賂之。蘇布特乃許退兵，散屯河、洛之間。

方蒙古之攻城也，矢石如雨，中有女子呼于城下曰：「我倡女張鳳奴也，許州破，被俘至此。彼軍不日去矣，諸君努力爲國堅守，無爲所欺也！」言竟，投濠死。金主使馳祭於西門。時女直人無死事者，長公主言於金主曰：「近來立功效命，多諸色人，無事時則自家人爭強，有事則他人盡力，焉得不怨！」金主默然。

18 蒙古兵退，參知政事特嘉喀齊喀以守城爲己功，欲率百官入賀。內族色埒，舊作思烈，今改。丞相襄之子也，歎曰：「城下之盟，春秋以爲恥，況以罷攻爲可賀耶！」喀齊喀怒曰：「社稷不亡，君后免難，汝等不以爲喜耶！」乃命趙秉文爲表。秉文曰：「春秋新宮災，三日哭。今園陵如此，酌之以禮，當慰不當賀。」事乃已。

初，城之被圍，右司諫陳岢上書請戰，其略曰：「今日之事，皆由陛下不斷，將相怯懦。若因循不決，一旦無如之何，恐君臣相對涕泣而已。」其言剴切，深中時病。喀齊喀見之，大怒，召岢入省，呼其名責之曰：「子爲陳山可耶？果如子言，能退大敵，我當世世與若爲僕。」聞者莫不竊笑，蓋不識岢字，分爲兩也。

19 甲子，金主御端門，肆赦，改元天興。詔：「內外官民能完復州郡者，功賞有差。」出金帛酒炙犒飫軍士，減御膳，罷冗員，放宮女，上書不得稱聖，改聖旨爲制置。是日，解嚴。步兵始出封丘門外采蔬、薪。

20金拜甡之守城也，樓櫓垂就輒摧，傳令取竹爲護簾，所司馳入城大索，無所得，拜甡欲斬之。或告所司曰：「金多則濟矣，胡不卽平章府求之？」所司懷金三百賂其家僮，果得之，及兵退，軍士憤怒。拜甡不自安，謂尚書令史元好問曰：「我妨賢路久矣，得退爲幸，爲我撰乞致仕表。」頃之，金主已遣使持詔至其第，令致仕。軍士欲殺之，拜甡懼，一夕數遷，金主以親軍二百陰爲之衞。軍士無以泄其憤，遂相率毀其別墅。

21金衞紹王、鎬厲王家屬，禁錮歲久，錫默愛實上言曰：「二族衰微，無異匹庶，假欲爲不善，孰與同惡！男女婚嫁，人之大欲，豈有幽囚終世，永無伉儷之望！在他人尚且不忍，況骨肉乎！」金主感其言，始聽自便。

22夏，四月，丁卯，起魏了翁爲集英殿修撰、知遂寧府，辭不拜。

23戊辰，以久雨，決繫囚。

24是月，蒙古主出居庸，避暑官山。

25高麗殺蒙古所置官吏，徙居江華島。

26五月，辛卯，臣僚言：「積陰霖霪，必有致咎之徵。比聞蘄州進士馮杰，本儒家，都大坑冶司抑爲罏戶，誅求日增。杰妻以憂死，其女繼之，弟大聲，因赴訴死于道路，杰知不免，舉火自經死。民冤至此，豈不上干陰陽之和！」詔罷都大坑冶（魏峴）職。

27金汴京大寒如冬，因大疫，凡五十日，諸門出柩九十餘萬，貧不能葬者不在此數。尋以疫後園戶、僧道、醫師、鬻棺者擅厚利，命有司倍徵之以助國用。

28癸巳，太白經天，晝見。

29六月，己巳，金贈完顏彝鎮南軍節度使，立褒忠廟碑。

30金徐州埽兵總領王佑、張興、都統封仙等，夜燒草場作亂，逐行省圖克坦伊都。舊作徒單益都，今改。蒙古國安用率兵入徐州，執王佑等，斬之，以封仙爲元帥，主徐州事。圖克坦伊都奔宿州，節度使赫舍哩阿圖舊作紇石烈阿虎，今改。不納，乃與諸將駐城南。時宿之鎮防有逃還者，阿圖以爲叛歸，亦不納。城中鎮防千戶高臘格，（舊作臘哥。）謀就徐州將士，內外相應以取宿，因歸楊妙眞，占夜開門，納徐州總領王德全等，縛阿圖父子，殺之，請伊都主州事。伊都不從，率其將吏西走，至穀孰，遇蒙古軍，不屈而死。

31秋，七月，丁酉，以禮部尚書陳貴誼同簽書樞密院事。

32蒙古遣唐慶使金，傳諭曰：「欲和好成，金主當來自議。」金主託疾，臥榻上見之。慶掉臂上殿，有不遜語，聞者皆怒。既歸館，是夕，金飛虎卒申福等憤其無禮，殺慶等三十餘人于館。金主不問，和議遂絕。（校者按：此條應移31前。）

33蒙古國安用既得徐州，金宿州東面總帥劉安國、邳州杜政皆以州歸之，安用遂據三州。

蒙古帥額蘇倫舊作阿朮魯，今改。聞之，怒曰：「此三州吾當取，安用何人，輒受其降！」遣將張進率兵入徐，欲圖安用，奪其州〔軍〕。

安用懼，乃與王德全劫殺張進及海州元帥田福等數百人，與楊妙眞絕，還邳州，會山東諸州〔將〕及徐、邳、宿三州主帥，刑白馬結盟，誓歸金。既盟，諸將皆散去。安用無所歸，遂同德全、安國因宿州從宜重僧努舊作衆僧奴，今改。自通于金。重僧努以聞，未報。而安用率兵萬人攻海州，(未至)，衆稍散去。安用自知失計，于是復金衣冠。楊妙眞怒安用叛己，又懼爲所圖，乃悉屠安用家屬，走還益都。安用等〔遂〕選兵分將，期必得妙眞。

金主遣近侍(局)直長因世英等持手詔至邳，封安用爲兗王，賜姓完顔，改名用安，且授以空頭河朔、山東赦文，使得便宜從事。安用始聞使至，猶豫未決，遣迎使者(入)，監于州廨，問所以來，使者對以封建事。安用意頗順，明日，出見使者，跪揖如等夷。坐定，語世英曰：「予向隨蒙古兵攻汴，嘗于開陽門下與侯摯議內外夾擊，此時蒙古病者衆，十七頭項皆在京城，若從吾言出軍，中興久矣；朝廷無一敢決者，今日悔將何及！」言竟而起。因使人取金所賜物徧觀之，喜見顔色，乃設宴，拜受如儀，令主事常謹隨世英奉表入謝。

金主復遣世英賜以鐵券、虎符、龍文衣、玉魚帶及郡王宣、世襲千戶宣各十，聽賜同盟。世英過徐，德全、安國說之曰：「朝廷恩命，豈宜出自安用！郡王宣，吾二人最當得者，請就留之。」世英乃留郡王宣、世襲千戶宣各二，由是與安用有隙。

34 蒙古以李全子璮爲益都行省。

35 金恆山公武仙等會兵救汴。

初，三峯之敗，仙走南陽，收潰軍，得十萬人，屯留山。汴京被圍，金主詔仙與鄧州行省完顏色埒、鞏昌總帥完顏仲德卽呼沙呼，舊作忽斜虎。合兵入援。仙至密縣東，遇蒙古將郭德海，卽按軍眉山店，報色埒曰：「阻澗結營，待仙至俱進。」色埒急欲至汴，不聽。金主又命樞密使特嘉喀齊喀帥兵應仙、色埒等，至京水，德海乘之，不戰而潰，仙亦敗走，還留山。德海，寶玉之子也。喀齊喀屯中牟，聞色埒軍潰，卽夜棄輜重馳還。

先是有投匿名書于御路者云：「副樞喀齊喀，總帥薩哈勒，參政恩楚，舊作訛出，今改。皆國賊，朝廷不殺，衆軍亦須殺之，爲國除害。」衞士以聞，薩哈勒飲藥死，恩楚稱疾不出。唯喀齊喀坦然若無事者，金主亦無所問。及是言者謂：「喀齊喀始則抗命不出，中則逗遛不進，終則棄軍先遁，不斬之，無以謝天下。」金主貸其死，免爲庶人，籍家貲以賜軍士。

36 八月，乙卯，起眞德秀爲徽猷閣待制，知泉州。

37 己未，魏了翁以寶章閣待制知瀘州。

瀘大藩，控制邊面二千里，而武備不修，城郭不治。了翁乃葺其城樓櫓雉堞，增置器械，教習牌手，申嚴軍律，興學校，蠲宿負，復社倉，創義冢，建養濟院，居數月，百廢俱舉。
38 乙丑，賜進士徐元杰以下四百九十三人及第、出身。
39 甲戌，玉牒殿成，奉安累朝玉牒。
40 蒙古薩里塔伐高麗，中矢，卒。
41 金中京元帥任守眞，以入援汴京敗死，中京人推警巡使齊克紳（舊作强伸，今改。）爲府簽事。齊克紳，本河中射糧軍子弟也，貌寢而膂力過人。時所領軍士僅二千五百人，甫三日，蒙古兵圍之。齊克紳括衣帛爲幟，立之城上，率士卒赤身而戰，以壯士數百往來救應，大呼，以憨子軍爲號，其聲勢與萬衆無異。兵器已盡，以錢爲鏃，得蒙古一箭，截而爲四，以筩鞭發之。又創遏敵礮，用不過數人，能發大石於百步外，所擊無不中。齊克紳奔走四應，所至必捷，得一駝，殺以犒士，人不過一啗，如獲百金之賜。蒙古攻三月不能下，乃退。
42 九月，辛丑夜，汴京大雷，金工部尚書范納（舊作蒲乃。）速震死。
43 乙巳，雨雹，雷。
44 閏月，庚戌，彗出于角。帝避殿，減膳，徹樂。詔：「中外臣僚，指陳闕失，無有隱諱。諸路監司，察守令之貪廉仁暴及民間利便疾苦以聞。」
45 戊辰，史彌遠乞歸田里；不許。

46金主以和議既絕，懼兵再至，乃復簽民兵爲守禦備，遂括汴京粟，以完顏珠赫舊作珠顆，今改。等主之。【考異】歸潛志作御史大夫費摩阿古岱、總帥知開封府圖克坦伯嘉主之，與金史異。珠赫諭民曰：「汝等當從實推舉，果如一旦糧盡，令汝妻子作軍食，復能吝否？」既而罷括粟（令），復以進奉取之，且賣官及令民買進士第。前御史大夫內族哈昭（舊作合周。）復覬進用，建言京城括粟尙可得百萬石，金主乃命哈昭爲參知政事，與左丞李蹊復括之。哈昭先令各家自實，壯者存石有三斗，幼者半之，仍書其數門首，敢有匿者，以升斗論罪。京城三十六坊，各選深刻者主之。完顏玖珠舊作久（九）住，今改。尤酷暴，【考異】歸潛志作富察鼎珠（舊作蒲察定住。）尤酷甚，杖殺無辜數人。金史不載。有寡婦二人，實豆六斗，餘（內）有蓬子約三升，玖珠笑曰：「吾得之矣！」執婦以令于衆。婦泣愬曰：「妾夫死于兵，姑老不能爲養，故雜蓬粃以自食，非敢以爲軍儲。且三升，六斗餘也。」玖珠不聽，竟杖死。聞者股栗，盡棄其餘糞溷中。或白于李蹊，蹊顰蹙曰：「白之參政。」及白哈昭，哈昭曰：「人云：花又不損，蜜又得成。花不損何由成蜜？且京城危急，今欲存社稷耶？存百姓耶？」衆莫敢言。所括不能三萬斛，滿城蕭然，死者相枕，貧富束手待斃，遂至人相食。金主聞之，命出太倉米作粥以食餓者，錫默愛實錫默舊作斜卯，今改。歎曰：「與其食之，何如勿奪？」爲奉御博諾舊作巴奴，今改。所告。金主怒，送愛實有司，賴近侍李大節救免。

47 蒙古皇太弟圖壘卒于師。蒙古主還龍庭。

48 冬，十月，戊子，以星變，大赦。

49 泗州路分劉虎等，焚斷浮橋以遏金兵，因遣將攻盱眙軍，未下，金泗州總統完顏實格（舊作賽哥。）叛。防禦使圖克坦塔喇（舊作徒單塔剌。）聞變，朝服，望闕拜哭，投水而死，實格遂以州附楊妙眞。總帥納哈塔邁珠舊作納合買住，今改。亦以盱眙來歸，詔改爲招信軍。

50 金以汪世顯爲鞏昌便宜總帥。

初，世顯以戰功爲征行從宜，分治陝西西路。時調度窘迫，世顯發家貲，率豪右助邊，鄰郡效之，軍餉遂足。金主以完顏仲德爲鞏昌總帥，世顯同知府事，二人盡忠固守以抗蒙古。及仲德勤王東下，乃以世顯代之。世顯勵志自奮，糧械精贍。

51 十一月，喬行簡累疏乞歸田，不允。

52 金完顏用安欲圖山東，累徵兵于徐、宿，王德全、劉安國不應。會金主以密詔徵兵東方，用安因聲言入援，駐師徐州城下以招德全，德全不出，殺封仙，遣杜政出城。會安國與宿帥重僧努引兵入援，至臨渙，用安遣人殺安國，因攻徐州。三月不能下，退歸漣水，以軍食不給，來乞糧，朝廷許之，用安卽日改從宋衣冠，而陰通于金。糧乏，卒多流亡，乃以嚴刑禁亡者，血流滿道。

53 十二月，丙子朔，進封才人賈氏爲貴妃。

54 辛巳，以皇太后疾，大赦。壬午，皇太后楊氏崩。辛卯，帝詣慈明殿行奠酹禮。遵遺詔，外朝以日易月，宮中行三年喪。

喬行簡上疏曰：「向者陛下內庭舉動，皆有稟承，小人縱有蠱惑干求之心，猶有忌憚而不敢發。今者安能保小人之不萌是心，陛下又安能保聖心之不無少肆？陛下爲天下君，當懋建皇極，一循大公；不應私徇小人，爲其所誤。凡爲此者，皆戚畹肺腑之親，近習貴幸之臣，奔走使令之輩，外取貨財，內壞綱紀；上以罔人君之聰明，來天下之怨謗，下以撓官府之公道，亂民間之曲直。縱而不已，其勢必至于假采聽之言而動傷善類，設衆人之譽而進拔憸人，借納忠效勤之意而售其陰險巧佞之姦，日積月累，氣勢益張，人主之威權，將爲所竊弄而不自知矣。陛下衰絰在身，愈當警戒，宮庭之間，既無所嚴憚，嬪御之人，又視昔加多。以春秋方富之年，居聲色易縱之地，萬一不能自制，必于盛德大有虧損，願陛下常加警省。」

55 蒙古遣王檝來議夾攻金人，京湖安撫制置使史嵩之以聞，帝命嵩之報使。嵩之乃遣鄒伸之往報蒙古，許俟成功，以河南地來歸。

56 金主以糧盡援絕，勢益危急，遣近侍就白華問計。華附奏言：「車駕當出就外兵，留荆王監國，任其裁處。陛下既出，遣使告語北朝：『我出，非他處收整兵馬，止以軍卒擅殺唐慶，和議從此斷絕；京師今付之荆王，乞我一二州以老耳。』如此，則太后、皇族可存。正如春秋紀季入齊爲附庸之事，陛下亦得少安矣。」遂起華爲右司郎中。

召諸臣議親出，或言歸德四面皆水，可以自保，或言宜沿西山入鄧，或言設欲入鄧，蒙古蘇布特在汝州，不如取陳、蔡路轉往鄧下。金主未決，復以問華，華曰：「歸德城雖堅，久而食盡，坐以待斃，決不可往。既汝州有蘇布特，則鄧下亦不可往。以今日事勢，止有背城之戰，如博徒所謂孤注者，便當直赴汝州，與之一決。然汝州戰不如半塗戰，半塗戰不如出城戰，蓋我軍馬之食力猶在也。若出京益遠，軍食日減，馬食野草，事愈難矣。若我軍便得戰，存亡決此一舉，外則可以激三軍之氣，內則可以慰都人之心。或止爲避遷計，人心顧戀家業，未必毅然從行，可詳審之。」

禮部尚書舒穆嚕（舊作石抹。）世勣，率朝官劉肅、田芝等二十人，詣仁安殿言于金主曰：「臣等聞陛下欲親出，竊謂此行不便。」金主曰：「我不出，軍分爲二：一軍守，一軍出戰；我出則合爲一。」世勣曰：「陛下出則軍分爲三：一守，一戰，一中軍護從，不若不出之爲愈也。」金主曰：「卿等不知，我若得完顏仲德、武仙，付之兵事，何勞我出！今日將兵者，官努（舊作官奴，今改。）統馬兵三百止矣，劉益將步兵五千止矣，欲不自將，得乎？」又指御榻曰：「我此行豈復有還期！但恨我無罪亡國耳！我未嘗奢侈，未嘗信任小人。」世勣應聲曰：「陛下用小人則亦有之。」金主曰：「小人謂誰？」世勣歷數曰：「都察遜、舊作溫敦昌孫，今改。完顏長樂等，皆小人也。陛下不知爲小人，所以用之。」肅與世勣復多所言，良久，君臣涕泣而罷。

57 乙酉，金主集軍士于大慶殿，諭以京城食盡，今擬親出。諸將佐合辭言曰：「陛下不可親出，止可命將。」金主欲以富察官努爲馬軍帥，高顯爲步軍帥，劉益副之。三人欲奉命，權參知政事內族恩楚舊作訛出，今改。大罵曰：「汝輩把鋤不知高下，國家大事，敢易承耶！」衆默然。唯官努曰：「若將相可了，何至使我輩！」事亦中止。

遂以右丞相薩布、平章拜甡、右副元帥恩楚、左丞李蹊、元帥左監軍圖克坦伯嘉等帥諸軍扈從，參政完顏納紳、舊作奴申，今改。樞副兼知開封府薩尼雅布舊作習捏阿不，今改。等留守。乃發府庫及內府器皿、宮人衣物賜將士。民間鬨傳：「車駕往歸德，軍士家屬留汴，食盡，城中俱餓死矣。縱能至歸德，軍馬所費，支吾復得幾許日！」金主使薩布宣言曰：「前日巡狩之議，止爲白華。今改往汝州索戰矣。」

金主發汴京，與太后、皇后、妃、主別，大慟。至開陽門，詔諭留守兵士曰：「社稷、宗廟在此，汝等壯士，毋以不預進發之數，便謂無功。若守保無虞，將來功賞，豈在戰士下！」聞者皆洒泣。

是日，犖昌元帥完顏仲德援兵至。初，金主徵諸道兵入援，往往觀望不進，或中道遇兵而潰，唯仲德提孤軍千人，歷秦、藍、商、鄧，擷果菜爲食，間關百死至汴，爲金主謀曰：「京西三百里之間無井竈，不可往，不如幸秦、犖。」

金主乃決意東行。甲辰，進次黃陵崗。時拜甡擊蒙古，降其兩砦，得河朔降將，金主赦之，授以印符。羣臣遂固請以河朔諸將爲導，鼓行入開州，取大名、東平，豪傑當有響應者。都察遜曰：「太后、中宮皆在南京，北行萬一不如意，聖主孤身欲何所爲？不如先取衞州，還京爲便。」拜甡曰：「聖體不便鞍馬，今可駐歸德，臣等率降將往東平，因遂經略河朔。」官努曰：「衞州有糧可取。」拜甡曰：「京師且不能守，就得衞州，欲何爲耶？」金主惑之，遂一意向河朔。

蒙古蘇布特聞金主棄汴，復進兵圍之。

58 乙巳，帝詣慈明殿，行大祥祭奠禮。

紹定六年 金天興二年，蒙古太宗五年。（癸巳、一二三三）

1 春，正月，丙午朔，帝不視朝。

2 金主乘舟濟河，大風，後軍不克濟。丁未，蒙古將和爾古訥 舊作回古乃，今改。追擊于南岸，金元帥賀德希 舊作賀都喜，今改。力戰死，兵溺者千人，元帥珠爾、舊作猪兒，今改。都尉赫舍哩譚樗等死之。金主在北岸，望之震懼。庚戌，次漘龐岡，遣拜甡帥師攻衞州，至城下，以御旗招之，城中不應。蒙古聞之，自河南渡河，拜甡遂退師。蒙古史天澤以騎兵躡其後，丁巳，戰于白公廟，金師敗績，拜甡棄軍東遁，元帥劉益，上黨公張開，皆爲民家所殺。金主進次蒲城，復還魏樓邨，猶欲俟蒙古兵至決戰，少頃，拜甡至，倉皇言：「軍已潰，北兵近在隄外，請幸歸德。」金主遂與副元帥和爾和（舊作合里合，今改。）等六七人，夜登舟，潛渡河走歸德。翌日，諸軍始聞金主棄師，遂大潰。

金主入歸德，遣奉御珠嘉塔克實布（舊作朮甲塔失不，今改。）往汴京，奉迎太后及后妃，諸軍怨憤。拜甡自蒲城還，不敢入，金主召拜甡至，數其罪，下獄死，仍籍其家財以賜將士，曰：「汝輩宜竭忠力，毋如斯人誤國！」

初，瀕河居民聞金主北渡，築垣塞戶，潛伏洞穴，及見富察官努一軍號令明肅，所過無絲毫犯，老幼婦女無復畏避。及拜甡往衞州，縱軍四掠，哭聲滿野，所過丘墟，一飯之費至數十金，公私皇皇，民始思叛。故衞州堅守，而蒙古之追，無來援者，以至于敗。

3 蒙古以田雄鎮撫陝西，總管京兆等路事。

時關中郡縣蕭然，雄披荆榛，立官府，開陳禍福，招徠四山堡砦之未降者，獲其人，皆慰遣之，由是歸附日衆。雄乃教民力田，京兆大治。

4初，汴人以金主親出師，日聽捷報，及聞軍敗衞州，倉皇走歸德，始大懼。時蘇布特攻城日急，內外不通，米升至銀二兩，殍死相望，搢紳士女，多行乞于市，至有自食妻子者，諸皮器物皆煮食之，貴家第宅、市樓、肆鋪皆撤以爨。及金主遣使至汴奉迎兩宮，人情益不安。西南〔面〕元帥崔立，性淫狡，因民洶洶，與其黨韓鐸、藥安國等潛謀作亂。

左司都事元好問謂薩尼雅布曰：「自車駕出京，今二十日許，又遣使迎兩宮，民間皆謂國家欲棄京城，相公何以處之？」薩尼雅布曰：「吾二人惟有一死爾。」好問曰：「死不難。誠能安社稷，救生靈，死可也。如其不然，徒欲以一身餉五十紅衲軍，亦謂之死耶？」薩尼雅布不答。

5丁卯，金太后、皇后發，行至陳留，見城外二三處火起，疑有兵，復馳還汴京。

戊辰，崔立率甲士二百，橫刃入省中，拔劍指完顏納紳及薩尼雅布曰：「京城危困已極，二公坐視何也？」二相曰：「有事當好議之，何遽如是！」立麾其黨先殺薩尼雅布，次殺納紳及左司郎中納哈塔（舊作納合。）德輝等十餘人。卽諭百姓曰：「吾爲二相閉門無謀，今殺之，爲汝一城生靈請命。」衆皆稱快。

金自南遷後，爲宰執者往往無恢復之謀，無事相習低言緩語，互相推讓，以爲養相體。每有四方災異，民間疾苦，將以奏，必相謂曰：「恐聖主心困。」事至危處輒罷散，曰：「俟再議。」已而復然。或有言當改革者，輒以生事抑之，故所用必擇愞熟無鋒鋩者用之。每蒙古兵壓境，則君臣相對泣下，或殿上發長吁而已。兵退，則張大其（大張具），事（校者按：事字衍。）

會飲黃閣中矣。

崔立勒兵入宮，集百官議所立。立曰：「衛紹王太子從恪，其妹公主在北兵中，可立之。」乃遣韓鐸以太后命往召從恪至，以太后誥命爲梁王，監國，百官拜舞，遂送款詣蘇布特軍。立自爲太師、都元帥、尙書令、鄭王，【考異】歸潛志云：太后拜立爲左丞相、都元帥、壽國公。金史祇載立自爲鄭王而不及壽國之封，蓋以其事爲不足載也。弟倚爲平章政事，侃爲殿前都點檢，其黨皆拜官。開封判官李羽翼棄官去，戶部主事鄭著召不起。右副點檢都察額哷、（舊作溫敦阿里，今改。）左右司員外郎聶天驥、御史大夫費摩阿固岱、諫議大夫、左右司郎中烏古遜納紳、左副點檢完顏阿薩、（舊作阿散。）戶部尙書完顏珠赫、講議富察（舊作蒲察。）琦、奉御完顏瑪格（舊作忙哥。）皆死焉。瑪格將死，與其妻溫特赫氏（舊作溫特罕氏。）訣。溫特赫氏曰：「君能爲國家死，我不能爲君死乎！」夫婦以一繩同縊，其婢從之。

壬申，蘇布特至青城，崔立服御衣儀衛往見之。蘇布特喜，飲之酒，立以父事之。還城，悉燒樓櫓，蘇布特益喜。

立託以軍前索隨駕官吏家屬、軍民子女，聚之省中親閱之，日亂數人；猶以爲不足，乃禁民間嫁娶，有以一女之故致數人死者。總領完顏長樂妻富察氏、臨洮總管圖們呼圖克捫〔們〕（舊作陁滿胡土門。）妻烏庫哩（舊作烏古論。）氏、進士張伯豪妻聶舜英及參政完顏素蘭妻，義不爲所汚，皆自盡。未幾，立遷梁王及宗族近屬于宮中，以腹心守之，限其出入。以荆王府爲私第，取內府珍玩充實之。

羣小附和，請建功德碑，翟奕以尚書省命翰林直學士藁城王若虛爲文。若虛私謂左右司員外郎元好問曰：「今召我作碑，不從則死；作之則名節掃地，不若死之爲愈。然我姑以理喻之。」乃謂奕曰：「丞相功德碑，當指何事爲言？」奕怒曰：「丞相以京城降，活生靈百萬，非功德乎？」若虛曰：「學士代王言，功德碑謂之代王言，可乎？且丞相既以城降，則朝官皆出其門，自古豈有門下人爲主帥誦功德，而可信於後世哉？」奕不能強。乃召太學生劉祁、麻革赴省，好問等喻以立碑事，曰：「衆議推二君，且已白鄭王矣。二君其無讓。」祁等固辭而別。數日，促迫不已，祁即爲草定，以付好問。好問意未愜，乃自爲之。既成，以示若虛，乃共删定數字，然止直敍其事而已。既以兵事，碑不果立。【考異】崔立立碑事，金史略本於歸潛志而删潤之。按歸潛志云：崔立既變，以南京降，自負其有救一城生靈功，謂左司員外郎元裕之曰：「汝等何時立一石書吾反狀耶？」時立國柄入手，生殺在一言，省庭日流血，上下震悚，諸在位者畏之，於是乎有立碑頌功德議。是初議立碑，元好問已預其議也。志又言：偕麻革見首領官張信之、元裕之二人，曰：「今鄭王以一身救百萬生靈，其功德誠可嘉。今在京官吏父老，欲爲立碑紀其事，衆議屬之二君，且已白鄭王矣。二君其無讓。」予即辭曰：「祁輩布衣無職，此非所當爲。況有翰林諸公，如王丈從之及裕之輩在，祁等不敢。」裕之曰：「此事出於衆心，且吾曹生自王得之，爲之何辭？君等無讓。」予即曰：「吾當見王丈論之。」裕之曰：「王論亦如此矣。」予即趨出，至學士院，見王丈。時修撰張子忠、應奉張元美亦在焉。予因語其事，且曰：「此實諸公職，某等何與焉！」王曰：「此事議久矣，蓋以院中人爲之，若尙書檄學士院作，非出於在京官吏父老心。若自布衣中爲之，乃衆欲也。且子未仕在布衣，今士民屬子，子爲之，亦不傷於義也。」余於是悟諸公自以仕金顯達，欲避其名，以嫁諸布衣，因遜讓而別。此祁述元好問、王若虛勸作碑文之事。所謂王丈，即若虛也。志又云：連延數日，又被督促，知不能辭，即略爲草定，付裕之。一二日後，召赴省，留宿省中。裕之曰：「鄭王碑文，今夕可畢手也。」余曰：「有諸公在，諸公爲之。」王丈謂余曰：「此事鄭王已知，衆人請太學中名士作，子如堅拒，使王知諸生輩不肯作，是不許其以城降也，則銜之次骨，搢紳俱受禍矣，是子以一人累衆也。且子有老祖母、老母在堂，今一觸其鋒，禍及親族，何以爲智？子熟思之。」予惟以非職辭，久之，且曰：「予既爲草定，不當諸公意，請改命他人。」諸公不許，促迫甚。予知其事無可柰何，則曰：「吾素不知館閣體，今夕諸公共議之。如諸公避其名，但書其名在諸公後。」於是裕之引紙落筆。王丈又曰：「此文姑使裕之作，以爲君作，又何妨！且君集中不載亦可也。」予曰：「裕之作正宜。」碑文既成，以示王丈及余，王丈爲定數字。其文止實敍事，亦無褒稱立言。裕之即於燭前焚其稿。遲明，余輩趨去。此述逼祁爲文，而碑文實出於元好問也。志又云：立坐朝堂，諸宰執、首領官共歎其文以爲壽，遂召余等俱至立第。俄而首領官齎告身三通以出，付余輩曰：「特賜進士出身。」因爲余輩賀。後聞求亘石不得，省門左舊有宋徽宗甘露寺碑，有司取而磨之。工書人張君庸者求書，刻方畢，北兵入城縱剽，余輩狼狽而出，不知其竟能立否。此述其刻碑事也。祁之言，歸咎於元好問者至矣。然元好問遺山集有外家別業上梁文云：「初，一軍搆亂，羣小歸功，劫太學之名流，文鄭人之逆節，命由威制，佞豈願爲！就磨甘露御書之碑，細刻錦溪書叟之筆。蜀家降款，具存李昊之世修；趙王禪文，何預陸機之手迹！伊誰受賞，於我嫁名！悼同聲同氣之間，有無罪無辜之謗。耿孤懷之自信，聽衆口之交攻，果吮癰舐痔之自甘，雖竄海投山其何恨！維彼證龜而作鼈，始於養虺以成蛇。追韓之騎甫還，射羿之弓隨彀。以流言之自止，知神聖之可憑。」此好問自辨其誣，蓋以祁等授進士告身，故曰「伊誰受賞」！自以爲無引紙落筆及燬前焚稿之事，故曰「於我嫁名」也。然郝天挺紀立碑事，亦於好問有微詞，祁又引曹通甫詩爲證。通甫，卽曹居一之字，元人亦稱爲曹聽翁也。當日變起倉卒，好問諸人不能潔身遠去，巽詞免禍，均有不得辭其咎者。事過之後，互相推諉，恐皆未得其平允也。郝經陵川集有甘露碑詩云：「勒文頌德召學士，滹南先生付一死。林希更不顧名節，兄爲起草弟親刻。作詩爲告曹聽翁，且莫獨罪元遺山。」此持平之論也。今仍從金史書之。

6 二月，丁丑，以余天錫爲禮部侍郎兼侍讀。

7 屯田郎官王定言嚴州歲歉，又言義倉爲官吏蠹耗，帝曰：「此是民戶寄留於官，專爲水旱之備者，柰何耗之？」定曰：「當擇邑官及鄉里之賢者分任其事。」

8 戊戌，上皇太后謚曰恭聖仁烈皇后。【考異】宋史作丁丑，今從宋史全文。

9 蒙古遣皇子庫裕克舊作貴由，今改。將左翼軍討富鮮萬努舊作（蒲鮮）萬奴，今改。於遼東。

10 三月，丙辰，大雨雹。

11 金主在歸德，隨駕親軍及潰軍漸集，實嘉紐勒歡懼不能給，白于金主，請遣出城，就糧于徐、宿、陳三州。金主不得已從之，止留富察官努忠孝軍馬四百五十人，馬用軍七百人。諸軍既出城，金主召官努曰：「紐勒歡盡散衞兵，卿當小心。」

官努以馬用本歸德小校，一旦拔起，心常輕之，又以金主時獨召用計事，因謀圖用。時蒙古特穆爾岱圍亳州，日遣兵薄歸德，民心搖搖。官努請北渡河，再圖恢復，紐勒歡沮之。官努不悦，乃私與完顔用安謀邀金主幸海州，金主不從。官努積忿，異志益定。李蹊以聞，金主深憂之，乃諭馬軍總領赫舍哩阿里哈、內族習顯陰察其動靜，阿里哈反以金主意告官努。金主復懼官努及用相圖，因以爲亂，命宰執置酒合解之，用卽撤備。戊辰，官努乘隙率衆攻用，殺之，遂以卒五十人守行宮，劫朝官，聚于都水摩和納 舊作毛花輦，今改。 宅，以兵監之。驅紐勒歡至其家，悉出所有金貝，然後殺之。乃遣都尉馬實被甲持刃，劫直長巴納紳 舊作巴〔把〕奴申，今改。 于金主前。金主擲所握劍于地，謂實曰：「爲我言于元帥，我左右止有此人，且留侍我。」實乃退。

官努因大殺朝官李蹊以下凡三百人，軍士死者三十人。薄暮，官努提兵入見，言：「紐勒歡反，臣殺之矣！」金主不得已暴紐勒歡罪，而以官努權參知政事兼左副元帥。

官努矯詔召徐州行省完顏仲德赴行在，徐州官屬懼爲官努所紿，勸仲德勿往。仲德曰：「君父之命，豈辨眞僞耶？死亦當往！」尋使者至，果官努之詐，乃止。

12江淮制置使趙善湘入見，帝曰：「中原機會，卿意以爲何如？」善湘對曰：「中原乃已壞之勢，恐未易爲力。邊地連年干戈，兵民勞役，當休養葺治，使自守有餘，然後經理境外。今雖有機會，未見可圖。」帝曰：「自守誠是也。」

13趙至道言：「陛下躬南面尊事之敬，答東朝擁佑之恩，養致其樂，疾致其憂，喪致其哀，其爲孝無以加矣。繼茲以往，天命必畏，祖宗必法，君子必親，小人必遠，女謁必禁，小民必思懷保，政事必務修飭，斯足盡始終之孝。」帝然之。

14金右丞特嘉（舊作赤盞。）尉忻，致仕居汴，聞蒙古兵將入城，召家人付以後事，望睢陽慟哭，自縊死。

特嘉喀齊喀既廢，常怏怏，蘇布特遣人招之，卽治裝欲行。諳省別崔立，方對語，適一人自歸德持文書至，發視之，乃金主諭喀齊喀反正者也，立怒，叱左右斬之。

續資治通鑑卷第一百六十七

賜進士及第兵部尚書兼都察院右都御史總督湖北湖南等處地方軍務兼理糧餉世襲二等輕車都尉畢沅編集

宋紀一百六十七 起昭陽大荒落（癸巳）四月，盡閼逢敦牂（甲午）十二月，凡一年有奇。

理宗建道備德大功復興烈文仁武聖明安孝皇帝

紹定六年 金天興二年，蒙古太宗五年。（癸巳、一二三三）

1 夏，四月，壬寅，葬恭聖仁烈皇后于永茂陵。

2 金崔立以天子袞冕、后服進于蘇布特，（舊作速不台。）又括在城金銀，搜索薰灌，訊掠慘酷，金主姨郕國夫人、平章拜甡（舊作白撒。）妻、右丞李蹊妻皆死杖下。貴族富人不堪其毒，或相語曰：「攻城後七八日中，諸門出葬者百萬，恨不早預其數！」

立時與其妻入宮，兩宮賜之不可勝計。立因諷太后作書陳天時人事，遣金主乳母入歸德招降。

立遂以太后、皇后、梁王、荆王及諸妃嬪，凡車三十七兩，宗室男女五百餘人，衍聖公孔元楷〔楷〕等及三教、醫、卜、工匠、繡女赴青城。劉祁竊歎曰：「此國初受宋降處也，今乃復至此乎！」蘇布特殺梁、荊二王及族屬，而送后、妃等於和林。寶符李氏行至宣德州，自縊于摩訶院佛像前，且書其門曰：「寶符御侍此處身故。」見者哀之。諸后妃不知所終。

蘇布特入汴京，以金人擅殺唐慶，取諸宰執家屬治罪，故相侯摯見殺。崔立時在城外，兵先入其家，取其妻、妾、寶玉以出。立歸，大慟而已。

初，蒙古之制，凡攻城不降，矢石一發則屠之。汴京既破，蘇布特遣使言于蒙古主曰：「此城相抗日久，士卒多傷，請屠其城。」耶律楚材聞之，馳見蒙古主曰：「將士暴露數十年，所爭者土地人民耳；得地無民，將焉用之！」蒙古主未許。楚材又曰：「凡弓矢、甲仗、金玉等匠及官民富貴之家，皆聚此城，殺之則一無所得，是徒勞也。」乃詔除完顏氏一族外，餘皆原免。時避兵在汴者尚百四十萬戶，皆得保全。遂爲定制。

蘇布特以汴多飢民，下令縱其北渡就食。

金唐、鄧州行省武仙次于順陽，與唐州守將武天錫、鄧州守將伊喇瑗（舊作移剌瑗。）相掎角，謀迎金主入蜀，遂侵光化，其鋒甚銳。孟珙逼天錫壘，一鼓拔之。壯士張子良，得天錫首以獻，俘將士四百餘人。又敗金人于呂堰，俘獲不可勝計，遂攻順陽，武仙敗走馬蹬山，縣令李英及申州安撫張林，皆以城降。珙言于史嵩之曰：「歸附之人，宜因其土地而使之耕，因其人民而立之長，少壯籍爲軍，俾自耕自守，才能者分以土地，任以職事，使各招其徒以殺其勢。」嵩之從之。

4 乙酉，錄行都繫囚。

5 五月，金鄧州節度使伊喇瑗以其州來降。

初，金主遣右司郎中白華召鄧兵入援，事久不濟，淹留于館。會瑗以鄧降，華亦從至襄陽，帥臣署華爲制幹，尋改鈞州提督。其後州將范用吉殺長吏，送款于蒙古，華因北歸。華以宿儒貴顯，國危不能以義自處，爲時所貶。

6 衞州白公廟之潰，富察官努（舊作蒲察官奴。）母爲蒙古所獲，金主命官努因其母以請和，官努乃詣亳州，密與特穆爾岱（舊作忒木觧，今改。）言，欲劫金主以降。特穆爾岱信之，還其母，因定和計，官努乃日往來講議，或乘舟中流會飲。其遣來使者二十餘輩，金主密令官努以金銀牌與之，勿令還營，因知王家寺大將所在，官努乃定斫營之策。端午日，祭天，軍中因備火槍戰具，官努夜率忠孝軍四百五十人登舟，殺守隄邏卒，徑至王家寺特穆爾岱之營。金主御北門，繫舟待之，慮不勝則走徐州。四更，接戰，忠孝軍卻而復進，官努以小船分軍五七十出柵外，腹背攻之，持火槍入蒙古軍。特穆爾岱不能支，大潰，溺死三千五百餘人，官努盡焚其柵而還。遂拜眞左副元帥、參知政事，命習顯總其軍以守亳州。

7官努既敗特穆爾代，勢益暴橫，居金主于照碧堂，諸臣無一人敢奏對者。金主悲泣，語近侍曰：「自古無不亡之國，不死之君，但恨我不知人，爲此奴所困耳！」于是內(侍)局令宋珪、奉御紐祜祿溫綽、(舊作女奚烈完出，今改。)烏古遜愛實(烏古遜舊作吾古孫，今改。)等，密謀誅官努，且聞蔡州城池堅深，兵衆糧廣，咸勸如蔡州。會蔡、息、陳、潁等州便宜總帥烏庫哩(舊作烏古論。)鎬運米四百斛至歸德，且請臨幸，金主遂決策如蔡。六月，乙卯，官努自亳州還，力陳不可，至於扼腕頓足，意趣叵測，因出，號於衆曰：「敢言南遷者斬！」衆諷金主早爲計，金主遂與珪等謀召宰相議事，而令溫綽伏照碧堂門間，官努入，溫綽從後刺其肋，金主亦拔劍斫之，官努中創，投城下以走，溫綽、愛實追殺之。忠孝軍聞變，皆擐甲，溫綽請金主親撫慰之。于是金主御雙門，赦忠孝軍以安反側。

8金主以齊克紳(舊作強伸。)守中京有功，降詔褒諭，授中京留守，又以參政內族色埒(舊作思烈)自南山領軍十餘萬入洛行省事。齊克紳建一堂于洛州驛東，名曰報恩，刻詔文于石，願以死自效。蒙古自汴驅色埒之子于金昌府東門下，誘色埒降，色埒命左右射之。既而聞崔立之變，病不能語而死。

總帥烏凌阿呼圖(舊作烏林答胡土，今改。)代行省事，齊克紳行總帥府事，月餘，糧盡，軍民稍散。蒙古兵復至，陣于洛南，齊克紳陣于水北。蒙古韓元帥匹馬立水濱招降，齊克紳躍而射之。韓奔還陣，率步卒數百奪橋，金軍有一卒，獨立拒之，殺數人，齊克紳卽手解都統銀牌佩之，士氣復振。初，（築戰壘於）城外，四隅至五門內外皆有屏，謂之迷魂牆，蒙古以五百騎迫之，齊克紳率卒二百鼓譟而出，蒙古退走。呼圖以蒙古兵強，卽以輕騎挈妻子奔蔡州，鷹揚都尉獻西門以降。

齊克紳率死士數十突東門出，轉戰至偃師，力盡就執，載以一馬，擁迫而行，將見蒙古帥塔齊爾。舊作塔察兒，今改。齊克紳語不遜，兵卒誘之曰：「汝能北面一屈膝，當貸汝命。」齊克紳不從。左右持使北面，齊克紳拗須（頭）南向，遂殺之。

9 辛卯，金主發歸德，留元帥王璧守之。時久雨，朝士扈從者徒行泥水中，掇青棗爲糧，足脛盡腫。明日，至亳州，金主黃衣、皁笠、金兔鶻帶，以青黃旗二導前，黃繖擁後，從者二三百人，馬五十匹而已。城中父老拜伏道左，金主遣近侍諭以「國家涵養汝輩，百有餘年，今朕無德，令汝塗炭。朕不足言，汝輩無忘祖宗之德。」衆皆呼萬歲，泣下。留一日，進次亳南六十里，避雨雙溝寺中，蒿艾滿目，無一人迹，金主太息曰：「生靈盡矣！」爲之一慟。己亥，入蔡州，父老羅拜于道，見儀衞蕭條，莫不感泣，金主亦歔欷久之。

遂以完顏仲德卽呼沙呼，舊作忽斜虎。爲尚書右丞，總領省院事；烏庫哩鎬爲御史大夫，總帥如故；張天綱權參知政事，富珠哩小洛索（舊作孛朮魯小婁室。）簽書樞密院事。

仲德有文武材，事無巨細，率親爲之，選士括馬，繕治甲兵，未嘗一日忘奉幸秦、鞏之志。近侍久困遷播，幸卽安于蔡，皆娶妻營業，不願遷徙，日夕言西幸不便。時蒙古兵去蔡差遠，商販漸集，金主亦安之，命修見山亭爲遊息之所，遣內侍宋珪選室女備後宮，已得數人。完顏仲德諫曰：「小民無知，將謂陛下駐蹕以來，不聞恢復遠略，而先求處女以示久居，民愚而神不可不畏！」金主曰：「朕以六宮失散，左右無人，故令采擇。今承規誨，敢不敬從！」止留解文義者一人，餘皆放還。

仲德定進馬遷賞格，得馬千餘匹，又遣使分詣諸道，選兵詣蔡，得精銳萬餘，兵威稍振。忠孝軍提控李德，率十餘人乘馬入省大呼，以月糧不優，幾肆罵詈，仲德縛德杖之。金主諭仲德曰：「此軍得力，方以〔欲〕倚用，卿何不容忍之？」仲德對曰：「時方多故，錄功隱過，自陛下之德。至于將帥之職則不然。小犯則決，大犯則誅，強兵悍卒，不可使一日不在紀律。蓋小人之情，縱則驕，驕則難制。睢陽之禍，豈獨官努之罪，亦有司縱之太過耳。今欲更易前轍，不宜愛克厥威。賞必由中，罰則臣任其責。」軍士聞之，無復敢犯法者。

時從官近侍皆窮乏，悉取給于烏庫哩鎬，鎬不能人滿其欲，日夕譖于金主，至以尚食闕供爲言。金主怒，遂疎鎬。鎬憂憤成疾，多不視事。

10 蒙古耶律楚材請以孔元楷襲封衍聖公，從之。

11 秋，七月，乙卯，權知廣德軍石孝隆，進奏民力當惜，帝曰：「州縣催科，歲有增益，朕每聞之，此心惻然。宜以愛民爲念，無負所言。」

12 孟珙大敗金武仙于馬蹬山，降其將劉儀。珙問仙虛實，儀言：「仙所據九砦，其大砦石穴山，以馬蹬山、沙窩、岵山三砦蔽其前。三砦不破，石穴未可圖也。若先破離金砦，則岵山、沙窩孤立矣。」珙乃遣兵攻離金，掩殺幾盡。是夕，復令壯士搗王子山砦，斬金將首而出，遂圍馬蹬，殺戮山積。還，至沙窩西，與金人戰，大捷，未幾，丁順復破默候里砦，于是仙之九砦，六日破其七。珙召儀曰：「此砦既破，板橋、石穴必震，汝能爲我招之乎？」儀請選婦人三百，僞逃歸，懷招安榜以往。

珙料仙勢窮蹙，必上岵山絕頂窺伺，乃令樊文彬駐軍其下。已而仙衆果登山，文彬麾旗，伏兵四起，仙衆失措，枕藉崖谷，殺其將烏沙惹，(舊作兀沙惹。)擒七百三十人，棄鎧甲如山。薄暮，珙進軍至小水河。儀(還)言：「仙謀往商州依險以守，然老稚不願北去。」珙曰：「進兵不可緩。」夜，漏下十刻，召文彬等授方略，丙辰，蓐食啓行。時積雨未霽，文彬患之，珙曰：「此雪夜擒吳元濟之時也。」策馬直至石穴，分兵進攻，自寅至巳，破之。仙走，追至鮎魚砦，仙望見，易服而遁。復戰于銀葫蘆山，又敗之。仙與五六騎奔，追之，隱不見，降其衆七萬。珙還襄陽。

13 八月，蒙古都元帥塔齊爾(舊作塔察兒。)使王檝至襄陽，約攻蔡州。塔齊爾，博勒呼(舊作博爾忽。)之從孫也。

14 史嵩之先以兵會伐唐州,時城中糧盡,人相食,金將烏庫哩黑漢,殺其愛妾以啖士,士爭殺其妻子,官屬聚議欲降,黑漢持之益堅。有總領趙醜兒者,開門納南軍,黑漢率兵巷戰,爲南軍所獲,脅使降,黑漢不屈,遂殺之。主帥富察某爲部曲兵所食,城遂降。南軍駐息州南,降者日衆,息州刺史烏庫哩呼嚕(舊作烏古論忽魯,今改。)懼,請益兵爲備,金主以參知政事穆延烏登(舊作沒撚兀曲〔典〕,今改。)簽書樞密院富珠哩中洛索(舊作孛朮魯中婁室。)帥忠孝軍五百行,金主諭之曰:「蒙古所以常取勝者,恃北方之馬力,就中國之技巧耳,我實難與之敵。至于宋人,何足道哉!朕得甲士三千,縱横江、淮間矣。」以呼嚕畏縮,命瓜勒佳玖珠(舊作夾谷久〔九〕住,今改。)代之。

15 九月,壬寅朔,日有食之。【考異】壬寅,金史紀作癸卯,今從宋紀及宋史全文。

16 辛亥,大饗於明堂,大赦。

17 辛酉,經筵官請以御製敬天、法祖、事親、齊家四十八條及緝熙殿榜殿記宣付史館。

18 蒙古庫裕克(舊作貴由,今改。)攻遼東,舒穆嚕扎拉(舊作石抹查刺,今改。)率黑軍先登,諸軍繼之,擒萬努(舊作萬奴。),遂平遼東,扎拉,額森(舊作也先,今改。)之子也。萬努據遼東十九年,至是始滅。

19 金使完顏阿古岱（舊作阿虎帶。）來乞糧，將行，金主諭之曰：「宋人負朕深矣。朕自卽位以來，戒飭邊將，無犯南界，邊臣有請征討者，未嘗不切責之。向得宋一州，隨卽付與。近淮陰來歸，彼多以金幣爲贖，朕若受財，是貨之也，付之全城，秋毫無犯。清口臨陣，生獲數千人，悉資遣之。今乘我疲敝，據我壽州，誘我鄧州，又攻我唐州，彼爲謀亦淺矣。蒙古滅國四十，以及西夏；夏亡，及于我；我亡，必及于宋。脣亡齒寒，自然之理。若與我連和，所以爲我者，亦爲彼也。卿其以此意曉之。」阿古岱至宋，宋不許。

20 庚戌，金主以重九拜天於節度使廳，羣臣陪從成禮。金主面諭之曰：「國家自開創涵養汝等百有餘年，汝等或以先世立功，或以勞效起身，披堅執銳，積有年矣。今當厄運，與朕同患，可謂忠矣。比聞北兵將至，正汝等立功報國之秋，縱死王事，不失爲忠孝之鬼。往者汝等立功，常慮不爲朝廷所知，今日臨敵，朕親見之矣。汝等勉之。」因賜卮酒。酒未竟，邏騎馳報敵兵數百突至城下，將士踴躍，咸請一戰，金主許之。是日，分防守四面及子城衆出戰，蒙古兵潰奔。塔齊爾以數百騎復駐城東，金主遣兵接戰，又敗之。自是蒙古不復薄城，分築長壘圍之。

21 冬，十月，孟珙、江海帥師二萬，運米三十萬石，赴蒙古之約。【考異】金史以孟珙等助攻蔡於十一月，宋史本紀作十月，今從宋史。塔齊爾大喜，益修攻具，斲木之聲，聞于城中，城中益恐，往往竊議出降。完顏仲德日以國家恩澤、君臣分義撫循其民，且營葺禦備，未嘗入私室。軍民感奮，始有固志。

22金裁冗員，汰冗軍，及定官吏、軍兵月俸。辛巳，縱飢民老稚羸疾者出城，既而出城者多言城中虛實，復禁之。

23甲申，金徐州節度副使郭恩，約原州叛將麻琮襲破徐州。州中將士以蔡州被圍，朝命阻絕，逼於蒙古兵，議出降，行省薩布（舊作賽不。）不從，恐被執，投河，軍士援出之，薩布自縊死。麻琮以州降於蒙古。

24金人自被圍，糧食不給，妖人烏庫哩先生，自言能使軍士服食可不費糧，議者欲援田單假神師故事以駭敵人，金主頗然之。參知政事張天綱，力辨以爲不可，遂止。員外郎王鶚發其從前姦惡，金主曰：「朕幾爲妖人所誑。」遂殺之。

25丙戌，以史彌遠爲太師、左丞相，鄭淸之爲右丞相，並兼樞密使，加食邑千戶。薛極爲樞密使，喬行簡、陳貴誼參知政事。帝諭貴誼曰：「頃聞憂國之言，朕所不忘。」

彌遠拜左相，一日，以疾求解政。詔：「彌遠有定策大功，勤勞王室，宜加優禮。」于是授保寧·昭信節度使、充醴泉觀使，封會稽郡王，奉朝請，二子、一壻、五孫皆加官秩。越八日乙未，卒。

彌遠爲相凡二十六年，用事專且久，權傾內外。初欲反韓侂胄所爲，收召賢才老臣，布于朝廷。及濟王不得其死，論者紛起，遂專任憸壬爲臺諫，一時君子，貶斥殆盡。帝德其擁立，惟言是從，歿而贈官錫諡，恩寵不衰。

26 十一月，乙巳，給事中莫澤，言提舉千秋鴻禧觀梁成大，暴佷貪婪，苟賤無恥，遂寢成大祠命，澤遷刑部尚書。既而臺臣交劾澤貪淫忮害，又論工部尚書李知孝侵欲無厭，皆罷之。三人黨附史彌遠，排斥諸賢；成大尤心術憸巇，凡可賊害忠良者，率攘臂爲之，四方賂遺，列置堂廡，導賓客觀之，欲其效尤。奪占宇文氏賜第，既擯歸，訟之者數百人，朝命毀其廬。雖知孝亦鄙其爲人，嘗曰：「所不堪者，他日與成大同傳耳！」至是皆貶，尋謫居遠州，盡追爵秩，天下快之。

27 丙午，詔改明年爲端平元年。

帝始親政，厲精求治。鄭淸之亦以更化爲己任，收召賢才，擢用之。

28 召陳塤爲樞密院編修官。入對，首言：「天下之安危在宰相。南渡以來，屢失機會。秦檜死，所任万俟卨、沈該耳；韓侂胄死，所任史彌遠耳。此今日所當謹也。」次言：「內廷當嚴宦官之禁，外廷當嚴臺諫之選。」宦者陳洵益陰中之，監察御史王定劾塤，出知常州。

29 進魏了翁爲華文殿待制、知瀘州。

了翁應詔上章論十弊，請復舊典以彰新化：一，復三省之典以重六卿；二，復二府之典以集衆議；三，復都堂之典以重省府；四，復侍從之典以來忠告；五，復經筵之典以熙聖學；六，復臺諫之典以公黜陟；七，復制誥之典以謹命令；八，復聽言之典以通下情；九，復三衙之典以強主威；十，復制閫之典以黜私意。疏列萬言，先引故實，次陳時弊，分別利害，粲若白黑，帝讀之感動。

30 丙寅，權工部侍郎趙范入見。帝問：「近日何者爲急？」范奏曰：「事有本末，有緩急。獎廉退，去姦邪，此國之本務；國未富，兵未強，此今日之急務也。大農課額，大虧於昔，要必有由。至於兵之未強，則緣諸邊近年築城太多，遂分兵力。國家之兵，聚則不少，散則不多。若能散能聚，可守可戰，使江、淮表裏皆有可恃之勢，則戎馬侵突，足以禦之矣。」帝問蒙古議和事，范曰：「爲羈縻之策則可。宣和海上之盟，其初堅如金石，緣倚之太重，備之不至，迄以取禍，此近事之可鑒者。」帝曰：「和豈可恃耶！」丁卯，詔：「趙葵措置沿邊備禦，緩急調遣，並聽便宜。」

31 戊辰，禮部郎中洪咨夔，請召用崔與之、眞德秀、魏了翁，帝然之，命咨夔與王遂並拜御史。

咨夔謂遂曰：「朝無臺諫久矣，要當極本原而先論之。」乃上疏曰：「臣歷考往古治亂之原，權歸人主，政出中書，天下未有不治。權不歸人主，則廉級一夷，綱常且不立，奚政之問！政不出中書，則腹心無寄，必轉而他屬，奚權之攬！此八政馭羣臣所以獨歸之王，而詔之者必天官冢宰也。陛下親政以來，威福操柄，收還掌握，揚庭出令，震撼海宇，天下始知有吾君；元首既明，股肱不容於自惰，撤副封，罷先行，坐政事堂以治事，天下始知有朝廷；此其大權大政亦略舉矣。然中書之弊端，其大者有四：一曰自用，二曰自專，三曰自私，四曰自固。願陛下于從容論道之頃，宣示臣言，俾大臣克初志而加定力，懲往轍而圖方來，以仰稱勵精更始之意。」帝嘉納。

32 己巳，趙葵入見，帝問曰：「金與蒙古交爭，和議如何？」葵對曰：「今邊事未強，軍政未備，且與之和。一年無警，當作兩年預備；若根本既壯，彼或背盟，足可禦敵。臣至淮東，當修車馬，備器械，爲野戰之計，固城壁濠隍，爲強邊之圖，更欲爲陛下經理屯田。」帝曰：「卿規模甚遠，其殫意爲朕展布。」【考異】趙葵所言暫與之和，指蒙古而言。宋史作帝問以金事，而葵對以和，轉似與金和矣。此時宋方助蒙古攻金，何故反欲議和耶？宋史係删削之誤，今據宋史全文酌書之。

33 蔡州攻圍益急，金盡籍民丁防守，民丁不足，復括婦人壯健者假男子衣冠運木石，金主親出撫諭之。

金人自東門出戰，孟珙遮其歸路，得降人，言蔡城中飢，珙曰：「已窘矣，當并力守之，以防突圍。」珙與塔齊爾約，南、北軍毋相犯。塔齊爾遣張柔帥精兵五千薄城，金人鈎二卒以去。柔中流矢如蝟，珙麾先鋒救之，挾柔以出。

十二月，珙進逼柴潭，立柵潭上，命諸將奪柴潭樓。金人來爭，諸軍魚貫而上，遂拔柴潭樓。蔡州恃潭爲固，外卽汝水，潭高于汝五六丈，城上金字號樓，伏巨弩。相傳其下有龍，人不敢近，將士疑畏，珙召麾下飲，再行，謂曰：「柴潭樓非天造地設，伏弩能射遠而不可射近。彼所恃此水耳，決而注之，涸可立待。」遂鑿隄，潭果決入汝。珙命實以薪葦，蒙古亦決練水，于是兩軍皆濟。

己卯，攻外城，破之，進逼土門。金人驅其老稚熬爲油，號人油礮，人不堪其楚，珙遣道士說止之。金帥富珠哩中洛索帥精銳五百，夜出西門，人荷束藁，沃油其上，將燒兩軍寨及礮具。蒙古兵先覺之，伏于隱處，挽強弩百餘，火發，矢亦發，金兵卻走，傷者甚衆，洛索僅以身免。兩軍合攻西城，克之，因墮其城。先是完顏仲德命築寨浚濠爲備，及西城墮，兩軍皆未能入，但于城上立柵自蔽。仲德摘三面精銳，日夕戰禦。

金主謂侍臣曰：「我爲金紫十年，太子十年，人主十年，自知無大過惡，死無所恨。所恨者，祖宗傳祚百年，至我而絕，與古荒淫暴亂之君等爲亡國，獨爲此介介耳！」又曰：「亡國之君，往往爲人囚縶，或爲俘獻，或辱于階庭，或閉之空谷，朕必不至于此。卿等觀之，朕志決矣！」以御用器皿賞戰士。已而微服率兵夜出東城，謀遁去，及柵，遇敵兵，戰而還，殺廐馬以犒將士，然其勢不可爲矣。

34庚辰，樞密使薛極罷。

極與胡榘、聶子述、趙汝述並附史彌遠，最爲親信用事，人謂之「四木」。至是罷，知紹興府兼浙東安撫使。

35戊申，洪咨夔言提舉洞霄宮袁韶，仇視善類，諂附史彌遠，詔罷祠祿。又劾趙善湘、鄭損、陳晐納賂彌遠，怙勢肆姦，失江淮、荆襄、蜀漢人心，罪狀顯著，詔善湘有討李全功，特寢免，晐與祠，損落職與祠。

36是歲，蒙古敕修孔子廟及渾天儀。

端平元年金天興三年，蒙古太宗六年。（甲午、一二三四）

1春，正月，庚子朔，詔求直言。太府卿吳潛應詔陳九事，忤執政意，罷，奉千秋鴻禧祠。

祕書郎董重珍上五事，且曰：「隱蔽君德，昔咎故相，故臣得以專詆權臣；昭明君德，今在陛下，故臣得以責難君父。請召眞德秀、魏了翁用之。」帝謂之曰：「人主之職無他，惟辨君子、小人。」重珍對曰：「君子指小人爲小人，小人亦指君子爲小人。人主當精擇人望，處之要津，正論日聞，則必知君子姓名，小人情狀矣。」詔兼崇政殿說書。重珍戒家事勿以白，務積精神以悟上意。每草奏，齋心盛服，有密啓，則手書削稿，帝稱其忠實。

2 詔舉堪爲將帥者。

3 以曾從龍爲沿江制置使。

4 丙午，詔趙范兼淮西制置副使，任防禦。

5 以不擅嗣濮王。

6 孟珙同蒙古兵圍蔡州，會飲，歌吹聲相接，城中飢窘，歎息而已。

先是辛丑，黑氣壓城上，日無光，出降者言：「城中絕糧已三月，鞍靴敗鼓皆糜煑，且聽以老弱互食，諸軍日以人畜骨和芹泥食之。又往往斬敗軍全隊，拘其肉以食，故欲降者衆。」珙乃令諸軍銜枚，分運雲梯布城下。

金自被圍以來，將帥戰沒甚衆，戊申，以近侍分守四城。蒙古兵鑿西城爲五門以入，督軍鏖戰，及暮乃退，聲言來日復集。是夕，金主集百官，傳位于東面元帥承麟。承麟，世祖之後拜牲之弟也，拜泣不敢受。金主曰：「朕所以付卿者，豈得已哉！以朕肌體肥重，不便鞍馬馳突。卿平日趫捷有將略，萬一得免，祚嗣不絕，此朕志也。」承麟乃起受璽。己酉，即位。

時孟珙之師向南門，至金字樓，列雲梯，令諸將聞鼓則進。馬義先登，趙榮繼之，萬衆競入，大戰城上。烏庫哩鎬及其將帥二百人皆降。時百官稱賀，禮畢，亟出捍敵，而南城已立宋幟。俄頃，四面鼓譟夾攻，聲震天地。南面守者棄門走。孟珙招江海、塔齊爾之師以入，完顏仲德帥精兵一千巷戰，不能禦。金主自經于幽蘭軒，仲德聞之，謂將士曰：「吾君已崩，何以戰爲！吾不能死于亂兵之手，吾赴汝水從吾君矣，諸君其善爲計！」言訖，赴水死。將士皆曰：「相公殉國，吾輩獨不能耶！」于是參政富珠哩小洛索、烏凌阿呼圖、總帥元志、元帥裕珊爾、舊作玉山兒，今改。赫舍哩（舊作紇石烈。）柏壽、烏庫哩和勒端（舊作烏古論桓端。）及軍士五百餘人皆從死焉。

仲德狀貌不踰常人，平生喜怒未嘗妄發，聞人過，常護諱之，雖在軍旅，手不釋卷。家素貧，斂衣糲食，終其身晏如也。雅好賓客及薦舉人才，人有寸長，必極口稱道。其掌軍務，賞罰明信，號令嚴整，故所至軍民咸樂爲用，危急死生之際，無一人有異志者。南遷以後，將相文武忠亮，始終無瑕者，仲德一人而已。

承麟退保子城，聞金主殂，率羣臣入哭，因謂衆曰：「先帝在位十年，勤儉寬仁，圖復舊業，有志未就，可哀也已！宜謚曰哀。」【考異】元史列傳多稱金末主爲義宗，今從金史作哀宗。奠未畢，城破，諸將禁兵共舉火焚之，奉御完顏絳山收其骨，將瘞之汝水上。江海入宮，執參政張天綱以歸，孟珙問金主所在，天綱以實告，曰：「城危時，即取寶玉置小室，環以草，號泣自經，曰：『死便火我，』」煙燄未絕，珙乃與塔齊爾分金主骨及寶玉、法物。承麟亦爲亂兵所殺。金亡。

先是金有都提控畢資倫者，爲邊將所獲，囚于鎭江土獄，脅誘百端，終不肯降，至此已十四年矣。及聞金主自經，歎曰：「吾無所望矣，容吾一祭吾君乃降耳。」主者信之，爲屠牛羊，設祭鎭江南岸。資倫祭畢，伏地大哭，投江而死。

7戊辰，史嵩之露布告金亡，以陳、蔡西北地分屬蒙古，蒙古命劉福爲河南道總管。嵩之遣郭春按循故壤，詣奉先縣汎掃祖宗諸陵。孟珙還屯襄陽，江海還屯信陽，王旻戍隨州，王安國守棗陽，蔣成守光化，楊恢守鈞州，並益兵飭備，經理屯田于唐、鄧。

8金穆延烏登行省于息州，與諸將日以歌酒爲樂，軍士淫縱；蔡州破，與富珠哩中洛索、瓜勒佳玖珠等遂款請降，爲金主發喪設祭，上諡曰昭宗。州民因奉烏登爲丞相，中洛索爲平章，舉城南遷，遂焚其樓櫓。蒙古望見火起，追及于羅山，自萬戶以下凡七百人皆被殺。

9二月，辛未，御史洪咨夔言：「陛下親政之始，斥逐李知孝、梁成大，天下固已快之。其餘詔事權姦，黨私罔上，倡淫黷貨，罪大罰輕者，尙在仕籍。」詔俱削秩罷祠。

10丁亥，詔：「端平元年正月以前，諸命官貶竄物故者，許令歸葬。」

11是月，蒙古都元帥張榮破徐州，國安用投水死。【考異】薛氏通鑑作完顏用安自殺。蓋猶以安用爲金人，故書其賜姓也。據金史國用安傳：用安歸漣水，復叛歸於宋。宋史理宗紀：端平三年，七月，詔權徐州國安用力戰而歿，已贈順昌軍節度使，仍官其子國興承節郎。是宋人已爲之贈官廕子矣。今書其本姓。

12 三月，己酉，以賈似道爲籍田令。似道，涉子，貴妃弟也。少落魄爲游博，不事操行，以蔭補嘉興司倉。帝以貴妃故，累擢至太常丞，益恃寵不檢，日縱游諸伎家，夜卽燕遊湖上不返。帝嘗夜憑高望西湖中燈火異常時，語左右曰：「此必似道也。」明日詢之，果然。使京尹史巖之戒之，巖之對曰：「似道雖有少年氣習，然其才可大用也。」

13 史嵩之上所獲遼道宗、金太宗、世宗寶璽七顆，詔貯封椿庫。

14 辛酉，詔遣太常寺主簿朱揚祖、閤門祗候林拓詣洛陽省謁八陵。

15 蒙古兵自河南還，俘獲甚衆，中途逃者十七八，詔居停逃民及資給者滅其家，鄉社亦連坐。由是逃者莫敢舍，多殍死道路。耶律楚材從容進曰：「河南既平，民皆陛下赤子，走復何之！柰何因一俘囚，連死數十百人乎？」蒙古主悟，命除其禁。

16 夏，四月，史嵩之遣使以孟珙所獲金哀宗遺物及寶玉法物幷俘囚張天綱、完顏海罕舊作好海，今改。等獻于行都。

時相侈大其事，洪咨夔曰：「此朽骨耳，函之以葬大理寺可也。第當以金亡告九廟，歸諸祖宗德澤。況與大敵爲鄰，抱虎枕蛟，事變叵測，顧可侈因人之獲，使邊臣論功，朝臣頌德！且陛下知慕崇政受俘之元祐，獨不鑒端門受降之崇寧乎？」帝雖頷之，不悉從也。丙戌，備禮告于太廟，藏金哀宗骨于大理獄庫。加孟珙帶御器械，江海以下論功行賞有差。

知臨安府薛瓊問張天綱曰：「有何面目到此？」天綱曰：「國之興亡，何代無之！我金之亡，比汝二帝何如？」瓊叱之。明日，奏其語，帝召天綱問曰：「汝眞不畏死耶？」天綱對曰：「大丈夫患死之不中節耳，何畏之有！」因祈死不已，帝不聽。初，有司令天綱供狀，必欲書金主爲虜主，天綱曰：「殺卽殺，焉用狀爲！」有司不能屈，聽其所供，天綱但書故主而已。【考異】金史張天綱傳，載天綱被俘後，對宋人語甚激烈，其意在求速死耳。金史云：後不知所終。則天綱後事，金人未能詳也。宋史全文載端平元年，四月，甲午，樞密院奏乞令殿前司借補張天綱武翼大夫、本司計議官，借補完顏海罕保義郎、本司副將，並給袍笏靴帶，從之。是宋人嘗授天綱以官矣。汪劍潭謂當大書於簡，以正金史之訛。余謂兩國交兵，各紀所聞，容有不盡實者。如五代薛史書劉仁贍降，則仁贍未嘗降也；宋史書康保裔死，則保裔未嘗死也。宋人授天綱官，自是實事，特未知天綱受職否耳。姑記於此，以俟博聞。

17 監察御史王遂言：「史嵩之本不知兵，矜功自侈，謀身詭祕，欺君誤國，留之襄陽一日，則有一日之憂。」不報。洪咨夔亦言：「殘金雖滅，鄰國方強，益嚴守備，猶恐不逮，豈可動色相賀，渙然解體，以重方來之憂！」

18 丁酉，臣僚言：「江淮、荆襄諸路都大提點坑冶吳淵，恃才貪虐，籍人家貲，以數百萬計。其弟濳，違道干譽，引用匪類。」詔並落職放罷。

19五月，庚子，觀文殿大學士、致仕薛極卒。

20左司郎官李宗勉言四事：「守公道以悅人心，行實政以興治功，謹命令以一觀聽，明賞罰以示勸懲。」次言楮弊：「願詔有司，始自乘輿宮掖，下至百司庶府，覈其冗蠹者節之，歲省十萬，則十萬之楮可捐，歲省百萬，則百萬之楮可捐也。行之既久，捐之益多，錢楮相當，所至流轉，則操吾贏縮之柄不在楮矣。」拜監察御史。

時方謀出師汴、洛，宗勉言：「今朝廷安恬，無異於常時。士卒未精銳，資糧未充衍，器械未犀利，城壁未繕修，于斯時也，守禦猶不可，而況進取乎！借曰今日得蔡，明日得海，又明日得宿、亳，然得之者未必可守。萬一含怒蓄忿，變生倉猝，將何以濟！臣之所陳，豈曰外患終不可平，土宇終不可復哉？亦欲量力以有爲，相時而後動耳。願詔大臣，愛日力以修內治，合衆謀以嚴邊防，節冗費以裕邦財，招強勇以壯國勢。仍飭沿邊將帥，毋好虛名而受實害，左控右扼，勿失機先，則以逸待勞，以主禦客，庶可保其無虞。苟使本根壯固，士馬精強，觀釁而動，用兵未晚也。」

21召前江東提點刑獄徐僑爲太常少卿，趣入覲；手疏數十言，皆懇惻剴切。帝數慰諭之，顧見其衣履垢敝，愀然謂曰：「卿何以清貧若此？」僑對曰：「臣不貧，陛下乃貧耳。」帝曰：

「何爲？」僑曰：「陛下國本未建，疆宇日蹙，權幸用事，將帥非材，旱蝗相仍，盜賊並起，經用無藝，帑藏空虛，民困于橫斂，軍怨于掊克，羣臣養交而天子孤立，國勢阽危而陛下不悟。臣不貧，陛下乃貧耳。」又言：「今女謁、閹宦相爲囊橐，誕爲二豎以處膏肓，而執政大臣又無和、緩之術，陛下此之不慮而耽樂是從，世有扁鵲，將望見而卻走矣。」時女冠吳知古得幸，內侍陳洵直用事，故僑論及之。【考異】宋史以徐僑所言女謁、閹宦爲指閻妃、董宋臣，然其時閻、董未用事也。今改正。帝爲之改容太息。明日，手詔罷邊帥之尤無狀者，申警羣臣，以朋黨爲戒，命有司裁節中外浮費。賜僑金帛甚厚，僑固辭不受。

22 丁未，主管官告院張煜進對，帝問以邊計，煜對曰：「蒙古非金讎可比，但和議難恃，須選將、練兵，儲財、積粟，自固吾圉。俟小使回，可和則姑與之和，然不可撤備。」帝然之。

23 丙寅，詔：「黃榦、李燔、李道傳、陳宓、樓昉、徐宣、胡夢昱等，皆阨于權姦而各行其志，沒齒無怨，其賜謚復官，仍錄用其子。」

24 建陽縣盜發，衆數千人，焚劫邵武、麻沙、長平。

25 金武仙奔澤州，戍兵殺之。

26 蒙古主大會諸王，申嚴條令。郭德海嘗請試天下僧尼道士，選精通經文者千人，有能工藝者則命小通事哈珠舊作合住，今改。領之，餘皆爲民。又請天下置學廩，育人材，立科目，選之入仕。蒙古主頗采其言。

27 六月，壬申，知建寧府兼福建運判袁甫，請蠲漳州歲納丁米錢，泉州、興化軍一體蠲放，從之。

28 戊寅，以喬行簡知樞密院事，資政殿學士曾從龍參知政事，大中大夫鄭性之簽書樞密院事。

先是性之入對，言：「陛下大開言路以通壅蔽，心苟愛君，誰不欲言！言不切直，何能感動！譬如積水，久壅一決，其勢必盛，其聲必激。故言者多則易於取厭，言之激則難於樂受。若少有厭倦，動於辭色，則讒諂乘間，或不自知矣。願陛下恐懼戒謹，尤防其微，以保終譽，則朝綱肅而國體尊矣。」

29 太常少卿徐僑侍講，開陳友愛大義，帝悟，己卯，詔復巴陵縣公竑官爵，有司檢視墓域，以時致祭，仍存卹其家。時竑妻吳氏自請爲尼，特賜號慧淨法空大師，紹興府月給衣資緡錢。

僑又請從祀周敦頤、程顥、程頤、張載、朱熹，以趙汝愚侑食寧宗，帝皆聽納。

30 召許應龍爲禮部郞官。

初，應龍知潮州，盜陳三槍起贛州，出沒江西、閩、廣間，與鍾全相結，勢甚熾。樞密陳韡帥江西，任應龍討捕。應龍調水軍、土兵分扼要害，斷橋開塹，斬本（木）塞途，諭統領官齊敏曰：「兵法攻瑕。今鍾全殘寇將盡，而陳三槍勢方猖獗，若先破鍾，則陳不戰禽矣。」敏如其言，于是諸寇皆平。

至是召入對，帝謂之曰：「卿治潮有聲，與李宗勉治台齊名。」應龍曰：「民無不可化，顧牧民者如何耳。」遷國子司業。徐僑議學校差職，欲先譽望；應龍以爲不若資格，資格一定，則僥倖之門杜而造請之風息，僑然之。

31 詔殿司選精銳千人，命統制婁拱、統領楊辛討捕建陽盜。

32 癸巳，禁毀銅錢作器用并貿易下海。

33 史嵩之進兵部尚書。

時趙范、趙葵，欲乘時撫定中原，建守河、據關、收復三京之議，朝臣多以爲未可，獨鄭清之力主其說。乃命趙范移司黃州，刻日進兵。

范參議官丘岳曰：「方興之敵，新盟而退，氣盛鋒銳，寧肯捐所得以與人耶！我師若往，彼必突至，非惟進退失據；開釁致兵，必自此始。且千里長驅以爭空城，得之當勤餽餉，後必悔之。」范不聽。

嵩之亦言荆襄方爾饑饉，未可興師。

淮西運判杜杲上言曰：「臣備員邊郡，切見沿淮旱蝗連歲，加以調發無度，輦運不時，生聚蕭條，難任征發。中原板蕩，多年不耕，無糧可因。千里饋運，士不宿飽。若虛內以事外，移南以實北，腹心之地，豈不可慮！」

喬行簡時在告，上疏曰：「方今境內之民，困于州縣之貪刻，扼于勢家之兼并，飢寒之氓，常欲乘時而報怨，茶鹽之寇，常欲伺間而竊發。蕭牆之憂，凜未可保。萬一兵興于外，綴于強敵而不得休，潢池赤子，復有如江、閩、東浙之事，其將柰何！夫民至愚而不可忽，內郡武備單弱，民之所素易也。往時江、閩、東浙之寇，皆藉邊兵以制之。今此曹猶多竄伏山谷，窺伺田里，彼知朝廷方有事于北方，其勢不能以相及，寧不動其姦心！臣恐北方未可圖，而南方已先騷動矣，願堅持聖意以絕紛紛之說。」

淮西總領吳潛，亦告執政，論「用兵復河南，不可輕易。以金人既滅，與蒙古爲鄰，法當以和爲形，以守爲實，以戰爲應。自荆襄首納空城，合兵攻蔡，兵事一開，調度寖廣，百姓狼狽，死者枕藉，得城不過荆榛之區，獲俘不過曖昧之骨，而吾之內地，荼毒已甚。近聞有進恢復之畫者，可謂俊傑。然取之若易，守之實難，征行之具，何所取資！民窮不堪，激而爲變，內郡率爲盜賊矣。今日之事，豈容輕議！」皆不聽。

詔知廬州全子才合淮西兵萬人赴汴。

時汴京都尉李伯淵、李琦、李賤奴等爲崔立所侮，謀殺之，及聞子才軍至，伯淵等以書約降，而陽與立謀備禦之策。伯淵夜燒封丘門以警動立，立殊不安，一夕百臥起。比明，伯淵等約立視火，(立)從苑秀、折希顏等數騎往。既還，伯淵送之，倉卒中就馬上抱立，立顧曰：「汝欲殺我耶？」伯淵曰：「殺汝何傷！」即出匕首橫刺之，立墜馬死。伏兵起，元帥三合殺苑秀，折希顏後至，亦被殺。伯淵繫立尸馬尾至内前，號于衆曰：「立殺害劫奪，烝淫暴虐，大逆不道，古今無有，當殺之否？」萬口齊應曰：「寸斬之未稱也！」乃梟立首，望承天門祭哀宗，伯淵以下軍民皆慟，或剖其心生噉之。以三尸挂闕前槐樹上，樹忽拔，人謂樹有靈，亦不欲爲其所汚云。

35全子才次于汴，趙葵自滁州以淮西兵五萬取泗州，由泗趨汴以會之。葵謂子才曰：「我輩始謀據關守河，今已抵汴半月，不急攻洛陽、潼關，何待耶？」子才以糧餉未集對，葵督促益急，乃檄鈐轄范用吉、樊辛、李先、胡顯等提兵萬三千，命淮西制置司機宜文字徐敏子爲監軍，先令西上，又命楊誼以廬州強弩軍萬五千繼之，各給五日糧。

36秋，七月，蒙古主謂羣臣曰：「先帝肇開大業，垂四十年。今中原、西夏、高麗、回鶻諸國，皆已臣附，唯東南一隅，尚阻聲教，朕欲躬行天討，卿等以爲何如？」國王塔斯舊作塔思，一名扎拉衮，舊作查剌溫，亦作查老溫。對曰：「臣家累世受恩，圖報正在今日。臣願仗天威，掃清淮、浙，何勞大駕親臨！」蒙古主喜曰：「塔斯雖年少，英風美績，簡在朕心，終能成我家大事矣。」厚賚而遣之。塔斯，穆呼哩(舊作木華黎。)之孫也。

徐敏子啓行，遣和州寧淮軍正將張迪以二百人趨洛陽。迪至城下，城中寂然無應者，至晚，有民庶三百餘家登城投降，迪與敏子遂帥衆入城。蒙古國王塔斯已引兵南下。時汴隄決，水潦泛溢，糧運不繼，所復州郡皆空城，無兵食可因。敏子入洛之明日，軍食已竭，乃采蒿和麵作餅而食之。

楊誼至洛東三十里，方散坐蓐食，蒙古塔齊爾前鋒將劉亨安，橫槊躍馬，奮突而前，南師奔潰，擁入洛水死者無數，誼僅以身免。塔齊爾拊亨安背曰：「眞驍將也！」是晚，有潰卒奔告于洛者，在洛之師皆奪氣。

八月朔，旦，蒙古兵至洛陽城下立砦，徐敏子與戰，勝負相當。士卒乏糧，因殺馬而食，敏子等不能留，乃班師。

趙葵、全子才在汴，亦以史嵩之不致餽，糧用不繼；蒙古兵又決黃河寸金淀之水以灌南軍，南軍多溺死，遂皆引師南還。

87甲戌，朱揚祖、林拓以八陵圖上進。帝問諸陵相去幾何及陵前澗水新復，揚祖悉以對。帝忍涕太息久之。

初，揚祖等行至襄陽，會諜報蒙古哨騎已及孟津，陝府、潼關、河南皆增屯戍，設伏兵，又聞淮閫刻日進師，衆畏不前，孟珙曰：「淮東之師由淮西溯汴，非旬餘不達。吾選精騎疾馳，不十日可竣事。逮師至東京，吾已歸矣。」于是珙與二使晝夜兼行，至陵下，奉宣御表，成禮而還。

38是月，權知邵武軍王埜討平建陽盜。

39九月，壬寅，趙范以入洛之師敗績，上表劾趙葵、全子才輕遣偏師復西京，趙楷、劉子澄參贊失計，師退無律，致後陣覆敗。詔：「趙葵削一秩，措置河南、京東營田邊備；全子才削一秩，措置唐、鄧、息州營田邊備；劉子澄、趙楷並削職放罷。」又言楊誼一軍之敗，皆由徐敏子、范用吉怠于赴援，致不能支，詔：「用吉降武翼郎，敏子削秩放罷。誼削四秩，勒停，自效。」

40京湖制置使史嵩之罷，以趙范代之。

41冬，十月，召眞德秀爲翰林學士，魏了翁直學士院。

德秀上封事曰：「移江淮甲兵以守無用之空城，運江淮金穀以治不耕之廢壤，富庶之效未期，根本之弊立見。惟陛下審之重之！」旋進戶部尚書。入見，帝謂曰：「卿去國十年，每切思賢。」德秀以大學衍義進，因言于帝曰：「天之所助者順，人之所助者信。陛下欲祈天永命，唯存乎敬而已。敬者，德之聚，儀狄之酒，南威之色，盤游弋射之娛，禽獸狗馬之玩，有一于此，皆足害敬。陛下儻能敬德，以迓續休命，中原終爲吾有。若徒力求之而不反其本，天意難測，臣實憂之。」

魏了翁入對，首乞明君子、小人之辨，以爲進退人物之本，以杜姦邪窺伺之端。次論故相十失猶存。次及修身、齊家、選宗賢、建內學等，皆切于上躬者。他如和議不可信，北軍不可保，軍實財用不可恃，凡十餘端。復口奏利害，晝漏下四十刻而退，帝皆嘉納之。

42 辛卯，參知政事兼同知樞密院事致仕陳貴誼卒。

43 孟珙留襄陽，招中原精銳之士萬五千餘人，分屯漅北、樊城、新野、唐、鄧間，以備蒙古，名鎮北軍。十一月，壬子，詔以襄陽府駐劄御前忠衞軍爲名，命珙兼領之。

44 壬戌，太白經天。

45 十二月，己卯，蒙古遣王檝來責敗盟。辛卯，遣鄒伸之、李復禮、喬仕安、劉溥報謝。自是河、淮之間，無寧息之日矣。

46 蒙古濟南行省嚴實入覲於和林，授東平路行軍萬戶，偏裨賜金符者八人。先是實之所統凡五十餘城，至是惟德、兗、濟、單隸東平。

續資治通鑑卷第一百六十八

賜進士及第兵部尚書兼都察院右都御史總督湖北湖南等處地方軍務兼理糧餉世襲二等輕車都尉 畢沅 編集

宋紀一百六十八 起旃蒙協洽(乙未)正月，盡柔兆涒灘(丙申)十二月，凡二年。

理宗建道備德大功復興烈文仁武聖明安孝皇帝

端平二年 蒙古太宗七年。(乙未、一二三五)

1 春，正月，乙未朔，帝不視朝。

2 丙申，詔：「中書後省，將端平改元以來中外言事書疏，科別其申明條目，速與繳入，以便省覽；繼自今計月類進，送之中書，俾大臣參閱酌行，如紹興故事。」

3 詔：「三衙、沿江、京湖、四川、兩淮制師幷諸處軍帥，非臨陣對敵，至干軍令，不得遽行誅戮；如罪犯顯著，須按實取旨。」

4 庚子，詔：「榮王府、皇后宅置教授各一員。皇后宅可依紹興舊典，四姓小侯立五經師之遺意。」

5丁未，詔：「京湖、四川、兩淮制臣、帥臣，所宜練兵卹民，峙糧繕器，經理營屯，控扼險阻，使警飭之嚴，常如敵至。諸軍將士，昨已第賞，所在速與放行。或一時有失條具，並以名姓來上。其中原歸附人，忠節可尙，當視功推賞，隨材錄用，毋使失職。」

6辛亥，詔曰：「國家進士之科，得人爲盛。比年場屋循習寬縱，易卷、假手、傳義之弊，色色有之。深恐眞才實能，無以自見。可令監試官嚴行覺察，犯者依貢舉條制，取中人就尙書省覆試，以副親策之選。」

7甲寅，禮部尙書兼侍講李𡌴，奏胡瑗、孫復、邵雍、歐陽修、周敦頤、司馬光、蘇軾、張載、程顥、程頤十人，卓然爲學者所宗，宜在從祀之列，又請將子思幷與陞祀，列在十哲之間，從之。

8丙辰，以帶御器械兼權主管侍衞馬軍行司公事孟珙黃州駐劄。

珙入對，帝問恢復。珙對曰：「願陛下寬民力，蓄人材，以俟機會。」問和議，珙曰：「臣介冑之士，當言戰，不當言和。」賜賚甚厚。珙至黃，增埤濬隍，蒐討軍實，邊民來歸者日以千數，爲屋三萬間以居之，厚加賑貸。又慮軍民雜處，因高阜爲齊安、鎭淮二砦，以居諸軍。

9丁巳，詔經筵所進讀通鑑綱目。

10辛酉，以寧淮軍統制程芾爲蒙古通好使，浙西路兵馬鈐轄王全副之，各借金帶服繫。尋以杜顯爲添差通好副使。

時江西安撫使史嵩之力主和議，起居舍人袁甫言：「臣與嵩之同里，未嘗相知；而嵩之父彌忠，則與臣有故。嵩之易於主和，彌忠每戒其輕易。今朝廷甘心用父子異心之人，臣謂不特嵩之易於主和，朝廷亦未免易於用人也。」疏入，不報。

11 詔知衢州蔡節削二秩，以本郡會價抵減故也。

12 二月，甲子朔，日有食之。

13 丁卯，詔：「諸道提點刑獄，以五月按部理囚徒。」

14 蒙古城和林，作萬安宮。

和林本回鶻故城，蒙古以爲會同之所，使安撫使劉敏城之，并命營建萬安宮，設宮闈司，立驛傳，以便貢輸。城成，周圍五里許。

15 蒙古以宋子貞爲東平行臺右司郎中。

子貞，長子人也，先在嚴實幕府，爲詳議官。時蒙古略定中原，諸事草創，實建行臺，統五十餘城，州縣之官，或擢自將校，或起由民伍，率昧於從政，甚者專以掊克聚斂爲能，官吏相與爲貪私以病民。子貞仿前代觀察采訪之制，命官分三道糾察官吏，立爲程式，與爲期會，黜貪惰，獎廉勤，官府始有紀綱，民得蘇息。東平將校占民爲部曲戶，謂之鄉寨，擅其賦稅，幾四百所。子貞請罷歸州縣，實初難之，子貞力言，乃聽，人以爲便。

16 三月，乙巳，以曾從龍兼同知樞密院事，眞德秀參知政事，守吏部尚書兼給事中、侍讀陳卓爲端明殿學士同簽書樞密院事。

17 辛亥，以權兵部尚書余鑄、監察御史丁伯桂同提領會子所官，公共措置商榷收換事宜。

18 乙卯，詔吏部尚書兼給事中兼修國史、實錄院修撰李𡌴專提領高宗正史。

19 夏，四月，都省言：「第十六、十七界會子，散在民間，爲數浩汗；會價日損，物價日昂，若非措置收減，無由增長。」詔：「令封樁庫支撥度牒五萬道，四色官資付身三千道，紫衣師號二千道，封贈敕告一千道，副尉減年公據一千道，發下諸路監司、州郡，廣收兩界會子。」

20 前權發遣肇慶府陳雷奮入對，言廣東民兵首領事，帝曰：「廣東民兵之制如何？」雷奮曰：「止爲保衞鄉井，無調發之擾，無出戍之勞。且臣所奏民兵，不止爲廣東設。伏見親政以來，百度振飭，未見成效大驗者，何也？良由竭東南之力，養百萬之兵，財力既竭，內治不易，兵力既殫，外攘亦難。願陛下於民兵加之意，非惟可以攝姦雄之膽，絕盜賊之萌，當不費億萬而盡得天下精勇之用。」帝曰：「廣西曾行之否？」雷奮曰：「廣西前後帥臣未能行此，然二廣賴民兵之用爲多。如向者廣東峒寇陳三槍之叛，招捕陳韡，正藉民兵協力收獲；如近者廣州戍卒之叛，既自兵變，自難以本州之兵制之，崔與之實率首領民兵登城捍禦，叛卒遂遁，此皆已試之效。陛下若由二廣推而行之，澤被生靈者廣矣。」帝首肯再三。

21 丁卯，臨安火。

22 庚辰，宰執言：「節用自貴近始，積財在於節用，律下當以身先。請將俸給自五月始減半幫支，痛自撙節，以示表勵。」從之。乙酉，刑部尚書李亶請捐俸給之半，繼是卿監亦上捐俸之奏，詔不許。

23 丁亥，太白晝見。

24 戊子，大閱。

25 五月，癸巳朔，監察御史李宗勉言：「廟堂更化之始，將兩界會子亟易，勞費特甚，行之日久，折閱如故。不若節用而省退官吏，充爲內外營繕，支費浮泛，務從節約。其監司、帥守，既無苞苴、饋運之費，儘可撙節以爲稱提之助。」從之。

26 丙申，以軍民交鬨，罷和州防禦使、主管殿前司公事趙勝。以韓昱爲帶御器械，權主管殿前司公事，王鑑帶御器械，權主管步軍兼馬軍司職事。

27 進知平江府張嗣古、知嘉興府趙與篙官各一秩，以和糴有勞也。

28 甲辰，參知政事眞德秀薨，謚文忠。

德秀立朝不滿十年，奏疏皆切當世要務，直聲震朝廷。爲史彌遠所忌，屢擯不用，而聲聞愈彰。仕宦所至有惠政，不愧其言。

29庚戌，以喬行簡兼參知政事。

30六月，癸亥，詔殿前司招制刺一萬人，補諸軍效用闕額。統制常思訓以軍閧，削二秩，勒停，從淮西制司自效；將佐責降有差。復令揀汰軍士，年老無依倘堪披帶者，且與存留。

31戊寅，以鄭清之爲左丞相，喬行簡爲右丞相，並兼樞密使。己卯，以葛洪爲資政殿大學士，仍提舉洞霄宮。

32庚辰，祈雨，錄行在繫囚。

33時會要書成，召李心傳赴闕，爲工部侍郎。

上言：「臣聞大兵之後，必有凶年，蓋其殺戮之多，賦斂之重，使斯民怨怒之氣，上干陰陽之和也。陛下宜與諸大臣掃除亂政，與民更始，以爲消惡運、迎善祥之計。而法弊未嘗更張，民勞不加振德，既無能改於其舊，而殆有甚焉。廉平之吏，所在罕見，而貪利無恥敢於爲惡之人，挾敵興兵，四面而起，以求逞其所欲，如此而望五福來備，百穀用成，是緣木而求魚也。臣考致旱之由，曰和糴增多而民怨，流散無所歸而民怨，檢稅不盡而民怨，籍貲不以罪而民怨，凡此皆起於大兵之後，而勢未有以消之，故愈積而愈極也。成湯，聖主也，而桑林之禱，猶以六事自責。陛下願治，七年於此，災祲饑饉，史不絕書，其故何哉？朝令夕改，靡有常規，則政不節矣；行齋居送，略無罷日，則使民疾矣；陪都園廟，工作甚殷，則土木營矣；潛邸女冠，聲焰滋熾，則女謁盛矣；珍玩之獻，罕聞卻絕，則苞苴行矣；鯁切之言，類多厭棄，則讒夫昌矣；此六事者，一或有焉，猶足以致旱。望亟降罪己之詔，修六事以回天心。羣臣之中，有獻聚斂、剽竊之論以求進者，必重黜之，俾不得以上誣聖德，則旱雖烈猶可弭；不然，民怨於內，敵逼於外，事窮勢迫，何所不至！陛下雖謀臣如雲，猛將如雨，亦不知所以爲策矣。」帝然之。未幾，復以言去，奉祠，居潮州。

34 壬午，以曾從龍知樞密院事，鄭性之同知院事，陳卓簽書院事。

35 賜禮部進士吳叔告以下四百五十四人及第、出身。

36 召崔與之參知政事，不至；帝遣使趣之，且訪以政事人材。

與之上疏曰：「天生人材，自足供一代之用，惟辨其君子小人而已。忠實而有才者，上也；才雖不高而忠實有餘者，次也；用人之道，無踰於此。蓋忠實之才，謂之有德而有才者也。若以君子爲無才，必欲求有才者用之，意向或差，名實無別，君子、小人消長之勢，基於此矣。陛下勵精更始，擢用老成；然以正人爲迂闊而疑其難以集事，以忠言爲矯激而疑其近於好名，任之不專，信之不篤。或謂世數將衰，則人才先已凋謝，如眞德秀、洪咨夔、魏了翁方此柄用，相繼而去。天意固不可曉，至於敢諫之臣，忠於爲國，言未脫口，斥逐隨之，一去而不可復留。人才豈易得，而輕棄如此！陛下悟已往而圖方來，昨以直言去位者亟加峻擢，補外者早與召還，使天下知陛下非疎遠正人，非厭惡忠言，一轉移力耳。陛下收攬大權，悉歸獨斷；謂之獨斷者，必是非利害胸有定見，而後獨斷以行之。比聞獨斷以來，朝廷之事體愈輕，宰相進擬，多沮格不行，或除命中出而宰相不與知。大抵獨斷當以兼聽爲先，儻不兼聽而獨斷，其勢必至於偏聽，實爲亂階，威令雖行於上，而權柄潛移於下矣。」又曰：「比年以來，變故層出，盜賊跳梁，雷雹震驚，星辰乖異，皆非細故。京城之災，七年而兩見，豈數萬戶生靈皆獲罪於天者？百姓凜凜，在于一人，惟有求直言可以裨君德，格天心。」又曰：「戚畹、舊僚，凡有絲髮夤緣者，孰不乘間伺隙以求其大欲；近習之臣，朝夕在側，易於親昵而難於防閑。若謂其所言出於無心，豈知愛惡之私，因此而入，其於聖德，寧無玷乎？」帝覽奏嘉歎，趣召愈力。與之控辭至十三疏，不許。

37蒙古主命皇子庫端、舊作闊端，今改。庫春舊作曲出，今改。等侵蜀漢及江淮，又命皇子庫裕克、舊作貴由，今改。姪莽賚扣舊作蒙哥，今改。伐西域，唐古婁庫齊舊作魯火出，今改。伐高麗。蒙古人每甲一人西征，一人南征，中州戶每戶一人南征，一人征高麗。

初，議者欲遣回回人征江南，漢人征西域，以爲得制御之術，耶律楚材曰：「不可。中原、西域，相去遼遠，未至敵境，人馬疲乏，兼水土異宜，疾疫將生，宜各從其便。」從之。

38秋，七月，戊戌，太白經天。

39崇政殿說書袁甫言：「並命二相，當盡心副委任之意。今中外多事，而左相辭遜，右相畏避，各事形迹，緩急若何！宜宣諭二相，力行公事。」帝曰：「卿議論極當。」

40甲辰，祕書郎兼莊文太子府教授應繇請建儲，帝曰：「此事祖宗自有典故。」繇曰：「仁宗晚年因大臣有請，方能爲此。高宗春秋鼎盛，未誕皇嗣，乃能以天下爲公，選宗室子育之禁中，眞度越千古。」帝然之。

41庚申，禮部尚書魏了翁上十事，不報。

42袁甫進言：「剛之一字，最切於陛下。陛下徒有慕漢宣厲精爲治之名，而乃墮漢元帝、唐文宗柔弱不振之失。元帝、文宗，果斷不用於斥邪佞，反用於逐賢人，此二君不識剛德之眞。所謂眞剛者，當爲之事必行，不當爲者則斷在勿行也。」

43蒙古將昆布哈舊作口溫不花，今改。侵唐州，全子才等棄師走。趙范帥兵敗蒙古於上牐而還。

44閏月，壬戌朔，祕書省正字王邁，言並命二相，宜鈞責任，帝曰：「朕當戒諭二相，使之同心協力，共濟國事。」邁曰：「若不戒飭，恐成朋黨之風。」帝曰：「朕任淸之甚專，但以天下多事，非一相所可理，故以行簡輔之。行簡之用，斷自朕心。」

45己巳，魏了翁進讀大學，因言：「誠字雖係藩邸舊名，考之故事，未嘗偏諱。蓋此字紀綱斯世，若科舉文字皆避，場屋未免疑惑，乞聖語許免迴避，以廣陛下之謙。」詔不必避。

46丁丑，兵部郎官丘岳言軍士貧悴，帝曰：「軍人所請不多，適値物貴，不足贍給，軍心不安，實原於此。」岳請放行戰功及去夏河南諸路恩賞，帝曰：「已曾理會。」岳曰：「外間實未施行。」

47戊寅，喬行簡請「百司庶府，俟宰相每日依時出堂之後，方許退歸，庶事務皆得及時剖決而無滯積之患。」詔：「百司庶府並合遵行，可榜朝堂。」

48壬午，臣僚請「宣諭沿江、兩淮、荊襄帥各釋私憾，協志同謀，調度通用，急難相濟。或玩視詔書，復相疑貳者退之。選大臣有實望者，俾居督府，或畀宣撫之任，置之荊、淮之間，統帥列閫，專其節制而總事權，不惟平居暇日調一其心，臨事之際，亦可如臂指之相使。」從之。

49詔：「大理寺、三衙、臨安府屬縣、兩浙州軍決繫囚，杖以下釋之。仍蠲贓賞錢。」

50丁亥，以全子才及軍器監簿劉子澄相繼夜遁，遺棄輜重，並奪一秩，子才衡州居住，子澄瑞州居住。

51八月，詔：「浙西臨安、平江、嘉興、鎭江府、常州、安吉守臣，將未修復圍田，許官民戶承佃經理。」

52 乙未，太府寺簿王極言：「邇來星變屢形於天，軍變屢作於下，秋成在望，積陰多霖；願陛下積誠以動天，權度邊防，不致鹵莽。」帝然之。

53 軍器局監正杜範言：「陛下親覽大政，二年於茲。今不惟未覩更新之效，或者有漸不如舊之憂，其弊原不過私之一字耳。陛下以天位之重，而私意未能淨盡，天命有德而或濫於私予，天討有罪而或制於私情，左右近習之言，或溺於私聽，土木無益之工，或侈於私費，隆禮貌於尊賢，而用之未盡，溫詞色以納諫，而行之惟艱，此陛下之私有未去也。和衷之美不著，同列之意不孚，集議盈庭，而施行決於私見，諸賢在列，而密計定於私門，此大臣之私有未去也。君相之私，容有未去，則條教之頒，徒爲虛文。近者召用名儒，好議論者從而詆訾訕笑之，陛下一惑其言，卽有厭棄儒學之心，此正賢不肖進退之機也。」

54 甲寅，惠陽、建陽、京口諸軍作亂，討平之。

55 乙卯，以趙汝愚配饗寧宗廟庭，仍圖像於昭勳崇德之閣。

56 主管官告院錢相言：「外而諸帥，內而二相，不相協和。事會孔殷，民情叵測。至於佩劍相笑，矛盾相攻。」帝曰：「諸帥已戒諭。」相曰：「諸帥責任雖分，統制則一。若彼此不知緩急，豈肯相應也！」

57 丁巳，知建昌軍徐㮚朝辭，論江淮海道利害。帝曰：「淮兵不爲不多。」㮚曰：「義勇、忠義雖多，正兵甚少。」帝曰：「義勇亦可。」㮚曰：「皆沿淮戀土之民，未必人人可用。秋高馬肥，當明間諜，嚴邊備。」

58 九月，丙子，李宗勉請詔大臣「檢照鄭寅等所陳節略項目，詳加審訂，始自宮掖，次而朝廷，又次而郡國，皆以節省爲務，毋牽私情，毋惑浮議，日計之雖不足，歲計之則有餘。仍出內帑所儲，收兩界溢數會子，行之數載，自有成功。」從之。

59 己丑，詔：「端平親政以來，務革前弊，禁約求舉馳書事目之類，近聞循習如舊，害政尤甚。自今內而百司，外而臺郡，月具無請托事申御史臺，仍令常切覺察。」

60 冬，十月，蒙古塔斯舊作塔思，今改。破棗陽，庫春徇襄、鄧。塔斯引兵攻郢，郢瀕漢水，城堅，多戰艦，塔斯命造木筏，遣汝上達嚕噶齊舊作達魯花赤，今改。劉巴圖魯舊作拔都爾，今改。將死士五百乘筏進攻，江陵統制李復明力拒之。塔斯引騎兵沿岸迎射，復明戰歿，士卒多溺死。城堅守，不能下，塔斯乃擄掠而還。【考異】宋史本紀，端平二年不載蒙古兵攻郢。據元史太宗紀：七年十月，庫春圍棗陽，拔之，遂徇襄、鄧，入郢，擄人民牛馬數萬而還。塔斯傳亦繫其事於乙未冬，即端平二年也。宋史於端平三年二月，詔以大元兵攻江陵，統制李復明奮勇戰歿，其贈三秩，仍官其二子，死傷士卒趣具姓名來上。蓋用兵在二年之冬，贈卹在三年之春，宋史文有闕略耳。今從元史紀、傳書之。

61金旣亡，郡縣以次降於蒙古，鞏昌總帥汪世顯猶設城守，旣乃與衆議降。會蒙古庫端入蜀，次鞏昌城下，世顯率耆老持牛羊酒幣迎謁道左。庫端謂之曰：「吾征討有年，所至皆下，汝獨固守，何也？」世顯曰：「有君在上，賣國市恩之人，諒所不取。」又問曰：「金亡已久，汝不降，果誰爲耶？」對曰：「大軍迭至，莫知適從。惟殿下仁武不殺，竊意必能保合城軍民，是以降也。」庫端大悅，戒其下秋毫無犯，俾世顯仍舊職，帥所部從征。世顯遂絕嘉陵，進趣大安，庫端資其糧械。

62十一月，乙丑，詔知樞密院事兼參知政事曾從龍爲樞密院使，督視江淮軍馬；禮部（尚書）魏了翁爲端明殿學士、同簽書樞密院事，督視京湖軍馬；以同知樞密院事鄭性之兼權參知政事。

戊辰，詔給兩督視府隨軍支用之費，金各一千兩，銀各五萬兩，度牒各一千道，會子各五百萬緡。

63壬申，都官郎官葛逢，言趙范、趙葵、陳韡，素不同心。帝曰：「置兩督視，須可使諸將協和。」逢又言：「人才難得，過有小大，當多事時，亦當斟酌而用之。」帝曰：「有過者不可例棄。」

64甲戌，臣寮言：「敵侵蜀境，制臣趙彥吶連年調度，師老財殫，兵分力薄，若上流不固，則吳、楚有衝決之勢，願以保蜀爲念。倘有申請，悉爲報從，或遣襄陽援兵，早爲起發。諸司應於錢物無分彼此，悉力傾助以扶其危。」從之。

65 戊子，安南國貢方物。

66 蒙古中書省請契堪（勘）大明曆，從之。

67 十二月，壬寅，魏了翁陛辭，賜便宜詔書，如張浚故事。

了翁在朝凡六月，前後二十餘疏，皆當世急務。帝將引以共政，而忌者相與合謀排擠之，且言了翁知兵體國，乃命出視師。會曾從龍卒，兼命督視江淮。了翁開幕府於江州，以吳潛爲參謀官，趙善瀚、馬光祖爲參議官。

68 甲辰，以余嶸同簽書樞密院事。

69 辛亥，雷。

70 蒙古庫端入沔州，知州事高稼死之。

稼在沔，葺理創殘，招集流散，民皆襁負歸之。及數與蒙古力戰，奇功甚多。至是庫端自鳳州入西川，東路之師多敗，遂擣西池谷，距沔九十里。吏民議退保大安，稼言於制置使趙彥吶曰：「今日之事，有進無退。若能進據險地，以身捍蜀，敵有後顧，必不深入。如倉皇召兵，退守內地，敵長驅而前，蜀事去矣。」彥吶曰：「是吾志也。」已而竟行，留稼守沔。

蒙古自白水闘入六股株，距沔六十里。沔無城，依山爲阻，稼升高鼓噪，盛旗鼓爲疑兵。彥吶至罝口，帳前總管和彥威以軍還沔，召小校楊俊、何璘以兵會，又選精兵千人，命王宣帥以助之。已而蒙古兵大至，璘遁，沔州遂破。衆擁稼出戶，稼叱之不能止，敵圍殺之。彥吶聞稼死，沔州破，乃進屯青野原，蒙古圍之。曹友聞曰：「青野爲蜀咽喉，不可緩也。」即往救之。夜半，截戰，遂解其圍。既而蒙古先鋒汪世顯擣大安，友聞又救之。指揮甫畢，蒙古衆數萬突至，友聞迎戰，又敗之，蒙古乃退。友聞遂引兵入扼仙人關。友聞，彬十二世孫也。

71 杜範、吳昌裔、徐清叟，並擢監察御史，時論翕然稱之。範疏言：「曩者權臣柄用，臺諫必其私人，約言已堅而後出命，其所彈擊，悉承風旨，是以紀綱蕩然，風俗大壞。陛下親政，首用洪咨夔、王遂，痛矯宿弊，斥去姦邪，然廟堂之上，牽制尚多。言及貴近，或委曲迴護，而先行丐祠之請；事有掣肘，或彼此調停，而卒收論罪之章。亦有彈墨尚新而已頒除日，沙汰未幾而旋得美官，自是臺諫風采日以鑠，朝廷紀綱日以壞。」帝深然之。昌裔疏言：「今之朝綱果無所撓乎？言及親故，則爲之留中；言及私暱，則爲之訖了；事有窒礙，則節帖付出；情有嫌疑，則調停寢行。屈風憲之精采，徇人情之去留，士氣銷耎，下情壅滯，非所以糾正官邪，助國脈也。」

72是歲，蒙古詔籍民，自燕京、順天等三十六路，戶八十七萬三千七百八十一，口四百七十五萬四千九百七十五。

端平三年蒙古太宗八年。（丙申、一二三六）

1春，正月，己未朔，詔以星行失度，雷發非時，免天基節上壽宴。

2吳昌裔疏言曰：「今大昕坐朝，間有時不視事之文；私第謁假，或有時不入堂之報。上有耽樂慆逸之漸，下無協恭和衷之風。內則嬖御懷私，爲君心之蠹；外則子弟寡謹，爲明政之累。游言噂沓，寵賂章聞，欲籥勺太和，得乎！」

3蒙古萬安宮落成，諸王各治具來宴會。蒙古主手觴賜耶律楚材曰：「朕之所以推誠任卿者，先帝之命也。非卿，則中原無今日。朕所以得安枕者，卿之力也。」西域諸國及高麗使者來朝，蒙古主指楚材示之曰：「汝國有如此人乎？」皆謝曰：「無有。殆神人也！」蒙古主曰：「朕亦度必無此人。」

4蒙古有于元者，奏行交鈔，耶律楚材曰：「金章宗時初行交鈔，與錢通行，有司以出鈔爲利，收鈔爲諱，謂之老鈔，至以萬貫唯易一餅。民力困竭，國用匱乏，當爲鑒戒。今印造交鈔，宜不過萬錠。」從之。

5壬申，蒙古兵連攻洪山，張順、翁大成等禦之。

6 二月，己丑，大理評事趙崇徹請謹天變于未然，帝曰：「不可不存敬畏之心。」又言今日不可玩者在邊兵，帝曰：「北軍多可慮，方思所以安之。」

7 甲午，詔以統制李復明戰歿江陵，贈三秩，仍官其二子。

8 前知安豐軍王𤫊言：「今日備邊之計，宜於新復州軍，留息以衞光，留壽春以衞安豐，留泗以衞招信，留漣水以衞山陽。」帝曰：「正欲如此。」𤫊又論沿邊事宜，以節制多門爲慮，帝曰：「開督府正欲統一事權。」

9 壬寅，詔侍從、臺諫、給舍條具邊防事。甲辰，起居郎吳泳疏論淮、蜀、荆襄捍禦十事，不報。

10 己酉，詔魏了翁依舊端明殿學士、簽書樞密院事。時廷臣多忌了翁，故謀假出督以外之，雖恩禮赫奕，而督府陳奏，動相牽制。甫二旬，復以建督爲非，遂召還，前後皆非帝意。於是了翁固辭求去。【考異】了翁召還，理宗紀作甲辰，今從宋史全文。

11 以陳韡爲沿江制置使兼知建康府，史嵩之爲淮西制置使兼知廬州。

12 甲寅，以祈雨，決中外繫囚。

13 蒙古主命應州郭勝、鈞州富珠哩玖珠、舊作孛朮魯九住，今改。鄧州趙祥，從皇子庫春充先其棄城也。

鋒南伐。

14三月，戊午朔，詔前知光化軍扈斌，特與貸命，追毁出身以來文字，廣東摧鋒軍拘管，以

15辛酉，廣東英德大水，賑之。

16癸未，太學博士斗祥，進言邊事方急，莫有任其責者。帝問如何，斗祥曰：「此士大夫畏事之過。願陛下奮發剛斷，大明黜陟，庶幾人樂爲用。天下無全才，惟陛下兼收並用，隨才而器使。」帝曰：「然。用其所長，當護其短。」

17京湖制置使趙范在襄陽，以北軍主將王旻、李伯淵、樊文彬、黄國弼等爲腹心，朝夕狎，民訟、邊防，一切廢弛。既而南、北軍交爭，范失於撫御，旻、伯淵焚襄陽城郭倉庫，降於蒙古。時城中官民尚有四萬七千有奇，財粟在倉庫者無慮三十萬，軍器二十四萬〔庫〕，金銀鹽鈔不與焉，皆爲蒙古所有。南軍大將李虎，因亂劫掠，襄陽一空。自岳飛收復以來，百三十年，生聚繁庶，城池高深，甲於西陲，一旦灰燼。范削三官，落職，仍舊職任。

18左司諫李宗勉上言：「均、房、安、蘄、光化等州，兵禍甚烈，然江面可以無憂者，獨有襄陽，今又告變矣。襄陽失則江陵危，江陵危則長江之險不足恃。昔之所慮，猶在秋冬，今之所慮，祇在旦夕。江陵或不守，則事迫勢蹙，必有危亡之憂，悔將何及！」

19是月，蒙古復修孔子廟及司天臺。

20夏，四月，己亥，試將作監兼知臨安府事顏頤仲，論用人當久任，帝曰：「用得其人，不必數易。」又言人主一心，攻之者衆，帝曰：「常持敬心，則不爲外物所移。」

21己酉，以魏了翁爲湖南安撫使、知潭州。了翁復力辭。詔提舉洞霄宮。侍御李韶訟曰：「了翁刻志問學，幾四十年，國家人才，焯然有稱如了翁者幾人？願亟召還，處以台輔。」不報。

22帝追悔開邊釁，命學士吳泳草詔罪己。監察御史王萬謂泳曰：「用兵固失計之甚，恐亦不可示弱。今邊民生意如髮，宜以振厲奮發，興感人心。」泳然之。

癸丑，詔曰：「朕猥以眇躬，獲承丕緒，屬讎金之寖滅，而蒙古之與鄰。不利西南，蓋嘗躪階、成而擾興、沔；其在辛卯，遽乃穿金、房以瞰襄、樊。逮合謀成破蔡之功，恐假道有及虞之勢。心之憂矣，臍可噬乎！固將布失於國中，以志吾過，但使留屯於塞下，自守我疆。忽西陲之弗寧，駭北騎之深入，重以均、房之叛將，發此京湖之禍機，肆荼毒於列城，至蔓延於他路。兵民之死戰鬬，戶口之困流離，室廬靡存，骼胔相望。致援師之暴露，及科役之繁苛，爲之騷然，有足憫者。是皆朕明不能燭，德有未孚，上無以格乎天之心，下無以定乎民之志，遂令有衆，多告非辜。朕方施令發政，以爲綏輯之圖，補卒蒐乘，以嚴守禦之備。想瘡痍之溢目，如疾病之在身。咨爾羣僚，體予至意。」

23 蒙古復破隨、郢二州及荆門軍。

殿中侍御史李宗勉率全臺言曰：「蜀之四路，已失其二，成都隔絶，莫知存亡，諸司退保夔門，未必能守。襄、漢昨失九郡，今郢破，荆門又破，江陵孤城，何以能立！兩淮之地，人民奔迸，井邑丘墟。陛下誠能亟下哀痛之詔，以身率先，深自貶損，出內帑儲蓄，以風動四方。然後勸諭戚畹、世臣，隨力輸財，以佐公家之調度。分上流淮東、淮西爲二帥，而以江淮大帥總之，或因今任，或擇長才，分地而守，聽令而行。公私之財，分給四處，俾之招潰卒，募流民之強壯者，以充游兵，以補軍籍，仍選沿流諸郡將士，爲捍禦之圖，猶可支吾。不然，將水陸俱下，大合荆楚之衆，擾我上流，江以南震蕩矣。或謂其勢強盛，宜於講和，欲出金繒以奉之，是抱薪救火，空國與敵也。」

24 初，蒙古惟事進取，所降之戶，因以予將士，一社之民，各有所主，不相充（統）攝，至是詔括戶口，以大臣呼圖克舊作忽都虎，今改。領之，始隸州縣。

時羣臣皆欲以丁爲戶，耶律楚材以爲不可。衆皆曰：「我朝及西域諸國，莫不以丁爲戶，豈可捨大朝之法而從亡國之政？」耶律楚材曰：「自古有中原者，未嘗以丁爲戶。若果行之，可輸一年之賦，隨卽逃散矣。」蒙古主從之。

及忽〔呼〕圖克以所括中州戶一百四萬上，蒙古主議以眞定民戶奉太后湯沐，諸州民戶分賜諸王、貴戚。楚材曰：「裂土分民，易以生隙。不如多與金帛，足以爲恩。」蒙古主曰：「業已許之矣。」楚材曰：「若置官吏，必自詔命，除恆賦外，不令私自徵斂，差可久矣。」從之。楚材又定賦稅，每一〔二〕戶出絲一斤，以供官用；五戶出絲一斤，以給受賜貴戚、功臣之家。上田每畝稅三升半，中田三升，下田二升半，水田畝五升，商稅三十分之一，鹽價銀一兩四十斤，以爲永額。朝議皆以爲太輕，楚材曰：「作法於涼，其弊猶貪，將來必有以利進者，則今已重矣。」

25 蒙古近臣議收民牝馬，耶律楚材曰：「中原皆田蠶之地，今若行之，後必爲民害。」從之。時工匠製造，糜費官物，十私八九。楚材請皆考覈之，遂爲定制。

26 五月，甲申，以趙葵爲淮東制置使兼知揚州。葵墾田治兵，邊備以飭。

27 六月，癸巳，直煥章閣、知慶元府、沿海制置趙與𥲅朝辭，論沿海便宜及三邊事體。帝曰：「慶元控制海道，如招軍造船、團結訓練等事宜，留意施行。」

28 丁酉，錄行在繫囚。

29 己亥，洪咨夔上遺表。詔：「咨夔鯁亮忠愨，有助親政，可特與執政恩數。」

30 壬寅，權發遣泰州蔡節朝辭，言皇嗣未立，帝曰：「祖宗自有典故，見今討論。」

31甲辰，右正言李韶言：「江西憲司奏吉州太和縣豪民陳聞詩，脅取鄉民田產，殞死者數人。有司勘究，具得其實，事上於朝，尼而未行。官弱民強，漸不可長。請將聞詩同進士出身駁放，仍照條坐罪。」從之。

32戊申，直寶謨閣、知婺州陳庸熙，言當舉皇祐典禮，以太祖、太宗、寧考並配于明堂，詔令禮部、太常寺討論以聞。

33蒙古耶律楚材，請立編修所於燕京，經籍所於平陽，編集經史，召儒士梁陟充長官，以王萬慶、趙著副之。

34秋，七月，丁卯，以同知樞密院事兼權參知政事鄭性之爲參知政事，權刑部尚書兼給事中李鳴復爲端明殿學士、簽書樞密院事。

35甲申，雨血。

36八月，癸巳，以久雨，詔出常平倉米千石，賑糶以平市價。

37戊申，監察御史王極言：「二浙諸郡，雨水爲沴，禾稼害於垂成，請下有司預樁錢米，賑贍災傷，併下倉漕兩司議蠲稅賦，仍錄貧乏，速議賑濟之。」

38蒙古破襄（棗）陽軍、德安府。

初，蒙古破許州，獲金軍資庫使姚樞，楊惟中見之，以兄事樞，與之偕謁蒙古主。至是南伐，詔樞從惟中，卽軍中求儒、釋、道、醫、卜之徒，樞招至稍衆。及破棗陽，特穆爾岱（舊作忒木觧。）欲坑士人，樞力與辨，得脫死者數十。既破德安，得儒者趙復。復以儒學見重於世，及被獲，不欲北行，力求死，樞譬說百端，曰：「徒死無益，隨吾而北，可保無他。」復強從之。至燕，名益著，學徒百人，由是北方始知經學，而樞亦得覩程頤、朱熹之書。

39 九月，己巳，朝饗景靈宮。庚子，朝饗太廟。雷。辛未，有事於明堂，大赦。大雨，震電。癸酉，避正殿，減膳，徹樂，求直言。

40 乙亥，左丞相鄭淸之、右丞相喬行簡並罷，爲觀文殿大學士、醴泉觀使兼侍讀；以崔與之爲右丞相兼樞密使。

41 判潭州王邁應詔上封事曰：「天與寧考之怒久矣。麴糵致疾，妖冶伐性，初秋踰旬，曠不視事，道路憂疑，此天與寧考所以怒也。隱、刺覆絕，攸、熺尊寵，綱淪法斁，上行下效，京率〔卒〕外兵，狂悖迭起，此天與寧考之所以怒也。陛下不是之思，方用漢災異免三公故事，環顧在廷，莫知所付，遙相崔與之。臣恐與之不至，政柄他有所屬，此世道否泰，君子小人進退之分也。」

監察御史唐璘言：「天變而至於怒，民怨而幾於離，海宇將傾，天下有不可勝諱之慮。陛下謂此何時，縱欲敗德，文過飾非，疏遠正人，狎暱戚宦，濁亂朝政，自取滅亡！宰相用時文之才爲經世之具，不顧民命，輕挑兵端，不度事宜，頓空國帑；委政厥子，內交商人，賄塗大開，小雅盡廢；瑣瑣姻婭，敢預邪謀，視國事如俳優，以神器爲奇貨，都人側目，朝士痛心。盍正無將之誅，以著不忠之戒！崔與之操行類楊綰，雖修途暮景，力不逮心，而命下之日，聞者興起。喬行簡頗識大體，朝望稍孚，而降授偏私，事多遺忘。宜擇家相，贊宗子，輔民物，以慰父母之望，無使天變寖極，人心愈離也！」帝爲改容。又請號召土豪經理荆襄，亟擇帥臣安集淮西，帝嘉納。

42 壬午，御前諸軍統制曹友聞，與蒙古戰于大安軍陽平關，敗績，死之。

初，友聞帥師扼仙人關，諜報蒙古合薔、漢軍五十餘萬將至，友聞謂弟萬曰：「國家安危，在此一舉，衆寡不敵，豈容浪戰！惟當乘高據險，出奇設伏以待之。」

蒙古攻武休關，敗都統李顯忠軍，遂入興元，欲衝大安軍。制置使趙彥吶，檄友聞控制大安以保罝口，友聞馳書彥吶曰：「沔陽，蜀之險要，吾重兵在此，敵有後顧之憂，必不能越沔陽而入蜀。又有曹萬、王宣首尾應援，可保必捷。大安地勢平曠，無險可守，正敵騎所長而吾步兵所短，況衆寡不敵，豈可以平地控禦！」彥吶不從。

友聞計以寡擊衆，非乘夜出奇，內外夾擊不可，乃遣弟萬及友諒引兵上雞冠隘，多張旗幟，示敵堅守，自選精銳萬人夜渡江，密往流溪設伏，約曰：「敵至，內以鳴鼓舉火爲應，外呼殺聲。」蒙古兵果至，萬出逆戰。蒙古巴圖魯舊作八都魯，今改。及塔爾海，舊作達海，今改。帥步騎萬餘人往來搏戰，矢石如雨，萬身被數創，令諸軍舉烽。友聞分所部爲三以禦敵，親帥精兵三千人疾馳至隘下，先遣統領劉虎，帥敢死士五百人衝敵前鋒，不動。友聞乃伏三百騎道旁，而令虎銜枚突陣。會大風雨，諸將請曰：「雨不止，淖濘沒足，宜俟少霽。」友聞叱曰：「敵知我伏兵在此，緩必失計。」遂擁兵齊進。西軍素以綿裘代鐵甲，經雨濡濕，不利步鬬。黎明，蒙古以鐵騎四面圍繞，友聞歎曰：「此殆天乎！吾有死而已！」於是血戰愈厲，與萬俱死，軍盡沒。蒙古兵遂長驅入蜀。事聞，賜友聞謚毅節。

43 金既亡，唯秦、鞏二十餘州久未下。耶律楚材言：「往年吾民逃罪，或萃於此，故以死拒戰。若許以不殺，將不攻自下矣。」詔皇子庫端招諭，諸州皆降。惟會州都總管郭斌，猶爲金守，蒙古兵攻之，斌聚城中金銀銅鐵雜鑄爲礮以擊攻者，殺牛馬以食戰士，蒙古兵不能猝拔。冬，十月，食盡，斌命積薪於州廨，呼集家人及將校妻女自焚之，率將士於火前持滿以待。城破，兵塡委以入，戰久，士卒有弓絕矢盡者，挺身入火中。斌獨上大草積，以門扉自蔽，發矢，無不中者，矢盡，自焚。有女奴自火中抱兒出，授人曰：「將軍盡忠，忍使絕嗣！此其兒也，幸哀而收之。」言訖，復投火死。蒙古將安篤爾舊作按竺邇，今改。聞之，命保其孤。

【考異】元史安篤爾傳，以破會州爲甲午年事，今參考元史本紀、耶律楚材傳及金史忠義郭蝦蟆傳，定作丙申。

44壬寅，蒙古破固始縣。淮西將呂文信、杜林率潰卒數萬叛。六安、霍丘皆爲羣盜所據。

45丙午，蒙古庫端兵破宕昌，殘階州，攻文州。知州劉銳，【考異】元史安篤爾傳作「劉祿」，今從宋史。通判趙汝曏，乘城固守，晝夜搏戰。安篤爾率礮手爲先鋒，攻之，久不下，諜知城中無井，乃奪其汲道。兵民水不入口者半月，卒無叛志。安篤爾率勇士梯城先登，銳度不免，集家人，授之藥，皆死。幼子同哥，纔六歲，飲藥時，猶下拜受之，左右感慟。城破，銳及二子自刎死，汝曏被執，臠殺之，軍民同死者數萬人。

46行大理寺丞趙綝言：「近者暴雨疾雷，上下震懼，罔知所自，宜有以答上天之變。」帝曰：「朕未嘗不恐懼修省。」綝對曰：「願此心罔間，庶可回歉歲爲豐年。」

47安南國陳日照（煚）遣人入貢。制授安南國王，仍賜效忠順化功臣。

48蒙古安篤爾招徠吐蕃諸部族，賜以銀符，略定龍州，遂與庫端合兵，進破成都。會聞皇子庫春薨，庫端旋棄成都而去。

49十一月，丙辰，臣寮言：「敵踐荆襄，士馬潰失，諸郡月運錢糧，請下湖廣總所具實來上，按月督趣，通前頓積，以備收復招募之用。」從之。

50庚申，度支郎官兼權左司郎官趙必願言：「近臣除授，意向不明，況當天下事變方殷之日，虚鼎席以召老成，意者其未必來。」帝曰：「崔與之既不至，朕委政事于二參。」必願曰：

「二參固同心輔政，然天朝豈容不早命相！」帝曰：「然。」

壬戌，倉部郎官蔡節進對，帝曰：「崔與之有疏辭免，未知曷日能來？」節曰：「與之年高，地遠病多，臣料其來未可必。」帝曰：「相位固不可久虛，然亦欲委任得人。」節曰：「天下之勢，危若累卵，不可一日無相。」帝是之。

乙丑，以喬行簡(爲)特進、左丞相兼樞密使，進封魯國公。

51 戊辰，詔戒飭百官。

52 唐璘疏劾「鄭清之妄庸誤國，乞褫職罷祠。其子士昌，招權納賄，拔庸將爲統帥，起贓吏爲守臣，請削籍廢棄。鄭性之懦而多私，黨庇姦庸。臣受其改官舉狀，嘗蒙薦引。陛下國事至此，不敢顧私。」璘論事切劘上躬，盡言無隱。帝嚴憚之。殿中侍御史杜範，亦劾「清之橫啓邊釁，幾危宗社，及其子招納權賄，貪冒無厭，用朝廷錢帛以易貨外國，且有實狀。」併言：「簽書樞密院李鳴復，與史寅午、彭大雅以賄交結，曲爲之地。鳴復既不卹父母之邦，亦何有陛下之社稷！」帝以清之潛邸舊人，鳴復未見大罪，未卽行。鳴復抗疏自辨，範又極言其寡廉鮮恥，合臺劾之，不報，範遂去位。

53 壬申，詔蠲被水州郡新舊苗稅、監繫贓賞等錢及民間逋欠轉息過本者。

54 蒙古昆布哈入淮西蘄、舒、光三州，守臣皆遁。昆布哈合三州人馬糧械趣黃州，游騎自信陽趣合肥。詔史嵩之援光，趙葵援合肥，陳韡過和州，爲淮西聲援。

55 蒙古特穆爾岱攻江陵，史嵩之遣孟珙救之。珙遣張順先渡江，而自以全師繼其後，變易旌旗服色，循環往來，夜則列炬照江，數十里相接。又遣趙武等與戰，珙親往節度，遂破蒙古二十四砦，奪所俘二萬口而歸。

56 蒙古將察罕攻眞州。

知州丘岳，部分嚴明，守具周悉，蒙古薄城輒敗。岳乘勝出戰于胥浦橋，以強弩射殺其致師者一人，蒙古兵少卻。岳曰：「敵衆十倍于我，不可以力勝也。」乃爲三伏，設礮石待之西城。兵至，伏起，礮發，殺其驍將，蒙古衆大擾。岳遣勇士襲敵營，焚其廬帳。越二日，始引去。

57 十二月，辛卯，軍器監兼權樞密副都承旨王埜，請聯絡江、淮，賑衈邊民，討捕盜賊，帝曰：「江、淮之勢如何？」埜言：「不過重一閫之權以統之。」帝曰：「流民可念。」埜曰：「流民紛紛蟻聚，弱者困斃，強者剽掠。」帝爲之蹙額，因曰：「江西之寇尙未平。」埜曰：「寇始于衡之酃縣，侵犯吉州，今南安峒寇又發。向有淮兵可調，今無以應，遂集鄉丁，合禁軍，共爲勦除，非以一官兼總兩路討捕之事，則權不一。」帝曰：「如三節制之類。」埜曰：「事正如此，願陛下思之。」帝曰：「然。」

58詔：「沿江州郡，如遇江北流民入界，多方措置存著，無令暴露，仍于所管官錢米內支撥救濟。其間有強壯願爲軍者，塡刺軍額，收管給請，庶不致失所，以稱朕勞來安集之意。」壬寅，左諫議大夫兼侍讀李宗勉言：「沿江諸郡，所在單弱，安有餘力爲勞來安集之舉！若不別作措畫，深恐詔旨徒爲美觀。如安豐、濠梁、歷陽管下開順、六合、含山等處，居民渡江，留在江北強壯，結寨拒守，恃其聲勢，因而作過。不早收拾，展轉滋蔓，猝難殄滅，恐爲敵人所得，宜詳酌科降錢糧告牒，令沿江、淮西制置司亟作措置。凡流民過江北者，令陳韡存卹，強壯之留淮北者，令史嵩之遣官招募，不願者，發還本處，籍爲民兵。」從之。

59甲辰，詔以來年爲嘉熙元年。

60詔：「措置會子，務在必行。倘慮監司、守令，縱吏爲姦，奉行不力，令兩監察御史覺察彈奏。」

61國子監主簿豐城徐鹿卿入對，陳六事，曰洗凡陋以起事功，昭勸懲以收主柄，清班著以儲實才，重藩輔以蔽都邑，用閩、越舟師以防海，合東南全力以守江。

62是歲，蒙古中書省課績，以濟南爲第一。先是河南民北徙至濟南，都元帥、知府事張榮，下令民間分屋與地居之，俾得樹畜，且課其殿最，曠野闢爲樂土。榮，歷城人也。

續資治通鑑卷第一百六十九

賜進士及第兵部尚書兼都察院右都御史總督湖北湖南等處地方軍務兼理糧餉世襲二等輕車都尉畢沅編集

宋紀一百六十九 起強圉作噩(丁酉)正月，盡屠維大淵獻(己亥)十二月，凡三年。

理宗建道備德大功復興烈文仁武聖明安孝皇帝

嘉熙元年 蒙古太宗九年。(丁酉、一二三七)

1 春，正月，甲寅，初置財用司。詔京西湖北制置使、副，給犒沿邊戰士有差。

2 丁巳，雷。戊午，喬行簡請免天基節宴以答天戒，從之。

3 丙寅，詔以淮、襄避地流民，飢寒可念，沿江諸郡委官賑濟。

4 蒙古安篤爾(舊作按竺兒。)言於宗王曰：「隴西州縣方平，人心猶貳。漢中當隴、蜀之衝，宜得良將鎮之。」宗王曰：「安反側，制盜賊，此上策也。然無以易汝。」遂分蒙古千戶五人隸之以往。安篤爾遣將南戍沔州之石門，西戍階州之兩水，謹斥堠，嚴巡邏，守禦遂固。

5 二月，癸未朔，以鄭性之知樞密院事，兼參知政事禮部尚書鄒應龍爲端明殿學士、簽書樞密院事兼權參知政事，左諫議大夫李宗勉爲端明殿學士、同簽書樞密院事。甲申，李鳴復罷，以資政殿學士、知紹興府。

6乙酉，提舉洞霄宮葛洪薨。

7癸巳，詔：「故參知政事宣繒，贈太師，謚忠靖。子璧，服闋日與職事官。」以嘗預定策也。又詔：「繒寶慶初元所進朕即位事始，悉本先帝遺訓，可宜付史館。」【考異】宣繒爲史彌遠之黨，其所進即位事始，蓋曲爲彌遠諱也。宋史全文云：濟國公竑失德寖彰，寧宗意不懌，使相、王爵，閱四年不授。嘉定十七年正月，宰執奏事，寧宗憂形於色，歷言竑溺女嬖，狎羣小，傲誕淫褻數事。且曰：「皇姪端重英悟，可承宗祧，欲並立爲皇子，續正元良之位。」宰執奏曰：「聖意堅定如此，宗社之福。然事大體重，容少遲，精審行之。」八月壬辰，召右丞相史彌遠、參知政事宣繒、簽書樞密院事薛極入禁中，寧宗顧使前曰：「病已不可爲。朕前與卿議立皇姪，宜亟行之。」蓋彌遠以私意擅行廢立，又使其黨飾爲此說以欺人，當日宣付史館，即此誣飾之詞也。今不取。

8丁酉，諸王宮大小學教授王辰言：「蜀中舊例，乾道初，虞允文以同知樞密爲四川宣撫時，汪應辰歸班。開禧間，安丙在沔州，楊輔爲成都制置，旋即召還。今李𡌴宣撫在內，楊恢制置在外，號令未免牽制。」帝曰：「適與輔臣言，令楊恢參贊安撫矣。」辰曰：「聖算及此，全蜀之幸。」

9己亥，屯田郎官王萬進對，帝曰：「卿是淮人，熟知邊事。」對曰：「臣非知兵。陸贄有言，兵法無他，人情而已。但以人情區處，即是兵法。」帝問其說，萬曰：「一和字，沮衆誤國。」帝曰：「和亦不可廢。」萬曰：「若專立爲題則不可，要當並爲戰守規模。」

10 癸卯，詔國子監刊進通鑑綱目。

11 初，蒙古諸府官府自爲符印，僭越無度，耶律楚材請中書省依式鑄給，名器始重。時諸王貴戚，皆得自起驛馬，道路騷擾，所至需索百端，楚材復請給牌劄，定分例，其弊始革。

12 三月，壬子朔，詔曰：「朕更化勵精，視民如子，然內治之尚闕，致外患之未平。京、襄既被於創殘，淮、蜀重遭於侵擾。道路流離之衆，慘不聊生；室廬焚燬之餘，茫無所托；骨肉罹於荼毒，丁壯困於轉輸。嗟汝何辜，由吾不德！幸天人猶助於信順，將帥悉力以捍防，雖烽燧之甫停，柰瘡痍之未復。肆頒渙號，用慰羣情。發粟以賑貧，蠲租而已責，血戰之士，當議優恩，死事之家，宜加䘏典。或乘時而嘯聚，或失律而逋逃，咸與惟新，同歸於治。」

13 丙辰，詔：「別之傑募二萬人，屯公安、峽州，許晟大募三千人，屯岳州，其廩給等費所合科撥，條具以聞。」

14 己未，戶部侍郎兼權兵部尚書、知臨安府趙與懽言：「端平以來，陛下明詔侍從、臺諫各舉文武大小之臣，應詔者不謂不多，其間豈無魁特奇傑之人，望申命大臣，集侍從、臺諫於都省，以前所薦員，僉謀公議，量才授任，不必拘以資格。若夫內之宰執、侍從、三衙、環尹，外之列屯將帥，又擇其才望之相上下者，儲之以備緩急，庶無乏才之歎。」從之。

15 乙亥，資政殿學士魏了翁卒，謚文靖，賜第宅於蘇州。

16 蒙古主以奇徹舊作欽察，今改。部長巴齊瑪克舊作八赤蠻，今改。負固，命皇姪莽賚扣、舊作蒙哥，今改。諸王巴圖舊作拔都，今改。征之。臨行，語之曰：「聞巴齊瑪克有膽氣，蘇布特舊作速不台，今改。亦有膽勇，可命爲先鋒。」蘇布特進戰屢勝，擄巴齊瑪克妻子於袞騰吉斯海，舊作寬田吉思海，今改。巴齊瑪克遁入海島。會大風刮海水去，其淺可渡。莽賚扣曰：「此天開道與我也。」遂進屠其衆，擒巴齊瑪克，命之跪，巴齊瑪克曰：「我爲一國主，豈苟求生！且身非駝，何以跪人爲！」乃囚之。巴齊瑪克謂守者曰：「吾之竄入於海，與魚何異，然終見擒，天也！今水還期且至，軍宜早還。」莽賚扣聞之，即班師，而水已至，後軍有浮渡者。莽賚扣復進圍俄羅斯默齊斯城，舊作斡羅思蔑怯思城，今改。破之。

17 夏，四月，壬辰，以保康軍承宣使貴謙爲保康軍節度使；武康軍承宣使、提舉神祐觀與芮爲武康軍節度使，提舉萬壽觀。

18 校書郎劉漢弼，言荊、襄制閫當在江陵，帝問收復襄陽之策，對曰：「制使若在江陵，則事權重，收復尙可圖也。」帝然之。

19 甲申，左司諫曹豳言：「陛下以方面付三閫，而和戰之議，私自矛盾，憂未艾也。史嵩之在淮西，用濤野之說，敵未至而民先罹其禍，用撒花之說，民欲戰而禁其不得往，蓋以和誤國也。趙葵在淮東，定遠之破，近在鄰境，六合之破，政在屬部，葵乃閉城自守，不出一兵援之，是畏怯以辱國也。陳韡在金陵，曠口之衄，天殆少警之，議者乃謂敵兵之難當，非如盜賊之易制。今宜責嵩之以收復襄陽，爲江陵捍蔽；經理上流，爲下流防拓；葵則結鄰閫以禦哨騎，備舟師以防海道；韡則以沿江幷領淮西，以安淮東。若秋冬可以遏敵，乃爲報效。」帝然之。

20五月，壬申，行都大火，延燒民廬五十三萬。癸酉，詔蠲臨安府城內外征一月。甲戌，避正殿，減常膳。丙子，出內庫緡錢二十萬給被焚之家。

21辛巳，詔求直言。士民上書，咸訴濟王之冤。

初，進士潘牥對策曰：「陛下承體先帝，歸德匹夫，何異爲人子孫，身荷父母劬勞之賜，乃指豪奴悍婢爲恩私之地，欲父母無怒，不可得也。」又曰：「陛下手足之愛，生榮死哀，反不得視士庶人。此如一門之內，骨肉之間，未能親睦，是以僮僕疾視，鄰里生侮。宜厚東海之封，裂淮南之土，以致人和。」語多追咎史彌遠。彌遠雖死，徒黨尚盛，于是侍御史蔣峴，謂火災天數，何預故王！遂疏劾起居舍人方大琮、正字王邁、編修劉克莊等鼓煽異論，幷斥牥姓同逆賊，語涉不順，請皆論以漢法，自是羣臣無復敢言濟王之冤者。

監都進奏院史彌鞏上言：「人倫之變，世孰無之！陛下友愛之心，亦每發見。洪咨夔所以蒙陛下殊知者，謂霅川之變，非濟邸之本心，濟邸之死，非陛下之本心，深有以契聖心耳。矧以先帝之子，陛下之兄，乃使不能安其體魄於地下，豈不干和氣，召災異乎！」彌鞏爲彌遠從弟，心非彌遠所爲，不登彌遠之門者三十年，人皆重之。旋出提點江東刑獄。

22 樞密院編修官徐鹿卿上疏，略曰：「臣聞不可玩者，上天之怒，不可忽者，人心之疑，知所以解人心之疑，則可以息天地之怒矣。陛下嗣承丕緒，十有四年，其間災異，何所不有，三變爲尤大。辛卯之災，人以爲權臣專擅之應，陛下方且念其羽翼之功，潛晦陰芘，於是天怒不息而警之以喪師失地之變。三京之敗，人以爲諸臣狂易所致，顧乃委曲調護，三年始下哀痛之詔，於是天怒未息，而警之以迅雷之威。明禋之異，人以爲燮理者所致，陛下雖能逐一宰臣，然舛政宿弊，大率多仍其故，於是天怒不息，而鬱攸之警至於再矣。火迫於開元、陽德之宮，獨不之燬，豈非天以彰我寧宗盛德，以警動陛下之心乎？此衆心之所疑也。椒房之親，濫邀節鉞之華，恩寵先之，火亦先之，衆心所以重疑也。貴親懿戚，人頗譏其干請之數，火越兩河而徑趨之，衆心所以愈疑也。今御筆時至於中書，宣諭或及於要地，事關封駁，不免留中，方面置局，以行屬託，每有科降，樁留供賞，此錢此物，歸之誰乎？除目未頒，已有謂某爲某邸之客，某登某人之門，既而有脗合者矣。除目既下，則又曰某出於懿旨之丁等，某出於御札之訓諭，雖卑官小職，有不能不然者矣。伴食故臣，生無錙銖之勞，沒乃論定策之功。潛邸外姻，豈不可薄加恩數，而參錯於邊方守倅之任！臣以爲不窒交通之路，則謗不解，不杜僥倖之門，則謗不解，天之所以怒也！」會方大琮、王邁、劉克莊以言事黜，鹿卿贈以詩，言者併劾之，出知建昌軍。【考異】宋史徐鹿卿傳，文有舛互，以鹿卿疏論惑嬖寵、溺宴私爲辛卯年所上，疑未見原疏，祇憑疏目，又誤據傳聞之詞，以爲見稱於眞德秀。徐氏後編辨正之，是也。但後編所繫之官，福建安撫使幹辦公事，又仍宋史之誤。薛氏通鑑作監簿，則鹿卿已由國子監主簿改樞密院編修官矣。今參酌書之。

23 六月，甲午，詔以「盛暑，錄臨安府繫囚。常所不原者，俟約法，餘隨輕重裁決。大理寺、三衙門、二赤縣亦如之。著爲令。」

24 丙午，詔以「新知黃州、淮西安撫李壽朋，被命已三閱月，不即便道之官，乃還家安坐。秋防在近，不知體國，人皆若此，緩急何賴！可奪三官，建昌軍居住。」

25 先是蒙古侍臣托驩，舊作脫歡，今改。請簡天下室女，詔下，耶律楚材尼之不行，蒙古主怒。楚材進曰：「向選女二十有八人，足備使令。今復選拔，臣恐擾民，欲覆奏耳。」蒙古主良久曰：「可罷之。」是月，左翼諸部譌言括民女，蒙古主怒，因括以賜麾下。

26 秋，七月，己未，詔淮西制參李曾伯等各進秩一等，以去冬敵兵侵合肥、浮光，遣援有勞也。

27八月，甲申，追封趙汝愚爲福王。

28癸巳，以李鳴復參知政事，李宗勉簽書樞密院事。

29金亡，士人多流寓東平，宋子貞周給之，擇其才者，薦於行臺嚴實，由是劉肅、李昶皆見用。掌書記徐世隆，亦勸實收養寒素，四方之士，聞風而至，故東平一時人材多於他鎮。實以濟陰商挺爲諸子師，以永年王磐爲諸生師。既而迎元好問校試諸生文，預選者閻復、徐炎、李謙、孟祺四人，後皆知名。

30耶律楚材言於蒙古主曰：「制器者必用良工，守成者必用儒業。儒臣之業，非積數十年，殆未易成也。」蒙古主曰：「果爾，可官其人。」楚材請校試之。乃命稅課使劉中隨郡考試，以經義、詞賦、論分爲三科，作三日程，專治一科，能兼者聽，但以不失文義爲中選。儒人被俘爲奴者，亦令就試，其主匿弗遣者死。得東平楊奐等四千三十人，免爲奴者四之一。楚材又請一衡量，立鈔法，定均輸，庶政略備。

31九月，壬子，刑部侍郎兼侍講李大同言：「陛下念祖宗付託之重，肆頒御筆，令宗司參酌彝典，建置內學，選育宗賢。臣謂取之屬籍，必其家庭之習尙，父兄之敎詔，薰然有和平之氣，藹然有禮義之風。師保之官，所以養成其器業，必耆德靖重，有可象之儀，經學通貫，有開明之益。若宮嬪之爲保姆，內臣之爲承直，亦必年齒老成，稟資純厚之人。蓋內學之建，非王邸講授比，當置教官三四員，日輪一人，晨入暮出，不許無故輟講。庶宗賢與正人居而德性成矣。」

先是帝欲建內小學，令選宗子十歲以下資美者以聞。丁巳，遂建學，置教授二員，選宗室子俾就學。戊午，太常丞兼金部郎官陳煜，言內學教導之職，當重其選，帝曰：「難其人。」煜奏：「師儒之官，不但講授，當隨事規益，養成德器。」

32 庚午，詔淮東制置使趙葵計度邊事已，措置奏聞。

33 蒙古諸將由八柳渡河，入汴城，守臣劉甫置酒大慶殿。塔斯曰：「此故金主所居，我人臣也，不敢處此。」遂宴於甫第。

34 冬，十月，蒙古宗王昆布哈（舊作口溫不花，今改。）圍光州，史天澤先破其外城；攻子城，又破之，進次復州。南師以舟三千鎖湖面為柵，天澤曰：「柵破則復將自潰。」親執桴鼓，督勇士四十人攻之，不踰時柵破，復州降。進攻壽春，天澤獨當一面，南師夜出斫營，天澤手所擊殺無數，麾下兵繼至，悉擁南師入淮水。

35 昆布哈攻黃州，孟珙引師救卻之。【考異】元史作略地至黃州，宋懼，請和，乃還，今從宋史。遂攻安豐，杜杲繕完守禦。蒙古以火攻，焚樓櫓，杲隨陷隨補。蒙古招敢死士為巴圖魯，（舊作拔都魯。）攻城以自效，杲募善射者，用小箭射其目，巴圖魯多傷而退。蒙古塡濠為二十七壩，杲分兵扼壩，蒙古乘風縱火。俄而風雪驟作，杲募壯士奪垻路，士皆奮躍力戰。會池州都統制安豐呂文德突圍入城，合力捍禦，蒙古兵遂引還。

文德魁梧勇悍，嘗鬻薪城中，趙葵見其遺履，長尺有咫，異而訪之，值文德出獵，暮，負虎鹿各一而歸。召置帳下，累功，超遷軍職。

36 蒙古兵攻夔府。蜀兵陣江之南岸，蒙古千戶郝和尚，選驍勇九人，乘輕舸先登，横馳陣中，既出復入，蜀兵大敗。

37 十一月，丙辰，詔湖南帥臣趙師恕進兩秩，以平衡州酃縣寇也。

38 甲子，樞密副都承旨趙以夫言：「臣嘗歷考春秋與歷代志紀，日食爲咎，食淺者禍淺，食深者禍深，大要在修德政以弭之。乃季冬朔日，曆家預言日食將既。夫日食，猶曰古所有之異也。然日與金木水火四星俱躔於斗，食將既，則四星俱見，日中見斗，此則古之所無之異也。斗分屬吾（吳），禍福有歸。望陛下亟側身修行，則太陽當爲之不虧。不則如占者言，咎已著明，禍必隨應。宗社事重，生靈事重，可不念哉！」

39 丙寅，詔權免明年正旦朝會。辛未，損膳，避朝。乙亥，大赦。

40 十二月，戊寅朔，日有食之。

41 樞密副都承旨兼右司郎官王伯大言：「今天下大勢，如江河之泱，日趨日下而不可挽。

其始也，搢紳之論，莫不交口誦詠，謂太平之期可蹻足而待也，未幾而以治亂安危之幾爲言矣，又未幾則置治安不言而直以危亂言矣，又未幾則置危亂不言而直以亡言矣。嗚呼！以亡爲言，猶知有亡也，今也置亡而不言矣。人主之患，莫大乎處危亡而不知；人臣之罪，莫大乎知危亡而不言。

陛下親政，五年於茲，盛德大業未能著見於天下，而招天下之謗議者，何其藉藉而未已也！議逸欲之害德，則天下將以陛下爲商紂、周幽之主；議戚宦近習之撓政，則天下將以朝廷爲恭、顯、許、史、武、韋、仇、魚之朝；議姦儔佞朋之誤國，則天下又將有漢黨錮、元祐黨籍之事。數者皆犯前世危亡之轍，忠臣志士憤激言之。陛下雖日御治朝，日親儒者，日修詞飾色，而終莫能弭天下之議。言者多，聽者厭，於是厭轉而爲疑，疑增而爲忿，忿極而爲愎，則罪言黜諫之意已藏伏於陛下之胸中，而凡迕己者皆可逐之人矣。彼中人之性，利害不出於一身，莫不破崖絕角以阿陛下之所好；其稍畏名義者，則包羞閔默而有跋前疐後之憂；若其無所顧戀者，則皆攘袂遠引，不願立於朝矣。

陛下試反身而自省曰：吾之制行，保無有屋漏在上、知之在下者乎？徒見燮昵之多，選擇未已，排當之聲，時有流聞，則所謂精神之內守，血氣之順軌，未可也。陛下又試於宮闈之內而加省曰：凡吾之左右近屬，得無有因微而入，緣形而出，意所狎言，不復猜覺者乎？徒見內降干請，數至有司，裹言除官，每實人口，則謂浸潤不行，邪徑已塞，未可也。陛下又試於朝廷政事之間而三省曰：凡吾之諸臣，得無有讒說殄行，震驚朕師，惡直醜正，側言敗度者乎？徒見剛方峭直之士，昔者所進，今不知其亡，柔佞闒茸之徒，適從何來，遽集於此，則謂擧國皆忠臣，聖朝無闕事，未可也。

夫以陛下之好惡取舍，無非有招致人言之道；及人言之來，又復推而不受；不知平日之際遇信任者，肯爲陛下分此謗乎？無也。陛下誠能布所失於天下，而不必爲之曲護，凡人言之所不貸者，一朝赫然而盡去之，務使蠹根盡去，孽種不留，如日月之更，如風雨之迅，則天下之謗自息矣，陛下何憚何疑而不爲此哉！」

42 己亥，詔罷天基節上壽。

43 壬寅，詔衡州置雄楚軍五百人。

44 丙午，出豐儲倉萬石，贍臨安貧民。

45 蒙古耶律楚材薦楊奐爲河南路徵收課稅所長官兼廉訪使。奐將行，言於楚材曰：「僕誤蒙不次之用，以書生而理財賦，已非所長。況河南兵荒之後，遺民無幾，烹鮮之喻，正在今日，急而擾之，糜爛必矣。願假以歲月，使得撫摩瘡痍，以爲朝廷愛養基本萬一之助。」楚材甚善之。奐既至，以簡易爲治，按行境內，親閱監務。月課有以增額言者，奐責之曰：「剝下欺上，汝欲我爲之耶？」卽減元額四之一。公私便之。

嘉熙二年蒙古太宗十年。（戊戌、一二三八）

1 春，正月，戊申朔，詔：「侍從、臺諫、卿監、郎官、帥臣、監司及前宰執、侍從，舉曉暢兵機、通練財計者各二人；三衙及諸軍都副統制舉堪充將材者二人。」

2 以吏部尚書兼給事中余天錫爲端明殿學士、同簽書樞密院事。

3 己未，詔：「淮西被兵日久，近令荆湖制置使史嵩之應援黃州，淮東制置使趙葵應援安豐，俱能命將出師；捷書上聞，朕深嘉歎，可令學士降詔獎諭。有功將士姓名，令制司等第具上推賞。光州、信陽二城，併當乘勝共圖克復。」

4 辛酉，以華文閣學士史嵩之爲端明殿學士，視執政恩數；寶章閣學士趙葵爲刑部尚書；制置並如舊。孟珙而下，遷轉各有差。

5 二月，甲申，知蘄州張可大伏誅；知安慶府李士達除名，編管雷州：以棄城宵遁也。

6 丁亥，以大理寺少卿朱揚祖爲蒙古押伴使。

7 庚寅，以史嵩之爲參知政事，督視京西、荆湖南·北、江西路軍馬。

8 癸巳，大宗正丞賈似道言：「北使將至地界，名稱歲例，宜有成說。」又奏：「裕財之道，莫急於去贓吏。藝祖治贓吏，杖殺朝堂；孝宗眞決刺面。今日行之，則財自裕。」

9戊戌，詔：「近覽李㬊奏，知蜀漸次收復。然創殘之餘，綏靖爲急，宜施蕩宥之澤，以示憂顧之懷。可令學士院降德音。淮西被兵，近已獲捷，亦合一體施行。」

10蒙古使王檝入見，議歲幣、銀絹各二十萬。李宗勉言：「輕諾者多後患，當守元約。然比之開禧時物價騰踊，奚啻倍蓰矣！」史嵩之力主和議。宗勉言：「使者可疑者三。嵩之職在督戰，如收復襄、光，扼施、澧，招集山砦，保固江流，皆今所當爲。若所主在和，則凡有機會可乘，不無退縮之意，必致虛損歲月，坐失事功。」

11三月，丁未朔，詔安集淮、蜀軍民。

12戊申，以將作監周次說爲蒙古通好使，濠州團練使、左武衞將軍張勝副之。

13己未，以著作郎兼權工部郎官李心傳爲祕書少監、史館修撰，修高宗、孝宗、光宗、寧宗四朝國史實錄。

14辛酉，以史嵩之兼督視光、蘄、黃、夔、施州軍馬。

15夏，四月，庚寅，都省言：「國計軍需，多仰鹽課。乾道以來，歲額六十五萬有奇，自鈔法變而請買稀少，亭戶失業。請飭江淮諸司、諸屯，毋得私買浮鹽，令提舉司復亭場，委官屬依直收買，則利歸公上。或以贍軍爲辭，當覈實以聞。」從之。

16戊戌，詔：「戶部及財用司，應折帛、沙田、酒息、鹽袋、租穀、絲絹錢，團田沒官田米未催者，悉行拘催，歲終較其數而殿最之。」

17閏月，丁卯，右司郎官傅康言：「陛下更化之初，嘗置局會計財賦，當時版曹以合發上供之數置籍應詔，今殿最法是也；凡州郡之出納，則不與知焉。請朝廷給降印册，別其窠名，頒之漕司，下之州郡，每季以册上於朝，會萃爲書，藏之計簿房，命近臣董其事。」從之。

18壬申，賜進士周坦以下四百二十三人及第、出身。

19五月，辛巳，太白晝見。

20癸未，以李鳴復知樞密院事兼參知政事，李宗勉參知政事，余天錫簽書樞密院事。

21甲申，喬行簡言：「兵財二端，尤今急務。欲以兵事委之鳴復，財用委之宗勉，楮幣委之天錫；凡有利病，各務討論，有當聚議者，容臣參酌，然後施行。」從之。

22以布衣錢時、成忠郎吳如愚講道著書，隱居不仕，足勸後學，時特補迪功郎，如愚換授從事郎，並充祕閣校勘，喬行簡薦之也。

23六月，蒙古築圖蘇湖城，作迎駕殿。

24蒙古貴近臣譖耶律楚材違制庇逃軍，蒙古主怒，縶楚材；既而自悔，命釋之。楚材不肯解縛，進曰：「臣備位公輔，國政所屬。陛下初令縶臣，以有罪也；當明示百官，罪在不赦。今釋臣，是無罪也；豈宜輕易反覆，如戲小兒！國有大事，何以行爲！」蒙古主曰：「朕雖爲帝，寧無過舉耶？」乃溫言以慰之。

楚材因陳時務十策，曰信賞罰，正名分，給俸祿，官功臣，考殿最，均科差，選工匠，務農桑，定土貢，制漕運，皆適於時務，悉施行之。

25 秋，七月，甲戌朔，以霖雨，詔求直言。

26 庚寅，釋中外杖以下囚，蠲贓賞錢。

27 八月，癸亥，詔：「朕親覽中外臣僚封事，多有可采。後省看詳，有切朕躬、關時政者，節錄奏聞，當議行，仍與旌賞。」

28 蒙古徵收課稅使陳時可、高慶民等言諸路旱蝗，詔免今年田租，仍停舊未輸納者，俟豐歲議。

29 蒙古太原路轉運使呂儁、副使劉子俊，以贓抵罪。蒙古主責耶律楚材曰：「卿言孔子之道可行，儒者爲好人，何故乃有此輩？」楚材對曰：「君父敎臣子，亦不欲令陷不義。三綱、五常，聖人之名敎，有國家者莫不欲之，如天之有日月也。豈得緣一夫之失，使萬世常行之道見廢於我朝乎！」蒙古主意乃解。

30 九月，壬午，熒惑犯權星。

31 蒙古宴羣臣於行宮，塔斯大醉。蒙古主語侍臣曰：「塔斯神已逝矣，其能久乎！」踰年，杲卒。

32蒙古察罕帥兵號八十萬圍廬州，期破廬，造舟巢湖以侵江左，於濠外築土城六十里，鑿兩濠，攻具數倍於攻安豐時；杜杲竭力守禦。蒙古築壩，高於城樓，杲以油灌草，即壩下焚之，皆爲煨燼。又於串樓內立雁翎七層，俄礮中壩上，衆驚，杲乘勝出戰，蒙古敗走，杲追躡數十里。又練舟師扼淮水，遣其子庶監呂文德、聶斌伏精銳於要害；蒙古不能進，遂引軍歸。詔加杲淮西制置使，奬諭有功將士，賞賚有差。

33冬，十月，己酉，戶部尚書趙與懽言：「暴風淫雨，害於粢盛，浙江東、西，室廬漂蕩，願下哀痛之詔，遣賙䘏之使，徧行諸道，許以便宜施惠。」從之。

34丁卯，監察御史曹屬言：「蒙古之興，勞聖虜（慮）者五年矣。聘使往來，謂息兵有期，秋風未高，合淝已受重圍，和安在哉！願陛下移畏敵者畏天，易信和者而信守，則天祐人助矣。」

35淮東總領吳潛言：「宗子時㬇，部集淮東、西流民約十餘萬口，團結十七砦內強壯二萬，可籍爲兵，近調千百人爲合淝之援，請與補官。」從之。

36蒙古建太極書院于燕京。

時周敦頤之名未至河朔，楊惟中用師於蜀、湖、京、漢，得名士數十人，乃收集伊洛諸書，載送燕京。及還，與姚樞謀建太極書院及周子祠，以程顥、程頤、張載、楊時、游酢、朱熹配食，請趙復爲師，王粹佐之，選俊秀有識度者爲道學生。由是河朔始知道學。

37 十一月，己卯，戒飭百官。

38 衍聖公孔元措言於蒙古主曰：「今禮樂散失，燕京、南京等處，亡金太常故臣及禮册、樂器，多有存者，請降旨收錄。」蒙古主從之，命各路管民官，如有亡金知禮樂舊人，可并其家屬徙赴東平，令元措領之，於本路稅課給其食。

39 十二月，壬寅朔，詔并淮東、西、湖廣總所、四川茶馬制置司，犒賞諸擺鋪兵。

40 丙午，光州守臣董世臣伏誅，司戶柳具舉配海外，以其棄城降敵也。

41 甲寅，兵部郎官范應鈴面對，帝問廣中諸郡，應鈴云：「雖不及昔，然亦可爲。但去天萬里，人不守法，二十五郡各得一廉太守，民自受惠。且如宜州卒莫通等叛，提刑張琮親往招安，通等聞是宜州舊守，即叩頭出降，此太守得人之效。」帝然之。

42 戊辰，詔：「諸路和糴，給時直，平槩量，毋得科抑，申嚴秋苗苛取之禁。」

43 起李韶爲禮部侍郎，辭，不允，詔所在州軍護送至闕。史嵩之遣人謂韶曰：「無言濟邸、宮媪、國本。」韶不答。上疏曰：「臣生長淳熙初，猶及見渡江盛時，民生富庶，吏治修舉。事變少異，政歸私門；紹定之末，元氣索矣。端平更化，陛下初意，豈不甚美！國事日壞，其人或死或罷，莫有爲陛下任其責者，考論至是，天下事豈非陛下所當自任而力爲乎？左氏載史墨言，魯公世從其失，季氏世修其勤，蓋言所由來者漸矣。陛下臨御日久，宜深思熟念，威福自己，誰得而盜之哉！舍此不爲，悠悠玩愒，乃幾於左氏所謂世從其失者。」蓋以世卿風嵩之也。疏出，嵩之不悅，曰：「治春秋人下語毒。」時人與杜範稱爲「李、杜」。

44 蒙古諸勳貴，以嚴實久鎮東平，議裂其地爲十，分封勳貴，各私其入，與有司無相關。先是實遣奏差官王玉汝至京師，適聞其議，慨然曰：「若是，則嚴公事業，存者無幾矣。」夜靜，哭於耶律楚材帳後；明日，召問其故，曰：「玉汝爲嚴公之使，今嚴公之地分裂而不能救，無面目還報，將死此荒寒之野，是以哭耳。」楚材使詣蒙古主前陳訴，玉汝進言曰：「嚴實以三十萬戶歸朝廷，崎嶇兵間，三棄其家，卒無異志，豈與迎降者同！今裂其土地，析其人民，非所以旌有功也。」蒙古主嘉玉汝忠款，且以其言爲直，由是地得不分。

嘉熙三年蒙古太宗十一年。（己亥、一二三九）

1 春，正月，癸酉，以喬行簡爲少傅、平章軍國重事，進封益國公；李宗勉爲左丞相兼樞密使；史嵩之爲右丞相兼樞密使，督視兩淮、四川、京湖軍馬；余天錫參知政事，吏部尚書兼給事中游侶爲端明殿學士、同簽書樞密院事。

2 丙戌，詔曰：「朕臨御十有六載，願治徒勤；責成二三大臣，課效猶邈。法元祐尊大老之典，特諮重事於平章；遵紹興並二相之規，蓋欲相應於表裏。毋狃舊習，毋玩細娛。」

3戊戌，詔：「四川連年擾攘，州縣闕官，其赴銓人，年二十已上者免試，發還漕司，簾引放行，注授一次。」

4蒙古主素嗜酒，晚歲尤甚，耶律楚材屢諫，不聽，乃持酒槽鐵口進曰：「麴蘖能腐物，鐵尚如此，況五臟乎！」蒙古主悟，語近臣曰：「汝曹愛君憂國之心，能若此乎？」賞以金帛。敕近臣日進酒三鍾而止。

5蒙古富人劉廷玉等以銀一百四十萬撲買天下課稅，耶律楚材曰：「此貪利之徒，罔上虐下，爲害甚大。」奏罷之。

楚材嘗曰：「『興一利不如除一害，生一事不如省一事』，任尙以班超之言平平耳，千古之下，自有定論。後之負譏者，方知吾言之不妄也。」

6二月，壬寅，以余天錫兼同知樞密院事。

7丙午，以史嵩之依舊兼都督江西、湖南軍馬。

8癸丑，詔：「朕比命相臣，往開督府，兩淮、西蜀，相距迢遙，要須脈絡貫通，易於運掉。其諸制閫、監司、帥守、戎帥等，宜皆同心協力，毋徇己私。」

9丁卯，以史嵩之都督江淮、京湖、四川軍馬。

10三月，癸未，出豐儲倉米二十萬石，賑糶臨安貧民。

11壬辰，決中外繫囚。

12癸巳，雨雹。甲午，避正殿，損常膳，令中外臣僚講求闕政。

13孟珙與蒙古三戰，遂復信陽軍及樊城、襄陽，尋又復光化軍，息、蔡亦降。珙因上奏曰：「取襄不難，而守爲難。非將士不勇也，非軍馬器械不精也，實在乎事力之不給爾。襄、樊爲朝廷根本，今百戰而得之，當加經理，如護元氣，非甲兵十萬，不足分守。與其抽兵於敵來之後，孰若保此全勝！上兵伐謀，此不爭之爭也。」乃以蔡、息降人置忠衞軍，襄、郢降人置先鋒軍。【考異】元史太宗紀：八年，丙申，冬，襄陽府來附，以游顯領襄陽、樊城事。十年，戊戌，襄陽別將劉義叛，執游顯等降宋，宋兵復取襄、樊。十一年，己亥，七月，游顯自宋逃歸。按戊戌爲嘉熙二年，而宋史孟珙傳繫三年正月，亦不載劉義叛降事，今從之。

14夏，四月，庚子朔，再決中外繫囚，杖以下釋之。

15辛丑，知臨安府趙與懃言：「潮齧江岸，近諭改作石隄，乞備材石，役軍兵，庶可修築。」帝曰：「卿宜更留意。」尋詔：「覽所圖江面坍損尤多，可劄下兩司，募人夫併力修築，責以限期，嚴立賞罰，如王延世之法，疾速施行，毋更弛慢。」

16以不雨，復詔州縣賑流民，決繫囚，蠲贓賞錢。庚戌，以雨未通濟，復詔決中外繫囚，原減有差。

17庚申，詔：「流民艱食，令逐路漕司、常平司下州縣，多方存卹。其經戰陣處，有遺骸能掩藏者，量與給賜，仍核其實以聞。」

18丁丑，帝問蜀事，聞四月哨騎未已，宰執言所傳果如此，夔門重地，尤當加意。又言：「戰功冒濫，有一年喝轉八九官者，人多假此忝躐科第。請照會游侶之請，應軍功補官人，須令依舊從軍。」帝然之。

19庚辰，以久不雨，再決中外繫囚。

20丙戌，吏部郎中侯子震進對，詔蠲端平三年民畸零租。

21五月，己亥朔，詔以江潮爲沴，命趙與懽知臨安府、浙西安撫使，專任修築塘岸，以防衝決，仍令兩浙運副曾穎秀極力協助。

22六月，庚子，以崔與之力辭相位，授觀文殿大學士、致仕。

23蒙古兵攻重慶。

丙寅，詔曰：「秋防將近，邊警日聞。朕既命宰臣以督師，正藉諸閫之協濟，所宜一乃心力，同應事機。四川急則荆閫援之，和、濡急則江閫援之，眞、泰急則淮閫援之，務要脈絡貫通，毋或秦、越相視。」

24 秋，七月，戊辰朔，命諸路提舉常平司，下所部州縣捕蝗。

25 庚寅，詔：「戶部申嚴州縣受租苛取之禁，諸路轉運司察其違者劾之。」

26 蒙古以山東諸路災，免其稅糧。

27 八月，戊戌，以潮患，告于天地、宗廟、社稷、宮觀。

28 以游侶爲參知政事，禮部尚書許應龍爲端明殿學士、簽書樞密院事，諫議大夫林略爲端明殿學士、同簽書樞密院事。

29 辛卯，以楮輕，詔：「戶部下諸路州軍，應稅賦征榷，其一半見錢，聽民間以全會折納，嚴戢欺抑等弊。監司、御史臺察其違者劾之。」

30 九月，己卯，朝獻景靈宮。庚辰，朝饗太廟。辛巳，大饗于明堂，大赦。

31 戊子，詔川、廣監司，以十一月按部，理囚徒。

32 辛卯，以江、湖、浙東、建、劍、汀、邵旱傷，詔：「諸路提舉常平司，覈所部州縣常平義倉之儲，以備賑濟。仍敕制、總司，今後毋輒移用，違者坐之。」從左司諫徐榮叟請也。

33 陳韡斬殿司崔福，以其不從本司調遣也。

初，福從趙葵收李全有功，名重江淮，時論以良將難得，而韡以私忿殺之。

34 冬，十月，庚申，許應龍、林略罷。

35 詔出封樁庫祠牒三百道，下江東憲司，賑饒、信、南康三郡旱傷之民。

36 十一月，丙子，以兵部尚書范鍾爲端明殿學士、簽書樞密院事。

37 戊寅，給諸軍薪炭錢，出戍者倍之。

38 十二月，己未，觀文殿大學士、致仕崔與之薨，贈少師，封南海郡公，謚清獻。

39 孟珙諜知蒙古塔爾海（舊作達海。）等帥衆號八十萬南下，策其必道施、黔以透湖、湘，乃請粟十萬石以給軍餉，以二千人屯峽州，千人屯歸州，命弟瑛以精兵五千駐松滋，爲夔聲援，增兵守歸州隘口萬戶谷。及蒙古至，珙密遣諸將禦之，又以千人屯施州。蒙古既入蜀，珙增置營砦，分布戰艦，遣兵間道抵均州防遏，且設策備禦。未幾，蒙古渡萬州湖灘，施、夔震動。珙兄璟，時知峽州，帥兵迎拒於歸州大埡砦，勝之，遂復夔州。

40 初，耶律楚材定蒙古課稅銀額，每歲五十萬兩；及河南降，戶口滋息，增至一百十萬兩。至是回回部人溫都爾哈瑪爾舊作奥都剌合蠻，今改。請以二百二十萬兩撲買之，楚材持不可，曰：「雖取五百萬兩亦可得。不過嚴設法禁，陰奪民利耳。」反復爭論，聲色俱厲，言與涕俱。蒙古主曰：「爾欲搏鬭耶？」又曰：「爾欲爲百姓哭耶？姑令試行之。」楚材力不能止，乃太息曰：「民之困窮，將自此始矣！」

續資治通鑑卷第一百七十

賜進士及第兵部尚書兼都察院右都御史總督湖北湖南等處地方軍務兼理糧餉世襲二等輕車都尉畢沅編集

宋紀一百七十 起上章困敦（庚子）正月，盡昭陽單閼（癸卯）八月，凡三年有奇。

理宗建道備德大功復興烈文仁武聖明安孝皇帝

嘉熙四年 蒙古太宗十二年。（庚子、一二四〇）

1 春，正月，辛未，彗星出於營室。

2 蒙古以溫都爾哈瑪爾（舊作奧都刺合蠻。）充提領諸路課稅所官。

3 蒙古皇子庫裕克舊作貴由，今改。平西域未下諸部。

4 庚辰，下罪己詔曰：「朕德不類，不能上全三光之明，下遂羣生之和，變異頻仍，咎證彰灼，夙夜祇懼，不遑寧康。乃正月辛未，有流星見于營室，太史占厥名曰彗，災孰大焉。天道不遠，譴告匪虛，萬姓有過，在予一人。今朕痛自克責，豈聲利未遠而讒諛乘間與？舉錯未公而賢否雜進與？賞罰失當而眞僞無別與？抑牧守非良而獄犴多興與？封人弛備而暴客肆志與？道殣相望而流離無歸與？四方多警而朕不悟，羣黎有苦而朕不知，譴見上帝，象甚著明。爰避正殿，減常膳，以示側身修行之意。」

5 臨安大饑，飢者奪食於路，市中殺人以賣，隱處掠賣人以徼利；日未晡，路無行人。

6 蒙古遣萬戶張柔等分道南下。

7 二月，丙申朔，詔：「禮部貢舉，其務崇長學殖，嚅嚌道眞。」

8 戊戌，詔求直言，大赦。

9 癸卯，進知漣水軍蕭均官一等，以其修舉郡政，葺治城壁故也。

10 甲辰，詔史嵩之赴行在奏事。

11 戊申，詔督府、制置司，沿江南·北郡，舉行便安流民之政。

12 癸丑，臨安府守臣言獄空，詔奬之。

13 蒙古安篤爾（舊作按竺兒。）窺萬州，蜀帥遣舟師數百艘遡流迎戰。安篤爾順流，率勁兵，乘巨筏，浮草舟於其間，弓弩雨射，蜀兵不能敵，敗績於夔門。

14 以京西湖北路制置使孟珙爲四川宣撫使。

15 三月，壬辰，詔：「邊塵未靖，備禦方嚴，必藉人才相與協濟。內而侍從、臺諫、兩省、卿監、郎官，外而監司、帥守，舉文武之臣，曉暢兵機，練習邊事，才略卓然可用者各二人。或陸沈常調，或負累家居，亟以名聞，以待擢用。」

16右正言郭磊卿除起居舍人，監察御史謝方叔除宗正少卿，以論史嵩之故也。

17壬辰，史嵩之入國門；癸巳，嵩之奏事。

18夏，四月，己亥，敍復鄭損原官。尋以直舍人院程公許言：「損撤關外五州重屯，移之內郡，則丁酉蜀禍，損實爲之。使損官可復，不知千億萬之赤子死者可復生乎？」乃詔收成命。

19壬寅，前漢川路運判吳申入奏，抗言蜀事，帝感惻久之。帝曰：「蜀從前亦委寄非人。」申言：「棄邊郡不守，鄭損也；啓潰卒爲亂，桂如淵也；忌忠勇而不救，趙彥吶也。今彭大雅又險譎變詐，大費防閑。宜進孟珙於夔門，以東南之力助之，夔猶足以自立。」帝是之。

20癸卯，特轉史嵩之官三等，令歸班。

21甲辰，監察御史王萬除大理少卿，以嘗論史嵩之故也。

22詔：「祖宗盛時，宰執有輪日當筆者。今二相並命，合倣舊規，而平章總提其綱，應軍國重事參酌施行。其三省、樞密印，並令平章掌之。」

23辛卯，以紹興府薦饑，蠲今年夏稅。

24先是蒙古主命衍聖公孔元措訪求知禮樂舊人，元措奉命至燕京，得金掌樂許政、掌禮王節及樂工瞿剛等九十二人。是月，始命製登歌樂，肄習於曲阜宣聖廟。

25 蒙古復使王檝來。檝前後凡五至，以和議未決，隱憂致疾，卒，遣使歸其柩於蒙古。

26 六月，辛丑，初置國用房。

27 命近臣禱雨於天地、宗廟、社稷、宮觀。

28 壬子，錄行在繫囚。

29 江、浙、福建旱、蝗。詔曰：「亢陽爲害，日事禱祈，邈無報應。且聞飛蝗爲孽，朕心惕然。自七月一日，避正殿，減常膳，應中外臣僚，並許直言朝廷闕失。」

30 知寧國府杜範召還都，首言：「旱暵薦臻，人無粒食，楮劵猥輕，物價騰踊，行都之內，氣象蕭條，左浙近輔，殍死盈道，流民充斥，剽掠成風，是內憂已迫矣。新興北兵，乘勝而善鬪，中原羣盜，假名而崛起，擣我巴蜀，擄我荆襄，擾我淮堧，疆埸之臣，肆爲欺蔽，是外患既深矣。人主上所恃者天，下所恃者民。近者天文示變，妖彗吐芒，方冬而雷，既春而雪，海潮衝突乎都城，赤地幾徧於畿甸；是不得乎天而天已怒矣。人死于干戈，死于饑饉，父子相棄，夫婦不相保，怨氣盈腹，謗言載道，是不得乎民而民已怨矣。陛下能與一二大臣安居於天下之上乎？陛下亦嘗思所以致此否乎？蓋自曩者權相陽進妾婦之小忠，陰竊君人之大柄，以聲色玩好內蠱陛下之心術，而廢置生殺，一切惟其意之欲爲，以致紀綱陵遲，風俗頹靡，軍政不修，邊備廢缺，凡今日之內憂外患，皆權相三十年釀成之，如養癰疽，待時而決耳。端平號爲更化，而居相位者非其人，敗壞汙穢，殆有甚焉。自是聖意惶惑，莫知所倚，方且不以彼爲讐而以爲德，不以彼爲罪而以爲功，於是天之望於陛下者孤，而變怪見矣，人之望於陛下者觖，而怨叛形矣。陛下敬天有圖，旨酒有箴，緝熙有記，持此一念，振起傾頹，宜無難者。然聞之道路，謂警懼之意，祇見於外朝視政之頃，而好樂之私，多縱於內庭狎褻之際；名爲任賢，而左右近習或得而潛間，政出於中書，而御筆特奏或從而中出。左道之蠱惑，私親之請託，皆足以蒙蔽陛下之聰明，轉移陛下之心術。」於是範去國四載矣，帝撫勞備至，遷權吏部侍郎兼侍講。

31 秋，七月，甲子，出封樁庫緡錢二十萬貫賑臨安貧民。

32 杜範復上疏曰：「天災旱暵，昔固有之。而倉廩匱竭，月支不繼，斗粟一千，其增未已，富戶淪落，十室九空，此又昔之所無也。甚而閭門飢死，相率投江，里巷聚首以議執政，軍伍詐語所不忍聞，此何等氣象，而見於京師衆大之區！浙西稻米所聚，而赤地千里。淮民流離，襁負相屬，欲歸無所，奄奄待盡。使邊塵不起，尚可苟活萬一。敵騎衝突，彼必奔迸南來，或相攜從敵，因爲之鄉導，巴蜀之覆轍可鑒也。竊意陛下宵旰憂懼，寧處弗遑。然宮中宴賜，未聞有所貶損；左右嬖嬖，未聞有所放遣；貂璫近習，未聞有所斥逐；女冠請謁，未聞有所屏絕；朝廷政事，未聞有所修飭；庶府積蠹，未聞有所搜革。秉國鈞者惟私情之徇，主道揆者惟法守之侵。國家大政，則相持而不決；司存細務，則出意而輒行。命令朝更而夕變，綱紀蕩廢而不存。陛下盍亦震懼自省！」詔：「中外臣庶，各悉力盡思，以陳持危制變之策。」范旋授吏部侍郎兼中書舍人。

33 乙丑，下詔罪己，復求直言。

34 詔中外決繫囚，杖以下釋之。仍蠲贓賞錢。

35 癸酉，主管官告院方來進對，言及諸閫官販，帝曰：「諸司欲之。」來曰：「正不當如此。」因及科降事，帝曰：「不如明與之錢。」來曰：「正要明白，諸司但說能措置爲朝廷備邊，不願科降，世豈有是理！徒使不廉者得以罔利耳。」帝然之。

36 戊寅，以岳珂權戶部尚書、淮南、江、浙、荆湖制置茶鹽使。

37 庚寅，詔：「秋成在望，雨澤愆期。令諸道憲臣按部，將番異駁勘之獄，酌情決遣以聞。其失當官吏，特免推結。」

38 八月，壬辰，詔：「諸路苗米，毋得多量斛面及過數增收。」

39 九月，壬戌朔，沂王夫人全氏薨，輟視朝五日。禮部、太常寺議，宜用孝宗爲皇伯母秀王夫人張氏舉哀成服故事，詔從之。

40 癸亥，以喬行簡爲少師、醴泉觀使，進封魯國公。

41 乙丑，詔知招信軍余玠進官三等，以邊報敵造船于汴，玠提師泝淮入河，連獲捷故也。

42 丙戌，都省言：「比奉御筆，楮幣折閱，多由於守令不職。令措置十八界會子收換十六界，將十七界以五準十八界一券行用。如民間輒行減落，或官司自有違戾，許經臺省越訴，必置于罰。」帝從之。

43 冬，十月，辛卯朔，內侍陳洵益卒，贈昭慶軍節度使。

44 癸巳，詔以明年正月一日爲淳祐元年。

45 丙申，詔：「平江、嘉興府、安吉州，禁販米下海。其販至臨安府者，毋得遏糴。」尋詔與懽提領其事，「應浙東州縣併許浦、金山水軍，一體遵守，違者權聽按劾。」

46 丁酉，詔曰：「朕惟我朝以仁厚待士大夫，惟於贓吏，罰未嘗少貸。比歲以來，貪濁成風，椎剝滋甚，民窮而溪壑不饜，國匱而囊橐自豐。今茲新楮之行，未必不爲罔利之地，其令臺諫、監司常切覺察。」

47 十一月，癸酉，詔：「荆、鄂都統制張順，以私錢招襄、漢潰卒創忠義、虎翼兩軍及援安慶、池州功，特與官兩轉。」

48 十二月，蒙古主以西域諸部俱下，詔皇子庫裕克班師。

49 蒙古千戶郝和尙，以善戰名，屢從征伐，略地潼、陝，攻襄漢，下興元，入蜀，俱有功。入覲於帳殿，蒙古主命解衣，數其瘡痕二十一，嘉其勞，進拜宣德、西京、太原、平陽、延安五路萬戶。

50 丙辰，地震。己未，詔曰：「地道貴靜，動則生變，豈朕不德而致與？今民生不遂，邊戍未休，變不虛生，必有其證。可令中外臣寮各上封章，凡朕躬之闕失，朝政之愆違，極言無隱，將見之施行，以爲消弭之道。」

51 蒙古敕州縣失盜不獲者，以官物償之。國初令民代償，民多亡命，至是罷之。

52 閏月，乙丑，宰執乞罷政，不許。

53 詔賞京湖將士有差，以制司奏去冬敵由忠、萬透渡南岸，守嶮而捷故也。

54 丙寅，左丞相致仕李宗勉薨。

宗勉守法度，抑僥倖，不私親黨，樂聞讜言。贈少師，謚文淸。

55 以游佀知樞密院事兼參知政事，范鍾參知政事，權吏部尙書徐榮叟爲端明殿學士、簽書樞密院事。

56 乙亥，詔：「民間賦輸，舊用錢、會中半者，其會半以十八界直納，半以十八界紐納。」

57 詔：「淮東·西、京湖、沿江制置使副，並兼本路屯田使。」

58壬午，閱軍頭司武技。

59蒙古東平萬戶嚴實卒。遠近悲悼，野哭巷祭，旬月不已。子忠濟嗣。

60蒙古官民貸回鶻金償官者，歲加倍，名「羊羔息」，其害爲甚。是歲，詔以官物代還，凡七萬六千錠，仍命凡假貸歲久，惟子母相侔而止，著爲令。又籍諸王大臣所俘男女爲民。

淳祐元年 蒙古太宗十三年。（辛丑、一二四一）

1春，正月，庚寅朔，詔求將才。

2甲辰，詔曰：「朕惟孔子之道，自孟軻後不得其傳，至我朝周頤、（校者按：周頤卽周敦頤，宋人避光宗嫌名改。）張載、程顥、程頤，眞見力踐，深探聖域，千載絕學，始有指歸。中興以來，又得朱熹，精思明辨，表裏渾融，使中庸、大學、語、孟之書，本末洞澈，孔子之道，益以大明于世。朕每觀五臣論著，啓沃良多。其令學宮列諸從祀，以示崇獎之意。」尋以王安石謂「天命不足畏，祖宗不足法，人言不足信」，萬世罪人，豈宜從祀孔子之廟庭！合與削去，于正人心、息邪說，關係不少。詔黜之。

3戊申，車駕幸太學大成殿，遂御崇化堂，命祭酒曹觱講禮記大學篇。監學官各進秩一等，諸生推恩賜帛有差。併以紹定三年御製伏羲、堯、舜、禹、湯、文王、武王、周公、孔子、顏子、曾子、子思、孟子道統十三贊，就賜國子監，宣示諸生。

4蒙古東平萬戶嚴忠濟，請以千戶張晉亨權知東平府事。東平貢賦率倍他道，迎送供億，簿書獄訟，日不暇給。晉亨居官七年，吏畏而民安之。

5二月，辛酉，蒙古主疾甚，醫言脈已絕。第六皇后尼瑪察（舊作乃馬眞，今改。）氏不知所爲，召耶律楚材問之，楚材對曰：「今任使非人，賣官鬻獄，囚繫非辜者多。古人一言而善，熒惑退舍，請赦天下囚徒。」后即欲行之，楚材曰：「非君命不可。」俄頃，蒙古主少蘇，因入奏，蒙古主已不能言，首肯之。赦下，是夜，醫者候脈復生，翌日而瘳。

6甲子，詔忠順軍副統制孫棟陞都統制，仍賜金帶，賞重慶之功也。其餘將士，第賞有差。

7庚午，給事中錢相繳大中大夫致仕易祓贈官之命，以其草蘇師旦節鉞之麻也。

8詔以孟珙爲京西湖北路安撫制置大使兼夔路制置大使兼本路屯田大使，峽州置司。

9己亥，詔：「宰臣具慶，前此罕聞。史嵩之父彌忠，年踰八十，可除端明殿學士，仍致仕；母孫氏，封魏國夫人，令赴行在就養。」

10壬子，喬行簡薨，輟視朝，謚文惠。【考異】宋史喬行簡本傳云：行簡歷練老成，器識閎遠，居官無所不言；好薦士，多至顯達。至於舉錢時、吳如愚，又皆當時隱逸之賢者。宋史全文云：行簡在相位，專以商販爲急務，溫、台鹽商數百爲羣。有士子爲詩曰：「知君果是調羹手，傳〔傅〕說當年無許多。」二書所載，優劣互異，今略之。

11 丁亥，詔權禮部尚書高定子修四朝國史、寧宗實錄。

12 三月，乙巳，新知廬州呂文德朝辭，帝曰：「近淮西諸軍冒濫虛名甚多，惟游擊三萬尤甚，須當揀選。」

13 己酉，同知樞密院事趙以夫罷知建寧府。

14 蒙古以劉嶷爲都總管萬戶，統西京、河東、陝西諸軍。嶷入覲，蒙古主慰勞厚賜之，尋命巡撫天下，察民利病。應州郭志全反，脅從詿（註）誤者五百餘人，有司議盡戮之，嶷止誅其爲首者數人，餘悉從輕典。

15 蒙古以劉敏行省事於燕京。

16 夏，四月，丙寅，吏部侍郎杜範等，請省試考到取應宗子第一名崇袍附正奏名廷試，從之。

17 庚午，以經筵進讀仁皇訓典終篇，講（讀）、修注官各進一秩。

18 辛未，詔沂王、榮王，合遵典故襲封。尋以與芮嗣榮王，仍赴朝參；貴謙嗣沂王。

19 辛巳，以知澧州賈似道爲太府少卿、湖廣總領財賦。

20 五月，庚寅，嗣秀王師彌晉太保。

21 己亥，詔：「沿江制置使兼淮西制置使別之傑，任責邊防，緩急假便宜。」

22甲辰，詔：「與芮當日親端士，留意問學。昨已增置教授，合更添一員，擇清修直諒之士輪日講授，朝夕規正，徹章推恩，餘依諸邸體例行。」

23甲辰，行祕書郎梅杞，言內降或夤緣可得，帝曰：「亦是有例者。」杞曰：「昔我仁祖手詔，謂『背理覬恩，負罪希貸，求內降者，中書、樞密院執奏毋得行。』此仁祖仁中勇也，願陛下以爲法。」帝曰：「正欲法此。」

24戊申，賜進士徐儼夫以下三百六十七人及第、出身。

25六月，丙寅，以旱、蝗，錄行在繫囚。

26丁丑，詔喬幼聞追三官，送撫州居住，以蔑國憲，存留新楮，轉易取贏也。

27戊寅，詔曰：「朕曩出親札，申嚴贓吏之禁，踰半歲矣。然諸路監司，有務大體而不問者，有摭細故以塞責者。其申飭諸路監司，徧察所部州縣，其有貪殘掊克者，廉其實迹，悉以名聞，朕將重置于罰。監司庸懦不能舉職，臺諫彈劾聞奏。」

28秋，七月，甲辰，以知婺州趙與懃、常州宋慈、江陰軍尹煥、廣德軍康植濟糴有勞，各進一秩。

29庚戌，詔以宗學博士、諸王宮大小學教授輪日赴榮邸講授。

30乙卯，詔：「自今宰執、臺諫、侍從，不許發私書，求舉削。諸路監司、帥守，宜體國薦賢，毋徇權要。」

31 八月，丁巳，詔求遺書。

32 己巳，詔玉牒所、國史實錄院長官，會稡史稿，删潤歸一。祕書省長官點對日曆、會要，並期以十一月終成書。

33 徽州火，削守臣鄭崇官一秩。

34 甲申，詔：「馬軍司選子弟强壯者一百人，補雲衞、龍衞、武衞三指揮闕額。」

35 蒙古伐高麗，高麗屢敗，乃復入貢請平，蒙古主令其王瞰入朝，當罷兵。瞰乃以其族子綧爲質于蒙古。

36 冬，十月，己卯，詔：「提舉司毋得以常平折變侵移，其義倉令項椿收，仍措置上於尚書省。」

37 蒙古兵圍安豐，己亥，淮東提刑余玠以舟師戰郤之。

38 蒙古以伊囉斡齊舊作牙剌瓦赤，今改。行省事於燕京，同劉敏主管漢民公事，以姚樞爲郎中。伊囉斡齊唯事貨賂，分及於樞，樞拒絕之，因解職去，隱蘇門山。

初，蒙古主賜敏詔曰：「卿之所行，有司不得與聞。」至是，伊囉斡齊恥不得自專，俾所屬誣敏以流言，敏出手詔示之，乃已。蒙古主聞之，遣使詰問得實，罷伊囉斡齊，仍令敏獨任。

39 十一月，丁亥，蒙古主將出獵，耶律楚材以太乙數推之，亟言其不可，左右皆曰：「不騎射，何以爲樂？」出田四日，庚寅，還至烏特古呼蘭（舊作鈋鐵鋽胡蘭，今改。）山，溫都爾哈瑪爾進酒，蒙古主懽飲極夜，乃罷。翌日，辛卯，殂於行殿，年五十六。【考異】元史蘇布特傳作壬寅太宗崩。按太宗殂於十三年，乃辛丑，非壬寅也。今從紀。葬起輦谷，廟號太宗，謚英文皇帝。

太宗性寬恕，量時度力，舉無過事。境內富庶，旅不齎糧，時稱治平。

初，有旨以孫實勒們（舊作失列門，今改。）爲嗣。實勒們，太宗第四子庫春（舊作曲出。）之子也。至是皇后尼瑪察氏召楚材問之，楚材曰：「此非外姓臣所敢知，自有先帝遺詔，幸行之。」后不從，遂稱制於和林。

40 蒙古塔爾海（舊作達海。）部汪世顯復入蜀，進圍成都。制置使陳隆之固守彌旬，誓與成都存亡。部將田世顯，【考異】元史作「田顯」，今從宋史。潛送款於蒙古，夜，開北門納蒙古兵，隆之舉家數百口皆死。檻送隆之至漢州，命招守將王夔降，隆之大呼曰：「大丈夫死則死爾，勿降也。」遂見殺。城中出兵三千，戰敗，夔夜驅火牛突圍出奔，漢州遂爲蒙古所屠。

41 己酉，詔：「內地州縣官闕，以見任官兼，毋得以待次及白帖人攝職。」

42 十二月，丙寅，太學博士劉應起言：「大有爲之君，常使近倖畏宰相，今宰相畏近倖；使宰相畏臺諫，今臺諫畏宰相。願陛下官府事一以付之中書，而言官勿專用大臣所引，則權一歸于公上矣。」帝然之。

43丁卯，觀文殿學士致仕余天錫卒；贈太師，謚忠惠。帝之得立，天錫實始其事，故恩禮爲優。

44丁丑，左司諫方來，言岳珂比已罷斥，乃卜居吳門，蔑棄君命；監察御史謝公旦，又言珂創增鹽額，國課益虧，況作俑言利，請重鐫削；詔更鐫一秩。

45侍御史金淵，言彭大雅貪黷殘忍，蜀人銜怨，罪大罰輕；詔除名，贛州居住。

46蒙古東平萬戶嚴忠濟，請以宋子貞參議東平路事，兼提舉太常禮樂，從之。時經歷商挺，亦勸忠濟興學養士。忠濟尤敬子貞，聽其言。子貞作新廟學，延前進士康曄及王磐爲敎官，招致生徒幾百人，出粟贍之，俾習經藝，每季程試，必親臨之。齊、魯儒風，爲之一變。

47蒙古伊埒默色舊作月里麻思，今改。來議和，從行者七十餘人。伊埒默色曰：「吾與汝等奉命南下，楚人多詐，倘遇變，當死焉，毋辱君命。」已而馳抵淮上，守將以兵脅之曰：「爾命在我，死生頃刻間耳！若能降，官爵可立致；不然，必不汝貸！」伊埒默色慷慨誓曰：「吾持節南來，以通國好，反誘我以不義，有死而已！」守將知其不可逼，乃囚之長沙飛虎寨。

淳祐二年蒙古太宗皇后稱制元年。（壬寅、一二四二）

1春，正月，丙申朔，詔省刑薄征。

2戊戌，右丞相史嵩之等進呈四朝史。嵩之改校勘官高斯得所草寧宗紀，於濟王及帝潛邸事，妄加毀譽，斯得等爭之不能得。李心傳藏斯得所草，題其末曰「前史官高斯得撰」而已。【考異】高斯得恥堂集屢言修史事，然其所草寧宗紀原稿，今莫可考。兩朝綱目備要、宋史全文皆以當日國史爲憑。備要云：皇姪邵州防禦使貴誠，德譽日聞，上屬意久之。嘉定十七年，閏八月壬辰，詔宰執入禁中，趣定大計。丙申，詔曰：「皇姪邵州防禦使貴誠，沂靖惠王之子，亦朕之猶子也，聰明天賦，學問日新，朕意所屬，俾立焉。深長之思，蓋欲爲異日無窮之計也。」全文云：嘉定十五年，以上爲邵州防禦使。上性凝重寡言，潔修好學，坐必正席，屹然如山。每朝參，矩度有常，見者斂容。濟國公竑，失德彌彰，寧宗意不懌，每上入朝，寧宗諦視良久，出則目送之，蓋已屬意於上矣。嘉定十七年，寧宗歷言竑傲誕淫褻數事。閏八月，丁酉，詔立貴誠爲皇子。此蓋卽嵩之妄加毀譽，欲以掩彌遠擅廢立之迹也。然萬世公論具在，其可欺乎！嵩之等又進孝宗經武要略、寧宗玉牒、日曆、會要、實錄、皇帝玉牒。

庚戌，上淳祐重修敕令格式申明。詔史嵩之等進秩有差。

3壬戌，別之傑入覲，帝問邊境曾無加備，之傑言當修復壽春，又言上流之勢全在於蜀。帝又問金陵兵糧及居巢屯兵幾何，之傑言金陵見屯三萬，錢糧僅給；居巢所係甚重，見屯不過三千，遝秋增戍至二萬方足用，帝並然之。

4甲子，軍器監兼尚書左郎官范應旂進對，言宗社大計，舉嘉祐、紹興事，帝曰：「兩朝自有典故，非不知之，但難得其人。」應旂言：「與賢與子，天實爲之。天若祐宋，必有其人，以俟采擇。」

5以游佀爲資政殿大學士、知紹興府、浙東安撫使，尋提舉洞霄宮，從所請也。

6蒙古后稱制，崇信姦回，庶政多紊。溫都爾哈瑪爾以貨得政柄，廷中悉畏附之。耶律楚材面折廷爭，言人所難言，人皆危之。

7二月，甲戌，以范鍾知樞密院事兼參知政事，徐榮叟參知政事，趙葵賜進士出身、同知樞密院事，別之傑爲端明殿學士、簽書樞密院事。【考異】宋史本紀以游佀之罷，范鍾等之除授，統繫於二月甲戌，今從全文分書之。

8己卯，權兵部侍郎、淮東安撫制置使兼知揚州李曾伯朝辭，言今若主必守之規，宜諭大臣，明示意嚮，帝曰：「當爲必守之規。趙葵久任淮東，且有規畫。」曾伯曰：「敢不循其成規！」

9三月，戊子，詔：「沿江、兩淮，脣齒相依，其和州、無爲軍、安慶府，聽沿江制置司節制。」

10丙申，詔：「刑部戒飭諸道帥閫、邊戎司，今後州縣官犯罪，毋加杖責。」

11癸卯，經筵進讀孝宗聖政終篇，講讀、修注、說書官各進一秩，餘補轉賞犒有差。

12侍御史兼侍講金淵言：「請明諭宰輔近臣，謹選宗姓之賢德，參稽仁宗、孝宗之典故，次第舉行。」

13夏，四月，癸亥，倉部郎官趙希塈言蜀自易帥之外，未有他策，帝曰：「今日救蜀爲急，朕與二三大臣無一日不議蜀事。孟珙亦欲竭力向前。」希塈曰：「當擇威望素著之人當夔、峽要害，建一大閫。」帝曰：「重慶城堅，恐自可守。」希塈曰：「重慶在夔、峽之上，敵若長驅南下，雖城堅如鐵，何救東南之危！」帝然之。

14詔：「明堂大禮，惟祀神儀物、諸軍賞給依舊制外，其乘輿服御，中外大費，並從省約。」

15丙子，考功郎劉漢弼言吏部考功條法十六事，帝曰：「當付外施行。」

16五月，甲午，知梧州趙時學陛辭，言吳玠守蜀三關，今胥失之，固宜成都難守，帝曰：「嘉定可守否？」時學曰：「若論形勢，當守重慶。」帝曰：「若守重慶，成都一路便虛。」時學曰：「重慶亦重地，可以上接利、閬，下應歸、峽。」

17己亥，淮東安撫制置副使余玠入奏，言事無大小，須是務實；又言：「方今世胄之彥，場屋之士，田里之豪，一或即戎，則指之爲粗人，斥之爲噲伍。願陛下視文武爲一，勿令偏重，偏則必激，非國之福。」帝曰：「卿人物議論皆不尋常，可獨當一面。」

18蒙古兵破遂寧、瀘州。乙巳，郎官龔基先入對，言上流事，帝曰：「上流可憂。」基先言：「施、夔國之門戶，蕩無關防，存亡所係，豈可不慮！」帝曰：「屯田今歲如何？」基先曰：「屯田有名無實，牛種既貴，軍耕又惰，所收不償所費。」

19丁未，右正言劉晉之言：「蜀禍五六年間，歷三四制臣，無地屯駐，獨彭大雅城渝，爲蜀根本，不然，蜀事去矣。今宜于重慶立閫，庶可運掉諸戍。願早定至計，料簡邊臣，俾往經理，則蜀可爲也。」

20戊申，知建寧府吳潛奪職，以臺諫論之也。

21己酉，以趙葵爲資政殿學士、知潭州、湖南安撫使。

22六月，壬子朔，徐榮叟乞歸田里，從之。

23甲寅，倉部郎官李鏀，請廣求備禦之方。帝曰：「去歲蜀事大壞，今當如何？」鏀曰：「陳隆之因成都城故基增築，未爲非是。第功力苟且，識者逆知其難守。臣嘗問其方略，但云誓與城存亡而已。未幾，爲田世顯所賣，城門夜開，隆之屾焉。」帝嚬蹙久之。

24以余玠權工部侍郎、四川宣諭使，應事干機速，許同制臣公共措置，先行後奏。尋詔四川官吏、軍民等，悉條陳大計以聞。

25以久雨，詔決中外繫囚。

26癸亥，參知政事徐榮叟罷，爲資政殿大學士、提舉洞霄宮。

27丙寅，錄行在繫囚。

28以別之傑同知樞密院事兼權參知政事，翰林學士、知制誥高定子爲端明殿學士、簽書樞密院事，權禮部尚書兼中書舍人杜範爲端明殿學士、簽書樞密院事。範既入都堂，凡行事有得失，除授有是非，悉抗言無隱情。史嵩之外事寬容，心實忌之。

29戊寅，詔：「淮西制置大使司，出十七界楮幣十萬，米二萬斛，令安豐軍修武備。」

30是月，積雨，浙西大水。

31秋，七月，丙申，余玠陛辭，言外攘本於內修，帝曰：「今日之事，不必問敵運衰與不衰，但自靠實理會治內規摹。」玠曰：「聖諭及此，宗社生靈之福。」帝曰：「卿前所言靠實工夫，玩之有味，此去必能見之行事。卿宜務忠實以革欺誕，施威信以戢潰衂，廣惠愛以撫流移，當爲四蜀經久之謀，勿爲一時支吾之計。」

32是月，常、潤、建康大水，兩淮尤甚。

33蒙古萬戶張柔，自五河口渡淮，攻揚、滁、和、蕭。淮東忠勇軍統領王溫等二十四人戰于天長縣東，皆沒。

34八月，辛亥朔，詔戶部申嚴州縣增收苗米斛面之弊。

35丁巳，以祕書省正字陳南一、國子正胡良並兼內學小教授。

36辛酉，進知夔州趙武官二秩，將佐王信等各轉一資，酬夔城版築之勞也。

37 丁卯，詔出封樁庫十七界楮幣十萬，賑紹興、處、婺水澇之民。

38 丁丑，殿中侍御史濮斗南，言浙四郡民生蕩析，乞撫集流離，蠲減秋賦，從之。

39 九月，庚辰朔，日有食之。

40 癸未，詔：「進納入官犯贓人，永不許注授。」

41 辛卯，大饗于明堂，大赦。

42 丙申，詔：「六曹、館、學、寺、監、院轄倉、庫、務、場官長官，將所管錢穀、貨幣、器用、圖書，覈實載籍，上之于朝，副在有司。長闕則次官任責，遷擢報罷，並如外官交承例，聯銜申省。仍令御史臺覺察。」

43 冬，十月，癸丑，赦令所言臣寮世賞不許奏異姓，著爲令。

44 甲寅，進史嵩之永國公。

45 蒙古攻通州，守臣杜霆，載其私帑渡江遁。乙丑，城破，蒙古屠其民。

46 十一月，辛卯，詔諭兩淮節制李曾伯：「無以通州被兵之故，不安厥職，其督勵諸將，勉圖後效。」

47 甲申，詔：「軍功補授人，願就鄉舉者聽。」

48 辛卯，詔實錄院修孝宗、光宗、寧宗御集。

49 戊戌，雷。
50 己亥，日南至，雷電交作，詔避殿，減膳。
51 癸卯，詔決中外繫囚。
52 甲辰，先給諸軍雪寒錢，出戍者倍之。
53 乙巳，蠲三衙、大理寺、臨安府及屬縣點檢贍軍犒賞酒所贓賞錢。
54 丁未，詔曰：「比者陰陽失和，冬令常燠，日至之日，雷乃發聲，朕甚懼焉。內而卿士、師尹，外而牧、監、伍、參，其各罄忠嘉，無有所隱，輔朕不逮。」
55 十二月，己未，詔：「杜霆追毀出身文字，羈管南雄州。」以通州士庶訴其誤民棄土之罪也。
56 辛酉，以儒林郎鍾宏辭除太學博士，乞致仕養母，詔特改京官秩，奉祠，以獎孝行。
57 癸亥，蒙古兵連攻敍州，帳前都統楊大全戰死。
58 丙寅，以京湖安撫制置大使孟珙爲四川安撫使兼知夔州，同知樞密院事別之傑爲資政殿大學士、湖南安撫大使兼知潭州，同知樞密院事兼權參知政事趙葵福建安撫使兼知福州，資政殿學士趙與懽知溫州，權工部侍郎、四川宣諭使余玠權兵部侍郎、四川安撫制置使兼知重慶府。

59 丁卯，詔：「余玠任責全蜀，應軍行調度，權許便宜施行。」

60 庚午，詔以許浦水軍都統制劉虎爲和州防禦使，旌五河捍禦之勞也。

淳祐三年 蒙古太宗皇后稱制二年。（癸卯、一二四三）

1 春，正月，戊寅朔，高定子兼參知政事。

2 癸未，起居郎兼祕書監項容孫言：「乃者求言，請如建隆故事，集官參詳，書于方策，關君德者上之禁中，關時政者置之都省，關民事者頒之郡國。」詔類送後省看詳。

3 癸巳，以湖南安撫司奏東安寇平，永州通判鄧均進一秩，餘官補、轉、贈卹及官其子各有差。

4 甲午，詔：「嗣榮王與芮恩數，視嗣秀王師彌。」

5 丙午，以呂文德爲福州觀察使、侍衞馬軍副都指揮使，總統兩淮軍馬。

6 蒙古張柔分遣部下將十人屯田于襄城。

7 二月，己酉，詔：「淮西提舉制置司參謀官趙希靜、淮西總管聶斌等，各進一秩。」以淮東、西制置司言其兩淮戰守之勞也。

8 甲子，詔進安豐軍守臣王福二秩，廬州路鈐吳仁等一秩，旌修築城壁之勞也。

9 三月，丁丑朔，日有食之。

10 蒙古兵破資州。

11 庚寅，同簽書樞密院事杜範乞歸田里，詔不許。

12 丁酉，詔進池州都統制何舜臣一秩，旌部領舟師策應通、泰之勞也。

13 辛丑，詔知招信軍趙東，奪三秩，罷，以淮東制司言其撫馭失宜也。

14 蒙古入蜀，汪世顯之功居多，至是皇子庫端，（舊作闊端。）承制拜世顯便宜總帥，統秦、鞏等二十餘軍州事。尋卒，子德臣代爲總帥，將兵從入蜀。

15 夏，四月，癸丑，以閤門宣贊舍人兼淮西路鈐王杰、閤門祗候前江東路鈐李季實，往馬帥王鑑軍前議事，遇敵戰死，贈官有差，仍各官其二子。

16 乙卯，詔進嘉定守臣程立之一官，以成都提刑宇文峒言其守城之勞也。

17 丁巳，詔以經筵進講尙書終篇，講讀、說書、修注官各進一秩。

18 甲戌，殿中侍御史項容孫，言知嚴州李彌高、趙與汝，侵取酒息，獨衞湜一無所私。有旨：「獎廉黜貪，今日先務，彌高、與汝各奪官二秩，湜進職一等。」

19 甲申，以御前軍器所隸于軍器監。

20 丙戌，詔贈閤門宣贊舍人楊大全武節大夫、眉州防禦使，仍官其一子，以四川制司言其力戰而死也。

21五月，蒙古耶律楚材奏熒惑犯房，當有驚擾，然訖無事。居無何，用兵事起，皇后遂令授甲選心腹臣，至欲西遷以避之，楚材進曰：「朝廷天下根本，根本一搖，天下將亂。臣觀天道，必無患也。」後數日乃定。

22蒙古后信任溫都爾哈瑪爾，付以御寶空紙，使自書塡行之。耶律楚材諫曰：「天下者，先帝之天下。朝廷自有憲章，今欲紊之，臣不敢奉詔。」俄有旨：「凡溫都爾哈瑪爾所建白，令史不爲書者，斷其手。」楚材曰：「國之典故，先帝悉委老臣，令史何與焉。事若合理，自當奉行。如不可行，死且不避，況截手乎！」后不悅。楚材辨論不已，因大聲曰：「老臣事太祖、太宗二十餘年，無負於國，皇后亦豈能無罪殺臣也！」后雖憾之，亦以先朝舊勳，深敬憚焉。

23六月，庚戌，大理少卿蔡仲龍言：「創建小學，須早爲權宜之計，以係天下之心。」又言：「本朝用刑平恕，而未享繼嗣之慶，意宦官太多。仁宗嘉祐中，詔內臣權罷進養子，宜取法行之。」

24戊午，資政殿學士、知溫州趙與懽請廢併諸寨，增置鎭海寨兵，以備倉猝，從之。

25戊辰，太白晝見。

26庚午，大理寺鞫前嘉定知縣旨枹、尉趙與夰等贓狀，獄成，旨枹、與夰除名勒停，枹一千里羈管，與夼五百里居住。
27 甲戌，錄行在繫囚。
28 令知濠州兼淮西提刑徐敏子經理亳州。
29 秋，七月，甲申，詔進無爲軍守臣戴埴一秩，以沿江制置使杜杲言其守邊固圉之功也。
30 四川制置司言：「蒙古攻大安軍，忠義副總管楊世安守魚孔隘，孤壘不降，有特立之操，可任邊防。」詔以世安就知大安軍。
31 癸巳，詔摘京湖、沿江制司兵，置殿司策應軍，屯京口。
32 八月，辛亥，詔戶部申嚴州縣納苗多取之禁。
33 戊午，令福建安撫司，照沿海例，團結福、泉、漳、興化民船，以備分番遣戍，從帥臣項寅孫請也。
癸亥，以寅孫言，併福州延祥、荻蘆二寨，置武濟水軍，摘本州廂禁習水者補充，凡一千五百人。
34 壬午，詔申嚴郡縣社倉科配之禁。

續資治通鑑卷第一百七十一

賜進士及第兵部尚書兼都察院右都御史總督湖北湖南等處地方軍務兼理糧餉世襲二等輕車都尉　畢沅　編集

宋紀一百七十一　起昭陽單閼（癸卯）九月，盡柔兆敦牂（丙午）六月，凡二年有奇。

理宗建道備德大功復興烈文仁武聖明安孝皇帝

淳祐三年　蒙古太宗皇后稱制二年。（癸卯、一二四三）

1九月，丁未，工部郎官兼樞密院編修官趙希瀞言：「安豐、廬、濠，風寒最甚，三州安則淮甸無虞，江面奠枕。」帝曰：「安豐最緊。」希瀞云：「欲固安豐，須復壽春。」帝然之。

2癸未，從京湖制置大使孟珙之請，令淮東制置使李曾伯蠲高郵軍及其屬部州縣創收牛租。

3是秋，蒙古察罕奏令萬戶張柔總諸軍鎮杞。

初，河決於汴，西南入陳留，分而爲三，杞居其中潬。南師恃舟楫之利，由亳、泗以窺汴、洛。柔乃卽故杞之東、西、中三山，順殺水勢，築連城，結浮梁，爲進戰退耕之計，守禦以固。

4先是知婺州陳康熹奏事，請舉嚴父配天之典，久未決；將作少監韓祥進講，復言之。冬，十月，甲午，禮寺議請奉寧宗陞陪太祖、太宗，將來明堂，三后並配，令條具禮制以聞。

5十一月，乙巳，詔：「直保（寶）文閣王定，素履平實，直寶（顯）謨閣葉武子，雅資恬退，皆挂冠日久，年德俱高，其以定爲祕閣修撰，武子直龍圖閣。」

6乙卯，令潮州守臣節制摧鋒軍分屯軍馬。

7乙未，蠲大理寺、三衙、臨安府縣點檢贍軍犒賞酒庫所贓賞錢。

8令廣東提刑節制韶州摧鋒軍。

9壬戌，雪。給行在諸軍錢，出戍者倍之。

10甲子，樞密院編修官兼權都官（郎官）何式言蜀事，帝曰：「正好乘暇作工夫。」時方倚任余玠，故言及之。

先是蜀中財賦，入戶部三司者五百餘萬緡，入四總領所者二千五百餘萬緡，金銀、綾錦之類不預焉。自寶慶三年失關外，端平三年蜀地殘破，所存州縣無幾，國用益窘。十六年間，凡授宣撫使者三人，制置使者九人，副使四人，或老，或暫，或庸，或貪，或慘刻繆戾，或遙領而不至，或生隙而罕謀，兩川民不聊生，監司、戎將各專號令，蜀日益壞。及余玠至，大更弊政，遴選守宰，築招賢館於府之左，供張一如帥所居，下令曰：「集衆思，廣忠益，諸葛孔明所以用蜀也。士欲有謀以告我者，近則徑詣公府，遠則自言於所在州縣，以禮遣之。高爵重賞，朝廷不吝。豪傑之士，趣期立事，今其時矣。」士之至者，玠不厭禮接，咸得其歡心，言有可用，隨才而任；不可用亦厚遺〔遺〕謝之。

播州冉琎及弟璞，有文武才，隱居蠻中，前後閫帥辟召，皆不至。聞玠賢，兄弟相率詣謁，玠賓禮之，館穀加厚。居數月，無所言，玠乃更別館以處之，且日使人窺其所爲。兄弟終日不言，惟對踞，以堊畫地爲山川城郭之形，起則漫去。如是者又旬日，請見玠，屏人曰：「爲今日西蜀之計，其在徙合州城乎！」玠不覺躍起曰：「此玠志也，但未得其所耳。」曰：「蜀口形勝之地，莫若釣魚山，請徙諸此。若任得其人，積粟以守之，勝於十萬師遠矣。」玠大喜，遂不謀於衆，密聞於朝，請不次官之。詔以琎爲承事郎，權發遣合州，璞爲承務郎，權通判州事，徙城事悉以任之。

命下，一府皆諠然以爲不可，玠怒曰：「城成則蜀賴以安，不成，玠獨坐之，諸君無預也。」卒築青居、大獲、釣魚、雲頂、天生，凡十餘城，皆因山爲壘，碁布星分，爲諸郡治所。又移金州兵於大獲以護蜀口，移沔州兵於青居，興州兵先駐合州舊城，移守釣魚，共備內水，移利州兵於雲頂，以備外水。於是如臂使指，（氣勢）聯絡，屯兵聚糧，爲必守計，民始有安土之心。玠又作經理四蜀圖以進，曰：「幸假十年，手挈四蜀之地，還之朝廷，然後歸老山林，臣之願也。」【考異】姚牧庵集李忠宣行狀云：宋臣余玠議棄平土，卽雲頂、運山、大獲得漢白帝、釣魚、青居、苦竹築壘，移成都、蓬、閬、洋、夔、合、順慶、隆慶八府州治其上，號爲八柱，不戰而自守矣。蹙蜀之本，實張於斯。蜀自徙城釣魚之後，元人屢攻不能下，則玠之徙城，不可謂非良策。玠屢出師與元，非不戰而自守者也。行狀所載，特敵國詆忌之言耳，今從宋史。

11 十二月，丁丑，沿江制置副使司言屯田倍收，官屬文慶洪等推賞有差。

12 己丑，史嵩之五請祠，不允。時黃濤、劉應起等俱上書論嵩之姦深擅權，帝皆不聽，而言者益衆。

13 丙申，以嚴寒，再給諸軍薪炭錢。

14 辛丑，侍衞馬軍副都指揮使、總制兩淮軍馬呂文德，以汴、濠、膠、淄勞績，進秩四等。

淳祐四年 蒙古太宗皇后稱制三年。（甲辰、一二四四）

1 春，正月，壬寅朔，詔曰：「上天助順，敵國乖離，正當廣推恩信以繫人心，厚根本以俟機會。咨爾專閫之臣，分麾總戎之將，繼自今，必安集流民，俾得復舊，招收逋將，俾得自新。毋擅興廢，毋殺無辜，使中原遺黎有更生之望。」時聞蒙古后稱制，人心不服，故下此詔。

2 御製訓廉、謹刑二銘，戒飭中外。

3以李鳴復參知政事，杜範同知樞密院事，以權刑部尚書兼給事中劉伯正爲端明殿學士、簽書樞密院事。

範不屑與鳴復共政，乞去，帝留之。太學諸生亦上書留範而斥鳴復，幷斥史嵩之，嵩之益恚。

丁巳，侍御史劉晉之、王瓚，監察御史趙倫、呂午，承史嵩之風旨，並論李鳴復、杜範，於是鳴復、範並除郡。

4戊午，樞密院言：「四川帥臣余玠，大小三十六戰，多有勞效，宜第功行賞。」詔玠趣上立功將士姓名等第，卽與推恩。

5己未，朝獻景靈宮。

6以劉伯正兼權參知政事，尋兼同提舉編修敕令。

7庚申，以余玠兼四川屯田使。

8初，利州都統王夔，素殘悍，號「王夜叉」，自漢州敗歸，益桀驁不受節度；所至劫掠，每得富家，用非法刑脅取金帛，稍不遂意卽殺之，民不堪命。余玠至嘉定，夔率所部兵迎謁，纔羸弱二百人，玠曰：「久聞都統兵精，今疲𡚁若此，殊不稱所望。」夔曰：「夔兵非不精，所以不敢卽見者，恐驚從人耳。」頃之，班聲如雷，江水爲沸，旗幟精明，舟中皆戰掉失色，玠自若，徐命吏班賞。夔退，語人曰：「儒者中乃有此人！」

玠欲誅夔，患其握重兵，恐輕動危蜀，謀於親將楊成，成曰：「今縱弗誅，養成其勢，一舉足，西蜀危矣。夔在蜀雖久有威名，孰與吳氏？吳氏當中興危難之時，能百戰以保蜀，傳之四世，根本益固；一旦曦爲叛逆，諸將誅之，如取孤豚。況夔無吳氏之功而有曦之逆心，縱兵殘民，奴視同列，誅之，一夫力耳；待其發而取之，難矣。」玠意遂決。夜，召夔計事，潛以成代領其衆。夔甫出而新將已單騎入營，將士皆錯愕相顧，不知所爲。成以帥指譬曉之，遂相率聽命。夔至，玠斬之，薦成爲文州刺史。

9 二月，癸酉，出封椿庫十七界楮幣各十萬，付京湖、四川、兩淮制置司收瘞頻年交兵遺骸。

10 丁酉，壽昌飛虎軍統制鄭大成追三官，以其出戍涪州，不戰以致棄城也。

11 三月，壬寅，詔以杜範辭免新除，依舊職，提舉洞霄宮。

12 甲寅，經筵進講論語終編，己未，賜宰執、講讀、侍立官宴于祕書省，仍進講讀、侍立官一秩。

13 以吏部尚書兼給事中金淵爲端明殿學士、同簽書樞密院事，尋差同提舉編修經武要略。

14夏，四月，壬午，詔：「兩浙漕司下屬部郡邑，將今年夏稅折帛之半，令民間以楮幣準錢供輸。」

15詔：「壽春受圍，將士勤勞，各補轉三官資，出封樁庫十七界楮幣百萬給犒，俟圍解日仍與優賞。」又令江東漕司撥寄樁十七界楮幣二十萬犒安豐策應將士。

16丁亥，以淮東制司言權總管王德等隨王鑑撫定山城有勞，詔進德二秩，餘補轉、給犒有差。

17五月，乙巳，以淮東制臣言副總管兼知海州周岱、左武衛大將軍湯孝信直擣山東膠、密之功，並于遙郡上進一秩。

18庚戌，詔知瀘州曹致大，帶行遙郡刺史，以四川制臣余玠言其包砌神臂山城之功也。

19戊午，蒙古兵圍壽春，呂文德帥水陸諸軍禦之。

20詔：「江東漕司撥寄樁十七界楮幣百萬，付淮東、西制置司犒水陸應援立功將士。」

21癸亥，以鄒應龍薨，輟視朝一日。尋贈少保。

22蒙古中書令耶律楚材，以朝政日非，憂憤成疾，是月，薨。

旋有譖楚材者，言其在相位日久，天下貢賦半入其家。皇后遣人覆視之，唯琴阮十餘，古今書畫、金石、遺文數十〔千〕卷，乃止。

楚材博極羣書，旁通天文、術數；居官以匡國濟民爲己任，羣臣無與爲比。後追封廣寧王，謚文正。

23 六月，庚午朔，以余玠言沔州都統制、權遂寧府雲拱，因成都之擾，殺奪民財，襲劫龍石泉郡印；權知潼川府張涓，紴軍無紀，殺掠平民；詔並追毀勒停，拱竄瓊州，涓昭州。

24 以呂文德兼淮西招撫使，兼知濠州、節制濠、豐、壽、亳州軍。

25 癸酉，詔王福暫屯揚州，同共措置秋防。

26 乙亥，賜進士留夢炎以下四百二十四人及第、出身。

27 詔：「安豐軍策應解壽春圍將士，補官資有差。」又詔：「壽春受圍將士，有全城卻敵之功，先立賞格，令淮東、西制司從實保明補轉。」又以淮東制司言先來海道立功將士，亦補轉有差。

28 丙戌，知樞密院事范鍾，乞歸田里，詔不許。

29 蒙古以楊惟中爲中書令。

惟中有膽略，先爲太宗所器，奉使西域二十餘國，宣暢國威，敷布政條，俾籍戶口屬吏。太宗益欲大用之，及南伐，命於軍前行中書省。惟中益嗜學，有濟世志，至是以一相領省事。

【考異】元史宰相年表，於世祖以前闕之；楊惟中傳書其拜中書令而不繫以年。以事理推之，蓋惟中代耶律楚材爲中書令也。故傳云：太后稱制，惟中以一相負任天下。今酌書之。

30 秋，七月，辛丑，分命刑部尚書、監察御史、卿監、郎官，錄臨安幷屬縣、三衙兩廂繫囚。

31 壬子，詔：「沿淮失業強壯之人，置武勝軍五千人。」從淮西安撫副使王鑑請也。

32 甲子，詔：「項安世正學直節，先朝名儒，可特贈集英殿修撰。」

33 八月，癸未，詔：「戶部申嚴州縣受租苛取之禁，諸路漕臣察其違者劾之。」

34 九月，癸卯，右丞相史嵩之以父彌忠病，告假。乙巳，彌忠卒。丙午，起復嵩之。

太學生黃愷伯、金九萬、孫翼鳳等百四十四人上書曰：「臣聞君親等天地，忠孝無古今。事親孝，故忠可移於君，自古求忠臣必於孝子之門，未有不孝而可以望其忠也。宰我問三年之喪而曰『期可已矣』，其意欲以期年之近易三年之喪，夫子猶以不仁斥之。未聞有聞父母垂亡之病而不之問，聞父母已亡之訃而不知奔，有人心天理者，固如是乎！是不特無三年之愛於其父母，且無一日之愛於其父母矣。宰予得罪於聖門，而若人者，則又宰予之罪人也。

且起復之說，聖經所無，而權宜變禮，衰世始有之。我朝大臣，若富弼一身佩社稷安危，進退係天下重輕，所謂國家重臣，不可一日無者也。起復之詔，凡五遣使，弼以金革變禮不可用於平世，卒不從命，天下至今誦焉。至若鄭居中、王黼輩，頑忍無恥，固持祿位，甘心起復，絕滅天理，卒以釀成靖康之禍，往事可覆也。

彼嵩之何人哉？心術回邪，蹤迹詭祕。曩者開督府，以和議墮將士心，以厚賫竊宰相位，羅天下之小人以爲私黨，奪天下之利權以歸私室，蓄謀積累，險不可測，在朝廷一日，則貽一日之禍，在朝廷一歲，則貽一歲之憂，萬口一辭，惟恐其去之不亟也。嵩之亡父，以速嵩之之去，中外方以爲快，而陛下起復之命已下矣。

陛下姑曰，大臣之去不可不留也。嵩之不天，聞訃不行，乃徘徊數日，率引姦邪，布置要地，弭縫貴戚，買屬貂璫，轉移上心，夤緣御筆，必得起復之禮，然後徐徐引去。大臣佐天子以孝治天下，孝不行于大臣，是率天下而爲無父之國矣。鼎鐺尙有耳，嵩之豈不聞富弼不受起復之事，而乃忍爲鄭居中、王黼輩之所爲耶？

且陛下所以起復嵩之者，爲其折衝萬里之才與？嵩之本無捍衞封疆之能，徒有劫制朝廷之術。彼國內亂，骨肉相殘，天使之也。嵩之貪天之功以欺陛下，其意以爲三邊雲擾，非我不足以制彼也。殊不知敵情叵測，非嵩之之所能制，嵩之徒欲挾制敵之名以制陛下爾。

陛下所以起復嵩之者，謂其有經理財用之才與？嵩之本無足國裕民之能，徒有私自封殖之計。且國之利源，鹽筴爲重，今鈔法數更，利之歸於國者十無一二，而聚之於私帑者已無遺算。國家之土壤日削，而嵩之之田宅日廣；國家之帑藏日虛，而嵩之之囊槖日厚。陛下眷留嵩之，將以利吾國也，殊不知適以貽吾國無窮之害爾。

嵩之敢於無忌憚而經營起復，爲有彌遠故智可以效尤。然彌遠所喪者庶母也，嵩之所喪者父也；彌遠奔喪而後起復，嵩之起復之後而始奔喪。以彌遠之貪墨固位，猶有顧籍，丁艱于嘉定元年十一月之戊午，起復于次年五月之丙申，未有如嵩之之匿喪罔上，殄滅天常，如此其慘也！

且嵩之之爲計亦姦矣，自入相以來，固知二親耄矣，旦夕圖惟，先爲起復張本。近畿總餉，本不乏人，而起復未卒哭之馬光祖；京口守臣，豈無勝任，而起復未終喪之許堪。故里巷爲十七字之謠曰：『光祖做總領，許堪爲節制，丞相要起復，援例。』夫以里巷之小民，猶知其姦，陛下獨不知之乎？臺諫不敢言，臺諫嵩之爪牙也；給舍不敢言，給舍嵩之腹心也；侍從不敢言，侍從嵩之肘腋也；執政不敢言，執政嵩之羽翼也。嵩之當五內分裂之時，擢姦臣以司喉舌，謂其必無陽城毀麻之事也；植私當(黨)以據要津，謂其必無惠卿反噬之虞也。

自古大臣，席寵怙勢至于三世，未有不亡人之國者，漢之王氏、魏之司馬是也。史氏秉鈞，今三世矣。軍旅將校惟知有史氏，天下士大夫惟知有史氏，而陛下之左右前後亦惟知有史氏，陛下之勢，孤立于上，甚可懼也！天欲去之而陛下留之，堂堂中國，豈無君子，獨信一小人而不悟，是陛下欲藝祖三百年之天下壞於史氏之手而後已。

麻制有曰：『趙普當乾德開創之初，勝非在紹興艱難之際，皆從變禮，迄定武功。』夫擬人必于其倫，曾于姦深之嵩之而可與趙普諸賢同日語耶？臣愚所謂擢姦臣以司喉舌者其驗也。麻制又有曰：『諜諗憤兵之聚，邊傳哨騎之馳，況秋高而馬肥，近冬寒而地凍。』方嵩之虎踞相位之時，諱言邊事。通州失守，至踰月而後聞；壽春有警，至危急而後告。今圖起復，乃密諭詞臣，昌言邊警，張皇事勢以恐陛下，蓋欲行其劫制之謀耳。臣愚所謂擢姦臣以司喉舌者又其驗也。

切觀嵩之自爲宰相，動欲守法，至于身乃佚蕩于禮法之外。五刑之屬三千，其罪莫大于不孝，若以法繩之，雖加之鈇鉞，猶不足謝天下；況復置諸巖巖具瞻之位，其何以訓天下後世耶？

臣等與嵩之本無宿怨私忿，所以爭進闕下，爲陛下言者，亦欲挈綱常于日月，重名教于泰山，使天下後世爲人臣、人子者，死忠、死孝，以全立身之大節而已。孟軻有言：『學則三代共之，皆所以明人倫也。』臣等久被教育，此而不言，則人倫掃地矣。惟陛下裁之。」

武學生翁日善等六十七人，京學生劉時舉、王元野、黃道等九十四人，宗學生與寰等三十四人，建昌軍學教授盧鉞，相繼上書切諫，皆不報。

范鍾、劉伯正惡京學生言事，謂皆游士鼓倡之，諷臨安尹趙與𥲅逐游士。諸生聞之，益不平，作捲堂文，與𥲅遂盡削游士籍。

己未，將作監徐元杰言：「史嵩之起復，士論紛然，宜許其舉執政自代。」帝曰：「學校雖是正論，但言之太甚。」元杰云：「正論是國家元氣，今正論猶在學校，要當保養一綫之脈。」元杰又乞引去，帝曰：「經筵正賴卿規益，以何事而引去？」

35 乙丑，雷。

36 冬，十月，辛未，詔曰：「朕德弗類，無以格陰陽之和，乃秋冬之交，雷電交至，天威震動，咎證非虛，甚可畏也！今朕避正殿，減常膳，方將反觀內省，回皇天之怒，可不博覽兼聽，盡羣下之心。應中外臣僚，各指陳闕失，毋有所隱，朕將親覽，博采忠讜，見之施行，以昭應天之實。」

37 壬申，以范鍾參知政事，劉伯正簽書樞密院事。金淵乞罷，不許。

38 以強再興添差成都府路馬步軍副總管兼知懷安軍，節制戍兵。

39 甲戌，令慶元府守臣趙倫趣史嵩之赴闕。

40 己丑，出右諫議大夫劉晉之、殿中侍御史王瓚、監察御史龔基先、胡清獻；除劉漢弼爲右司諫。帝欲更新庶政，故有是命。庚寅，漢弼遷侍御史。

41 壬辰，詔起杜範、游侶提舉萬壽觀兼侍讀。自此羣賢率被錄用。

42 甲午，詔：「臺諫耳目之寄，若稽舊章，悉由親擢，自今不許大臣薦進。」

43 殿中侍御史鄭寀言：「宰相非百官比，豈容久虛！切恐中書之地，預設猜防，搢紳之徒，各懷向背。」帝曰：「所奏雖切情事，進退大臣，豈容輕易！」

44 侍御史劉漢弼，言金淵尸位妨賢，罷政；馬光祖貪榮忘親，罷江西運判新命，勒令追服；又言臺諫彈擊論列，乞非時入奏；從之。

45 十一月，辛丑，詔趣游侶、杜範赴闕。

46 壬寅，召王伯大、趙以夫、徐鹿卿。

47 癸卯，詔奪前禮部侍郎劉晉之一官，罷祠，以監察御史孫起予言其懷利失志也。

48 乙巳，以劉漢弼言，罷主管侍衞步軍司公事王德明，以王福代之。

49 丙午，以程公許爲起居郎兼直學士院。

50 丁未，再趣游侶、杜範供職。

31 戊申，雷。

52 庚戌，召陳韡、李心傳。

53 丁巳，以陳韡爲兵部尚書，李心傳權刑、禮部尚書兼給事中，王伯大權吏部尚書兼中書舍人，趙以夫權刑部侍郎。

54 戊午，以禱雪，出封樁庫十八界楮幣二十萬賑臨安細民，犒三衙諸軍亦如之。

55庚申，詔釋大理寺、三衙、臨安府并兩浙路州縣杖以下繫囚。

56辛酉，以雪寒，給諸軍錢，出戍者倍之。

57劉漢弼密奏曰：「自古未有一日無宰相之朝，今虛相位已三月，願奮發英斷，拔去陰邪，庶可轉危爲安。否則是非不兩立，邪正不並進，陛下雖欲收召善類，不可得矣。臣聞富弼之起復，止於五請；蔣芾之起復，止於三請。今史嵩之已六請矣，願聽其終喪，亟選賢臣，早定相位。」十二月，庚午，聽史嵩之終喪。

58以范鍾爲左丞相，杜範爲右丞相兼樞密使，游佀知樞密院事兼參知政事，劉伯正參知政事、簽書樞密院事。

59杜範首上五事：「曰正治本，政事當常出於中書，毋使旁蹊得竊威柄。曰肅宮闈，當嚴內外之限，使宮府一體。曰擇人才，當隨其所長用之而久於其職，毋徒守遷轉之常格。曰惜名器，如文臣貼職，武臣閤衞，不當爲徇私市恩之地。曰節財用，當自人主一身始，自宮掖始，自貴近始，考封樁出入之數而補窒其罅漏，求鹽筴楮幣變更之目而斟酌其利害。」仍請早定國本以安人心。

60壬申，以趙葵同知樞密院事。【考異】宋史作甲戌，今從宋史全文作壬申。葵言：「今天下之事，其大者有幾；天下之才，其可用者有幾？從其大者而講明之，疏其可用者而任使之。有勇略者治兵，有心計者治財，寬厚者任牧養，剛正者持風憲。爲官擇人，不爲人擇官。用之既當，任之既久，然後可以責其成效。」又，「請亟與宰臣講求規畫，凡有關於宗社安危治亂之大計者，條具以聞，審其所先後緩急以圖籌策，則治功可成，外患不足慮。」

61 以四川安撫使孟珙兼知江陵府。珙謂其佐曰：「政府未之思耳。彼若以兵綴我，上下流有急，將若之何？珙往則彼擣吾虛，不往則誰實捍患？」識者是之。珙至江陵，登城，歎曰：「江陵所恃三海，不知沮洳有變爲桑田者，敵一鳴鞭，卽至城外。自城以東，古嶺、先鋒，直至三汊，無有限隔。」乃修復內隘十有一，別作十隘於外，有距城數十里者。沮、漳之水，舊自城西入江，乃障而東之，俾遶城北入於漢，而三海遂通爲一。隨其高下，爲櫃蓄洩，三百里間，渺然巨浸。土木之功，百七十萬，民不知役。繪圖上之。

62 癸酉，詔曰：「朕望道未見，閔時多艱，與予共治之臣，錮于謀身之習。有官守者，以謀身而失其守，有言責者，以謀身而失其言，各懷患得患失之私，安有立政立事之志！致天工之多曠，宜國步之未夷。今朕躬攬權綱，首嚴訓迪，凡聯事而合治，各滌慮以洗心。毋懷私恩，毋萌私念，毋植私計，毋締私交。三事大夫，以朝廷未尊爲己愆，士氣未振爲己恥，守令以民俗未裕爲己責，將帥以邊疆未謐爲己憂。主爾忘身，國爾忘家，以共圖內安外寧之效，則予汝嘉；其或不恭，邦有常憲。」帝一新吏治，故有是詔。【考異】宋史本紀作庚午詔戒飭，今從宋史全文作癸酉。

63 蒙古諸王呼必賚，舊作忽必烈，今改。圖壘舊作拖雷，今改。第四子也，思大有爲於天下，訪求賢才，虛己咨詢。先是懷仁趙璧侍藩邸，爲呼必賚所信任，呼以秀才而不名。董文用，俊之子也，主文書，講說帳中，因命馳驛四方，聘名士。

時肥鄉竇默，以經術教授於鄉，遣文用召之，默變姓名以自晦。文用俾其友人往見，而微服躡其後，默不得已，乃拜命。既至，問以治道，默首以三綱、五常爲對，呼必賚曰：「人道之端，孰大於此！失此則無以立於世矣。」默又言：「帝王之道，在正心、誠意。心既正，則朝廷遠近莫敢不一於正。」呼必賚深契其言，敬待加禮，不令暫去左右。

默薦姚樞，呼必賚遣趙璧召之，聞其至，大喜，待以客禮。樞爲治道書數千言，首陳二帝、三王之道，以治國、平天下之大經，彙爲八目，曰修身，力學，尊賢，親親，畏天，愛民，好善，遠佞。次列救時之弊，爲條三十，各疏其弛張之方于下，本末兼該。呼必賚奇其才，動必召問。

金之亡也，左右司郎中王鶚，將就戮，蒙古萬戶張柔，見而異之，釋其縛，輦歸，館於保州，呼必賚遣使聘之。及至，使者數輩迎勞。召對，請講孝經、書、易及齊家、治國之道，古今事物之變，每夜分乃罷。呼必賚曰：「我雖未能卽行汝言，安知異日不能行之耶！」鶚旋乞還，賜之馬，仍命近侍庫庫、舊作闊闊，今改。柴楨等五人從之學。

邢臺劉侃，少爲令史，居常鬱鬱不樂，一日，投筆歎曰：「丈夫不遇於世，當隱居以求其志，安能汨沒爲刀筆吏乎！」卽棄去，隱武安山中，旋爲僧，名子聰，游雲中，居南唐寺。時僧海雲赴呼必賚之召，過雲中，聞其博學多才藝，邀與俱行。既入見，應對契意，屢有詢問。子聰於書無所不讀，尤邃於易，旁通天文、律、算、三式之屬，論天下事如指諸掌，呼必賚大愛之。海雲歸，子聰遂留藩邸。

淳祐五年 蒙古太宗皇后稱制四年。（己巳、一二四五）

1春，正月，丁酉朔，詔曰：「國家以仁立國，其待士大夫尤過於厚。臺諫乃因得言而釋私憾，摭細微而遺巨姦，遷謫降黜，或出非辜。其令三省將見在謫籍人斟酌放令自便，追奪停罷，亦與酌情牽復。其貪酷害民，公議弗容者，不拘此旨。」

又詔：「邊將興師，河南之境，鋒鏑所接，寧免瘡痍。中原遺民，皆祖宗赤子，朕甚痛之。自今邊臣各謹守封疆，毋先事首戎；益務綏懷，大布恩信，以副朕兼愛南北之意。」

2己酉，雷。庚戌，避正殿，減膳。詔中外指陳闕失。

3乙卯，劉伯正罷，以監察御史孫起予言其隱默充位也。詔以禮部尚書兼給事中李性傳爲端明殿學士、簽書樞密院事兼參知政事。

4 召提舉鴻慶宮李韶權禮部尙書。入見，疏曰：「陛下改畀政權，並進時望，天下孰不延頸以覬大治！臣竊窺之，恐猶前日也。君子、小人，倫類不同。惟不計近功，不隱小利，然後君子有以自見；不惡聞過，不諱直言，然後小人無以自託。不然，治亂安危，反覆手爾。今土地日蹙，人民喪敗，兵財止有此數，旦旦而理之，不過椎剝州縣，朘削里閭，就使韓、白復生，桑、孔繼出，能爲陛下強兵理財，何補治亂安危之數！況議論紛然，賢者不肯苟容而去，不肖者反因是以媒其身，此君子、小人進退機括所係，何不思之甚也！聞之道路，德音每下，昆蟲、草木，咸被潤澤，恩獨不及（於）一朽胔；威斷一出，公卿大夫，莫敢後先，令獨不行於一老媪；大小之臣，積勞受爵，皆得以延於世，而國儲君副，社稷所賴以靈長，獨不早計而預定；何耶？」又疏乞歸，不許，擢翰林學士。

5 二月，戊辰，詔：「昨罷科糴，但令依時輸納，量革吏姦，使民樂輸。此後仰常切遵守，永無科糴，犯者以違制論。」

6 甲戌，呂文德敗蒙古兵於五河，復其城，詔進二秩。

7 壬辰，太白晝見，經天。

8 三月，庚子，以殿中侍御史鄭宷言，命有司舉行溫大雅、程以升、吳淇、徐敏子納賄之罪。仍降詔曰：「時方多事，念未能蠲租減賦，而吏之不良，乃肆貪虐！或有前期預借，或抑配重催，或斛面取贏，或厚價抑納，朘毒害民，朕深憫焉！可令監司常切覺察，務蘇疾苦而消愁歎。倘隱而不聞，公論所指，必罰無赦。」

[9]甲辰，右曹郎中吳中良進對，言鹽楮事，帝曰：「鹽楮誠今日急務。」中良曰：「舊行官販，商賈坐廢。近日罷官販，還客販，然尚恐貼納太多，商賈未便，願與大臣熟議。」

[10]出十七界楮幣百萬，下淮東犒水陸戰守諸軍。

[11]壬子，禁淫祀。

[12]癸丑，殿中侍御史鄭寀，請括淳祐初所創糴本鹽，可以資糴，又省括楮，從之。

[13]丁巳，刑部侍郎趙以夫入見，言國本，帝曰：「此事實不可緩。」以夫曰：「臣編類仁宗、高宗兩朝定儲本末，具載諫疏及舉行次第，庶幾成憲昭然，可以早定大計。」

[14]己未，駕部郎官江萬里言端平更新，因及元祐更役法事，帝曰：「祇因太驟耳。」萬里對曰：「君子祇知有是非，不知有利害。」帝曰：「元祐君子亦自相攻。」萬里曰：「此小人所以得乘間而入。今收召未多，恐元氣不壯，無以勝邪氣，全在陛下把握耳。前者端平之初，把握不定，故改更不過如紹聖耳。今第二番把握不定，更無復新之日矣。」帝首肯。萬里又言二相退遜太過，中外皆無精采，帝復肯之。

15辛酉，詔：「陳韡、葉武子，年高德粹，請退可嘉，其以韡爲集英殿修撰，武子祕閣修撰。」

16以劉伯正爲資政殿學士、提舉洞霄宮。

17權吏部侍郎王伯大入對，言史嵩之獨相時，鄭起潛、濮斗南專失人心，帝曰：「數人作爾許刻薄事！」伯大又言國本，帝曰：「朕置小學，正爲此。」

18夏，四月，癸未，以呂文德爲樞密副使，依舊淮西招撫使、知濠州。

19丙戌，詔劉虎、蕭均、趙邦求、夏臯，各進一秩，賞清河、漣、泗、招信捍禦之勞也。命呂文德依舊節制濠、豐、壽、宿、亳等郡軍馬。

20杜範以觀文殿學士致仕。丁亥，範薨。

範清修苦節，室廬僅蔽風雨。身若不勝衣，至臨大節，則賁、育不能奪。尋贈少傅，謚清獻。

21戊子，詔：「李曾伯、余玠、董槐、孟珙、王鑑，職事修舉，加曾伯奎章閣直學士，槐進秩，珙、鑑進二秩，並因其任。」

22五月，丁未，趙葵言：「諸處江防，極爲疎陋，請下沿江制司及副司、江南、江西帥司、湖廣總所、兩浙漕司、許浦水軍司，共造輕捷戰船，創置遊擊軍強壯三萬人，分布新船以備緩急。」從之。

23 詔：「太常少卿王萬，立朝謇諤，古之遺直；爲郡廉平，古之遺淸；家貧母老，朕甚念之。特贈集英殿修撰，仍撥賜官田五百畝，封椿庫十八界楮幣五千貫，以贍其家。」

24 六月，丙寅，以旱，決中外繫囚。

25 甲申，左司諫謝方叔請早定國本，仍錄進司馬光、范鎭建議始末，帝嘉納。

26 丙戌，兵部侍郎徐元杰暴卒。

史嵩之既去，元老舊德，次第收召。及杜範入朝，復延元杰議政，多所裨益。會元杰將入對，先一日，謁范鍾，歸，熱大作，夜四鼓，指爪忽裂以死。三學諸生相繼伏闕上言：「昔小人傾君子者，不過使之死于蠻煙瘴雨之鄉；今蠻煙瘴雨，不在嶺外而在朝廷。」詔付臨安府鞫治。然獄迄無成。【考異】癸辛雜識云：嵩之之起復也，匠監徐元杰攻之甚力，遂除起居舍人、國子祭酒，仍攝行西掖事。未幾暴亡，或以爲嵩之毒之而死，俾其妻申省，以爲口鼻拆裂血流，而腹脹色變青黑，兩臂皆起黑泡，面如斗大，其形似鬼，欲乞朝廷主盟與之伸冤。侍御鄭寀率臺諫共爲一疏，少司成陳振孫、察官江萬里並有疏，遂將醫官、人從、廚子置獄，令鄭寀督之，竟不得其情，止以十數輩斷遣而已。又云：黃濤除宗正少卿，疏言元杰止是中暑之證，非中毒也。元杰之子直諒投匭叩閽力辨，濤遂被劾云。是元杰之死，當時已有兩說。今從宋史。

劉漢弼亦每以姦邪未盡屏汰爲慮，先以腫疾暴卒，太學生蔡德潤等七十三人叩閽上書訟冤。時杜範入相，八十日卒，漢弼、元杰，相繼暴亡。時謂諸公皆中毒，堂食無敢下箸者。

初，嵩之從子璟卿，嘗以書諫嵩之曰：「伯父秉天下之大政，必能辦天下之大事；膺天下之大任，必能成天下之大功。比所行漸不克終，用人之法，不待薦舉而改官者有之，譴責未幾而旋蒙敍理者有之，丁艱未幾（而）遽被起復者有之。借曰有非常之才，有不次之除，醲恩異賞，所以收拾人才，而不知斯人者，果能運籌帷幄，獻六奇之策而得之乎，抑亦獻賂幕賓而得之乎？果能馳身鞍馬，竭一戰之勇而得之乎，抑亦效顰奴僕而得之乎？徒聞苞苴公行，政出多門，便嬖私昵，狼狽萬狀，祖宗格法，至今日而壞極矣。

自開督府，東南民力，困於供需，州縣倉卒，匱於應辦。輦金帛，輓芻粟，絡繹道路，一則曰督府，二則曰督府，不知所幹者何事，所成者何功？近者川蜀不守，議者多歸退師於鄂之失。何者？分戍列屯，備邊禦敵，首尾相援，如常山之蛇。維揚則有范（趙）葵，廬江則有杜伯虎，金陵則有別之傑，爲督府者，宜據鄂渚形勢之地，西可以援蜀，東可以援淮，北可以鎭荆襄，不此之圖，盡捐藩籬，深入堂奧，伯父謀身自固之計則安矣，其如天下蒼生何！是以饑民叛將，乘虛擣危，侵軼於沅、湘，搖蕩於鼎、澧。蓋江陵之勢苟孤，則武昌之勢未易守，荆州（湖）之路稍警，則江、浙諸路焉得高枕而臥！況殺降失信，則前日徹疆之計不可復用矣；內地失護，則前日淸野之策不可復施矣。此隙一開，東南生靈，特几上之肉耳，宋室南渡之疆土，惡能保其金甌之無闕也！盍早爲之圖，上以寬九重宵旰之憂，下以慰雙親朝夕之望！不然，師老財殫，績用不成，主憂臣辱，公論不容。萬一不畏強禦之士，繩以春秋之法，聲以討罪不效之咎，當此之時，雖優游菽水之養，其可得乎！異日國史載之，不得齒於趙普開國勳臣之列，而乃廁於蔡京誤國亂臣之徒，遺臭萬年，果何面目見我祖於地下乎！爲今之計，莫若盡去在幕之羣小，悉召在野之君子，相與改絃易轍，戮力王事，庶幾失之東隅，收之桑榆。如其見失而不知救，視非而不知革，薰猶（蕕）同器，駑驥同櫪，天下大勢，駸駸日趨於危亡之域矣。伯父與璟卿，親猶父子也，伯父無以少年而忽之，則吾族幸甚，天下生靈幸甚，我（祖宗）社稷幸甚！」

居無何，璟卿暴卒，相傳嵩之致毒云。

27 范鍾進召試館職二人，帝思徐霖之忠，親去其一，易霖名。及試，則曰：「人主無自強之心，大臣有患失之心，故元良未建，凶邪未竄。」擢祕書省正字。鍾所以不敢舉霖，畏嵩之復出也。

28 秋，七月，癸巳朔，日有食之。

甲午，避殿，減膳，訓飭近臣。

29 辛丑，以常、潤大旱，命有司舉行卹政。

30 乙巳，出封椿庫楮幣賑臨安細民。

31己酉，詔劉伯正、金淵，落職，罷祠，從監察御史劉應起之言也。

32庚戌，進鄭淸之爲少傅。

33乙卯，詔：「徐元杰鳴陽之鳳，劉漢弼觸邪之豸，天不憖遺，奪我忠臣。漢弼母老，元杰子弱，一貧皆同，朕甚憫之！各賜官田五百畝、新楮五千緡，以見朕懷賢不已之意。」

34蒙古察罕會張柔掠淮西，至揚州而去。

35八月，戊辰，以河南諸郡秦琳等八人，連年在邊，戰守宣勞，各進一秩，添差淮東、西兵職有差。

36詔求通天文、曆學之人。

37丙申，詔申嚴預借重催取贏抑配之禁，令監司覺察，毋害吾民。

38九月，癸巳朔，詔：「濮斗南更降兩官，文虎、葉賁各降一官，項容孫落職罷祠。」以右正言鄭寀言其附麗權相也。

39己酉，朝獻景靈宮。庚戌，朝獻太廟。辛亥，大饗于明堂，奉太祖、太宗、寧宗並配。大赦。

40冬，十月，壬午，主管官告院莊同孫進洪範五事箴，帝曰：「五事當於敬字上用工夫。」讀至思箴，帝曰：「五事以思爲本。」

41十一月，乙未，鄭清之乞歸田，詔不許。

42壬寅，詔：「更奪林光謙三秩，徙居衡州；奪袁立孺、宣璧、王至一秩；劉棫、施逢辰、劉附兩秩。」以監察御史江萬里言其貪職及依憑權門也。

43甲辰，范鍾請老，不許。

44以禮部尚書陳韡爲端明殿學士、同簽書樞密院事。

45十二月，壬戌朔，以祈雪，詔大理寺、三衙、臨安府、兩浙州軍幷建康府，繫囚杖以下釋之。

46丙寅，詔：「昨據太史奏，來歲元旦，日有食之。方歲序之更端，值太陽之交蝕，凜然譴告，震于朕心。嘗觀祖宗盛時，或有此異，上下之間，益相儆懼。今宜講求實政，凡可以銷弭災異者，次第行之，毋爲具文，以稱朕祗畏天戒之意。」

47戊寅，詔：「太史(奏)，來歲正旦，太陽當食，皇天示儆，避正殿，減常膳，求直言。朝廷百司講求闕政，寬民力，䘏軍旅，緩刑獄，問疾苦，輯流民，凡可以銷災變者，毋匿厥指，共圖應天之實。元旦百官免朝賀。」

48右補闕程元鳳論格心之學，謂格士大夫之風俗，當格士大夫之心術。人以爲格言。

49己卯，以游侶爲右丞相兼樞密使，李性傳同知樞密院事。鄭清之爲少師，依舊醴泉觀使兼侍讀，仍奉朝請，賜第行在。

時清之子士昌，追逮詔獄，有許言其死者，清之造闕，號泣請於帝。帝命復士昌官職，與內祠，且許侍養行在。起居郎程公許繳奏：「士昌罪重，京都浩穰，姦宄雜糅，恐其積習沈痼，重爲清之累，莫若且與甄復，少慰清之，內祠侍養之命，宜與收寢。」帝密遣中貴人以公許疏示清之，乃止。

50 詔：「兵、財係乎國命，強兵之事，趙葵主之，財用之計，陳韡理之。二相則總大綱而中持其衡，以共濟國事。」從江萬里之言也。

51 嗣沂王貴謙、嗣榮王與芮，並加少保。

52 癸未，李性傳除職予郡。

淳祐六年 蒙古定宗元年。（丙午、一二四六）

1 春，正月，辛卯朔，日有食之。

2 以陳韡言，置國用所，命趙與𥲅爲提領官。

3 權兵部尚書李曾伯應詔上疏，備陳先朝因天變以謹邊備，圖將材，請早易閫寄；又請浚泗州西城。

4 祕書省正字徐霖疏曰：「日，陽類，天理也，君子也。吾心之天理不能勝人欲，朝廷之君子不能勝小人。宮闈之私昵未屏，瑣闥之姦邪未辨，臺臣之討賊不決，精祲感浹，日爲之食。」又數言建立太子。遷祕書郎。

5通判潭州潘牥上封事曰：「熙寧初元日食，詔郡縣掩骼，著爲令。今故濟王一抔淺土，其爲暴骸亦大矣！請以王禮葬。」不報。

6祕書郎高斯得上言：「大姦嗜權，巧營奪服；陛下奮獨斷而罷退之，是矣。諫憲之臣，交疏其惡，或請投之荒裔，或請勒之休致；陛下苟行其言，亦足以昭示意向，渙釋羣疑。乃一切寢而不宣，閱時既久，人言不置，然後黽勉傳諭，委曲誨姦，俾於襲經之時，妄致挂冠之請，因降祠命，苟塞人言，又有姦人陰爲之地。是以譌言並興，善類解體，謂聖意之難測，而大姦之必還，莽、卓、操、懿之禍，將有不忍言者。」又言：「大臣貴乎以道事君，今乃獻替之義少而容悅之意多，知恥之念輕而患失之心重。內降當執奏，則不待下殿而已行；濫恩當裁抑，則不從中覆而遽命。嫉正庇邪，喜同惡異，任術而詭道，樂媮而憚勞。陛下虛心委寄，所責者何事，而其應乃爾！」又言：「便嬖側媚之人，尤足爲清明之累。腐夫巧讒，妖嬺旁通，陰姦伏蠱，互煽交攻，陛下之心，至是其存者幾希矣。陛下之心，大化之本也。洗濯磨淬，思所以更之；乃徒立虛言無實之名而謂之更化，此天心之所以未當，大異之所以示儆也！」帝嘉納。【考異】恥堂集所載封事，語多旁及，今從宋史節書之。宋史分疏其事，以大姦爲指史嵩之，大臣爲范鍾，謂其時鍾獨當國，過失日章，故斯得及之也。按是時游侶爲右丞相，則非鍾獨當國矣。今刪去。

7 二月，壬戌，金部郎官王佖，言人主論相，當取其格心，不可取其阿意，帝然之。

8 戊辰，范鍾再乞歸田，除觀文殿大學士、醴泉觀使。時游侶與鍾不協，故力求去，尋以高斯得之言罷之。時鍾方坐相府，臺吏以牒呼而出之。辛未，命提舉洞霄宮，任便居住，從所乞也。

9 壬申，雪。蠲大理寺、三衙、臨安府幷屬縣點檢贍軍酒庫所贓賞錢。以雪寒，出封樁庫十八界楮幣十萬緡，犒三衙諸軍。

10 乙酉，宗正少卿張磻言治兵、理財當爲一事。磻又言先朝蘇頌、傅堯俞皆不受宣諭事，帝悚聽然之。

11 詔三衙諸軍月支銀並倍給。

12 夏，四月，辛酉，太白晝見。

13 戊寅，殿中侍御史謝方叔，左司諫湯中，請旌異朱熹門人胡安定、【考異】胡安定，全文作「胡定安」，今從宋史本紀。薛鑑改作「胡瑗」，後編已辨其誤。呂壽（燾）、蔡模，以勸後學，並詔補迪功郎，添差本州教授，仍令所屬給札錄其著述，幷訪以所欲言。

14 甲申，詔曰：「朕臨朝願治，每念乏才，有意作成，既親扁題，分賜諸學，並賜諸生束帛，以示激勵。其令三學官於前廊長諭及齋生中，公舉經明、行修、氣節之士，別議旌賞。」京學如之。」

15 閏月，乙未，資政殿大學士徐榮叟薨，輟視朝一日。

16 戊戌，呂文德言今春北兵攻兩淮，統制汪懷忠，所至逆戰，將士陣亡者衆，詔給緡錢卹其家。

17 癸卯，余玠言北兵分四道入蜀，將士捍禦有功者，輒以便宜推賞，具立功等第稍轉官資以聞，從之。

18 己酉，祕書丞王墣，言杜衍封還內降事，帝曰：「朕嘗諭大臣，聽其執奏矣。」

19 庚戌，刑部侍郎兼中書、門下省檢正諸房公事魏峻，言人主震服天下，曰斷而已，帝曰：「謀之欲同，斷之欲獨。若以大公至正行之，則斷在其中矣。」

20 五月，庚申，詔賈似道任責措置淮西山寨城築。

21 丙寅，吏部員外郎李昴英言內小學事，帝曰：「朕於小學之教甚留心。」昴英又言漢末宦官之禍，帝曰：「固當防微杜漸。」

22 庚午，詔：「學校明倫之地，諸生講明，不負教育，朕用嘉之。爰命有司，舉其高弟；而合詞控免，陳義凜然。朕重違本心，姑徇所請，以成其美；所有束帛，不必控辭。」

23甲申，詔權知高郵軍兼淮西提刑蕭逢辰進一秩，旌其買馬、修城，留意戰守也。

24詔決繫囚。

25六月，戊子朔，詔從事郎傅實之，迪功郎林公遇，並特改京秩，仍給札詢所欲言，以都省言其杜門樂道，搢紳高之也。

26戊戌，著作佐郎兼權禮部郎官高斯得，言學校以小過觸霆威，帝曰：「本是小事，但不當率衆出見宰執。」斯得曰：「學校固不爲過；但恐姦人因此動搖局面，關係不細。」帝然之。斯得又言：「羣臣龐雜，宮禁奇邪，黷貨外交，豈可坐視而不之問！顧乃并包兼容之意多，別邪辨正之慮淺，憂讒避譏之心重，直前邁往之忠微，遂使衆臣爭衡，大權旁落，養成積輕之勢，以開窺覬之漸。設有不幸，變故乘之，使宗社有淪亡之憂，衣冠遭魚肉之禍，生民罹塗炭之厄。當是時也，欲潔其身以去，其能逃萬世之清議乎！」於是朝署惡之者衆，旋出知嚴州。斯得祈祠，不許。

27丙午，以禱雨，詔中外決繫囚，杖以下釋之。臣僚言：「旱勢可慮，請分命臣僚徧禱羣望，仍令有司疎決淹獄，及下諸路勸諭富家接濟細民，以弭盜賊。」從之。

28壬子，以陳韡參知政事兼同知樞密院事。

29乙卯，臺臣言李鳴復、劉伯正，進則害善類，退則蠹州里，詔削秩罷祠。

續資治通鑑卷第一百七十二

賜進士及第兵部尚書兼都察院右都御史總督湖北湖南等處地方軍務兼理糧餉世襲二等輕車都尉畢沅編集

宋紀一百七十二 起柔兆敦牂（丙午）七月，盡屠維作噩（己酉）十二月，凡三年有奇。

理宗建道備德大功復興烈文仁武聖明安孝皇帝

淳祐六年 蒙古定宗元年。（丙午、一二四六）

1 秋，七月，壬戌，泉州饑，州民謝應瑞自出私鈔四十餘萬糴米，以賑鄉井，全活甚衆，詔補進義校尉。

2 蒙古自太宗殂後，諸王近屬，自相攻戰，國內大亂。是月，太宗六皇后會諸王百官，奉皇子庫裕克（舊作貴由。）即位于昂吉蘇默托里舊作汪吉宿滅禿里，今改。之地，朝政猶出于后。庫裕克，太宗長子也。時諸王不服，將謀不軌。會雷雨大作，行營水深尺，遂各散去。

3 蒙古命中書令楊惟中宣慰平陽。時斷事官色珍舊作斜徹，今改。橫恣不法，惟中按誅之。

4 蒙古諸勳貴分封山東者，以東平行臺嚴忠濟總一方之政，頗不自便。及蒙古主新立，皆聚闕下，復欲剖分東平地。時衆心危疑，將俛首以聽，左右司郎中王玉汝力排羣言，事得已。

5 八月，庚寅，起居郎兼權中書舍人暫兼權禮部右侍郎趙汝騰，言北司專權，帝曰：「近頗戢之。」汝騰又言不當調護言官，帝曰：「近日少有調護者。」

6 己酉，以太府少卿劉克莊爲祕書少卿（監），尋兼國史院編修官、實錄院檢討官。

7 辛亥，校書郎兼樞密院編修官兼諸王宮教授蔡抗奏對，言正心事，帝曰：「紀綱萬化，實出於心。」抗又言內降斜封之弊，帝曰：「已許大臣執奏矣。」抗又言宗社大計，帝曰：「祖宗朝亦是晚年方定。」抗言：「祖宗時，定名號雖在晚年，而定計乃在一二十年之前，此事最忌因循。」帝然之。

8 蒙古耶律鑄，嗣其父楚材領中書省事，上言宜疎禁網，因采前代德政合於時宜者八十一章以進。

9 蒙古以溫都爾（舊作奧都剌。）行省事於燕京，與劉敏同政。

10 九月，丙辰朔，祕書省正字林希逸請信任給諫，帝曰：「臺諫、給舍之言，朕無不行。」希逸又請早決大計以慰人望，帝納之。

11 丁巳，京湖安撫制置大使、夔路策應大使兼江陵府孟珙卒初，珙招中原精銳萬五千餘人，分屯漢北樊城、新野、唐、鄧間，皆百戰之士，號鎭北軍，駐襄陽。及王旻、李虎軍亂，鎭北亦潰，珙乃重購以招之，降者不絕。蒙古行省范用吉，亦密通降款，以所受告命爲質，珙白於朝，不從。珙歎曰：「三十年收拾中原人心，今志不克伸矣！」遂發病。是月朔，大星隕於境內，聲如雷；卒之日，大風發屋折木。

珙隨父宗政立戰功，忠君體國，善撫士卒，軍中參佐部曲議事，言人人異，珙徐以片言折衷，衆志皆愜。建旗鼓，臨將吏，面色凜然，無敢涕唾者。退則遠聲色，薄滋味，蕭然若事外。追封吉國公，謚忠襄。

12 戊辰，以賈似道爲京湖制置使，兼知江陵府兼夔路策應使，仍暫兼權沿江制置副使、湖廣總領，尋兼京湖屯田使。

13 冬，十月，庚寅，詔以嗣榮王與芮子孟啓爲貴州刺史，入內學。

14 蒙古主命察罕拓江淮地。

15 十一月，庚申，詔：「昨令三學各舉經明、行修、氣節之士，而諸生合辭控免，秉義甚高。其令在籍諸生並赴來年省試一次，臨安府學長、諭亦如之，以稱搜羅之意。」

16 丁丑，以雪寒，出封樁庫楮洛〔幣〕賑臨安府細民。

17 辛巳，以前四川制置陳隆之抗敵死難，特贈徽猷閣待制，於合得延賞外，更官其二子。

18殿中侍御史謝方叔言：「豪強兼并之患，至今日而極，非限民名田不可。國朝駐蹕錢塘，百有二十餘年矣，外之境土日荒，內之生齒日繁，權勢之家日盛，兼并之習日滋，百姓日貧，經制日壞，上下煎迫，若有不可爲之勢。夫百萬生靈生養之具，皆本於穀粟，而穀粟之產，皆出於田。今百姓膏腴，皆歸貴勢之家，租米有及百萬石者。小民百畝之田，頻年差充保役，官吏誅求百端，不得已則獻其產于巨室以規免役，小民田日減而保役不休，大官田日增而保役不及，兼并浸盛，民無以遂其生。於斯時也，可不嚴立經制以爲之防乎！今日國用邊餉，皆仰和糴，然權勢多田之家，和糴不容以加之，保役不容以及之。敵人睥睨於外，盜賊窺伺於內，居此之時，與其多田厚貲，不可長保，孰若捐金助國以紓目前！宜諭二三大臣，摭臣僚論奏，付之施行，定經制，塞兼并。陛下勿牽貴近之言以搖初意，大臣勿避仇勞之多而廢良策，則天下幸甚！」

19十二月，癸巳，詔：「侍從、臺諫各舉堪閫寄及餉事者，述其才器、勞績以聞。」

20史嵩之服除，有進用之意。乙未，詔史嵩之以觀文殿大學士致仕。

殿中侍御史章炎，正言李昴英，監察御史黃師雍，論嵩之無父無君，醜聲穢行，律以無將之法，罪有餘誅；請寢宮祠，削官遠竄。翰林學士李韶與從官抗疏曰：「春秋桓公五年，書蔡人、衞人、陳人從王伐鄭。春秋之初，無君無親者，莫甚於鄭莊，不聞以其嘗爲王卿士而薄其罰。今陛下不能正姦臣之罪，其過不專在上，蓋臣等百執事不能輔天子以討有罪，皆春秋所不赦。請斷以此義，亟賜裁處。」

21 丙申，諸司糧料院章鑑進對，言抗諫事，帝曰：「朕於臣僚論事，未嘗不見施行。」鑑又言儲才，帝曰：「人才須是養之於平時，臨事方得其用。」

22 先是金將武仙敗死，餘黨散入太原、眞定間，據大明川，用金開興年號，衆至數萬，剽掠數千里。蒙古主命諸道兵討之，不克。楊惟中仗節開諭，降其渠帥，餘黨悉平。

23 蒙古東平萬戶嚴忠濟，襲爵數年，怠於政事，任用姦佞，經歷李昶曰：「比年來，裘馬相尙，飲食無度，庫藏空虛，百姓匱乏。若猶循習故常，恐或生變。惟閤下接納正士，黜遠小人，去浮華，敦朴素，損騎從，省宴游，雖不能救已然之失，尙可以彌未然之禍。」時蒙古裁抑諸侯，法制寖密，忠濟縱侈自若。昶以親老求解職，不許，旋以父憂去官。

24 蒙古萬戶史權等侵京湖、江淮之境，攻虎頭關寨，進至黃州。

淳祐七年 蒙古定宗二年。（丁未、一二四七）

1 春，正月，乙卯朔，詔：「皇姪孟啓，特授宜州觀察使；建資善堂于內小學，置直講、贊讀二員，以年稚，權就王邸習訓。」

2 詔曰：「間者任用非人，不能秉禮懷義以輔朕，顧乃陷於匪彝，敗俗傷敎，朋淫肆欺，羣議垒涌。由朕不德，朕甚愧焉！天誘之衷，豁然大悟，亦既絀去其黨類，史嵩之已俾致仕，以示朕決不復用之意。搢紳士大夫交奉〔奏〕迭諫，悃悃款款以陳于前，忠愛備至。朕思所以爲自強之計，百爾執事，亦宜相戒以實，克去己私。」

3丁卯，詔：「戒敕州軍縣鎮，不許因誕節賜宴，多殺物命，一遵景祐三年詔書，仍刻石所在放生池。」

4戊寅，詔：「淮、浙發運司給米二萬石，濟建寧、邵武諸郡被水之民。」

5李昴英疏劾臨安尹趙與𥲅，語侵執政，章炎亦劾執政，帝怒昴英，并及炎。」鄭寀覘知帝意，乘間劾炎、昴英，又嗾同列再疏以劾炎。屬黃師雍毅然不從，獨疏論葉闓，闓乃與𥲅之腹心也。未幾，炎、昴英皆罷去。寀於是薦周坦、葉大有入臺。

6二月，庚寅，都省言：「淮安縣主簿周子鎔，遭李全之變，陷北十有六年，數以敵謀密聞邊閫，拔身來歸。」詔特改朝奉郎，與陞擢差遣。

7丙申，詔：「四川沿邊州縣官，任滿日，轉循官資有差。」從制臣請也。

8己亥，以貴妃賈氏薨，輟視朝二日。

9乙巳，翰林學士李韶屢疏請老，授端明殿學士、提舉玉隆萬壽宮。

10丁未，令封樁下庫支會子十二萬貫，付淮西安撫司造船。

11 壬子，詔改潛邸爲龍翔宮。

12 出封樁庫十八界會子五萬貫，付臨安府津遣三邊請舉士人歸里。以不允所乞省試，故有是命。

13 侍御史周坦，劾禮部侍郎程公許，出知建寧府。鄭清之因公許繳其子士昌之命，恚甚，數於經筵言其短。坦妻與清之妻善，承其指，入臺即首劾公許，鄭寀又劾之。公許落職。

14 先是江萬里丐祠省母，不許；萬里使其弟奉母歸南康。旋聞母病，不俟報馳歸，至祁門，聞訃。忌萬里者相與騰謗，謂萬里母死，祕不發喪，反挾妾媵自隨。周坦劾之，萬里坐廢。

15 蒙古呼必賚（舊作忽必烈。）受邢州分地。邢當要衝，徵求百出，民弗堪命。僧子聰薦張文謙可用，遂召見，命掌王府書記，言于呼必賚曰：「今民生困敝，莫邢爲甚，盍擇人往治之！」於是乃選烏托、（舊作脫兀脫。）劉肅、李簡三人至邢，協心爲治，戶增十倍。由是呼必賚益重儒士，實自文謙發之。

16 蒙古以孟克薩爾（舊作忙哥撒爾，今改。）爲斷事官。孟克薩爾嘗從諸王莽賚扣（舊作蒙哥。）征奇徹，（舊作欽察。）身先諸將，及以所俘寶玉頒諸將，則退然一無所取，莽賚扣甚重之。至是爲斷事官，剛明能舉其職。

17 三月，甲子，知大宗正丞兼權金部郎官姚希得，言李韶老成有德望，宜留奉內祠，侍經幄，戊辰，詔：「李韶依舊端明殿學士、提舉萬壽觀兼侍讀。」

18 是春，蒙古張柔攻泗州，旋還屯杞。帳下吏瓜勒佳顯祖（瓜勒佳舊作夾谷，今改。）得罪亡走，上變誣柔，蒙古主命執柔以北。大臣多以闔門保柔者，卒辨其誣，顯祖伏誅。

19 夏，四月，辛卯，以旱，決中外繫囚，杖以下釋之。

20 庚子，以邢部尚書王伯大爲端明殿學士、同（校者按：同字衍。）簽書樞密院事，翰林學士、知制誥吳潛爲端明殿學士、同簽書樞密院事。

21 辛丑，以鄭清之爲太傅、右丞相、樞密院（校者按：院字衍。）使、越國公；游侶罷，爲觀文殿大學士、醴泉觀使兼侍讀。

或請更化改元，清之曰：「改元，天子之始事；更化，朝廷之大端。漢事已非古，不因易相而爲之。」乃止。

22 以趙葵爲樞密使兼參知政事、督視江淮、京西湖北軍馬兼知建康府，陳韡知樞密院事、湖南安撫大使兼知潭州，用鄭清之薦也。

23 庚戌，以禱雨未應，蠲大理寺、三衙、臨安府屬贓罰錢。

24壬子，廣西漕臣劾貴州守臣陳鑑，迫脅考試，私取士人，壞科舉法，詔再鐫一秩，勒致仕。

25五月，甲寅，詔：「武功郎、揚州寧淮軍統制張忠，戍守浮山，手搏敵帥，俱死于水，特贈武略大夫，更官其一子。」

26乙卯，以禱雨未應，詔諸路錄囚。

27己未，禱雨于天地、宗廟、社稷。

28己巳，詔賜兩淮、京、蜀曾經戰爭之地田稅三年，其宿逋悉除之。

29壬申，吳潛兼權參知政事。

30六月，癸巳，賜進士張淵微以下五百二十七人及第、出身。淵微等以闕雨，請免瓊林賜宴。

31丙申，詔求直言，弭旱。【考異】宋史本紀作五月乙亥，今從宋史全文。徐霖應詔，言諫議大夫鄭寀不易則不雨，臨安尹趙與𥲅不易則不雨，不報，遂引去。【考異】徐霖之去，因陳言不報，而癸辛雜識以爲由於爭徐元杰之獄，蓋傳聞之異詞也。今從宋史本傳。帝遣著作郎姚希得留之，不還。御筆改合入官，乃改宣教郎。霖屢辭，曰：「向爲身死而不敢欺其君父，今以官高而自眩於生平，失其本心，何以暴其忠志！」又曰：「志貴乎潔，忠尙乎精，卽有敗，則自陷於垢汙矣。」

32時鄭寀、趙與𥲅及周坦、葉大有、監察御史陳垓相合爲一，唯黃師雍孤立，寀惡之尤甚，思所以去師雍未得，招四人共謀之。會應詔陳言者多指寀、坦爲致災之由，牟子才、李伯玉、盧鉞語尤峻，坦等僞撰匿名書，誣子才、鉞等。師雍詣御榻前力辨，謂：「匿名書，條令所禁；非公論也，不知何爲至前？」因發其僞撰之迹。適鉞疏譽師雍，寀乃以鉞附師雍上聞。帝不聽，擢師雍左司諫。

33甲辰，出豐儲倉米三十萬石以平糴價。

34己酉，詔：「旱勢日甚，兩淮、襄、蜀及江、閩內郡，間因兵寇，遺骸暴露，感傷和氣，令所屬州縣收瘞之。」

35詔：「京湖北路副總管王英歸順，進秩二等。」

36秋，七月，蒙古主西巡太原。萬戶郝和尙朝於行宮，賜銀萬錠，辭曰：「賞賚過厚，臣不應獨受。臣積微勞，皆將校協力也。」遂奏將校劉天祿等，皆賜之金銀符。【考異】宋(元)史郝和尙巴圖傳，以朝定宗爲甲辰年事，然甲辰年定宗未卽位也。傳以遣還治太原爲戊申事，則入朝當在戊申前一年。

37丙辰，詔：「荆鄂都統司，聽荆湖制帥司節制；池州、建康、鎭江府都統司，並聽沿江制司節制；許浦都統司，改聽興國、蘄、黃、安慶四郡節制。」從督視趙葵之請也。

38庚申，安慶守臣歐陽頤，以改差輒之任，詔削官二等，令憲臣謝獻子領郡。

39 詔：「辭免除授，實爲繁文，除侍從、臺諫、給舍、兩省左右史以上許辭免，餘官不許。」

40 乙丑，吳潛罷知福州，以周坦劾之也。

41 丁卯，以別之傑爲參知政事，諫議大夫鄭寀爲端明殿學士、同簽書樞密院事。

42 癸酉，詔賞浙東·西、福建路監司、州郡所申官士之家濟糶者凡九人，補轉官資有差。

43 鄭寀之入政府也，不爲公論所予。太常博士牟子才疏言：「陛下欲留徐霖，霖所論劾者，趙與𥲅、鄭寀也。二人之中，寀尤無恥，請先罷之。」八月，甲申，鄭寀罷。子才又論鄭清之不當引史嵩之黨別之傑共政，復爲書抵清之，以孔光、張禹切責之，清之愧謝。

44 丙戌，詔戶部嚴革諸路州縣增收多量苗米之弊。

45 辛卯，詔石鈞、陳大任、王方烈，各鐫一秩，以其誣平民爲重辟；謝思乂、張懋，各進一秩，旌其平反之功；從湖北憲臣之請也。

46 己亥，以秋風已勁，邊備當嚴，浙右四郡，密邇行都，魏村、福山、柴墟一帶，宜預爲之備，詔守臣條具措置。

47 辛丑，詔：「前通判彭州宇文景訥，罵賊而死，贈官二等，仍與一子下州文學。」

48 壬寅，詔：「監司、守臣，宜亟講荒政以賑乏絕；稅租有合蠲減者，核實以聞。」

49 甲辰，高定子薨，輟朝一日，贈少保。

50 是月，蒙古主命蒙古人戶每百人以一人充巴圖魯。（舊作拔都魯。）

51 九月，丙辰，詔：「命官該赦，陳乞改正，不拘期限；今後赦條刪去『限一年內』四字。」從左司陳元鳳之請也。

52 丁巳，詔改尚書省提領鹽事所爲提領茶鹽所。

53 黃師雍與鄭清之，故同舍，會師雍劾劉用行、魏峴，皆清之親故也，清之不樂。周坦知之，喜曰：「吾得所以去師雍矣。」遣其妻日造清之妻譖曰：「彼去用行、峴，乃去丞相之漸也。」帝欲用師雍爲侍御史，清之曰：「如此，則臣不可留。」乃遷師雍爲起居舍人，師雍丐去。清之猶冀其稍貶，師雍曰：「吾欲爲全人。」終不屈。

54 蒙古以高麗歲貢不入，伐之。自後八年，凡四易將，拔其城十有四。

55 冬，十月，辛巳，太白晝見。

56 詔：「京湖副都統李得，討廣東峒寇有功，進官一等。」

57 癸未，朝獻景靈宮。

58 以嚴州旱，詔豐儲倉給米萬石賑糶。

59 丙戌，京湖安撫司調兵平辰、沅蠻徭有功，總轄張謙、統制高天祐等賞賜有差。

60 己酉，陳垓言格法日壞，天下視聽益不美，因條陳添差、（抽差）、攝局、須入、奏辟、改任、薦舉、借補、曠職、匿過十弊，請風示中外，從之。

61 甲寅，以鎭江府旱，詔兩浙轉運司檢覈蠲租七萬四千石有奇。

62 蒙古括人戶，下令，敢隱實者誅，籍其家。藁城令董文炳，俊之子也，使民聚口而居，少爲戶數，衆以爲不可，文炳曰：「爲民獲罪，吾所甘心。」民亦有不樂爲者，文炳曰：「後當德我。」由是賦斂大減，民得富完。

63 十二月，壬午，以趙與𥲅爲端明殿學士、提領戶部財用。

64 庚寅，以近畿旱，詔：「正歲、天基節大宴權免，其州郡賜宴，務從省約，毋得科擾，以副朕敬天愛民之意。」

65 辛卯，李鳴復薨，輟視朝一日。

66 壬辰，詔：「太學生陳九萬，在北十一年，脫身來歸，條陳敵中事宜，有益備禦，特補迪功郎。」

67 周坦劾黃師雍，罷之。

68 蒙古呼必賚聞眞定路經歷官張德輝之賢，召至藩邸，問曰：「孔子歿已久，今其性安在？」德輝對曰：「聖人與天地相終始，無往不在。殿下能行聖人之道，性卽在是矣。」又問：「或云：遼以釋廢，金以儒亡。有諸？」對曰：「遼事臣未周知，金季乃所親覩。宰執中雖用一二儒臣，餘皆武弁世爵，及論軍國大事，又不使預聞。大抵以儒進者三十之一，國之存亡，自有任其責者，儒何咎焉！」呼必賚然之。因問德輝曰：「祖宗法度具在，而未盡設施者甚多，將如之何？」德輝指銀槃喩曰：「創業之主，如製此器，精選白金，良匠規而成之，畀後人傳之無窮，當求謹厚者司掌，乃永爲寶用。否則不惟缺壞，亦恐有竊而去之者矣。」呼必賚良久曰：「此正吾心所不忘也。」又問：「農家作苦，何衣食之不贍？」對曰：「農桑天下之本，衣食之所從出者也。男耕女織，終歲勤苦，擇其精者輸之官，餘粗惡者將以仰事俯育，而親民之吏，復橫斂以盡之，則民鮮有不凍餒者矣。」又訪中國人才，德輝舉魏璠、元裕、李治等二十餘人。德輝，交城人也。

淳祐八年（蒙古定宗三年。）（戊申、一二四八）

1春，正月，丙子，太常寺言：「檢照中興禮書，四孟朝獻景靈宮，分三日行禮。自淳熙十五年後，分作兩日，近年諸后殿多命宰執分詣。如遇車駕次日親臨，每位三上香，一跪奠，俛伏，興，再拜，得禮之宜。」從之。

2蒙古萬戶郝和尚，奉詔還治太原，請凡遠道租稅、鹽課過當者，悉蠲除之。

3二月，辛丑，荆湖帥臣陳韡言：「國家以火德王，于火德之祀，合加欽崇。炎帝陵在衡州茶陵縣，廟久弗治，請相度興修，以稱崇奉之意。」從之。

4丙午，周坦請申明十七、十八界會子並永行用，以堅民信；左司趙汝暨請更造十九界；太常博士黄洪請不用會子，停賣鹽鈔；狂言惑衆，宜正妄誕之罪，詔各罷所居官。

5丁未，監察御史陳垓，「請宣諭輔臣申飭吏部，未歷郡者不許爲郎，已爲郎者更迭補外，未歷縣者必令須入，已作縣者須及任滿，闕次必依先後，毋或改差，庶抑僥倖以重名器。」從之。

6蒙古釋奠孔子廟，致胙於呼必賚。呼必賚問張德輝曰：「孔子廟食之禮何如？」對曰：「孔子爲萬世王者師，有國者尊之，則嚴其廟貌，修其時祀。其崇與否，於聖人無所損益，但以此見時君崇儒重道之意何如耳。」呼必賚曰：「今而後此禮勿廢。」呼必賚又問：「典兵與宰民者爲害孰甚？」對曰：「軍無紀律，縱使殘暴，害固非輕。若宰民者頭會箕斂以毒天下，使祖宗之民如蹈水火，爲害尤甚。」呼必賚曰：「然則柰何？」對曰：「莫若更遣族人之賢如昆布哈舊作口溫不花，今改。者，使掌兵權，勳舊如呼圖呼舊作忽都虎，今改。者，使主民政，若此，則天下均受賜矣。」

7三月，甲寅，督視趙葵上將士泗州解圍之功，詔：「奇功特與補轉四官，其餘補轉有差。其淮西招撫司應援立功將士，併與比類推賞。」

泗州之圍也，前鋒軍統制田智淵父子，戰死於潮河壩。甲戌，詔贈智淵父子官，卹其家。尋立廟泗州，賜額以旌忠節。

8乙亥，陳垓言：「民命與國脈相維，獄訟不當，刑罰不中，則無以保斯民之命，尚何以保吾國之命脈！」因極言檢覈、決獄、疏決、推勘、拘鎖、刺環、奏裁、詳覆、重勘、追證十弊，從之。

9蒙古主殂於杭錫雅爾（舊作橫相乙兒，今改。）之地，年四十三，葬起輦谷，廟號定宗。自太宗皇后稱制以來，法度不一，內外離心。至是國內大旱，河內盡涸，野草自焚，牛馬死者十八九，人不聊生。諸王及各部，又遣使于諸郡徵求貨財，或于西蕃、回鶻索取珠璣，或于東海搜取鷹、鶻，驛騎絡繹，晝夜不絕，民力益困。皇后立庫春（舊作曲出。）子實勒們（舊作失烈門。）聽政，諸王大臣多不服。

10夏，四月，癸未，詔：「督視趙葵，累奏結局。朕問勞念功，深有勸歸之意。但北兵雖退，邊備當嚴，更宜勉留，以副隆委。」

11辛卯，權禮部侍郎兼國子祭酒徐鹿卿言：「生員李寧先，飲酒爭競，見害市人，辱學校，玷士類，由臣誨飭無狀，請行罷斥。」詔：「覽卿所陳，痛自引咎，此固師儒之責。但學校規矩久弛，今當申嚴，宜自安置。」帝眷鹿卿甚厚，而忌者寖多。有撰僞疏託鹿卿以傳播，歷詆宰相及百執事，鹿卿初不知也，遂力辨上前，因乞去。帝曰：「去則中姦人之計矣。」令臨安府根捕，事連勢要，獄不及竟。鹿卿累疏告老，旋致仕。

12 甲午，以太常寺奏請，景靈宮行事日，請更定后殿饗禮拜跪之數，詔：「朕祗承宗廟，何敢憚勞！可一依舊式。」

13 乙未，朝獻景靈宮。丙申，亦如之。

14 庚子，詔：「臨安守臣趙與𥲅，充明堂大禮提點事務。」

15 蒙古張德輝將歸眞定，爲呼必賚陳先務七事，曰敦孝友，擇人才，察下情，貴兼聽，親君子，信賞罰，節財用。呼必賚稱其字輝甫而不名，賜坐，贈賚優渥。

16 五月，庚戌，以闕雨，詔錄行在繫囚。

17 壬戌，諸王宮大小學教授李桂高進對，言淮、蜀之險，帝曰：「及此閒暇之時，當作規模備禦。」

18 督視、樞密使趙葵奏乞結局，詔候來春入奏。癸亥，詔：「趙葵視師于外，今已期年，忠力具宣，威聲綽〔卓〕著，既成卻敵之效，復宏預備之規。肯爲朕留，尤見體國，可無恩典，少示褒崇！特進三秩，依前(知)樞密院事兼參知政事、督視江淮、京湖軍馬兼知建康府、江東安撫使、行宮留守，仍加恩。」

19 乙丑，詔：「陳韡出鎮南服，備殫忠勤，軍民安平，蠻徭綏輯，特進一秩，依前(知)樞密院事、湖南安撫大使兼知潭州、節度廣西。余玠除兵部尚書，依舊四川安撫制置使兼知重慶府仍兼四川總領、夔路轉運使。賈似道除刑部尚書，依舊京湖安撫制置使兼知江陵府兼夔路策應使，仍兼湖北總領。丘岳除兵部侍郎，依舊淮東安撫制置使兼知揚州兼淮西制置使。呂文德除侍衞馬軍都指揮使，依前保康軍承宣使、右領（軍）衞上將軍、樞密院副都承旨兼知濠州。」

20 辛未，詔：「西湖北山護國寺後龍洞，泉源澄深，靈異感格，可賜『護國龍祠』爲額，永充祈禱。」

21 秋，七月，辛亥，以王伯大爲參知政事，應𦈉同知樞密院事，給事中謝方叔爲端明殿學士、簽書樞密院事，吏部尚書史宅之爲端明殿學士、同簽書樞密院事，趙與𥲅資政殿學士，與執政恩例，提領戶部財用，仍知臨安府。

22 丁卯，賜洪咨夔謚忠文。

23 癸酉，王伯大除職予郡，以監察御史陳垓論之也。

24 八月，丙戌，范鍾乞免祠祿，不許。

25 丁亥，督視趙葵辭轉三官，凡六上奏，詔不允。

26 戊子，以雷州所屯經略司水軍頗横，詔守臣節制。

27乙未，詔：「王疇更削官一等，正其括田擾民之罪。」

28丙申，詔：「大理寺丞林炎，對疏狂妄，動搖國本，奪官三等，押出國門。」

29庚子，帝諭輔臣曰：「所在監司、帥守，輕行括籍，多因細事，中以深文，甚而置之死地，往往利其財耳，眞所謂殺越人於貨。至於用刑，自有成法，今有司率意任情，更不遵守條令。凡此皆當禁止。可亟明肆赦，益加申嚴，如有非辜越訴，究證得實，必論如律。」

30壬寅，周坦言：「明堂肆赦，州郡奉行不虔，有稽遲、隱匿、文具三弊，宜革去以昭溥博之仁。」從之。

31甲辰，詔戶部嚴革諸路州縣增收多量苗米之弊。

32高斯得遷浙東提點刑獄，劾知處州趙善澣〔瀚〕、知台州沈塈等倚勢厲民，不報。

33九月，己未，朝獻景靈宮。庚申，朝饗太廟。辛酉，大饗于明堂，大赦。是夕，雷。

34冬，十月，甲戌朔，參知政事別之傑，三奏乞歸田里，除資政殿大學士、知紹興府。

35乙亥，以應繇、謝方叔並權參知政事。

36詔改高斯得江西轉運判官，斯得辭免，上言：「臣劾趙善澣〔瀚〕等，未聞報可，固疑必有黨與，惑誤聖聰者，今蒙恩除，乃知中臣所料。善澣〔瀚〕係侍御史周坦之婦翁，贓吏之魁，錮於聖世，鄭清之與之有舊，復與州符。沈塈〔塈〕者，簽書樞密院史宅之妻黨也。祖宗以來，未有監司按吏一不施行者，壞法亂紀，未有甚此，臣身爲使者，劾吏不行，反叨易節，若貪榮冒拜，則與世之頑鈍無恥者何異！乞併臣鐫罷，以戒奉使無狀者。」章既上，坦自謂己任臺諫而反見攻，偏懇同例〔列〕論斯得，同列難之。坦計急，自上章劾罷斯得新任。未幾，坦亦罷，善澣〔瀚〕等竟罷去。

37 十一月，丙午，太傅、右丞相兼樞密使鄭清之乞歸，不許。

38 蒙古萬戶郝和尚，以歲饑，出穀千石助國用。

39 十二月，辛巳，以嚴寒，出封樁庫十八界官楮二十萬，令三衙賑軍。

40 是歲，蒙古駙馬蘇布特舊作速不台，今改。卒。

蘇布特佐太祖創業，及取河南，定西域，功居多。後追封河南王，謚忠定。

淳祐九年蒙古定宗皇后稱制元年。（己酉、一二四九）

1 春，正月，乙巳，皇姪宜州觀察使孟啓，特授慶遠軍節度使，進封益國公。

2 庚申，詔：「周世宗八世孫柴彥穎，特授承務郎，襲封崇義公。」

3 詔：「兩淮、京湖、沿江制帥司，行下所隸，勸諭軍民從便耕種，秋成日官司不得分收。」

4 癸亥，知臨安府趙與𥲅，請以沒官田五百畝有奇付本府創慈幼局，以養遺棄嬰兒，置藥局以療閭閻之疾病，從之。

5 丁卯，許應龍薨，謚文簡。

6 己巳，范鍾薨。鍾爲相，重惜名器，雖無赫赫可稱，而清德與李宗勉齊名。謚文肅。

7 辛未，給臨安府官田三百畝，付表忠觀，以旌錢氏之功德。

8 二月，丁亥，詔：「刑部及諸路監司，刑獄案卷速與理決，仍差屬官往州縣獄審斷，毋令姦胥作弊，濫及非辜。」

9 庚子，鄭清之再乞歸田里，詔不許。

10 辛丑，監察御史朱景彝，言刑獄民命所繫，請諭所司刷諸處已奏文案，爲限日處分行之。

11 閏月，癸卯朔，詔：「安南國王陳日㷡，特進、檢校太尉兼御史大夫、上柱國、安南國王。」

12 趙葵視師既久，屢有奏捷，帝思所以處之，鄭清之曰：「非使作相，不足以酬勞。陛下豈以臣故耶？臣必不因葵來遽引退，臣願居左，葵居右。」帝從其言。甲辰，以鄭清之爲太師、左丞相兼樞密使，進封魏國公；趙葵爲右丞相兼樞密使；應𦋺、謝方叔並參知政事；陳韡觀文殿大學士、福建安撫大使、知福州；吳淵端明殿學士、沿江制置使、江東安撫使兼知建康府、行宮留守；趙希㙈端明殿學士、知建寧府。

13 乙丑，鄭清之辭免太師，奏五上，許之。

14 三月，癸酉朔，以衢、信州旱，給豐儲倉米五千石賑之。

15 癸未，以賈似道爲寶文閣學士、京湖安撫制置大使、知江陵府。

16 丁亥，詔：「正陽之月，日有食之，史官先期以告。朕祗畏天戒，不遑寧處。可自二十一日爲始，避殿，減膳，徹樂，益加內省。凡爾在列，各務交修，以輔不逮。」

17 癸巳，詔決中外繫囚，杖以下釋之。

18 己亥，詔增通、泰、揚、眞、和州、安慶府解額。

19 四月，壬寅朔，日有食之。

20 丙午，詔：「丘岳闡職修舉，除寶章閣直學士，依舊淮東安撫制置使兼知揚州、淮西制置使。」

21 辛亥，以福州應天啓運，使寅奉祖宗神御，事體至重，可令西外知宗兼領，免差內侍，永爲定式。

22 己未，羣臣三上表，請御正殿，復膳，從之。

23 己巳，鄭清之屢疏乞骸，因奏時事十難：曰重相權，曰凝國是，曰用人才，曰足兵食，曰守法度，曰革弊蠹，曰布公道，曰去貪贓，曰理財用，曰節冗費，詔獎留之。

24 五月，甲戌，浙西帥臣趙與𥲅言：「本司措置鹽課，請自淳祐九年爲始，歲舉職司賞員及職令狀各一，以厲官屬。」從之。

25 己丑，右丞相趙葵辭新命，詔敦趣上道。

26 六月，丙寅，詔：「邊郡各立一廟，以褒忠爲額，凡前後沒於王事，忠節顯著之人，並祀之，郡官春秋致祀。」

27 八月，庚子朔，同知樞密院事史宅之，辭免兼提舉財用，詔不許，仍趣條具以聞。

28 丁未，詔：「步軍司支遺匱乏，每年於豐儲倉給米三千石，封樁庫給官會二萬貫，助其贍軍。」

29 辛亥，詔：「趙葵除拜已久，告假將滿。今聞欲還長沙，可令沿江制臣疾速差官邀止，不許般挈爲歸計，仍令吳淵宣諭赴闕。」

30 乙卯，廣東提舉司言知潮州海陽縣陳純仁築堤護田甚廣，詔進官一等。

31 丙辰，趙與𥲅辭免措置戶部財用，詔不許。

32 戊午，詔：「今春北師侵邊，呂文德指授將士，累策奇功，進官二等。」

33 庚申，知安豐軍邢德，知壽春府劉雄飛，有謝步之捷，詔各進官一等。

34 九月，丙子，提領戶部財用趙與𥲅創置新倉三百七十萬間，貯米一百二十萬石，請以淳祐爲名，及照豐儲倉例辟官四員，從之。

35 乙未，婉容閻氏進封貴妃。

36 丙申，太常少卿、暫權給事中盧壯父，繳回內降所除吳沂直祕閣、王國壽軍器所幹官錄黃，從之。

37 冬，十月，庚申，參知政事應繇，屢疏乞歸，不許。尋除資政殿學士、知平江府。

38 詔：「臨安府、諸路提刑司，嚴居民銷鑿見錢私鑄銅器之禁，仍下殿步司一體施行。」

39 癸亥，賜宰臣、執政、講讀、修注官宴於祕書省。

40 甲子，四川制置使余玠，請交引以十年爲界，從之。

41 丙寅，肇慶府高要縣令李元璜，貪酷顯著，詔削官三等，勒停。

42 壬午，詔：「隆冬嚴寒，軍人可念，出封樁庫錢十八界會子二十萬貫賑之。」

43 癸未，詔決中外繫囚，杖以下釋之。

甲申，蠲大理寺、三衙、臨安府屬縣見監贓賞錢。

44 丁亥，浙西帥臣言金山水軍統制陳霆，貪酷激變，詔追毀出身文字，拘鎖沿江制司，籍其家。

45 是月，婺州權守臣鄭士懿言：「承務郎趙希褥及其子與恵、與慗，同惡相濟，藏盜賊，奪民財，抉弟希禪目睛，碎叔祖彥埠寶貝，棄祖母骨殖，搥叔枚夫手指，威使惡黨殞姪崇纁之命，絕滅綱常，傷殘骨肉。」詔：「希禱追毀出身文字，押送西外宗司拘鎖；與忎、與慙，分移千里外州軍居住。」

46 十一月，丙申，詔：「都省風厲中外，應今後士庶上書，其言眞有益於國者，必加精采；倘涉私邪，朋姦罔上，妄肆雌黃，當嚴加究問。」以諫臣言譁徒吻士結黨扣閽，簧鼓是非爲攖利之計故也。時臺綱不振，嬖寵干政，彈文及其私黨，則內降聖旨，宣諭删去，謂之「節帖」，臺諫不敢與爭。

47 十二月，己亥，以董槐兼侍讀。

48 乙巳，以吳潛同知樞密院事兼參知政事，禮部尚書徐清叟爲端明殿學士、簽書樞密院事。

49 己酉，詔：「皇后兄謝奕昌，特除開府儀同三司，依前保寧軍節度、充萬壽觀使、奉朝請。」

50 壬子，史宅之薨，輟視朝一日。

51 蒙古陞太原萬戶府爲河東北路行省，仍以郝和尚爲之，許便宜從事。

續資治通鑑卷第一百七十三

賜進士及第兵部尚書兼都察院右都御史總督湖北湖南等處地方軍務兼理糧餉世襲二等輕車都尉畢沅編集

宋紀一百七十三 起上章掩茂（庚戌）正月，盡玄黓困敦（壬子）十二月，凡三年。

理宗建道備德大功復興烈文仁武明聖安孝皇帝

淳祐十年 蒙古定宗皇后稱制二年。（庚戌、一二五〇）

1春，正月，辛未，詔：「刑部及大理寺奏報罪案，各守條限，申嚴諸路憲司，凡獄訟無得淹留，致連年拘繫；臺諫覺察以聞。」

2蒙古以李楨爲襄陽軍馬萬戶。

先是楨言于定宗曰：「襄陽乃吳、蜀之要衝，宋之喉襟，得之則可爲他日取宋之基本。」定宗嘉其言，至是有此授，從定宗遺意也。

3二月，甲辰，帝諭鄭清之曰：「丘迪嘉今早登對，朕以廣寇詢之，其言皆有始末。峒寇既平，當加優擢。向來寇作之初，或者張皇以甚其事；及其平定，又言多殺以妒其功。若以浮議抑之，他日何以使人！宜以正卿處之。」

4 乙巳，都省言銅錢泄漏，僞會充斥，姦民無所懲畏，詔：「沿海州縣，山隩、海島，結爲保甲，互相糾察，如有犯者及停藏家，許告推賞，不告者連坐。」

5 言者論趙葵非由科目進，且曰：「宰相須用讀書人。」葵因力辭。癸未，詔曰：「趙葵懇辭相位，始終弗渝。使命趣召，亦既屢矣，奏陳確苦，殆踰一朞。朕眷倚雖切，而不能強其從也，姑畀內祠，以便咨訪。」戊子，趙葵罷右丞相兼樞密使，特授觀文殿大學士、醴泉觀使兼侍讀，奉朝請。

6 庚寅，以賈似道爲端明殿學士、兩淮制置大使、淮東安撫使、知揚州；余玠爲龍圖閣學士，職任依舊；李曾伯爲徽猷閣學士、京湖安撫制置使、知江陵府。

7 是春，創新寺於西湖之積慶山，內司分遣吏卒市木于州縣，旁緣爲姦，望青采斫，鞭笞追逐，雞犬爲之不寧。三年始落成，後賜爲閻貴妃功德院，糜費無算。

8 夏，四月，辛丑，右司諫陳垓言：「改官班引之人，先令赴都堂或御史臺各試書判，合理法者許集注；如不通，且令爲丞，再試中，方與入。」從之。

9 癸卯，朝獻景靈宮，次幸龍翔宮。

10 五月，丙寅朔，以善珊嗣濮王。

11詔：「吳淵久歷從班，屢更事任，茲領江閫，備竭忠勤，山寨耕屯，俱就規畫。除資政殿學士，依舊職任，與執政恩數。」

12六月，丁酉，龍翔宮奉安感生帝及從祀聖像，仍備祭器，比附太一宮禮例祈祝。

13命輔臣申嚴百司用例廢法。

14秋，七月，癸酉，左司諫陳垓言：「祖宗治贓吏之法，具在國史。今州縣官吏贓敗，或營求脫免。請下諸路制、總、監司遵守，仍許臺臣覺察。」從之。

15丙子，帝諭輔臣曰：「在法，詞訴須經次第官司。其臺部受詞，所當參酌兩造，豈宜遽憑單詞部決，致使所屬觀望，曲直倒置！可令御史臺、戶、刑部遵。」

16庚辰，詔殿試改用八月十五日。

17戊子，詔：「兩淮極邊作邑人，照川、廣例，令監司引試書判。」

18八月，甲午朔，詔：「戶部嚴革諸路州縣增收多量苗米之弊。」

19甲寅，帝諭輔臣曰：「和糴本非朝廷之得已，若官司奉行無擾，則人戶自樂與官爲市。訪聞近年所在和糴，未得朝廷抛數，預行多敷；富室大家，臨期率以賂免，而中產、下戶反被均敷之害，以致散錢則吏胥減克，納米則斗面取贏，專計誅求，費用尤夥。是致民間所得糴本，每石幾耗其半，其何以堪！可申嚴約束。」

20 台州大水。

21 九月，甲子朔，賈似道兼淮西安撫使。

22 己巳，賜進士方夢魁等五百一十三人及第、出身，改賜夢魁名逢辰。

23 戊寅，詔：「去歲嚴州水患，田租其悉蠲之。」

24 冬，十月，丁酉，詔：「訪聞郡邑間有水患，細民流移，恐致失所。可令逐處出義倉米，量輕重多寡賑之，務在實惠均及。」

25 丙午，詔曰：「國家以儒立國，士習熾惡，世道所關。端平初，增諸郡解額，寖漕闈牒試，正欲四方之士，安鄉井，修孝悌，以厚風俗，比歲殊失初意。可令逐州於每舉待補人數內分額之半，先就郡庠校以課試，取分數及格者，同待補生給據赴上庠補試。其天府一體施行。」

26 辛酉，詔戒兩淮都統司主兵官：「今後行法，不許輕用脊棍以傷人命。」

27 壬申，詔趙葵以觀文殿大學士、判潭州、湖南安撫大使。

28 詔：「給度牒千道，下臨安府易民間兩界破會。」

29 癸酉，詔：「淮西疆場，延袤八百餘里，近令沿江制司團給耕屯，漸已就緒。但制閫置司江南，相去差遠，可令淮西提舉李士達就司空山創司，提舉本路山寨。」

30 甲戌，鄭清之再乞歸里，慰留之。

31 辛巳，日南至。詔：「余玠任四蜀，安危之寄已著，八年經理之功，敵不近邊，歲則大稔。既寖還於舊觀，將益懋於遠圖。疇其忠勤，足以褒勉，可進官二等。」

32 壬午，雷。癸未，詔：「避殿，減膳。令諸路漕臣、守臣體訪民間疾苦，當議優卹。」

33 丁亥，參知政事謝方叔、吳潛，簽書樞密院事徐清叟，並乞解機政，不許。

34 先是蒙古太宗愛皇姪莽賚扣，舊作蒙哥，今改。養以爲子，命皇后撫育之。一日行幸，天大風，入帳殿，命莽賚扣坐膝下，撫其首曰：「是可以君天下。」他日，用牸按豹，皇孫實勒們舊作失烈門，今改。曰：「牸按豹，則犢將安所養？」太宗以爲有仁心，又曰：「是可君天下。」莽賚扣既長，命歸藩邸，從征伐，屢立奇功。定宗既殂，久未立君，中外洶洶，皆屬意於莽賚扣，而覬覦者衆，議未決。至是諸王巴圖、舊作拔都，今改。穆格、舊作木哥，今改。大將烏蘭哈達舊作兀良合台，今改。會于阿喇托圖喇克（舊作阿刺脫忽刺兀。）之地，穆格首建議推戴。時定宗皇后所遣使者巴喇（舊作八剌。）在坐，曰：「昔太宗命以皇孫實勒們爲嗣，諸王百官皆與聞之。今實勒們故在，而議欲他屬，將置之何地耶？」穆格曰：「太宗有命，誰敢違之！然前議立定宗，由皇后與汝輩爲之，是則違太宗之命者汝等也，今尚誰咎耶？」巴喇語塞。烏蘭哈達曰：「莽賚扣聰明睿智，人所共知，巴圖之議良是。」孟克薩爾（舊作忙哥撒爾。）曰：「立莽賚扣，亦太宗遺言也。異議者請斬之！」穆格卽申令于衆，衆悉應之，議遂定。烏蘭哈達，蘇布特

（舊作速不台。）子也。

35十二月，壬辰朔，鄭清之乞去，詔不許。

淳祐十一年蒙古憲宗元年。（辛亥、一二五一）

1春，正月，丁卯，皇姪益國公孟啓，改賜名孜，進封建安郡王。

2丁亥，詔：「江、浙沿流郡縣，刷具流民口數，於朝廷樁管錢米內賑濟，仍許於寺觀及空閑官舍居止。」

3己丑，程元鳳上言：「陛下以神聖之資，接帝王之統，思祖宗付託之重，爲社稷久長之圖。元正謹始，宸筆渙頒，懋嘉宗英之賢，誕舉錫名之典，爰即公社，用進王封，于以隆萬世之基，于以係四海之望，溥天率土，雷動歡聲，甚盛舉也。然資善有堂，講讀有官，所願博選端方純謹之士，增置輔導贊翊之員，下至給使服役之人，皆有重厚篤實之行，使之出入起居，無有不正，動靜語默，無有不善，此實千萬世無疆之休。」從之。

4詔：「經筵進講周易終篇，講讀、修注官各進一秩，餘補轉、賞犒有差。」

5二月，壬辰，賜李𡌴謚文肅。

6乙未，左丞相鄭清之等上光宗、寧宗寶訓、皇帝玉牒、日錄、會要，丁酉，清之等進秩有差。

7 三月，壬申，詔：「諸道制、總、監司、州郡不得以堂除、部注之闕攙越申辟；縱元係辟闕，若現任有人，亦不許預辟下次，仰常切遵守。」

8 三月，戊寅，以謝方叔知樞密院、參知政事，吳潛參知政事，徐清叟同知樞密院事。

潛言：「國家之不能無弊，猶人之不能無病。今日之病，不但倉、扁望之而驚，庸醫亦望而驚矣。願陛下篤念元老，以爲醫師，博采衆益，以爲醫工，使臣輩得收牛溲馬勃之助。」

9 夏，四月，壬辰，賜殿前司十七界會子十萬貫，絹千匹，步軍司五萬，絹五百匹，令椿留濟給貧乏累重官兵。

10 己亥，以潭州林符，三世孝行，一門義居，福州陳氏，笄年守志，壽踰九袠，詔旌門閭。

11 鄭清之等上敕令所淳祐條法事類。

12 帝諭輔臣曰：「昨覽京湖報程璉盧氏縣之捷，差強人意。朕以寡昧，服祖宗之令緒，兢業不敢荒寧，適值十六七年應酬不暇。」鄭清之曰：「自古事業，專在立志。」謝方叔曰：「今日實有機會。」吳潛曰：「今日事體，漢中爲四蜀之首，襄陽爲京湖之首，浮光爲兩淮之首，此當在陛下運量中。」徐清叟曰：「願陛下益厲自強之志。」帝曰：「內修之事，又當結人心，貪汚官吏爲民害者，不可不嚴加懲戢。」

13 壬寅，帝諭輔臣曰：「邊事他無聞否？遷避之民，已復業否？」謝方叔曰：「近來三邊幸無他警，淮民之遷避者，皆已歸耕，其貧甚者，閫制司亦少資給之矣。」

14 乙巳，帝諭輔臣曰：「積雨於二麥無害否？」鄭清之曰：「目前雖不爲過，然得晴則佳。」謝方叔曰：「二麥似無害。蠶事惡寒，恐少減分數。」帝曰：「淮上諸城，惟合淝濠塹差淺，可諭許堪令其開浚。」

15 戊申，帝諭輔臣曰：「近日內引丞相，朕因及祖宗家法之懿者數條，如敬天，愛民，克己，節儉，不罪言者，皆漢、唐所不及。朕謂不必遠稽前代，只近法祖宗足矣。」

16 庚戌，樞密都承旨兼權吏部侍郎陳昉言：「尙書省、樞密院應劄子非降旨者，必先繳進奏請而後施行，可謂盡善。然樞密院之法與尙書省不同，或邊事正急，或盜賊忽熾，機變倏聞，酬應宜速，小有需俟，關係匪輕。請令樞密院，自今邊防及盜賊急務，且奏且行，勿拘常程。」從之。

17 五月，癸酉，以久雨，蠲大理寺、三衙、臨安府屬縣見監贓賞錢。

18 辛巳，出封樁庫十八界會子十萬貫給諸軍。

19 壬午，詔決中外繫囚，杖以下釋之，復蠲贓賞錢。

20 六月，甲午，詔：「余玠整頓蜀閫，守禦飭備，農戰修舉，蓄力俟時，期于恢拓。茲以便宜自爲調度，親率諸將行邊擣壘，捷奏之來，深用嘉歎。勉規雋功，以遂初志，圖上全蜀，以歸職方，嗣膺殊徽，式副隆倚。立功一行將士，速與具奏推賞。」

21乙卯，詔求遺書。

22是月，蒙古諸王大臣，共推莽賚扣即位于庫騰敖拉舊作闊帖兀阿蘭，今改。之地，追尊其考爲帝，廟號睿宗。實勒們及諸弟，心不能平，蒙古主因察諸王有異同者，並羈縻之，取主謀者誅之。遂頒便宜事于國中，罷不急之役，凡諸王大臣濫發牌印，詔旨宣命，盡收之，政始歸一。

23秋，七月，甲戌，帝諭輔臣曰：「近聞外間多有關節之說，關係風俗不小，若不禁戢，蠹壞世道。令御史臺覺察，仍下帥漕兩司訪緝，究治如律。」

24壬午，太白晝見，經天。

25癸未，帝謂輔臣曰：「去歲罷京學類申，欲令四方之士，各歸鄉校，以課試理校定，稍復鄉舉里選之意。近覽土著士人投匭之書，謂猶有未還鄉井者。科舉在近，可令臨安守臣曉諭士子，早還本鄉。所有土著人，自依此制行歲校之法；其游士出學年久，不能赴鄉舉者，與赴浙漕試，令行考校，仍取待補以示優卹。」

26丙戌，帝諭輔臣曰：「諸州間多水旱，皆由人事未盡。如省刑罰，薄稅斂，蠲逋負，禁科抑，懲官吏之姦，察民情之枉，可令諸路監司下之郡邑，有關涉六事者，日下遵行。」

27攸縣富民陳衡老，以家丁糧食資強賊，劫殺平民。湖廣提點刑獄高斯得至，有愬其事者，首吏受賕左右之，斯得發其姦，械首吏下獄，於是發其狀，黥配之。具白朝省，追毀衡老官資，簿錄其家。會諸邑水災，衡老願出米五萬石賑濟以贖罪。衡老壻吳自性，謀中傷斯得，誣其盜拆官櫝。斯得白于朝，且出一篋書，具得自性等交通省部吏胥狀，乃置獄，黥配自性及省吏高鑄等。初，自性厚賂宦者，言於帝曰：「斯得以緡錢百萬進，願易近地。」帝曰：「高斯得硬漢，安有此！」斯得力求去，鄭清之以書留之。

28蒙古主既立，察諸弟長而賢者惟呼必賚，舊作忽必烈，今改。命以皇弟總治漢（漠）南，凡軍民在漢（漠）南者皆總之，開府於金蓮川。皇弟宴羣下，罷酒，將出，遣人止姚樞，問曰：「頃者羣臣皆賀，汝獨默然，何耶？」樞對曰：「今天下土地之廣，人民之殷，財賦之阜，有如漢地者乎？王若盡有之，則天子何爲！異時必悔而見奪，不若但持兵權，凡事付之有司，則勢順理安。」皇弟曰：「慮所不及。」乃以聞，蒙古主從之。

29蒙古主更新庶政，姚樞、張文謙、僧子聰，每擇時務所急者白于皇弟呼必賚，因得入告。子聰爲書以進皇弟，其略曰：「昔武王，兄也；周公，弟也；周公思天下善事，夜以繼日，坐以待旦，周八百餘年，周公之力也。君上，兄也；大王，弟也；思周公之故事而行之，千載一時，在乎今日。

天下之大，非一人之可及；萬事之細，非一心之可察。當擇開國功臣之子孫，分爲京府、州郡監守，督責舊官以遵王法，仍差按察官守，定其升黜。從前官無定次，清潔者無以遷，汙濫者無以降。可比附古例，定百官爵祿儀仗，使家足身貴，有犯于民，設科定罪。威福者，君之權；奉命者，臣之職。今百官自行威福，進退生殺，惟意之從，宜從禁治。

天子以天下爲家，兆民爲子，國不足，取于民，民不足，取于國，相須如魚水。有國家者，置府庫，設倉廩，亦以助民；民有身家，營產業，闢田野，亦以資國用也。今地廣民微，賦斂繁重，加以軍馬調發，使臣煩擾，官吏乞取，民不能堪，以致逃竄。宜比舊減半或三分去一，就見在之民以定差稅。關西、河南，地廣土沃，宜設官招撫，不數年，民歸土闢，以資軍馬之用。官民所欠債負，宜依太宗皇帝聖旨，一本一利，官司歸還。凡賠償無名，虛契所負及還過元本者，並行赦免。納糧宜輸近倉，當驛路州城，飲食祗待，宜計所費以準差發。使臣到州郡，宜設館舍，不得居官衙、民家。倉庫加耗甚重，宜令量度，均爲一法，使錙銖、圭撮、尺寸皆平，以存信去詐。伊喇中丞此指耶律楚材。耶律，亦作伊喇，舊作移喇。拘榷鹽鐵諸產，商賈、酒醋、貨殖諸事，以定宣課，已不爲輕；溫都爾哈瑪爾舊作奥魯合蠻，（前作奥都剌合蠻。）今改。奏請于舊額加倍榷之，往往科取民間；科榷並行，民無所措手足。宜從舊制辦榷，更或減輕，罷繁碎，止科徵，無使獻利之徒削民害國。今言利者衆，非圖以利國害民，實欲殘民以自利也。

天下之民，未聞教化，見在囚人，宜從赦免，明施教令，使之知畏，則犯者自少。教令既設，則不宜繁，因我朝舊例，增益民間所宜設者十餘條足矣。教令既施，罪不至死者，皆提察然後決，犯死刑者，覆奏然後聽斷。笞箠之制，宜會古酌今，均爲一法，無得私置牢獄。嚴禁鞭背之刑，以彰好生之德。

古者庠序學校未嘗廢，今郡縣即有學，並非官置。宜從舊制，修建三學，設教授，開選擇才，以經義爲上，詞賦、論策次之。兼科舉之設，已奉太宗皇帝聖旨，因而言之，易行也。開設學校，宜擇開國功臣子孫受教，選達材任用之。孔子爲百王師，立萬世法，今廟堂雖廢，存者尙多，宜令州縣祭祀釋奠如舊儀。

近代禮樂器具靡敝，宜令刷會，徵太常舊人，教引後學，使器備人存，漸以修之，實太平之基，王道之本。今天下廣遠，雖太祖皇帝威福之致，亦天地神明陰所祐也。宜訪名儒，循舊禮，尊祭上下神祇，和天地之氣，順時序之行，使神享民依，德極於幽明，天下賴一人之慶。

見行遼曆，日月交食頗差，聞司天臺改成新曆，未見施行。宜因新君即位，頒曆改元。令京府、州郡置更漏，使民知時。

國滅史存，古之常制，宜撰修金史，令一代君臣事業不墜於後世。明君用人，如大匠用材，隨其巨細長短以施規矩繩墨。君子不以言廢人，不以人廢言，大開言路，所以成天下，安兆民也。當選左右諫臣，使諷諭於未形，忖晝於至密。君子之心，一於理義；小人之心，一於利欲。君子得位，能容小人；小人得志，必排君子。明君在上，不可不察。孔子曰：『遠佞人』，又曰：『惡利口之覆邦家者』，此之謂也。」

皇弟納其言，顧一時不能盡行。

80 九月，丙寅，詔：「昭慈、永祐、永思、永阜、永崇、永茂六陵，并成穆、成恭、慈懿、恭淑四攢宮，遇有修奉告遷神御合行事務，令檢察宮陵所關太常寺，請降香表，擇日依例排辦。」

81 己巳，朝獻景靈宮。庚午，朝饗太廟。辛未，大饗於明堂，大赦。

82 己卯，觀文殿大學士游似，五疏乞歸，不許。鄭清之辭扶掖，凡五奏，詔從之。

83 是秋，蒙古都元帥察罕入見，命兼領尚書省事。

84 冬，十月，壬子，謝方叔累乞解罷機政，不許。

85 閏月，丁巳朔，侍御史陳垓言：「朱熹近世大儒，有功斯道。曾任浙東常平使者，適值旱歉，講荒政，立義倉，流風善政，逮今未泯。帥臣馬天驥，規創書堂，請廣其未備，招延名儒，以重教育。」從之。

36 自鄭清之再相，程公許屏居湖州，四年後乃差知婺州，未上；帝欲召爲文字官，清之奏已令守婺，帝曰：「朕欲其來。」召令權刑部尙書。

時罷京學類申，散遣生徒。公許奏：「京學養士，其法本與三學不侔。往者立類申之法，重輕得宜，人情便安，一旦忽以鄉庠散還而更張之。令行之始，臣方還朝，未敢強聒以撓既出之令。今士子擾擾道途，經營朝夕，卽未能盡復舊數，莫若權宜以五百爲額，仍用類申之法，使遠方遊學者得以肄習其間。京邑四方之極，而庠序一空，弦誦寂寥，遂使逢掖皇皇市廛，敢怨而不敢議，非所以作成士氣也。」清之益不樂，授稿陳垓，使劾公許，吳潛奏留之。帝夜半遣小黃門取垓疏入，徐清叟上疏論垓。尋授公許寶章閣學士，出知隆興府，而公許已死矣。

37 十一月，丙申，京湖制置使李曾伯言：「調遣都統高達、晉德入襄、樊措置經理，漢江南北並已肅清，積年委棄，一旦收復。」詔：「立功將士官兵各進官給賞，曾伯除寶謨閣學士、京湖制置大使，兼職依舊。」

38 壬寅，以隆冬凝寒，出封椿庫十八界官會子二十萬貫賑都民。

39 癸卯，蠲大理寺、三衙、臨安府屬縣見監贓賞錢。

40 丁未，決中外繫囚，杖以下釋之。

41乙酉，詔：「江東·西、湖南·北、福建、二廣有災傷瘴癘去處，雖已賑卹，猶慮州縣奉行不虔，可令監司、守臣體認德意，多方拯救。」

42庚戌，鄭清之薨。

史彌遠擅廢立，清之預其謀，帝以其舊學，優禮之。妻孥納賄，屢致人言，而眷不衰。贈尚書令，追封魏國公，謚忠定。

43辛亥，召牟子才還朝，旋命兼崇政殿說書。時幷召黃師雍，未幾，師雍卒。

44甲寅，以謝方叔爲左丞相，吳潛爲右丞相，並兼樞密使。

時史嵩之貪緣復用，帝初欲相嵩之；中夜忽悟，召學士改相二人。

45乙卯，以徐清叟爲參知政事兼同知樞密院事，新知福州董槐爲端明殿學士、簽書樞密院事。

46蒙古皇弟呼必賚入見，以趙璧從。蒙古主問璧曰：「天下何如而治？」對曰：「請先誅近侍之尤不善者。」蒙古主不悅。璧退，皇弟曰：「秀才，汝渾身是膽耶？吾亦爲汝握兩手汗也。」

先是皇弟使近侍托克托（舊作脫兀脫。）治邢州，有能名，既而驕恣不卹民，彫敝日甚。僧子聰言于皇弟曰：「邢，吾分地也。受封之初，民萬餘戶。今日減月削，纔五七百戶耳。得良牧守如眞定張耕、洺水劉肅者治之，猶可完復。」皇弟奏請以耕爲邢州安撫使，肅爲副使。由是流民復業。升邢州爲順德府。【考異】張文謙請爲邢州擇吏，劉秉忠請爲邢州易良吏，自是兩事，元史世祖紀誤合爲一。今從劉秉忠傳酌書之。

47 蒙古號僧納摩舊作那摩，今改。爲國師。納摩，西域竺乾國人，與兄鄂多齊舊作斡脫赤，今改。俱學浮屠。定宗常命鄂多齊佩金符，奉使，省民瘼，至是復尊禮納摩，令總天下釋，鄂多齊亦貴用事。

48 蒙古主召西夏人高智耀入見。智耀言：「儒者所學，堯、舜、禹、湯、文、武之道，自古有國家者，用之則治，不用則否。養成其材，將以資其用也。宜蠲免徭役以教育之。」蒙古主問：「儒家何如巫、醫？」智耀對曰：「儒以綱常治天下，豈方技所得比！」蒙古主曰：「善！前此未有以是告朕者。」詔復海內儒士徭役，無有所與。

49 十二月，丙辰朔，謝方叔等入謝。帝降手詔曰：「昨來並命，往往各分朋黨，互持己見，交相捭闔，陰肆傾排，是以猜忌成風，衆弊膠轕。繼自今，勿牽人情，勿徇私意，以玄齡、如晦爲法，以趙鼎、張浚爲戒，務爲正大之規，以副倚畀之意。」

50 丙寅，詔：「吏部四選以下，刷具應干淹滯名件，並要了絕，違當重懲。」

51 詔：「游侶依舊觀文殿大學士，進官二等，致仕。」

52戊辰，詔：「殿、步軍兵應歿故累重之家，許以子弟塡刺。」

53辛未，詔：「襄、蜀、兩淮極邊並新復州郡縣及二廣惡弱去處，或遇闕官，許令斟酌辟上。」

54壬申，詔：「諸路監司、帥守，但干攤賴、支蔓、胥墨之人，並日下釋之。」

55癸酉，帝諭輔臣曰：「邊事未息，武備當嚴，五兵所先，莫如弧矢。昔种世衡守清澗，日教習射，羌人畏之，其法可以推行。」詔：「諸路帥閫、守臣，講明區畫，詳議激勵，使各自衞鄉井；弓弩箭隻，聽從其便。」

56己卯，詔：「兩淮、沿江、京湖制司，于江北地分及淮西山寨管內，應有官屯、民田耕種去處，並令團結隊伍，隨其聚落，就中擇衆所服者充甲長，任責結保，有警，率其所部，務從便宜；或有疎虞，先懲頭目。人有能勵率強壯，精習武藝者，先與奬勵，將來能出力鏖戰，以眞命旌賞。」

57庚辰，游侶薨，輟視朝二日。

58是歲，蒙古東平行省嚴忠濟入覲，以張晉亨從。時包銀制行，朝議戶賦銀六兩。諸道長吏有請試行於民者，晉亨面責之曰：「諸君職在親民，民之利病，且不知乎！今天顏咫尺，知而不言，罪也。承命而歸，事不克濟，罪當何如？且五方土產各異，隨其產而賦，則民便而易足。必責輸銀，雖破民之產，有不能辦者。」大臣以聞。蒙古主召見，如所言以對。蒙古主是之，乃得減戶額三之一，仍聽民輸他物，遂爲定制。

蒙古主欲賜晉亨金虎符，辭曰：「符虎〔虎符〕，國之名器，長一道者所佩。臣隸忠濟麾下，復佩虎符，非制也，臣不敢受。」蒙古主益喜，改賜璽書金符，恩州管民萬戶。

淳祐十二年 蒙古憲宗二年。（壬子、一二五二）

1 春，正月，丙戌朔，帝戒羣臣曰：「自今毋養蠹，毋惠姦，毋以姑息市私恩，毋容僥倖廢公法。」

2 詔：「諸路官司違禁罔利害民事，悉罷之。」

3 甲午，宰執內幄奏事，帝曰：「救楮事不可緩，吳潛可專此責。」

4 丙申，詔諸路監司、帥守：「事有關人命連逮者，官欠攤涉者，僞會支蔓者，詞人渣繫者，咸釋之。仍嚴估平民之禁。」

5 蒙古斷事官伊囉斡齊 舊作牙魯瓦赤，今改。及珠格爾 舊作布只兒，今改。等總天下財賦於燕，視事一日，殺二十八人。其一人盜馬者，已杖而釋之，偶有獻環刀者，遂追還所杖者，手試刀殺之。皇弟呼必賚聞而責之曰：「凡死罪，必詳讞而後行刑。今一日殺二十八人，必多非辜。既杖復斬，此何刑也？」珠格爾不能對。伊囉斡齊旋持其印請於蒙古主曰：「此先朝賜臣印也。陛下卽位，將仍用此印耶，抑易以新者耶？」時趙璧旁侍，折之曰：「用汝與否，取自聖裁，汝乃敢以印爲請耶？」奪其印，置蒙古主前。蒙古主默然久之，既而曰：「朕亦不能爲此也。」自是伊囉斡齊不復用。

6 庚子，詔：「二廣、福建、江西、湖南，去歲疫癘，州縣戶絕者，監司、守臣稽其財產，卽其族命繼給之；遠宦身歿，家不能歸者，官爲津遣。」

7 戊申，帝諭輔臣曰：「淮東邊報不一，可于江上整娖萬兵以備緩急。江面雖已分定三流，更須擇將分兵巡徼。」

8 蒙古置經略司於汴，分兵屯田。自庫端（舊作闊端。）取漢上諸郡，因留軍戍境上。繼而襄、樊、壽、泗復降，而壽、泗之民盡爲軍官分有，由是降附路絕。雖歲侵淮、蜀，軍將惟利剽殺，城無居民，野皆榛莽。至是皇弟呼必賚從姚樞之言，請于蒙古主，置經略司于汴，以孟克、（舊作忙哥，今改。）史天澤、楊惟中、趙璧爲使，俾屯田唐、鄧等州，授之兵牛，敵至則戰，退則耕屯，西起穰、鄧，東連清口、桃源，列障守之。【考異】薛氏通鑑從姚樞傳作憲宗元年事，今從世祖本紀作二年。

9 庚戌，詔宰執曰：「近聞北騎之來，往往儲糗糧，立寨柵，以爲因利乘便之計。守臣邊將，欲攖城退守，則有老師費財之患；欲開關接戰，又有兵連禍結之憂。今朕欲于兩淮、沿江各令立一項游擊軍，以備不時調遣。設若緩急，隨宜應援，使大軍偏師擣虛，此正李廣縱部曲，逐水草，號飛將軍之遺意也。又聞邊疆之外，皆平原曠野，北騎奔突，邊臣每有迅雷不及掩耳之患。今朕欲令極邊州郡開浚水道，去城百里之間，三里一溝，五里一洫，使北騎不得長驅而入，邊民亦可爲耕鑿之計，此正古者立方田，開溝澮，以限戎馬之遺意也。邊防二事，久注朕懷，茲與卿等共籌之。」

10 癸丑，帝諭輔臣：「方田事，且令近城爲之。游擊軍當招水步各半。」謝方叔等曰：「容講行之。」

11 蒙古張德輝等見皇弟呼必賚於金蓮川，請皇弟爲儒教大宗師，皇弟悅而受之。因啓累朝有旨蠲儒戶兵賦，宜令有司遵行，從之，仍令德輝提調眞定學校。

12 二月，乙卯朔，日有食之。

13 丙辰，詔增養善堂講官一員。丁巳，帝諭輔臣：「資善訓導之官，正要擇人。」謝方叔對曰：「進善不特教以章句，凡事皆當訓導，使知孝悌，知世務。」帝曰：「習慣如自然。」

14 壬戌，詔曰：「朕惟明目張膽，當言卽言，其責在臺諫；斟酌劑量，可行卽行，其權在人主。數年以來，惟知風憲之必行，不俟上章之報可，嘗有用之於執政大臣者，有施之於端人正士者。如此，則人主之所欲用者，臺諫皆得去之，臺諫所欲去者，人主不得而留之，不幾於威權浸移，太阿倒持乎！自今後，臺諫毋循積弊，有失國體。奏疏必俟得旨付出，方許報行。」

15 廢江灣、梅里、顧逕、魏村、古浦五酒庫，以都司言帥司爲餉軍創五庫，官吏並緣漁獵故也。

16 己巳，詔諸路提刑按部決囚徒。

17 丙子，置池州游擊軍。

18 戊寅，帝諭輔臣：「賈似道已有淮甸肅清之報，不知田疇尚及種否？」謝方叔曰：「兵退在芒種前，猶可及也。」

19 辛巳，監察御史劉元龍，言楮幣積輕，宜因各路時直，令州縣折納純用楮，從之。後公私交病，明年，仍用錢、會中半。

20 蒙古兵復攻隨、郢、安、復，京西馬步軍副總管馬榮率將士連日拒戰，卻之。

21 三月，蒙古主命東平萬戶嚴忠濟立局，製冠冕、法服、鐘磬、筍虡儀物肄習。

22 丁亥，馬榮復與蒙古兵戰于大脊山。詔：「榮兵不滿千，能禦大難，賞官兩轉；進州鈐、帶行閤門祗候。」

23 丁未，三汊口守將焚蒙古屯積，斷其浮梁。

24 蒙古城沔州。

25 夏，四月，蒙古主駐蹕和林。以諸王嘗欲立實勒們，乃徙太宗皇弟〔后〕於庫端所居地之西，分遷諸王于各邊，以太宗皇妃家貲分賜諸王。定宗皇后及實勒們母，以厭禳並賜死，禁錮實勒們于摩多齊舊作沒脫赤，今改。之地。

26 詔：「襄、郢新復，州郡耕屯爲急，以緡錢百萬，命京閫措置，給民牛種。」

27 丙子，置池州游擊水軍。

28 五月，甲申朔，禱雨。乙酉，諭輔臣曰：「禱祈未應，可求之人事。」徐清叟言土木之役宜省，帝然之。甲午，以禱雨，出封椿庫十八界楮二十萬給散諸軍有差。乙未，雨。

29 蒙古主召太常禮樂人赴日月山。

30 乙巳，盜起玉山。

31 庚戌，罷諸郡經界，從臺臣蕭泰來奏也。

初，鄭清之奏行經界於六郡，會玉山飢民嘯聚，言者歸咎焉。

32 六月，癸酉朔，盜逼衢州境，命孫子秀知衢州。

子秀謂捕賊之責雖在有司，亦必習土俗之人，乃能翦其憑依，截其奔突。乃立保伍，選用土豪，疏奏常山縣令陳謙亨、寓士周還淳等捍禦之勞，人心競勸。未幾，擒賊四十八人，玉山盜平。

33 癸亥，賑衢、信饑。

34 戊辰，帝諭輔臣曰：「邇年科舉取士，鮮得實學。士風人才，關係氣數，何策以救之？」吳潛請於省試額中輟一二十名，令有司公舉海內行義文學之士，庶尙存鄉舉里選徵意。曩時朱熹、眞德秀亦有此請。

35 癸酉，帝曰：「近日學校之士，本起於至微，不謂其相激乃爾。若紛紛不已，恐非美證。」晦先是三學諸生扣閽言臨安尹余晦，相率出學，帝令學官勉入齋，故因輔臣奏事復及之。晦爲天錫從子，以天錫舊恩見擢用。

36 丙子，大理正尹桂，請置小學於禁庭，非特父子之情浹洽，亦所以爲事制曲防之慮。

37 戊寅，詔賜史彌遠墓碑。

38 己卯，帝諭侍臣曰：「衢、嚴水災，江東亦苦雨，此陰盛之應。」徐淸叟曰：「漢關中大水，翼奉以爲后舅之故。今宜稍抑宦官、戚畹以回天意。」

39 蒙古皇弟呼必賚入覲，蒙古主命帥師征雲南。

40 秋，七月，甲申，諭輔臣曰：「嚴州水勢可駭，移撥之米，當賑濟，不當賑糶。」謝方叔言衢、婺廬舍亦多漂蕩，宜一體救卹。戊子，帝問信州水災，謝方叔曰：「建寧、南劍、括蒼亦然，救卹宜急。」

41 權左司郎中高斯得上言曰：「願陛下立罷新寺土木，速反迕旨諸臣，遏絕邪說，主張善良，謹重刑辟，愛惜士類，則天意可回，和氣可召矣。」

42 庚寅，以諸路水災，遣使分郡賑卹諸軍，計院師輿往建寧、南劍，國子監簿葉隆禮往嚴、衢、信，登聞檢院胡大昌往婺、處，合告敕凡一百道，分遣有差。

43 牟子才言：「今日納私謁，溺近習，勞土木，庇小人，失人心，五者皆蹈宣和之失。苟不恐懼修省，臣恐宣和京城之水將至矣。燮理陰陽，大臣之事，宜諭大臣，息乖爭以召和氣，除壅蔽以通下情。今遣使訪問水災，德至渥也，願出內帑賑之。」

44 辛丑，帝問輔臣三使行日，徐清叟言建寧、南劍水尤甚，師輿所將僅百萬，恐賑卹有限，帝曰：「可增五十萬。」

45 乙巳，帝曰：「聞福建水，傷人頗多。」徐清叟曰：「水退之後，貧民無以爲生，亦有自經溝瀆者。聞帥臣陳昉發楮三十萬、漕臣饒虎臣發楮五十萬、米五千石以賑之，請與除豁。」帝從之。其後蠲九郡苗米凡二十二萬石有奇。

46 右司郎中徐霖疏言諫議大夫葉大有陰柔姦黠，爲羣憸魁，不宜久長臺諫，并追論趙與憸聚斂，帝不悅。己酉，帝諭輔臣曰：「徐霖以庶官論臺諫、京尹，要朕之必行，殊傷事體，已批除職予郡。」吳潛等請更賜優容。

47 徐霖出知撫州。帝慮給事中趙汝騰廷諍，徙爲翰林學士，汝騰卽去國。高斯得言：「汝騰一世之望，宗老之重，飄然引去，陛下遂亦棄之，有如弁髦，中外驚怪。將見賢者力爭不勝而去，小人踴躍爭氣而來，陛下改紀僅數月，初意遽變，臣竊惜之！」【考異】宋史趙汝騰傳無貶詞。癸辛雜識乃云：霖之無忌憚，皆汝騰成其狂。霖既去，汝騰亦不自安，遂自乞補外。此當時不喜徐霖者幷謗及汝騰耳。今從宋史高斯得傳。

48 八月，癸丑朔，令戶部下諸路申嚴州郡苛取斛面之禁。

49 己未，詔明年省試仍用二月一日，以四月殿試。先是淳祐九年，臺臣陳垓奏省試用三月，殿試八月，遠方之士留滯逆旅，至是復舊。

50 謝方叔、吳潛乞解機政，疏四上，不許。

51 蒙古學士魏祥卿、徐世隆、郎中姚樞等，以樂工李明昌、許政等五十餘人見蒙古主於行宮。蒙古主問制作禮樂之始，世隆對曰：「堯、舜之世，禮樂興焉。」時明昌等各執鐘、磬、笛、簫、篪、塤、巢笙於御前奏之，曲終，復合奏之，凡三終。

52 庚申，蒙古主始以冕服拜天於日月山。

53 癸亥，蒙古主從孔元措言，合祭昊天、后土，始大合樂，作牌位，以太祖、睿宗配【考異】元史祭祀志作八月十二日，是爲甲子；禮樂志作八月十一日，則爲癸亥。今從禮樂志。

54 蒙古方圖征雲南，皇弟呼必賚問於徐世隆，對曰：「孟子有言：『不嗜殺人者能一之』。君人不嗜殺人，天下可定，況蕞爾之西南夷乎！」皇弟曰：「誠如卿言，吾事濟矣。」

55 甲子，申嚴文武官改正敍復之令。

56 己巳，出封樁庫十八界楮四十萬賑行在軍民。

57 丁丑，太史奏將〔制〕新曆成，詔賜名會天歷，行之。

58 戊寅，再決中外繫囚，以陰雨未已，詔行寬卹刑獄。

59 是月，蒙古皇弟呼必賚次臨洮，請城利州以爲取蜀之計。

60 九月，壬午，詔改明年爲寶祐元年。

61 丁亥，詔建西太乙宮于延祥觀左。

62 嗣沂王貴謙薨。

63 庚戌，帝諭輔臣：「近來早朝，多奏臣下辭免等細事，而事體大者反從繳進，甚非臨朝聽政之意。自今宜就早朝面奏。」

64 葉大有疏劾趙汝騰，以其右徐霖也。牟子才上疏辨汝騰之誣及大有之欺，未幾，大有罷言職。

65 蒙古皇弟呼必賚將征雲南，軍中夜宴。姚樞陳宋太祖遣曹彬下江南，不殺一人，市不易肆。明日，皇弟據鞍呼曰：「汝昨言曹彬不殺人事，吾能爲之。」樞馬上賀曰：「王能如此，生民之幸，有國之福也。」既而師左次。（校者按：此五字可删。）

66 冬，十月，壬子朔，詔：「諸路守臣依舊制，到任半年，條便民五事及四方利病來上。」

67 癸丑，以徐清叟除參知政事，董槐同知樞密院事。

68 嗣濮王善珊薨。

69 甲寅，都省言既復襄、樊，宜措置屯田，修曲堰，詔守臣高達任責，仍令前德安守臣程大元督役。

70 壬辰，詔舉將材。

71 蒙古楊惟中、趙璧至河南，加意振飭。總管劉福貪酷，虐害遺民將二十載；惟中召福聽約束，福以數十人護衛而至，惟中握大梃擊殺之，百姓稱快。又有劉萬戶者，貪淫暴戾，郡中婚嫁，必先賂之，得所請而行。其黨董主簿尤虐，強取民女三十餘人；璧至，按其罪，立斬之，盡還民女。劉大驚，時天大雪，詣璧，酌酒賀曰：「下車鋤強，雪爲瑞應。」璧曰：「如董主簿者盡誅之，瑞應將至矣！」劉歸，卽病卒，時人以爲驚死。

72 蒙古汪德臣將兵掠成都，薄嘉定，四川大震。余玠率諸將俞興、元用等夜開關力戰，乃解去。

73 監察御史蕭泰來劾高斯得、徐霖，俱罷職。霖在撫州，寬租賦，賑飢窮，誅悍將，建營砦，凡一月而政舉。及去，士民遮道，幾不得行。

【考異】癸辛雜識極詆徐霖，至云察官蕭泰來數其十二狂，不可至郡，於是聲名掃地矣。按宋史徐霖傳，霖治撫州有政績，則不得以爲聲名掃地矣，今不取。

74 十一月，辛巳朔，右司郎中李伯玉，劾蕭泰來附謝方叔傷殘善類，帝令伯玉具都司劾御史故事以聞。伯玉引張商英故事，且歷數泰來之過。詔曰：「國家設御史，所以糾正百官；置宰相，所以襄贊機務。御史乃天子耳目之臣，而省掾不過一大有司，未聞有以庶僚而糾劾御史者。近者徐霖以都司而按大有，今李伯玉又以都司而按泰來，陰懷朋比之私，蔑視紀綱之地，是非輕臺諫，乃所以輕朝廷也。李伯玉乃復援張商英等事以文其過，若都司可以按御史，則御史反將聽命於都司，朝綱不幾於紊亂乎！伯玉可降兩官，放罷。」

75 牟子才上言：「陛下更化，召用諸賢，今趙汝騰、高斯得、徐霖相繼劾去，李伯玉又重獲罪，善人盡矣。」

76 庚寅，吳潛罷，以蕭泰來論其姦詐十罪，如王安石而又過之也。

77丙申夜，臨安大火；丁酉夜，乃熄。戊戌，避殿，減膳。

壬寅，詔求直言。

國史實錄院校勘湯漢上封事曰：「往者陛下上畏天戒，下卹人言，內則拘制於權臣，外則恐怯於強敵，敬心既不敢盡弛，私意亦未得盡行。比年以來，天戒人言，既已玩熟，而貪濁柄國，黷貨無厭，彼既將恣行其私，則不得不縱陛下之所欲爲，於是前日之敬畏盡忘，而一念之私始四出而不可禦矣。姑以近事迹之：定策之碑，忽從中出，卿未欲親其文也；貴戚子弟，參錯中外，卿不如是之放也；土木之禍，展轉流毒，訟牒細故，胥吏賤人，皆得籍羣璫之勢，徹淸都之邃，卿不如是之熾也；御筆之出，上則廢朝令，下則侵有司，卿不如是之多也；賄賂之通，書致之操，卿不如是其章也。所以水火之災，捷出於數月之內，陛下尙可復以常日玩易之心處之乎？」

78以隆寒，出封樁庫十八界會子二十萬賑三衙諸軍，其出戍官兵之家倍之。

79戎州帥欲舉統制姚世安爲代，余玠素欲革軍中舉代之弊，以三千騎至雲頂山下，遣都統金某往代世安，世安閉關不納。世安素結謝方叔子姪，至是求援於方叔；方叔遂倡言玠失利州士卒之心，又陰嗾世安密求玠之短，陳於帝前，帝惑之。於是世安乃與玠抗，玠鬱鬱不樂。

80十二月，乙卯，以吳潛爲觀文殿大學士、提舉興國宫。
81戊午，蒙古大赦。徙諸匠五百户修行宫。
82己未，詔：「追錄彭大雅創築渝城功，復元秩，仍官其子。」
83癸亥，以海神爲大祀。
84丁丑，立春，雷。時言路壅塞，太學生楊文仲率同舍生叩閽極言時事，有曰：「天本不怒，人激之使怒；人本無言，雷激之使言。」一時傳誦之。
85是歲，蒙古籍漢地民戶。
86金故御史張特立，以言事罷歸田里，金亡不仕，以易教授諸生。蒙古皇弟呼必賚聞其名，嘗遣趙璧傳諭，稱其養素丘園，易代如一，賜號中庸先生。至是復貽書曰：「白首窮經，誨人不倦，無過不及，學者宗之。昔已賜嘉名，今復諭意。」未幾，特立卒。

續資治通鑑卷第一百七十四

賜進士及第兵部尙書兼都察院右都御史總督湖北湖南等處地方軍務兼理糧餉世襲二等輕車都尉畢沅編集

宋紀一百七十四

起昭陽赤奮若（癸丑）正月，盡柔兆執徐（丙辰）七月，凡三年有奇。

理宗建道備德大功復興烈文仁武明聖安孝皇帝

寶祐元年 蒙古憲宗三年。（癸丑、一二五三）

1 春，正月，庚寅，詔以建安郡王孜爲皇子，改名禥，封永嘉郡王，御製資善堂記賜之。

2 癸卯，蒙古兵屯漢江，侵萬州，入西柳關。京湖都統高達調將士扼河關，上山大戰，至鼈坑、石碑港而還。

3 蒙古主會諸王於鄂諾（舊作斡難，今改。）河北，罷伊克（舊作也古。）征高麗兵，以薩喇爾岱（舊作扎剌兒帶，今改。）爲征東元帥。

4 蒙古皇弟呼必賚（舊作忽必烈。）聞陵川郝經館於張柔家，博覽無不通，召入見，詰以經國安民之道。經上數十事，皇弟大悅，遂留王府。

5 蒙古主大封同姓，命呼必賚於南京、關中自擇其一。姚樞言於皇弟曰：「南京河徙無常，土薄水淺，斥鹵生之，不若關中，厥田上上，古名天府陸海。」於是皇弟願有關中，遂受京兆分地。時諸將皆築第京兆，豪侈相尚，皇弟卽分遣使戍興元諸州，又奏割河東鹽池以供軍食，立從宜府於京兆，屯田鳳翔，募民受鹽入粟，轉漕嘉陵。

6 二月，己酉朔，日有食之。

7 壬子，雪。詔：「臣寮久在遷謫者，合自便，惟悞國殄民者弗赦。」

8 戊辰，謫陳垓潮州居住。

先是宰執言其貪贓不法，宜付有司鞫問，然重以臺臣下吏，且從遷謫。帝曰：「當如此，以爲人臣懷利事君者之戒。」

9 己巳，再蠲兩浙漕司、臨安府竹木稅一月。

10 三月，壬午，帝諭輔臣：「夔門擇守，切於東南，宜速區處。」

11 丙申，以前參知政事別之傑薨，輟視朝。尋贈少師。

12 庚子，以韓宣爲遙郡防禦使，守夔州兼副帥。

13 壬寅，詔曰：「比年以來，風俗不美，好惡不公。臣僚論列，固許風聞，而廉訪不眞，是非貿亂。自今大臣除授，惟才是用；內外臺彈劾，並須審實，毋摭細故，潛發陰私。其有贓汚實迹，則祖宗自有成憲，必罰無赦。咨爾有位，其修身奉法，以副朕嘉與維新之意。」

14 蒙古攻海州，守臣王國昌逆戰于城下，敗績。

15 夏，四月，甲寅，申嚴廷試挾書之禁。

16 壬戌，錄西柳關捍禦之功，高達、程大元、李和、吉文瑫、王登及將士等，增秩、補官、賞賚有差。

17 己巳，帝問蜀中近報，謝方叔等言已下夔路。徐清叟曰：「蜀中向後分置四帥，庶有犄角之勢。」帝曰：「舊自有四戎帥，又有正副帥。」董槐曰：「此亦二矛重弓之意。」

18 五月，戊寅朔，帝曰：「趙希塈可差知平江府，其人清修，儘能撫摩。」先是帝以吳門擇守諭輔臣，謝方叔言平江東控海道，年來和糴，民力頗困，宜得才略善撫摩者，故有是命。

19 辛巳，省罷處州稅官二員，置麗水縣西尉。

20 己亥，賜進士姚勉以下及第、出身。

21 余玠專制四蜀，凡有奏疏，詞氣不謹，帝不能平。會徐清叟入對，因言：「玠不知事君之禮，陛下何不出其不意而召之。」帝不答。清叟曰：「陛下豈以玠握大權，召之或不至耶？臣度玠素失士心，必不敢。」遂召之。六月，庚戌，四川制置司言玠疾亟，詔以玠爲資政殿學士，與執政恩數。

22 辛亥，以賈似道爲資政殿大學士，李曾伯端明殿學士，職任依舊。

23 戊午，直華文閣、湖北運判兼知鄂州余晦朝辭，帝曰：「西事乏人，卿可爲朕行。」晦曰：「臣資淺望輕，西事素未諳悉，冒承恐誤國。」帝曰：「朕與宰執熟籌之，無如卿者。」庚申，以晦爲司農卿、四川宣諭使。

24 蒙古命諸王實喇爾舊作旭烈兀，今改。伐西域。

25 蒙古諸王巴圖（舊作拔都。）遣使乞買珠銀萬錠，蒙古主以千錠授之，仍諭曰：「太祖、太宗之財，若此費用，何以給諸王之賜！王宜詳審之。此銀就充今後歲賜之數。」

26 秋，七月，辛巳，帝諭輔臣曰：「余晦朝辭，已戒其務行寬政。」是日，國子司業葉夢鼎進對，言及三蜀易帥，帝曰：「余晦有才。」夢鼎曰：「晦雖小有才，蜀當垂亡危急之秋，恐不勝任。」徐清叟亦言晦不可用，帝不聽。

27 壬午，以前參知政事王伯大薨，輟視朝。

28 丙戌，以蔡抗、施退翁並兼資善堂直講。抗，元定之孫也。

29 庚寅，溫、台、處三郡大水，詔發豐儲倉米及各州義廩賑之。

30 甲午，以余玠薨，輟朝。

玠之治蜀也，任都統張實任軍旅，安撫王維忠治財賦，監簿朱文炳接賓客，皆有常度。

至於修學養士，輕徭以寬民力，薄征以通商賈，蜀既富實，乃罷京湖之餉，邊關無警，又撤東南之戍。自寶慶以來，蜀閫未有能及之者。然久假便宜之權，不顧嫌疑，昧於勇退，遂來讒口。又置機捕房，雖足以廉得事情，然寄耳目於羣小，故人多懷疑懼。及聞召，不自安，一夕暴卒，或謂仰藥死，蜀人莫不悲之。

31 庚子，以董槐兼參知政事。

32 癸卯，詔撫諭四川官吏軍民。

33 八月，丁未朔，以馬光祖爲司農卿、淮西總領財賦。

34 癸丑，詔福建帥司毋得循習以本州寄居充幕屬。

35 甲寅，起居郎蕭泰來，出知隆興府。

先是起居舍人牟子才與泰來並除，子才四疏辭，極陳泰來姦險汙穢，恥與泰來伍。泰來不得已請祠，遂予郡。

36 丙辰，賜楊次山謚惠節，楊谷謚敏肅，楊石謚忠憲。

37 乙丑，詔鑄寶祐新錢，以「皇宋元寶」爲文。

38 九月，壬午，以程元鳳兼侍讀，牟子才兼侍講。

39 壬辰，城夔門。

40蒙古皇弟呼必賚征雲南，壬寅，師次忒剌，分兵三道：大將烏蘭哈達（舊作兀良合台。）由西道，諸王素赫（舊作抄合。）由東道，呼必賚由中道。乙巳，留輜重於滿陀城，率師前進。

41冬，十月，丙午朔，出封椿庫楮四十萬，賑行都軍民。

42蒙古兵過大渡河，又經行山谷二千餘里，至金沙江，乘革囊及栰以渡，摩娑蠻主索和爾圖舊作唆火脫，今改。迎降。其地在大理北四百餘里。

43十一月，丙子朔，詔獎諭襄陽守臣高達。

44乙酉，西太乙宮成。

45己丑，賈似道獻所獲良馬，賜詔褒嘉，其將士增秩、賞賚有差。

46辛卯，蒙古皇弟呼必賚遣使諭大理降。時僧子聰在軍中，每贊皇弟以天地之好生，王者之神武不殺，皇弟契其言。

烏蘭哈達分兵攻白蠻，所在寨柵，以次下之，獨阿達喇舊作阿塔剌，今改。所居半空和寨，依山枕江，牢不可拔。使人覘之，言當先絕其汲道。烏蘭哈達率精銳立礮攻之，阿達喇遣兵來拒，烏蘭哈達使其子阿珠舊作阿朮，今改。迎擊之，寨兵退走，遂并其弟阿蘇舊作阿叔，今改。城俱拔之。辛丑，白蠻送款。

十二月，丙辰，蒙古中道兵薄大理城。初，大理主段智興微弱，國事皆決於高祥，【考異】

元文類載程鉅夫平雲南碑，段智興作「興智」，高祥作「高泰祥」，今從元史。是夕，祥率衆遁去，皇弟呼必賚遣使追之。皇弟既入大理，曰：「城破而我使不出，計必死矣。」己未，西道兵亦至，命姚樞搜訪圖籍，乃得使者之尸。皇弟怒，將屠其城，樞及僧子聰、張文謙諫曰：「殺使拒命者，高祥耳，非民之罪，請宥之。」樞裂帛爲旗，書止殺之令，分號街陌，大理之民賴以全活。

47 庚申，以前參知政事劉伯正薨，輟朝。

48 蒙古兵出龍首關，癸亥，獲高祥，斬於姚州。皇弟呼必賚班師，【考異】平雲南碑作春振旅而還。今從元史繫於冬月。留烏蘭哈達攻諸蠻之未下者，以劉時中爲宣撫使。

49 蒙古主命宗王哈呼舊作耶虎，今改。與洪福源征高麗，拔禾山、東州、春州、三角山、楊根、天龍等城。

50 是歲，蒙古斷事官孟克薩爾（舊作忙哥撒兒。）卒。

孟克薩爾之涖事也嚴，人多怨之。蒙古主爲下詔慰其子。

寶祐二年 蒙古憲宗四年。（甲寅，一二五四）

1 春，正月，乙亥朔，蒙古城利州、閬州。自是蒙古兵且耕且守，蜀土不可復矣。【考異】元史憲宗紀：二年，汪田哥修治利州，且屯田，蜀人莫敢侵軼。則寶祐元年事也。宋史作二年，蓋元人紀其始事，宋人紀其落成耳。今從宋史。

乙未，帝諭輔臣曰：「李曾伯報北兵攻利州，築城已就，不可坐視。」謝方叔對曰：「當令余晦禦之。」

2 潭州以湘潭縣民陳克良孝行聞，詔旌其閭。

3 蒙古皇弟呼必賚還京兆，以姚樞爲京兆勸農使，教民耕植。

4 二月，甲辰朔，太常釐正秦檜諡，帝因諭輔臣曰：「諡繆狠可也。」

5 乙巳，詔：「二廣吏多貪黷，以去天遠而民無告也。吏部考覈嘗仕廣而以貪黷免者，勿令再任。著爲令。」

6 余晦遣都統甘閏以兵數萬城蜀要地紫金山，蒙古汪德臣選精卒銜枚夜進，大破之，閏僅以身免，城遂爲蒙古所據。

7 蒙古侵合州、廣安軍，守臣王堅、曹世雄等敗之。

8 三月，戊寅，申嚴本路人不許授諸司屬官，其已注授者並改授。

9 壬午，王元善【考異】宋史本紀作「王善」，今從宋史全文。自北歸。元善凡三使蒙古，留七年，至是始歸。

10 戊子，詔蠲江淮州軍今年二稅。

11 己丑，錄襄城捍禦功，高達、王登、程大元、李和各進職、增秩，餘補轉有差。

12辛丑，帝諭輔臣曰：「謝奕修服除，且以郡予之。」謝方叔曰：「年來戚里予郡太多，祖宗時高官者必換右，蓋有深意。」帝曰：「戚里正卿以上卽換右班，此典故也。」

13是春，蜀中旱。蒙古諸將以嘉陵漕舟水澀，欲棄益昌去，汪德臣曰：「國家以蜀事付我，有死而已，柰何棄之！」盡殺所乘馬饗士。襲嘉川，得糧二千餘石。雲頂山戍將呂遠將兵五千邀戰，卽陣擒之，復得糧五千餘石。既而魚關、金牛水陸運偕至，屯田麥亦登，食用遂給。

14夏，四月，辛亥，詔：「邊兵頗貧，聞邊上多有閑田，擇其田之近便依險者，分給軍人以耕。」

15庚申，帝問輔臣外間所聞，謝方叔對曰：「外論皆以謝堂兼江西提舉，恐自此外戚緣例者多矣。」

16乙丑，以徐淸叟知樞密院兼參知政事，董槐參知政事。

17六月，壬寅朔，罷臨平鎭稅。

18戊申，殿中侍御史吳燧，承宰相風指，論故蜀帥余玠聚斂罔利，玠死，其子如孫，一空帑庾之積而東，宜簿錄其財以爲蜀用。詔責如孫輸以助蜀。

19甲寅，帝諭輔臣：「蜀事宜早區處。」謝方叔曰：「向來亦有京閫兼制者。」帝曰：「此不可緩。」以李曾伯爲資政殿學士，依舊節制四川。以賈似道同知樞密院事，職任依舊。

20 丙辰，帝諭輔臣曰：「利州王佐，堅守孤壘，屢挫敵鋒，其忠可嘉。」謝方叔曰：「此城正介寶峰、苦竹隘間。佐以忠自奮，南永忠薄其城下，佐罵擊之，永忠流涕而退，眞忠臣也！」詔：「王佐更進一官。」

先是南永忠守隆慶，率其屬以城降蒙古，教授鄭炳孫先縊死其妻女，乃朝服自經。癸亥，贈炳孫朝奉郎、直祕閣，訪其子官之。

21 錄行在繫囚。

22 余晦在四川，兵屢敗，邊事日亟。戊辰，詔晦赴行在。

23 蠲利、閬、隆慶、潼川、綿州賦役。

24 閏月，壬申，董槐抗疏：「蜀事孔棘，已犯臨戰易將之戒，此臣子見危致命之日也。而上下牽制，曾未有出身當此任者。願假臣宣撫之名，置司夔門，以通荆、蜀之氣脈。」帝優詔答曰：「士大夫以議論求勝者多，以事功自勉者少，朕爲世道人才憂之。卿深念蜀事，慨然請行，足見忠壯。然經理西事，當在廟堂，更宜勉竭謀猷，以副委任。」

25 以蒲擇之爲軍器監丞，暫充四川制置權司職事。

26 甲戌，命包恢爲浙西提點刑獄，招捕荻浦鹽寇。

27壬午，以李曾伯爲四川宣撫使兼荆湖制置大使。詔：「四川事力愈單，須合荆閫乃可運掉，宜趣李曾伯進司夔路。」

28己亥，罷江灣浮鹽局。

29秋，七月，己巳，蠲四川近邊州郡稅賦三年。

30丁未，帝諭輔臣曰：「聞雲南力備蒙古，果能自立乎？」謝方叔曰：「廣右所傳，雖未得實，不容不嚴其備。」

31蒙古烏蘭哈達攻烏蠻，次羅部府，蠻酋高昇拒戰，大破之，進至其所都押赤城。城際滇池，三面皆水，既險且堅，選驍勇以礮擢其北門，縱火焚之，皆不克。乃大震鼓鉦，進而作，作而止，使不知所爲，如是者七日，伺其困乏，夜五鼓，遣其子阿珠潛師躍入亂斫之，遂大潰，至昆澤，擒其國王段智興。餘衆依阻山谷，分命裨將掩襲，約三日，捲而內向。及圍合，阿珠引善射者二百騎四面進擊，烏蘭哈達陷陣鏖戰，又攻纖寨，拔之。至乾德格城，烏蘭哈達病，委軍事於阿珠，環城立礮，以草塡塹。衆軍始集，阿珠先率所部搏戰城下，遂破其城。

32己酉，詔以思、播兩州連年捍禦，其守臣田應寅、楊文各進一秩。

33同知樞密院事、兩淮制置大使賈似道，乞照陳韡出使湖南例，以行府爲名，從之。

34甲寅，賜賈涉謚忠肅，以似道進用故也。

35壬戌，以湖北安撫、知峽州呂文德總統江陵、漢陽、歸、峽、㶏、郢軍馬事，暫置司公安上下應援。

36八月，辛未朔，帝諭輔臣曰：「江塘事畢，聞軍中科軍人草薦，不容不還其直。」謝方叔曰：「此見陛下之不遺微小也。」

37癸酉，詔以前知閬州兼利州安撫王惟中付大理獄。惟忠與余晦，俱慶元人；晦之帥蜀也，惟忠心輕之，呼其小字曰：「余再五來也。」晦聞，恚甚，及召還，誣奏惟忠潛通蒙古，使其黨丁大全、陳大方劾之，朝議亦以此掩誤用余晦之失，遂下大理。大方爲勘官，煅煉成獄，籍其家。

38癸未，董槐言：「邇者陛下察貢獻之無藝，慮並緣之害民，申飭內司，諸有以田及木獻者勿納，此可以弭災召和。」帝曰：「自今修造買木，仍付兩司。」

39癸巳，謝方叔等上七朝經武要略、中興四朝志傳、理宗（校者按：二字衍。）玉牒、日曆、會要。

40丁酉，醴泉觀使趙葵上疏言：「臣昨辭相位，退居長沙。今蜀事孔艱，思報恩紀，乞申溧陽居止之命，庶便驅策。」帝奬其忠，命趣裝過溧陽以便咨訪。

41九月，甲辰，以久雨，出封椿庫十八界楮幣三十萬賑三衙諸軍。

42己酉，朝獻景靈宮。庚戌，饗於太廟。辛亥，大饗於明堂，大赦。

43 乙卯，荻浦寇平，憲臣包恢進二秩，陞直龍圖閣；都統劉達授閤門使，帶遙郡。

44 己未，以尤焴爲端明殿學士、提舉祕書省兼侍講、提綱史事。

45 癸亥，詔以景靈宮恭謝畢，詣西太乙宮，起居郎牟子才諫而止。

46 丁卯，太白晝見。

47 冬，十月，庚午朔，謝方叔等進寶祐編類吏部七司續降條令，各進一秩。

48 癸酉，詔：「皇子永嘉郡王禥進封忠王。」

49 辛卯，詔：「李曾伯進司重慶，其京湖職事，令呂文德主之。」

50 甲午，斬王惟忠于都市，血上流而色不變，且語陳大方曰：「吾死，訴於天帝。」未幾，大方暴卒。

51 丁酉，詔奪余玠資政殿學士職名及余晦刑部侍郎告命。

52 十一月，庚子朔，以皇子忠王禥加冠禮，命從臣詣景靈宮奏告天地、祖宗。

53 壬寅，日南至，御文德殿，行皇子忠王禥冠禮，賜字邦壽。

54 丁未，蒙古城光化舊治。

55 丙辰，帝問光化事體，謝方叔言：「增築光化，在江漢之北，欲以溫和守光化，令在鬲奴堡對江與之相持。均州據光化上流，已令增兵爲備。」詔溫和知光化軍。

56牟子才上言：「首蜀尾吳，幾二萬里。今兩淮惟賈似道，荆、蜀惟李曾伯二人而已，可爲寒心！宜於合肥別立淮西制置司，江淮別立荆湖制置司，且於漣、楚、光、黃、均、房、巴、閬、緜、劍要害之郡，或增城，或增戍以守之。」賈似道聞之，怒曰：「是欲削吾地也！」

57蒙古皇弟呼必賚以廉希憲爲京兆宣撫使。希憲篤好經史，手不釋卷，少入侍呼必賚，一日，方讀孟子，聞召，因懷以進，呼必賚問其說，希憲以性善、義利、仁暴之旨對，呼必賚善之，目爲廉孟子。希憲嘗與諸貴臣校射，連發三中，衆驚曰：「文武才也！」呼必賚自大理還，於京兆分地置宣撫司，命希憲爲使。京兆控制隴、蜀，諸王貴藩，分布左右，民雜戎、羌，尤號難治。希憲講求民間利害，抑強扶弱，摘伏摧姦，境內大安。

58十二月，己巳朔，殿中侍御史吳燧言：「州縣財賦，版籍不明，近行經界，既已中輟，請令州郡下屬縣排定保甲，行自實法。」庚午，詔：「先行於兩浙、江東、西、湖南州軍。」

59丁丑，詔：「蒲擇之以元職兼四川宣撫司判官。」

60辛巳，詔：「戶部支諸軍雪寒錢，出戍之家倍給。」

61癸未，雷。

62樞密院言：「知利州王佐申叛臣南永忠部下官兵周德榮，【考異】宋史本紀作「周榮」，今從宋史全文。能守正效忠，密約統制段元鑑入隘解圍，爲南永忠執縛屠割，抗聲詈罵而死。」詔：「周德榮特贈七秩，仍立廟，官其子。」

63 己丑，詔：「安西堡解圍，其將士褒賞外，令宣司下隆慶守臣段元鑑，應官民曾資給戰士或屈身助守禦者，併保明推賞，仍普犒在城居民一次，免租賦五年。」

64 是歲，均州總管孫嗣遣人賫蠟書降于蒙古。

65 蒙古主命大臣求可以愼固封守、閑于將略者，擢史樞征行萬戶，配以眞定、相、衞、懷、孟諸軍，駐唐、鄧。樞，天倪子也。

66 蒙古張柔，以連歲勤兵，兩淮艱于糧運，奏請據亳之利。蒙古主乃詔柔鎭亳州，率山前八軍城之。柔又以渦水北淺隘不可舟，軍旣病涉，曹、濮、魏、博，粟皆不至，乃築甬路，自亳抵汴，隄百二十里，流深而不可築，復爲橋十五，或廣八十尺，橫以二堡戍之。

寶祐三年 蒙古憲宗五年。（乙卯、一二五五）

1 春，正月，己未，迅雷。先是望夕，內侍董宋臣引西湖妓入禁中，牟子才疏言：「元夕張燈侈靡，倡優下賤，奇技獻笑，媟汙清禁，此皆董宋臣輩壞陛下素履。今因震霆示威，臣願聖明覺悟，天意可回。」帝納其言。

2 庚申，帝諭輔臣曰：「均州城築，糧餉旣艱，宜先築龍山。」謝方叔等言：「龍山高險，下瞰舊均，已趣京湖留司調兵修築。」
3壬戌，知澧州趙師簡朝辭，言公族世系日衍，倘未增立字號。詔以宗正寺擬「用、宜、季、次、紹」五字于「大、由、交、嗣、甫」字下續之。
4甲子，帝諭輔臣曰：「馬光祖措置錢楮如何？」謝方叔等言：「監收斂楮，已合事宜，但錢未流通耳。」
5祕書危昭德疏言：「國之命在民，民之命在士大夫。士大夫不廉，朘民膏血爲己甘腴，民不堪命矣。願陛下與二三大臣察利害之實，究安危之本，明詔郡國，申嚴號令，俾急其所急。凡荒政之當舉者，不可一日而置念；緩其可緩，凡苛賦之肆擾者，易爲此時之寬征。固結人心，乃所以延天命也。」
6丙寅，皇子忠王禥出閤。
7二月，庚午，詔尤焴免奉朝請，專令精意史事。
8乙亥，命李長庚措置襄陽屯田。
9給事中王埜言：「國家與蒙古本無深讎，而兵連禍結，皆原於入洛之師，輕啓兵端，二三狂徒如趙楷、全子才、劉子澄輩，淺率寡謀，遂致隻輪不返。全子才誕妄慘毒，乃援劉子澄例，自陳改正。宜寢二人之命，罷其祠祿，以爲喪師誤國之戒。」從之。

10 己卯，兩淮制置大使賈似道興復廣陵堡城，以圖來上，詔獎之。

11 庚辰，詔：「宗正少卿歲舉宗學官選人一員。」

12 壬午，都省言：「宣閫入蜀，首議行卹民之政，宜多支糴本以寬民力。」詔撥封樁庫十八界會二百萬給四川。

13 乙酉，詔：「撥官誥、祠牒、新楮、香鹽付臨安府守臣馬光祖收換歛楮。」

14 內侍董宋臣幹辦佑聖觀，逢迎帝意，起梅堂、芙蓉閣、香蘭亭，豪奪民田，招權納賄，無所不至，人以董閻羅目之。監察御史洪天錫上言：「天下之患三：曰宦者，外戚，小人。」指宋臣及謝堂、厲文翁也。帝令吳燧宣諭，天錫抗對如初。帝又出御札俾天錫易疏，欲自戒飭之，天錫又言：「自古姦人，雖憑怙其心，未嘗不畏人主之知。苟知之而止於戒飭，則憑怙愈張，反不若未知之爲愈也。」

15 蒙古皇弟呼必賚徵河內許衡爲京兆提學。衡從姚樞，得程頤、朱熹之書，慨然以道自任，嘗語人曰：「綱常不可亡于天下，苟在上者無以任之，則在下之任也。」凡喪祭嫁娶，必徵于禮，以倡其鄉，學者浸盛。是時秦人新脫于兵，欲學無師，聞衡來，人人莫不喜幸。于是郡縣皆建學。

16 三月，甲辰，詔不許傳播邊事。

17己酉，詔：「沿邊屯田，自有課入登羨者，其管幹官並推賞。」

18癸丑，帝問：「自實之法，施行如何？」謝方叔等曰：「自實卽經界遺意，惟當檢制使人，寬其限期，行以不擾而已。」時高斯得起爲福建轉運副使，貽書方叔曰：「史記，秦始皇三十一年，令民自實田。上臨御適三十一年而行自實，異日書之史册，正與秦同。」方叔大愧，旋奏罷之。

19以吳淵爲觀文殿學士、京湖制置大使、知江陵府。

20己未，雨土。洪天錫言其象爲蒙，請嚴君子小人之辨，又言修內司爲民害，宜治之。

21夏，四月，庚午，朝獻景靈宮。

22蜀郡地震。

23癸酉，帝問流民近狀，謝方叔對曰：「數年來，流民在江南者，皆已安業。」

24丁丑，以陳顯伯兼資善堂贊善，陳堅兼直講。

25辛巳，帝謂輔臣曰：「聞刑獄多有冤濫。」謝方叔等曰：「不特冤濫，且有淹滯，當時加申警。」

26癸未，考功郎官洪勳輪對，及杜衍封還事，帝曰：「朕每諭丞相，事有不可行者繳奏。」

27浙、閩大水，洪天錫上言：「上下窮空，遠近怨疾，獨貴戚、巨閹享富貴耳。舉天下窮且怨，陛下能與數十人者共天下乎？」

28五月，丙申朔，帝諭輔臣曰：「黃州乃江面要地，郎應飛不勝任，當別選人。」謝方叔曰：「黃州昨除張勝，今尙權鄂州，曷若以厲文翁爲之乎！」

29甲辰，久雨，以監司、州郡辟書冗濫，申嚴禁止。

30丙午，帝諭輔臣曰：「修築江岸，軍兵不易，聞補工值雨，多不給食，可令特支。」

31詔出封椿庫十八界會二十萬給三衙諸軍，賑臨安府民戶亦如之。

32甲寅，趙汝騰除翰林學士、知制誥兼侍讀。

33六月，以樞密院編修鎭江丁大全爲右司諫。

大全面藍色，爲戚里婢壻，夤緣閻妃及內侍盧允升、董宋臣，得寵於帝，由蕭山尉累拜是職。時正言陳大方、侍御史胡大昌與大全同除，皆緘默不言。人於其名大旁加點，目爲「三不吠犬」。

34戊子，洪天錫罷言職。

時吳民仲大倫等列訴董宋臣奪其田，天錫下其事有司。而御前提舉所移文，謂田屬御莊，不當白臺，儀鸞司亦牒常平，天錫謂：「御史所以雪冤，常平所以均約，若中貴人得以控之，則內外臺可廢，猶爲國有紀綱乎！」乃申劾宋臣及盧允升而枚數其惡，帝猶力獲〔護〕

之。天錫又言：「修內司，供繕修而已。比年動日御前，姦贓之老吏，迹捕之凶渠，一竄名其間，則有司不得舉手。狡者獻謀，暴者助虐，其展轉受害者，皆良民也，顧無使史臣書之曰：『內司之橫自今始。』」疏六七上，留中，不報，天錫遂去，詔遷大理少卿。宗正寺丞趙宗嶓移書謝方叔，責其不能止救，方叔甚慙。而讒者又曰：「天錫之論，方叔意也，其去亦方叔擠之。」方叔上書自解，帝終不信。

35 辛卯，簽書樞密院事王埜罷。

36 秋，七月，癸丑，以呂文德知鄂州，節制鼎、灃（澧）、辰、沅、靖五州。

37 丙申，謝方叔、徐淸叟罷，以御史朱應元劾之也。董宋臣、盧允升猶未快，賂人上書力詆洪天錫、謝方叔，且乞誅之，使天下知宰相、臺諫之去，出自獨斷，於內侍無預。

38 命三省、樞密院機政，令董槐、程元鳳輪日當筆。詔曰：「往年二相並命，各分朋黨，互相傾軋。吳潛既退，方叔獨相，持祿固位，政以賄成，諸子無藉，恬然而不知。天示警戒，臣庶交章，不奪方叔之相權，則是朕躬有罪。爾槐，爾元鳳，尙鑒茲哉，毋若方叔之負朕也！」

39 己未，帝諭輔臣曰：「近來州縣贓吏甚多，不可不嚴其禁令。」董槐言藝祖朝有流竄或杖死者。程元鳳曰：「高宗朝必籍記姓名，不復錄用。」帝曰：「籍記今可行。」

40 以謝方叔爲觀文殿大學士、提舉洞霄宮。

41蒙古烏蘭哈達自吐蕃進攻西南夷，悉平之。

42八月，乙丑朔，以董槐爲右丞相兼樞密使，程元鳳爲簽書樞密院事兼權參知政事，蔡抗爲端明殿學士、同簽書樞密院事。

43丙寅，帝諭輔臣曰：「朕以今日多事，選用卿等，宜一心體國；凡紀綱未振，人材未萃，民生未裕，邊備未飭，皆爲急務，宜加之意。」

44以徐清叟爲資政殿大學士，提舉玉隆萬壽宮。

45庚午，帝諭輔臣曰：「三邊事宜及時。」董槐等對曰：「首當以此勉諭諸閫。」帝曰：「閫外之寄，廟堂只當擇人，豈可遙制！」槐曰：「前日之病正坐此。」

46丙子，以鄭性之薨，輟視朝。

47戊子，帝曰：「紀綱法度，須當謹守，以革弊例。朝士遷除，各守滿歲之法。如先朝臣僚奏請遷轉格式，可討論以聞。」董槐等對曰：「此法固可革躁進之風，但拔擢人材，又不可拘此。」帝然之。

48都省言兩淮制臣賈似道，調度兵將，攻剿舊海賊兵，生擒僞元帥宋贇，俘獲尤衆，詔獎之。

49辛卯，以應繇薨，輟視朝。

50九月，己亥，帝諭輔臣曰：「近日施行內侍何郁豈可復留！合與勒停。」董槐等曰：「聖斷如此，不惟可以戢姦，亦可以服中外心。」

51丙午，帝曰：「近觀臣寮奏疏，云事當謀之大臣。朕未嘗不與卿等謀，如有未當，且許執奏。卿等亦自相資益。」程元鳳曰：「臣等雖不敢立異，亦不敢苟同。」

52庚戌，詔：「淮哨在境，邊防正嚴，沿江副閫，豈容久虛！已差厲文翁，可趣之任。」

53壬子，帝諭輔臣：「趙葵一劄，言邊事不苟。」董槐等曰：「今日事勢，不可以安危論，直當以存亡論，亦不須如此憂懼；然必內外協心圖之，如范蠡、大夫種分任國事可也。」

54甲寅，以陳顯伯兼資善堂翊善，皮龍榮兼侍讀。

55乙卯，帝曰：「楮幣何以救之？」董槐請以臨安府酒稅專收破會，解發朝廷，逐旋焚燬，官司旣可通融，民間自然減落，帝然之，曰：「朝廷以爲重，則人自厚信。」

56董槐言於帝曰：「臣爲政而有害政者三。」帝曰：「何謂三害？」槐曰：「戚里不奉法，一矣。執法大吏久於其官而擅威福，二矣。皇城司不檢士，三矣。將率不檢士，故士卒橫，士卒橫，則變生於無時。執法擅威福，故賢不肖混淆，賢不肖混淆，則姦邪肆，賢人伏而不出。親戚不舉法，故法令輕，法令輕，故朝廷卑。三者弗去，政且廢，願自今除之。」於是嫉槐者衆矣。

57冬，十月，庚午，詔：「撥封樁庫會子一十三萬，犒殿、步司教閱精勇軍，其衣裝器械悉從官給。」

58癸未，詔：「永蠲紹興府和買絹。」

59蒙古張柔會大帥（師）于符離，以百丈口爲宋往來之道，可容萬艘，遂築甬道，自亳而南六十餘里，中爲橫江堡。又以路東六十里皆水，可致宋舟，乃立柵水中，密置偵騎于所達之路。由是鹿邑、寧陵、考城、柘城、楚丘、南頓無宋患，陳、蔡、潁、息糧無不達。

60十一月，乙未，皮龍榮進對，帝語及資善堂事，龍榮對曰：「忠王天資過人，若無他嗜好，倍加保養，尤爲有益。儒臣盡職分于外，望陛下以身教之于內。」龍榮預知忠王意向，亦稍以諷帝也。

61初，女冠知古得幸，其姪吳子聰夤緣以進，得知閤門事，牟子才繳奏曰：「子聰依憑城社，勢焰薰灼，以官爵爲市，搢紳之無恥者輻湊其門，公論素所切齒，不可用。」帝曰：「子聰之除，將一月矣，乃始繳駁，何也？可即爲書行。」子才曰：「文書不過百刻，此舊制也。今子聰錄黃二十餘日乃至，後省蓋欲俟其供職，使臣不得繳之耳。給舍紀綱之地，豈容此輩行私於其間！」於是子聰改知澧州，待次。子才亦力求去，出知太平州。

62十二月，甲申，帝諭輔臣曰：「蜀報敵勢頗重，間雖小捷，未聞有敢與一戰者，宜大明賞罰以激勸之。」丁亥，又諭輔臣曰：「朝士有蜀人曉邊事者，可令條具備禦之策，參考用之。」

[63]是歲，蒙古馬步軍都元帥兼領尙書省事察罕卒，追封河南王，諡武宣。

[64]蒙古皇弟呼必賚，遣董文用招金故臣欒城李治，且曰：「素聞仁卿學優才贍，潛德不燿，久欲一見，其勿他辭。」仁卿，治之字也。治至，皇弟問金南遷後居官者孰賢，治對曰：「險夷一節，唯完顏仲德。」又問完顏哈達舊作合達，今改。及布哈舊作蒲瓦，今改。何如，對曰：「二人將略短少，任之不疑，此金所以亡也。」又問魏徵、曹彬何如，對曰：「徵忠謀讜論，知無不言，以唐諍臣觀之，徵爲第一。彬伐江南，未嘗妄殺一人，擬之方叔、召虎可也，漢之韓、彭、衞、霍，在所不論。」又問今之臣有如魏徵者乎，對曰：「今世側媚成風，欲求魏徵之賢，實難其人。」又問今之人材賢否，對曰：「天下未嘗乏材，求則得之，舍則失之，理勢然耳。今儒生有如魏璠、王鶚、李獻卿、蘭光庭、趙復、郝經、王博文等，皆有用之才，又皆賢王所嘗聘問者，舉而用之，何所不可，特恐用之不盡耳。然四海之廣，豈止此數子哉！王誠能旁求於外，將見集於明庭矣。」又問天下當何以治之，對曰：「夫治天下，難則難於登天，易則易於反掌。蓋有法度則治，控名責實則治，進君子、退小人則治。如是而治天下，豈不易於反掌乎！無法度則亂，有名無實則亂，進小人、退君子則亂。如是而治天下，豈不難於登天乎！且爲治之道，不過立紀綱、立法度而已。紀綱者，上下相維持；法度者，賞罰示懲勸。今則大官小

吏，下至編氓，皆自縱恣，以私害公，是無紀綱也。有功者未必得賞，有罪者未必被罰，甚則有功者或反受辱，有罪者或反獲寵，是無法度也。法度廢，紀綱壞，天下不變亂，已爲幸矣。」又問昨地震何故，對曰：「天裂爲陽不足，地震爲陰有餘。夫地道，陰也，陰太盛則變常。今之地震，或姦邪在側，或女謁盛行，或讒慝交至，或刑罰失中，或征伐驟舉，五者必有一於此矣。夫天之愛君，如愛其子，故示此以警之。若能辨姦邪，去女謁，屛讒慝，愼刑罰，愼征討，上當天心，下協人意，則可轉咎爲休矣。」皇弟深然之。

寶祐四年　蒙古憲宗六年。（丙辰、一二五六）

1 春，正月，癸巳朔，詔曰：「朕宵旰在念，適時多艱，財計匱而生財之道未聞，民力窮而剝民之吏自若。捨法用例已非矣，有元無例而旁引以遂其干請之私，其何以窒幸門，塞蠹穴乎！望治雖勤，課功愈邈，毋怪也。咨爾二三大臣，各揚乃職，務循名而責實，勿假公而濟私，則予汝嘉。」

2 辛亥，詔：「京湖制置大使兼夔路策應使吳淵，遇軍戎急切，許用便宜。」

3 甲辰，帝諭輔臣：「試閤職止兩名，立爲定格，非武舉前名，更不召試。」

4 丁未，謝方叔奪職，罷祠。辛酉，史嵩之除觀文殿大學士、依前永國公，致仕。

5 二月，丙寅，詔史嵩之復職。

6 戊辰，雨雹。

7 庚午，以久雨，詔臨安府發平糴倉米二萬石賑糶。

8 丙子，以襲封衍聖公孔洙添差通判吉州，不釐務。

9 庚辰，以久雨，詔：「監司、州郡決繫囚，毋得淹延，獄官毋得兼簽，以妨本職。」

10 再撥平糴倉米二萬石，損價接糶。出封樁庫楮幣二十萬，令殿、馬、步司給犒。其大理寺、三衙、臨安府屬縣諸酒軍所見監贓賞錢，悉蠲之。

11 癸未，詔舉廉吏。

12 詔覈實，凡戰多者，死事者，速條上推賞。被兵之地，流離之民，應干科調，悉與停免。

13 三月，丁酉，詔與芮嗣榮王。

14 壬寅，詔：「蒲擇之權兵部侍郎、四川宣撫制置使、兼知重慶府。」

15 庚戌，帝諭輔臣曰：「蜀中更求東南一二人，以爲二矛重弓之備。」董槐言：「近遣李遇龍爲都統，輿論謂然。更當采訪，以備擢用。」

16 丙辰，御製字民訓，引見改官人，令閤門宣示，仍批于印歷之首。

17 是春，蒙古主會諸王百官於裕孟克圖（舊作欲兒陌哥都。）之地，設宴六十餘日，賜金帛有差，定擬諸王歲賜錢穀。

18蒙古皇弟呼必賚遣人詣行在所請續簽內郡漢軍，從之。

19夏，四月，丁卯，帝諭輔臣：「累年北騎涉渡淮，可于沿邊措置防遏。」戊辰，董槐言敵有謀攻棗陽軍者，近吳淵已焚其所立寨舍，帝曰：「可早取光化，如蜀之隘口，淮之舊海，皆當諭閫臣及時圖之。若根蒂已固，可無後患。」

20癸未，詔：「賈似道爲參知政事，吳淵進官三等，並職任依舊。程元鳳爲參知政事，蔡抗同知樞密院事。」

21帝年寖高，操柄獨斷，視羣臣無當意者，漸喜狎佞人，擢丁大全爲侍御史，竊弄威權，帝弗覺悟。大全嘗遣客私於董槐，槐曰：「臣聞人臣無私交，吾惟事上，不敢私結納！幸爲謝丁君。」大全大慚。

22五月，甲午，孔子五十世孫元龍授初品官。

23甲辰，帝諭輔臣曰：「秋防不遠，宜事事爲之備。」董槐曰：「羅鬼國報，思、播州謂北兵留大理，招養蠻人爲嚮道，此甚可憂。」帝曰：「彼不能支，駸駸及我矣。」

24徐清叟、王埜，並奪職罷祠，仍褫執政恩數。

25乙巳，董槐言：「瀘、敍之上，鹽井設險以待敵兵，此事不可吝費。」程元鳳曰：「宜令播州以兵助羅鬼，制司以兵助播州。」詔以銀萬兩使思、播約羅鬼爲援。

26丁大全處董槐不相容，日夜刻求槐短。槐入對，極言大全邪佞不可近，帝曰：「大全未嘗短卿，卿勿疑。」槐曰：「臣與大全何怨！顧陛下拔臣至此，臣知大全姦邪而噤不言，是負陛下也。且陛下謂大全忠而臣以爲姦，不可與俱事陛下矣。」上書乞骸骨，不報。

27甲寅，賜進士文天祥等五百六十九人及第、出身。考官王應麟得天祥卷，奏曰：「是卷古誼若龜鑑，忠肝如鐵石，臣敢爲得人賀。」

28六月，甲戌，以朱貔孫爲太府寺簿、知瀘州兼潼川路安撫，措置瀘、敍、長寧邊境。

29辛巳，浙江隄成。凡朝廷科撥，錢以緡計，百三十五萬九百九十有奇，米以石計三萬三千一百，而臨安府之費不與焉。

30癸未，丁大全疏劾董槐。疏未下，大全夜半以臺檄調省兵百餘人，露刃圍槐第，迫之出，輿槐至大理寺，欲以此脅之。須臾，出北關，棄槐，囂呼而散。槐徐步入接待寺，罷相之制始下，物論大駭。

31詔：「程元鳳、蔡抗可暫輪日當筆，軍國重務，商榷奏聞。」

32秋，七月，辛卯，帝諭輔臣：「財計所當整頓，吏姦不可不防，須擇曉練都司提其綱。」尋以孫子秀、趙崇潔任責拘榷。時賈似道威權日盛，臺諫嘗論其部將，卽毅然求去。會有言似道已密奏子秀不可用，執政遽置子秀，以似道所善陸壑代之。

33 太學諸生論丁大全不當迫逐董槐，甲午，以董槐爲觀文殿大學士、提舉臨安府洞霄宮。丙申，詔曰：「進退臺諫，權在人主，若由學校，萬無此理。且非大臣所得進退，學校可得而進退之乎！叩閽縷縷，更無已時。可令學官先諭三學諸生，可安心肄業，以副朕教育之意。仍令御史臺契勘當時同侍臺牒作倡鼓率之吏，重作施行；臨安府根究本隅將校，懲其不能鈐束隅兵之罪。」丁大全之逐董槐也，入疏自解，帝亦不以爲然，然不欲學校上書，故有是命。

34 戊申，帝問輔臣曰：「吳淵乞萬兵以備瀘、敘、思、播，何以應之？」程元鳳曰：「欲令淵且選兵五千至夔門，瀘、敘有急則援瀘、敘，思、播有急則援思、播，東可以捍金、洋，南可以庇歸、峽、卻從沿江調兵五千，以補京湖之數。」

35 秋，七月，甲寅，知敘州史俊調舟師連與蒙古戰，卻之。

36 乙卯，以程元鳳爲右丞相兼樞密使，蔡抗參知政事，張磻爲端明殿學士、簽書樞密院事。

37 丙辰，帝諭輔臣曰：「振飭紀綱，修明法度，今日急務。前此只緣物惰廢法，以致蠹弊滋多，今當痛革。」帝又曰：「邇來朝廷之勢輕，盍思所以重之。」程元鳳言當以求才爲急，人才衆多則國勢自重，帝然之。

38 蒙古諸王塔齊爾等軍過東平，掠民羊豕，蒙古主聞之，遣使問罪。由是諸軍無犯者。

續資治通鑑卷第一百七十五

賜進士及第兵部尚書兼都察院右都御史總督湖北湖南等處地方軍務兼理糧餉世襲二等輕車都尉　畢沅　編集

宋紀一百七十五　起柔兆執徐（丙辰）八月，盡屠維協洽（己未）十二月，凡三年有奇。

理宗建道備德大功復興烈文仁武明聖安孝皇帝

寶祐四年　蒙古憲宗六年。（丙辰、一二五六）

1 八月，程元鳳陳正心、待臣、進賢、愛民、備邊、守法、謹微、審令八事。

2 甲午，帝諭輔臣：「聞廣守多貪虐害民，宜先汰其尤者。」丙申，詔：「邕州守臣程芾奪秩，罷。」

3 己酉，帝諭輔臣曰：「近有言羅鬼不足恃者。」程元鳳等曰：「置呂文德于沅、靖，置向士璧于歸、峽，城築之費，甲兵之需，無不應之，正所以爲此備也。又聞黃平可通靖州，已令荊閫嚴作防捍。」

4 甲寅，朱熠言：「境土蹙而賦斂日繁，官吏增而調度日廣。景德、慶曆時，以三百二十餘郡之財賦，供一萬餘員之俸祿，今以一百餘郡之事力，而贍二萬四千餘員之冗官。邊郡則有科降支移，內地則欠經常綱解。欲寬財力，必汰冗員。」從之。

5冬，十月，癸亥，出封樁庫新錢兌使，以濟民用。

6丙寅，命錄進姚永慶所言蜀中便宜事。

7蒙古主欲建城市，修宮室，爲都會之所，皇弟呼必賚（舊作忽必烈。）以僧子聰精于天文、地理之術，因命相宅，子聰以桓州東灤水北之龍岡爲吉。詔子聰營之，三年而畢，名曰開平府。既而升爲上都，以燕爲中都。

8十一月，戊子朔，以丁大全爲左諫議大夫，吳衍、翁應弼並除監察御史。

9丁大全既逐董槐，益專恣用事，道路以目。癸巳，太學生劉黼（黻）、陳宜中、黃鏞、林則祖、曾唯、陳宗上書攻之，大全怒甚。丙申，詔：「學官申嚴祖宗學法，諸生或怙終不悛，自畔名教，必正憲典。仍令三學立石。」

10詔：「正特奏名御試，毋得更循舊制例以武功貲帖比折陞甲、陞等。」

11乙巳，以御史吳衍、翁應弼言，太學生劉黼（黻）等八人，拘管江西、湖南州軍，宗學生于伯（與侚）等七人，並削籍，拘管外宗司。【考異】宋史丁大全傳：上書攻大全者止陳宜中、黃鏞、林則祖、曾唯、劉黼（黻）、陳宗六人，士論稱宜中等爲「六君子」。今從宋史全文。

12 癸巳，以張磻同知樞密院事，丁大全端明殿學士、簽書樞密院事，馬天驥端明殿學士、同簽書樞密院事。

時閻貴妃怙寵，大全、天驥用事，有無名子題八字於朝門曰：「閻、馬、丁當，國勢將亡。」

13 詔：「開國以來勳臣之裔，有能世濟其美不能世濟其祿者，所在州軍體訪以聞。」

14 十二月，庚申，蒙古城棗陽。

15 乙丑，以張磻兼參知政事。

16 壬申，詔：「百司庶府及諸道監司以下，毋以私怒寄收人于縣獄，有罪應收者，結絕不許過三日。」

17 甲戌，詔出封樁庫新造川會，收換兩料川引。

18 是歲，蒙古烏蘭哈達舊作兀良合台，今改。征白蠻，阿珠舊作阿朮，今改。生擒其驍將，獻俘闕下，詔以便宜取道與蜀帥合兵。烏蘭哈達遂出烏蠻，渡瀘江，剗圖喇蠻（舊作秃剌蠻。）三城，擊破宋兵，奪其船二百艘於馬湖江，遂通道於嘉定、重慶，抵合州，濟蜀江，與汪德臣等會。

19 高麗國王㬚及雲南諸國皆入朝于蒙古。

寶祐五年蒙古憲宗七年。（丁巳、一二五七）

1 春，正月，丁亥朔，以趙葵爲少保、寧遠軍節度使、京湖宣撫大（校者按：大字衍。）使、判江陵府兼夔州策應大使，進封衞國公；賈似道知樞密院事、職任依舊；吳淵參知政事，李曾伯湖南安撫大使、知潭州。

2 辛卯，帝曰：「吳淵奏腹幹支徑頗詳。」程元鳳言：「昨準宣諭，鹽井、鏵鐵山等險隘，已劄蒲擇之疾速措置。」

3 乙巳，雷。

4 丙午，禁姦民作白衣會，監司、郡縣官失覺察者坐罪。

5 丁未，詔以雷發非時，減徒流以下罪。戊申，帝謂侍臣曰：「獄訟淹延，亦能上干陰陽之和，宜速與疎決。」

6 辛亥，以吳淵薨，輟視朝。

7 蒙古主左右讒皇弟呼必賚得中土心，蒙古主信之，遂遣阿勒達爾舊作阿藍答兒，今改。行省事于京兆，劉太平佐之，鉤考諸路財賦，置局關中，推集經略、宣撫官吏，下及征商，鍛鍊羅織，無所不至，曰：「俟終局日，入此罪者，惟劉嶷、史天澤以聞，餘悉誅之。」皇弟聞之不樂，姚樞曰：「帝，君也，兄也；大王爲皇弟，臣也。事難與校，遠將受禍。莫若盡王邸、妃主自歸朝廷，爲久居謀，疑將自釋。」從之。

8 蒙古董文蔚既城光化、棗陽，儲餱糧，會攻襄陽、樊城，南據漢江，北阻湖水，卒不得渡。

文蔚夜領兵于湖水狹隘處，伐木拔根，立于水，實以薪草爲橋，頃之卽成。至曉，兵悉渡，圍已合，城中大驚。文蔚復統軍前行，奪外城，襄陽守將高達力戰于白河，乃還。

9 二月，戊午，以賈似道爲兩淮安撫大使。

10 壬戌，築思州三隘。

11 乙丑，右正言戴慶炣言：「數十年來，諸處戎帥，專肆貪婪，逼令軍人營運。願申警戎帥，嚴與禁戢軍債。」從之。

12 己巳，帝曰：「谿蠻爲敵所有，欲窺伺邕、宜，可不預備？」程元鳳曰：「去秋已聞此言，屢令徐敏子嚴爲防拓，又行下邕、宜，守險要以備不虞。」

13 癸酉，賈似道奏渦口築城。

14 丁丑，布衣余一飛、高杞陳襄陽備禦策，命京湖宣撫使趙葵行之。

15 三月，癸巳，帝曰：「聞近畿頗有剽竊，所當禁緝。」程元鳳曰：「此帥、憲責也。」

16 己酉，詔曰：「朕聞政平訟理，則民安其業；告訐易俗，則禮義興行。近有司受詞，多是並緣爲姦，延及無辜，攤賴緡錢，動以萬計。是可忍也，孰不可忍！其耳目所接者，已悉蠲放，餘令御史臺覺察以聞。」

17 夏，四月，庚申，朝獻景靈宮。

18 丙寅，以並侑高宗，奏告天地、宗廟、社稷。

19 丁卯，高達以白河戰功，進右武大夫、遙郡防禦使，王登進官一等，直祕閣。

20 壬申，帝曰：「李遇龍奏楊禮舍苦竹隘而守吉平，北兵有占築苦竹之謀，宜諭蒲擇之急爲進守計。」程元鳳曰：「向來段元鑑克復此隘，極爲不易，楊禮不應輕棄。令擇之急作措置，毋爲敵所據。」

21 蒙古兵攻苦竹隘，詔京湖調兵應援。

22 閏四月，己丑，程元鳳等上中興四朝志傳、皇帝玉牒、日曆，元鳳等各進官二等。

23 壬辰，李遇龍奏蒙古兵窺劍門，將築堡塞，蒲擇之以朱禩孫監諸司軍，自以制司兵繼之。

24 乙未，以謝奕昌爲少保、保寧軍節度使、充萬壽觀使。

25 戊戌，程元鳳等上進編修吏部七司條法。

26 己亥，帝曰：「趙葵行邊，如郢之增溪〔浚〕城濠，運糧于襄，有三年之積，措置可謂合宜。」又曰：「葵近奏已調援蜀兵三千。」程元鳳言：「昨令調遣五千，今恐未足用。」帝曰：「已令增調矣。」壬子，趙葵乞增兵十萬，分布淮、蜀、沿江、京湖，程元鳳請從之。

27 五月，壬午，錄行在建康繫囚，杖以下釋之。

28 詔：「夏貴城棗荊山，尅期集事，陞正任刺史。」

29 六月，蒲擇之師還。甲午，帝曰：「西蜀尙未能取，失此機會。然劍門之賞，不可不從厚，庶可激勸。」尋詔：「擇之進官二等，餘陞轉有差。」

30 丁酉，同簽書樞密院事馬天驥罷。

31 癸卯，出封樁庫十八界楮幣二十萬貫賑都民，三衙諸軍亦如之。

32 是月，蒙古主謁太祖行宮，祭旗鼓。

33 蒙古烏蘭哈達以雲南平，請依漢故事，以西南夷悉爲郡縣，從之。加烏蘭哈達大元帥，還鎭大理。

34 秋，七月，乙卯，錄中外繫囚。

35 己未，太白晝見。詔蠲諸路州縣民戶逋欠官賦。

36 乙丑，詔：「諸路閫帥司，招塡軍額，申嚴占借之禁。」

37 庚午，帝謂輔臣曰：「昨日經筵有以邊臣久任爲言者，朕諭之曰：『李漢超守關南十七年，郭進守山西二十年，官皆止於觀察使。久任邊臣，乃祖宗馭將帥、服中外之法也。』」程元鳳對曰：「誠宜率由舊章。」

38 八月，庚子，帝曰：「近有鬱攸爲災，延燎頗多，居民殊可念。」程元鳳言：「不能早救于微，及既熾，自難撲滅。」帝曰：「臨安府所奏兩城民屋須遠二丈，此說可行。」

39 以張磻爲參知政事，丁大全同知樞密院事兼權參知政事。

40 庚戌，申嚴諸路州縣稽留赦書、奉行不謹及遞兵違慢之弊。

41 九月，壬子朔，以久雨，出封樁庫十八界楮幣二十萬賑都民，三衙諸軍亦如之。

42 詔：「今後臺臣遷他職而輒出關者，準違制論，著爲令。」

43 辛酉，大饗于明堂，大赦。

44 蒙古烏蘭哈達遣使招安南降，安南人囚其使，遂議征之。播州邊境告警。甲戌，帝曰：「播州乞兵，想事勢頗急，當令夾擊。」程元鳳曰：「已令朱禩孫襲其後，呂文德遏其前，即聖訓所謂夾擊也。」時朝議徒託空言，幸蒙古兵未入境耳。

45 戊寅，以史嵩之薨，輟視朝。嵩之爲相，雖飾詐要譽，而肺肝如見，不爲公論所予。

46 己卯，以王禴爲左金吾衞上將軍、知和州，吉文瑫主管殿前司，郭濬主管侍衞步軍司。

47 回鶻獻水晶盆、珍珠傘等物於蒙古，可直銀三萬餘錠。蒙古主曰：「方今百姓疲敝，所急者錢耳，朕獨有此何爲！」卻之。賽音諤德齊舊作賽典赤，今改。以爲言。蒙古主稍償其直，且令今後無復有獻。

48 蒙古諸王伊遜克、舊作亦孫哥，今改。駙馬約蘇爾舊作也速兒，今改。等請伐宋，蒙古主亦怒宋囚使臣，是月，議出師南伐。

49 冬，十月，乙酉，恭謝景靈宮。

50 庚寅，張磻薨，輟視朝。

51 癸巳，雷。

52 丁酉，以林存爲端明殿學士、簽書樞密院事。

53 己酉，以雪，出封樁庫十八界楮幣二十萬賑都民，三衙諸軍亦如之。

54 庚子，以皇子忠王禥爲遂安、鎮南軍節度使。

55 蒙古烏蘭哈達進兵壓交南境，安南國王陳日煚隔洮江列象騎、步兵甚盛。烏蘭哈達分軍爲三隊濟江，齊齊克圖舊作徹徹都，今改。從下流先濟，大師居中，駙馬懷圖舊作懷都，今改。與阿珠在後，仍授齊齊克圖方略曰：「汝軍既濟，勿與之戰，彼必來逆我，駙馬斷其後，汝伺便奪其船，蠻若潰走，至江無船，必爲我擒矣。師既登岸，即與戰。」齊齊克圖違命，安南人雖大敗，得駕舟逸去。烏蘭哈達怒曰：「先鋒違我節度，國有常刑。」齊齊克圖懼，飲藥死。烏蘭哈達入安南，日煚遁入海島。蒙古得前所遣使於獄中，以破竹束體入膚，比釋縛，一使死，因屠其城。日煚請款，烏蘭哈達乃大享軍士而還。

56 十一月，壬戌，詔曰：「朕軫念軍民，無異一體。嘗令天下諸州建慈幼局、平糴倉、官藥局矣，又給官錢付諸營置庫，收息濟貧乏。奈郡守奉行不謹，所惠失實，朕甚憫焉！更有斃于疫癘、水災與夫歿于軍者，遺骸暴露，尤不忍聞也。可行下各路清強監司，嚴督守臣宣制安撫。」

57 癸酉，帝謂輔臣曰：「將帥提兵征伐，當直入播境，須令追襲進勦，仍撫循諸蠻，不可縱軍士騷擾以失其心。」甲戌，又曰：「上流之報稍寬，正是自治之歲月也。」

58 乙亥，帝曰：「昨付出黃平圖，其間險要處皆當置屯。」程元鳳言：「黃平、清浪、瀕溪三處，當審度緩急，分置大小屯。」

59 十二月，辛巳朔，以李曾伯爲資政殿學士、湖南安撫使兼廣西制置使，置司靜江府。

60 丁酉，詔：「三衙及江上諸軍應從職事，并要戰功及隊伍中人，不許以任子、雜流非泛補授。其離軍者，止許授不理務差遣。果有材略功績，從制閫保明，卻與理務。」

61 蒙古皇弟呼必賚入見蒙古主於行宮，相對泣下，竟不令有所白而止。因罷鉤考局，而呼必賚所署置諸司皆廢。

寶祐六年 蒙古憲宗八年。（戊午、一二五八）

1 春，正月，辛亥朔，以丁大全參知政事兼同（知）樞密院事，林存兼權參知政事。

2 癸亥，詔出封樁庫銀一萬兩付蜀閫。

3 詔：「趙景緯屢辭召擢，雅志嘉尚，特改京秩。」

4 癸酉，罷廣西經略司，以李曾伯爲廣南制置使兼知靜江府。

5 甲戌，詔：「樞密院編修官呂逢年，詣蜀閫趣辦關隘屯柵糧餉，相度黃平、思、播諸處險要緩急事宜，具工役以聞。」

6 二月，辛巳朔，以馬光祖爲端明殿學士、京湖制置使、知江陵府兼夔路策應使、湖南總領。

7 壬辰，雨土。

8 蒙古主命諸王額埒布格（舊作阿里不哥。）居守和林，阿勒達爾輔之，自將南侵，由西蜀以入。先遣張柔從皇弟呼必賚攻鄂，趣臨安，塔齊爾（舊作塔察兒。）攻荆山，又遣烏蘭哈達自交、廣會于鄂。僧子聰、張文謙言于皇弟曰：「王者之師，有征無戰。當一視同仁，不可嗜殺。」皇弟曰：「期與卿等共守此言。」于是分命諸將，毋妄殺，毋焚人室廬，所獲生口悉縱之。

9 蒙古耨埒舊作紐璘，今改。將前軍，欲會都元帥阿達哈舊作阿答胡，今改。于成都。四川制置蒲擇之遣安撫劉整等據遂寧江箭灘渡，以斷東路，耨埒軍至，不能渡。自旦至暮大戰，整等軍敗，耨埒遂長驅至成都。擇之命楊大淵等守劍門及靈泉山，自將兵趣成都。會阿達哈卒，耨埒率諸將大破大淵等于靈泉山，進圍雲頂山城，扼其歸路。擇之兵潰，城中食盡，亦殺主將以降，成都、彭、漢、懷安、綿等州，威、茂諸蕃悉降。蒙古主以耨埒爲都元帥。

10 蒙古遣諸王實喇爾（舊作旭烈兀。）伐西域。實喇爾以札木諾延、（舊作抄馬那延，今改。）郭侃總統諸軍，前後平西域克實密爾（舊作乞石迷，今改。）十餘國，轉鬭萬里，又西渡海，收富浪國，遣使獻捷。實喇爾遂留鎮西域。

11 安南國王陳日煚傳國于長子光昺，光昺遣其壻以方物入貢于蒙古。

12 蒙古洪福源連年伐高麗，積有勞績；會高麗質子譖福源於蒙古主，遂見殺。

13 三月，辛亥朔，祈雨。

14 乙卯，錄行在繫囚。

15 丙辰，馬光祖請以汪立言、呂文德、王鑑、王登等充制司參議官及辟制司準備差使等官，從之。

16 庚申，詔出封樁庫十八界楮幣二十萬賑三衙諸軍。

17 辛酉，錄中外繫囚。

18 戊辰，以馬光祖兼荊湖北路安撫使。

19 夏，四月，庚辰朔，詔以當春不雨，有妨東作，自四月一日，避殿，減膳。癸未，程元鳳等乞解機政，不許。甲申，大雨。丁酉，羣臣請御正殿，復常膳，表三上，從之。

20 詔：「田應己特差思州駐劄御前忠勝軍副都統制，往播州共築關隘備禦。」

21 辛丑，程元鳳罷，以觀文殿大學士判福州。

時丁大全謀奪相位，元鳳謹飭，乏風節，力請罷，尋提舉洞霄宮。

22 丁未，以丁大全爲右丞相兼樞密使，林存同知樞密院事兼權參知政事，朱熠端明殿學士、簽書樞密院事。

23 少保、寧遠軍節度使、衞國公趙葵，充醴泉觀使兼侍讀。

24 蒙古主由東勝河渡，次六盤山，軍四萬，號十萬，分三道而進：蒙古主由隴州趣散關，諸王穆格舊作莫〔木〕哥，今改。由洋州趣米倉道，萬戶額埒布格舊作孛里乂，今改。（校者按：額埒布格乃阿里不哥之改譯，與孛里乂之音相去甚遠，據元史憲宗紀此次與諸王穆格分道出兵者實孛里乂，非額埒布格，畢氏誤。）由潼關趣沔州。

劉敏與疾入見，蒙古主問以何言。對曰：「中原土曠民貧，勞師遠伐，恐非計也。」蒙古主弗納。

25 蒙古徵益都行省李璮兵，璮言益都南北要衝，兵不可徹，許之。璮遂攻海州、漣水軍，夏貴等戰卻之。

26五月，癸丑，夏貴進官二等，兼河南招撫使。毛興特轉右武大夫。

27丁巳，李曾伯言：「廣西多荒田，民懼增賦不耕，乞許耕者復三年租，後兩年減其租之半。守令勸墾闢，多者賞之。」詔可。

28丙寅，詔與芮判大宗正事。

29丁卯，嗣秀王師彌薨。

30甲戌，李曾伯請屯萬兵於欽州，爲交人聲援，從之。

31六月，辛巳，帝始聞安南被兵，謂輔臣曰：「安南求援之情頗切，所當嚴兵以待。」丁大全對曰：「以糧運未至，故調兵未行。」帝曰：「事不可緩。」時安南已爲蒙古所破。

32蒙古皇子阿蘇岱，舊作阿速帶，今改。因獵傷民稼，蒙古主責之，撻近侍數人；有拔民葱者，斬以徇。由是秋毫莫敢犯。

33秋，七月，庚戌，潼川帥臣朱禩孫，言長寧軍自辦錢糧，創造器具，修築淩霄城圓（完）備，詔：「易士英特帶行閤門宣贊舍人，朱文政、宇文同祖各進官一等，楊震卯等七人減磨勘，將士支犒有差。」尋詔禩孫進官一等。

34丙寅，帝問邊報，丁大全言三邊有備無慮，帝曰：「毋恃其不來，恃吾有以待之。」

35蒙古主留輜重于六盤山，率兵由寶雞攻重貴山，所至輒破。

36 八月，庚寅，帝曰：「成都係蜀安危，不可不亟圖之。」丁大全對曰：「朝廷既已示勸，何事不可爲！」時邊境危急，而大全習爲便給如此。

37 先是高斯得治吳自性之獄，高鑄爲首惡，黥配廣州，捐貲免行，至是爲丁大全監奴，嗾監察御史沈炎論斯得以閩漕交承錢物，臨安尹顧巖傳會其獄。詔斯得奪職鐫官，徵贓百餘萬。安吉守何夢然奉行其事，陵轢甚至。斯得不少挫，竟無所得。

38 都省言：「倭船入界，禁令素嚴；比歲慶元舶司但知博易抽解之利，聽其突來洩販銅錢，爲害甚大。」癸卯，詔：「沿海制司于濱海港汊嚴切禁戢。」

39 九月，庚戌，雷。

40 丁卯，詔出平糴倉米二萬九千九百石有奇，賑糶以收敝楮。

41 己巳，詔：「京城敝楮，不堪行用，于封樁庫支撥兩界好會，盡數收換。」

42 詔出榷務楮幣一百萬，賑三衙諸軍。

43 甲寅，蒙古主進次漢中，都元帥耨埒留密喇卜和卓、舊作密里火者，今改。劉嶷等守成都，自率衆渡馬湖，獲守將張實，遣之招諭苦竹隘。實入隘，遂與守將楊立堅守。

44 冬，十月，丙子朔，帝以蜀中將帥暴露日久，命與序遷。

45 壬午，蒙古主進次寶峰。癸未，入利州，觀其城池並淺惡，以汪德臣能守，賜卮酒獎諭之。遂渡嘉陵江，至白水，命德臣造浮梁以濟，進次劍門。

46 乙酉，都省言知隆慶府楊禮守安西堡，敵兵搏城，招誘投拜，禮憤激詬罵，率諸將兵射退之，詔：「楊禮進官二等，仍下諸郡以勵其餘。」

47 丁亥，詔：「以張實爲和州防禦使。」

48 戊子，蒙古主遣史樞攻苦竹隘，裨將趙仲竊獻東南門。師入，楊立巷戰死，獲張實，支解之。

49 庚寅，都省言廣南制置大使司鎮撫劉雄飛，提兵親入橫山，分遣將士迎戰，殺獲頭目軍器，詔：「雄飛進官三等，將士增秩，賞賚者（有）差。」

50 辛卯，都省言淮民避難渡江，轉徙可念，詔：「鎮江府、常州、江陰軍各出義倉米千石賑之。」

51 庚子，蒙古進圍長寧山，守將王佐、徐昕戰敗。

52 十一月，己酉，詔：「新築黃平，賜名鎮遠州。呂逢年進一秩。」

53 蒙古主進攻鵝項堡，知縣王仲降。城破，王佐死焉。翌日，蒙古主入城，殺佐之子及徐昕等四十餘人。諸王穆格、塔齊爾並略地還，引兵來會。

54 辛亥，以流民渡江，出浙西、江東路五州米三萬石，命各郡守臣賑之。

55 癸丑，遣（追）復余玠官職。

56 丙辰，給事中張鎮，言徐敏子曩帥廣右，嗜殺黷貨，流毒桂府，詔依舊羈隆興府。

57 壬戌，以賈似道爲樞密使、兩淮宣撫大使；朱熠同知樞密院事兼權參知政事，饒虎臣爲端明殿學士、簽書樞密院事。

58 丁卯，詔：「諸路憲司廉訪所部州縣，毋得虐民，仍禁止貪賴之害，違者坐之。」

59 召牟子才權工部侍郎。子才以丁大全與董宋臣表裏，濁亂朝政，力辭。

先是子才在太平州，撰李白祠記，又刻高力士脫韡圖，語多斥宋臣。或以告宋臣，宋臣泣愬於帝。乃與大全合謀，嗾御史交章誣劾子才在郡公宴及餽遺過客爲入己，降兩官，猶未已。帝疑之，密以槧問安吉守吳子明。子明奏曰：「臣嘗至子才家，四壁蕭然，人咸知其清貧。陛下毋信讒言。」帝語經筵官曰：「牟子才之事，吳子明乃謂無之，何也？」衆莫敢對。戴慶炣曰：「臣憶子才嘗繳駁子明之兄子聰。」帝曰：「然。」事遂解。

60 蒙古主進攻大獲山，遣王仲招守將楊大淵，大淵殺之。蒙古主督諸軍力攻，大淵懼，遂以城降，推官趙廣死之，大淵逃歸。蒙古主怒，欲屠其城，將官李呼喇齊舊作李忽蘭吉，今改。曰：「大淵去，事未可測，當亟追之。」乃單騎至城下，門未閉，大呼入城，曰：「皇帝使我撫汝軍民。」即下馬，執大淵手曰：「上方宣諭賞賜，不待而來，何也？」大淵曰：「恐城寨有他變，是以亟歸耳。」因與偕來，蒙古主大悅，以大淵爲都元帥。

61 蒙古將李璮破海州、漣水軍，通判侯畐鏖戰，死之，舉室遇害，餘將士殺傷殆盡。賈似道上章引咎，詔以功自贖。

62 太常寺博士王應麟入對，言：「淮戍方警，蜀道孔艱，海表上流，皆有藩籬脣齒之憂。軍功既集而吝賞，民力既困而重斂，非修攘計也。陛下勿以宴安自逸，勿以容悅之言自寬。」帝愀然曰：「邊事甚可憂。」應麟曰：「願汲汲預防，無爲壅蔽所欺。」丁大全惡言邊事，應麟旋罷。

63 龍州降于蒙古。

64 十二月，丙子朔，詔以明年爲開慶元年。

65 庚辰，以蒙古兵入蜀，詔：「荊湖制置使馬光祖移司峽州，向士璧移司紹慶府。」時士璧不俟朝命，進師歸州，捐家貲百萬以供軍費。光祖亦不待奏請，招兵萬人，捐銀萬兩以募壯士，迎戰于房州。詔：「光祖、士璧各進一秩。」

66 壬午，蒙古都元帥楊大淵，率所部兵與汪德臣分擊相如等縣。耨埒攻簡州，以降將張威爲先鋒。

67 乙酉，蒙古主次運山，楊大淵遣人招降其守將張大悅，仍以大悅爲都元帥，屯將施擇不屈死。師至青居山，裨將劉淵殺都統段元鑒以降。

68丁酉，蒙古破隆州，大良守將蒲元圭降。蒙古主命諸軍無俘掠。

69癸卯，蒙古攻雅州，拔之，石泉守將趙順降。

開慶元年 蒙古憲宗九年。（己未、一二五九）

1春，正月，乙巳朔，詔飭中外奉公法，圖實政。

2蒙古主駐重貴山北，置酒大會，因問諸王、駙馬、百官曰：「今在宋境，夏暑且至，汝等其謂可居否乎？」托驩（舊作脫歡。）曰：「南土瘴癘，上宜北還，所獲人民，委吏治之便。」巴勒齊（舊作八里赤。）曰：「托驩怯，臣願往居焉。」蒙古主善之。

3國子監主簿徐宗仁伏闕上書曰：「賞罰者，軍國之綱紀，賞罰不明，則綱紀不立。今天下如器之欹而未墜於地，存亡之機，間不容髮。兵虛將惰而力匱財殫，環視四境，類不足恃，而所恃以維持人心、奔走豪傑者，惟陛下賞罰之微權在耳。權在陛下而陛下不知所以用之，則未墜者安保其終不墜乎！陛下當危急之時，出金幣，賜土田，授節鉞，分爵秩，尺寸之功，在所必賞，故當悉心效力，圖報萬分可也。自出兵越江踰廣以來，凡閱數月，尙未聞有死戰陣、死封疆、死城郭者，豈賞罰不足以勸懲之耶？今通國之所謂佚罰者，乃丁大全、袁玠、沈翥、張鎮、吳衍、翁應弼、石正則、王立愛、高鑄之徒，而首惡則董宋臣也。是以廷紳抗疏，學校叩閽，至有欲借尙方劍爲陛下除惡，而陛下乃釋然不問，豈眞欲愛護此數人而重咈千萬人之心哉？今天下之勢急矣，朝廷之紀綱壞矣，誤國之罪不誅，則用兵之事〔士〕不勇。東南一隅，半壞於此數人之手，而罰不損其毫毛。彼方擁厚資，挾聲色，高卧華屋，而使陛下與二三大臣焦心勞思，可乎？三軍之在行者，豈不憤然不平曰：『稔禍者誰歟，而使我捐軀兵革之間？』百姓之罹難者，豈不羣然胥怨曰：『召亂者誰歟，而使我流血鋒鏑之下？』陛下亦嘗一念及此乎？」不報。

盱江廖應淮上疏言丁大全誤國狀。大全怒，中以法，配漢陽軍。應淮荷校行歌出都門，觀者壯之。

4 己酉，蒙古兵攻忠、雅，漸薄夔境，詔：「蒲釋〔擇〕之、馬光祖，戰守調遣，便宜行事。」

5 以雪寒，出封樁庫十八界楮幣二十萬賑三衙諸軍。丙寅，帝曰：「海道戍兵，雪寒可念，與在城寨者不同，可量與給犒一次。」

6 丁卯，賈似道以樞密使爲京西、湖南、北、四川宣撫大使；移馬光祖爲沿江制置使，史巖之副之。似道尋兼督江西、二廣人馬，通融應援上流。蒙古兵破利州、隆慶、順慶諸郡，閬、蓬、廣安守將相繼降。

7 蒙古主命降人晉國寶招諭合州，守臣王堅執之，殺於閱武場。蒙古主遂命大將琿塔哈舊作渾達〔都〕海，今改。以兵二萬守六盤，奇爾台布哈舊作乞台不花，今改。守青居山，命耨埒造浮梁於涪州之藺市，以杜援兵。二月，蒙古主自雞爪灘渡，直抵合州城下，俘男女萬餘。堅力戰以守，蒙古主會師圍之。

8 乙酉，詔：「疆埸未戢，調度尚繁，出內庫十七界楮幣三十萬助支賞。」

9 丙戌，以馬光祖爲資政殿學士、沿江制置大使、江東安撫使、知建康府。

10 己丑，詔蠲建康、太平、寧國、池州、廣德等處沙田租。

11 三月，丁巳，以呂文德爲四川制置副使。蒲擇之在蜀無功，故以文德代之，尋命兼湖北安撫使。

12 時蒙古軍中大疫，議班師。庚申，馬光祖奏蒙古兵自烏江還北。

13 辛酉，雨土。

14 夏，四月，甲戌朔，以段元鑑、楊禮歿於王事，立廟賜額，各官一子。

15 甲申，帝以王堅忠節，守城拒敵，萬折不回，可爲列城之倡，命優加旌賞。

16 乙酉，都省言知施州謝昌元，自備百萬緡，米麥千石，創築城壁于倚子口，合與推賞，詔進官一等。

17 辛卯，朝獻景靈宮。

18 詔：「諸路提點刑獄，以五月按理囚徒。」

19 是月，蒙古兵在合州城下。大雷雨凡二十日。

20 五月，甲辰朔，城金州、開州。

21 乙丑，詔鑄新錢，以「開慶通寶」爲文。

22 辛未，賜禮部進士周應炎以下四百四十二人及第、出身。

23 婺州大水，發義倉賑之。

24 蒙古皇弟呼必賚次濮州，召宋子貞於東平，問以方略，對曰：「本朝威武有餘，仁德未洽。南人所以拒命者，特畏死耳。若投降者不殺，脅從者勿治，則宋之郡縣可傳檄而定也。」

時郝經從至濮，有得宋奏議以獻，其言謹邊防，守衝要，凡七道，下諸將議。經曰：「古之一天下者，以德不以力，彼今未有敗亡之釁，我乃空國而出，諸侯窺伺於內，小民彫弊於外，經見其危，未見其利也。」皇弟以經儒生，愕然曰：「汝與張巴圖（舊作拔都。）議耶？」對曰：「經少館張柔家，嘗聞其議論，此則經臆說耳。」因爲七道議以進。

25 六月，呂文德乘風順，攻涪州浮梁，力戰，得入重慶，卽率艨艟千餘泝嘉陵江而上。蒙古史天澤分軍爲兩翼，順流縱擊，文德敗績，天澤追至重慶而還。

26 辛巳，以朱熠參知政事，饒虎臣同知樞密院事。

27合州受圍，自二月至於是月，王堅固守力戰，蒙古主屢督諸軍攻之，不克。前鋒將汪德臣，選兵夜登外城，堅率兵逆戰。遲明，德臣單騎大呼曰：「王堅，我來活汝一城軍民，宜早降。」語未旣，幾爲飛石所中，因得疾卒。會天大雨，攻城梯折，後軍不克進而止。

28蒙古皇弟呼必賚次相州，召隱士杜瑛問南征之策。瑛從容對曰：「漢、唐以還，人君所恃以爲國者，法與兵、食三事而已。國無法不立，人無食不生，亂無兵不守。今宋皆蔑之，殆將亡矣；興之在聖朝。若控襄樊之師，委戈下流以擣其背，大業可定矣。」皇弟悅曰：「儒者中有此人乎！」命從行，以疾辭。瑛，時昇之子也。

29秋，七月，癸亥，蒙古主殂於釣魚山，壽五十二，後追謚桓肅皇帝，廟號憲宗。史天澤與羣臣奉喪北還，於是合州圍解。【考異】元憲宗自因頓兵日久，得疾而殂。重慶志謂其中飛石，蓋因汪德臣而誤也，今不取。

憲宗沈斷寡言，不樂宴飲，不好侈靡，雖后妃亦不許之過制。初，定宗朝，羣臣擅權，政出多門，帝卽位，凡有詔旨，必親起草，更易數四，然後行之。御羣臣甚嚴，嘗曰：「爾輩每得朕獎諭之言，卽志氣驕逸。志氣驕逸，而災禍有不隨至者乎？爾輩其戒之！」性喜畋獵，自謂遵祖宗之法，不蹈襲他國所爲。然酷信巫覡、卜筮之術，凡行事必謹叩之，殆無虛日。

30參知政事、致仕蔡抗薨，謚文肅。

31 八月，蒙古皇弟呼必賚，遣楊惟中、郝經宣撫京湖、江淮，將歸德軍先至江上。經言于皇弟曰：「經聞圖天下之事于未然則易，救天下之事於已然則難，已然之中復有未然者，使往者不失而來者得遂，是尤難也。國家奮起朔漠，滅金源，幷西（西）夏，蹂荆襄，克成都，平大理，躪躒諸夷，奄征四海，垂五十年，遺黎殘姓，游氣驚魂，虔劉劘盪，殆欲殲盡，自古用兵，未有若是之久且多也。且括兵率賦，朝下令，夕出師，闔境大舉，伐宋而圖混一，以志則銳，以力則強，而術則未盡也。苟於諸國既平之後，創法立制，敷布條綱，任將相，選賢能，平賦足用，屯農足食，內治既舉，外禦亦備。今西師之出，久未卽功，兵連禍結，底安於危。王宜遣人稟命行在，遣使諭宋，令降名進幣，割地納質，偃兵息民，以全吾力而圖後舉。稟命不從，然後傳檄，示以大信，使知殿下仁而不殺之意。一軍出襄、鄧，一軍出壽春，一軍出維揚，三道並進，東西連橫，殿下處一軍爲之節制，使我兵力常有餘裕，如是，則未來之變或可弭，已然之失或可救也。」

丙戌，會兵渡淮，皇弟由大勝關，張柔由虎頭關，分道並進，南軍皆遁。壬辰，次黃陂，得沿江制置司榜，有云：「今夏，諜者聞北兵會議取黃陂民船繫栰，由陽邏堡以渡，會于鄂州。」皇弟曰：「此事前所未有，願如其言。」時沿江制置副使袁玠征漁利，虐甚，蒙古兵至黃陂，漁人獻舟爲鄉導。

九月，壬寅朔，親王穆格自合州遣使，以憲宗凶問告皇弟，請北還以繫人望，皇弟曰：「吾奉命南來，豈可無功遽還！」甲辰，登香爐山，俯瞰大江，南軍以大舟扼江，軍容甚盛。董文炳言于皇帝〔弟〕曰：「長江天險，宋所恃以爲國，勢必死守，不奪其氣不可，臣請嘗之。」乙巳，文炳率死士數百人當其前，令其弟文用、文忠載艨艟鼓櫂疾趨，叫呼畢奮，鋒既交，文炳麾衆趨岸搏戰，南軍大敗。明日，率諸軍渡江，軍士有擅入民家者，以軍法從事，凡所俘獲悉縱之，進圍鄂州，中外大震。

[32]己未，嗣濮王善騰薨。

[33]庚申，下詔責己，勉諭諸閫進兵。

[34]以右諫議大夫戴慶炣簽書樞密院事。

[35]丁卯，以邊事孔棘，命羣臣奏告天地、宗廟、社稷、宮觀、岳瀆、諸陵。

[36]蒙古兵至臨江，知軍事陳元桂，力疾登城督戰，力不能敵。有欲抱而走者，元桂曰：「死不可去此！」左右俱遁。兵至，元桂瞠目叱罵，遂死之，懸其首于敵樓。事聞，贈寶章閣待制，官其二子，謚正節。蒙古兵入瑞州，知州陳昌世，治郡有善政，百姓擁之以逃。

[37]詔諸路出師以禦蒙古。出內庫銀幣犒師，前後出緡錢七千七百萬，銀、帛各一百六萬兩、匹。

38 蒙古侵軼日甚，右丞相丁大全匿不以聞。冬，十月，丁〔辛〕未朔，罷，判鎭江府。

39 壬申，以吳潛爲左丞相兼樞密使；賈似道爲右丞相兼樞密使，職任依舊，屯漢陽以援鄂。

潛入相，首言：「鄂渚被兵，湖南擾動，推原禍根，由近年姦臣險士，設爲虛議，迷國誤君，附和逢迎，仁賢空虛，名節喪敗，忠嘉絕響，諛佞成風。天怒而陛下不知，人怨而陛下不察，稔致兵戈之禍，積爲宗社之憂。章鑑、高鑄，嘗與丁大全同官，傾心附麗，躐躋要途。蕭泰來等，羣小嘈沓，國事日非，浸淫至于今日。沈炎實趙與𥲅之腹心爪牙，而任臺臣，甘爲之搏擊，姦黨盤踞，血脈貫穿，以欺陛下。致危亂者，皆此等小人爲之。宜令大全致仕，炎等與祠，鑄等羈管州軍。」不報。

40 九江制置副使袁玠，丁大全之黨也，貪且刻，壬午，竄玠于南雄府，尋移萬安軍。

41 中書舍人洪芹言：「丁大全鬼蜮之資，穿窬之行，引用凶惡，陷害忠良，遏塞言路，濁亂朝綱，請追官遠竄以伸國法。」御史朱貔孫等，相繼論：「大全姦回險狡，很害貪殘，假陛下之刑威以箝天下之口，掀陛下之爵祿以籠天下之財。」饒虎臣又論其絕言路、壞人才、竭民力、誤邊防四罪。癸未，詔：「大全落職，致仕。」

42 先是丁大全使其私人爲浙西提舉常平，盡奪亭民鹽本錢，充獻羨之數，不足則估籍虛攤，一路騷動。大全既斥，以孫子秀代之。子秀還前政鹽本錢五千餘萬貫，奏省華亭茶鹽分司，定衡量之非法多取者，於是流徙復業。

43 乙酉，雷。

44 時邊報日急，臨安團結義勇，招募新兵，增築平江、紹興、慶元城堡，朝野震恐。內侍董宋臣，請帝遷都四明以避鋒鏑，軍器大監何子舉言于吳潛曰：「若上行幸，則京師百萬生靈，何所依賴？」御史朱貔孫亦言：「鑾輿一動，則三邊之將士瓦解，四方之盜賊蜂起，必不可。」會皇后亦請留蹕以安民心，帝遂止。海寧節度使判官文天祥，上言請斬宋臣，不報。

45 十一月，乙卯，以趙葵爲江東、西宣撫使，許便宜行事。

46 蒙古圍鄂州。都統張勝權州事，以城危在旦夕，登城諭之曰：「城已爲汝家有，但子女玉帛皆在將臺，可從彼取。」蒙古信之，遂焚城外居民，將退，會高達等引兵至，賈似道亦屯漢陽爲援，蒙古乃復進攻。遣徹辰巴圖爾舊作苦徹拔都兒，今改。領兵同降人諭鄂州使降，抵城下，勝殺降者，以軍出襲徹辰巴圖爾。蒙古兵勢盛，勝戰死，達嬰城固守。先是達恃其武勇，殊易似道，每見督戰，即戲之曰：「巍巾者何能爲哉！」將戰，必須似道親勞始出，否則使軍士譁于其門。呂文德諂事似道，使人訶曰：「宣撫在此，何敢爾耶！」曹世雄，向士璧皆從在軍，士未嘗關白，似道由是銜三人而親文德。

時諸路重兵咸聚于鄂，吳潛用御史饒應子言，移似道于黃州。黃雖下流，實當兵衝，孫虎臣以精騎七百送之。至蘋草坪，候騎言前有北兵，似道大懼，謂左右曰：「柰何？」虎臣匿，似道出戰，似道歎曰：「死矣！惜不光明俊偉爾！」及北兵至，乃老弱部所掠金帛子女而還者，江西降將儲再興騎牛先之。虎臣出，擒再興，似道遂入黃州。

47 蒙古烏蘭哈達，率騎三千，蠻、蜒萬人，破橫山，徇內地，守將陳兵六萬以俟。烏蘭哈達使阿珠潛自間道衝其中堅，大敗之，乘勝蹴賓、象二州，入靜江府，連破長〔辰〕、沅，直抵潭州。南軍斷其歸路，烏蘭哈達出南軍後，命阿珠夾擊，南軍敗走，遂壁潭州城下。

48 閏月，癸酉，雪。出封樁庫楮幣二十萬，賑都民，三衙諸軍亦如之。

49 丁丑，以向士璧爲湖南制置副使、知潭州。甲申，以呂文德爲京西湖北安撫使、知鄂州。

50 蒙古阿勒達爾、舊作阿藍答兒，今改。琿塔哈、舊作渾都海，今改。托果斯、舊作脫火思，今改。托里齊舊作脫里察〔赤〕，今改。等謀立額埒布格，阿勒達爾使托里齊括兵于漠南諸州，而又乘傳行漠北諸郡調兵，去開平僅百餘里。皇弟呼必賚妃鴻吉里氏舊作弘吉剌，今改。使人謂之曰：「發兵大事，太祖皇帝曾孫珍戩舊作眞金，今改。在此，何故不令知之？」阿勒達爾不能答。又聞托里齊亦至燕，妃卽遣使馳至皇弟呼必賚軍前密報，令速還。

皇弟召羣臣議。郝經曰：「易言『知進退存亡而不失其正者，其惟聖人乎！』國家自平金以來，惟務進取，老師費財，三十年矣。今國內空虛，塔齊、（舊作塔察。）實喇（舊作旭烈。）諸王，觀望所立，莫不覬覦神器，一有狡焉，或啓戎心，先人舉事，腹背受敵，大事去矣。且額哷布格已令托里齊行尙書事，據燕都，按圖籍，號令諸道，行皇帝事矣。雖大王素有人望，且握重兵，獨不見金世宗、海陵之事乎？若彼果稱遺詔，便正位號，下詔中原，行赦江上，欲歸得乎？願大王以社稷爲念，與宋議和，令割淮南、漢上、梓、夔兩路，定疆界歲幣，置輜重，率輕騎而歸，直造燕都，則彼之姦謀，冰釋瓦解；遣一軍迎大行靈轝，收皇帝璽，遣使召實喇、額哷、穆格諸王會喪和林，差官於諸路撫慰安輯，命王子珍戩鎭守燕都，示以形勢，則大寶有歸，而社稷安矣。」皇弟然之。

乃發牛頭山，聲言直趨臨安，賈似道大懼。會合州王堅，遣阮思聰掉急流以蒙古主訃聞，似道意稍解，遣宋京請和，願得行人會議。趙璧請行，皇弟遣之。璧登城，宋京曰：「北兵若旋師，願割江爲界，且歲奉銀、絹各二十萬。」璧曰：「大軍至濮州，誠有是請，猶或見從。今已渡江，是言何益！賈制置今焉在耶？」璧行時，呼必賚戒之曰：「汝登城，必視吾旗，旗動，速歸可也。」至是，適見其軍中旗動，乃曰：「俟他日復議之。」遂歸。【考異】宋史賈似道傳載似道遣使請稱臣，劃江，奉歲幣；本紀但云歲幣請和而已。在宋紀或諱言稱臣，元史斷無代諱之理。據元史本紀及趙璧傳，俱不言似道有稱臣之請，當得其實。以似道之姦，始則擅許歲幣，繼則背約挑禍，其罪狀甚著，不在稱臣與否也。今從元史。

皇弟拔砦北去，留張傑、閻旺以偏師候湖南烏蘭哈達之師。

十二月，己亥朔，賈似道言鄂州圍解。

51 辛亥，詔改明年爲景定元年。

52 蒙古烏蘭哈達攻潭州甚急，帥臣向士璧極力守禦，既置飛江軍，又募斗弩社，朝夕登城撫勞。聞蒙古後軍且至，遣王輔佑帥五百衆覘之，遇於南岳市，大戰，卻之。皇弟呼必賚遣特默齊舊作邁鐵赤，今改。將兵迎烏蘭哈達，遂解圍，引兵趣湖南。

53 蒙古皇弟呼必賚軍還，至燕，托里齊方括民兵，民甚苦之，皇弟詰其由，託以先帝臨終之命。皇弟知其將爲亂，所集兵皆縱之，人心大悅。

續資治通鑑卷第一百七十六

賜進士及第兵部尚書兼都察院右都御史總督湖北湖南等處地方軍務兼理糧餉世襲二等輕車都尉畢沅編集

宋紀一百七十六 起上章涒灘（庚申）正月，盡玄黓掩茂（庚戌）六月，凡二年有奇。

理宗建道備德大功復興烈文仁武聖明安孝皇帝

景定元年 蒙古中統元年。（庚申、一二六〇）

1 春，正月，丙子，詔獎賈似道功。

2 乙未，城潼川仙侶山。

3 蒙古皇弟呼必賚（舊作忽必烈。）之北還也，道遣張文謙與商挺計事，挺曰：「軍中當嚴符信，以防姦詐。」文謙急追及言之，皇弟大悟，罵曰：「無一人爲我言此，非商孟卿，幾敗大事！」速遣使至軍中立約。至是額埒布格（舊作阿里不哥。）之使至軍中，執而斬之。孟卿，挺之字也。

4 蒙古張傑、閻旺，作浮橋於新生洲，烏蘭哈達（舊作兀良合台。）兵至，傑等濟師北還。賈似道用劉整計，命夏貴以舟師攻斷浮橋，進至白鹿磯，殺殿兵七百十人。【考異】宋史本紀：景定元年二月辛酉，大元遣偏師自大理由廣南抵衡州，向士璧會合劉雄飛逆戰于道，俘民獲還者甚衆。詔雄飛升保康軍承宣使，餘轉官，賜銀錢。此即前年烏蘭哈達之師，宋史因劉雄飛擢官而追敍其功耳。薛鑑既書烏蘭哈達於前，而于此復述宋史，則一事兩見矣，今刪正。

5 二月，己酉，樊高達守鄂功，遷湖北安撫副使，知江陵府。乙卯，以黃州武定諸軍都統制張世傑赴援有功，轉十官。世傑，范陽人也。

6 丙寅，蒙古兵過分寧、武寧二縣，河湖砦都監張興宗死之。

7 三月，戊辰朔，日有食之。

8 時丁大全之黨多斥，董宋臣尙居中，言路無肯言者，諸學官言之，未行。校書郎馬廷鸞，因日食，與祕書省同守局，相與草疏。吳潛以書告廷鸞曰：「諸公言事紛紛，皆疑潛所嗾，聞館中又將論列，校書宜無與以重吾過。」廷鸞曰：「公論也，不敢避私嫌。」越數日，出宋臣於安吉州。

9 賈似道匿議和、納幣之事，以所殺獲俘卒、殿兵上，表言：「諸路大捷，鄂圍始解，江漢肅清。宗社危而復安，實萬世無疆之休！」帝以似道有再造功，下詔褒美，賞賚甚厚，以少傅、右丞相召入朝。

10 張世傑遇蒙古兵于蘋草坪，奪還所俘。乙酉，加環衞官。

11詔贈張勝官五轉，官其子。【考異】張勝戰死于上年之冬，是春乃贈廕耳。薛鑑前後兩見，誤也。

12丙戌，賈似道上言：「自鄂趣黃，與北朝回軍相遇，諸將用命捍禦。」詔：「孫虎臣、范文虎、張世傑以下各賜金帛。」

13蒙古皇弟呼必賚（舊作忽必烈，今改。）還，至開平，廉希憲聞額埒布格（舊作阿里不哥，今改。）命劉太平及大將果拉噶（舊作霍魯海，今改。）行尚書省事於關右，恐結諸將以動秦、蜀，請遣趙良弼往覘之，良弼得實，還報。

諸王哈坦、（舊作合丹，今改。）穆格、（舊作木哥，今改。）塔齊爾，（舊作塔察兒，今改。）與諸大臣俱會於開平，寔喇（舊作旭烈兀。）亦自西域遣使至，並勸進，惟額埒布格不至。皇弟三讓，諸王大臣固請。希憲、良弼及商挺等力言：「先發制人，後發人制，逆順安危，間不容髮，宜早定大計。」辛卯，皇弟即位，是爲色辰（舊作薛禪。）皇帝。

14蒙古主問僧子聰以治天下之大經，養民之良法，子聰采祖宗舊典，參以古制之宜于今者，條列以聞。復召史天澤入對，天澤言：「朝廷當先立省部以正紀綱，設監司以督諸路，霈恩澤以安反側，退貪殘以任賢能，頒俸祿以養廉，禁賄賂以防姦，庶能上下丕應，內外休息。」蒙古主嘉納。

15蒙古陝西宣撫使廉希憲言：「高麗國王暾，嘗遣其世子倎入覲，會憲宗將兵攻宋，倎留三年不遺。今聞曒已死，若立倎遣歸國，彼必以爲德，是不煩兵而得一國也。」蒙古主是其言，改館倎，遣兵衞送之，仍敕其境內。

16蒙古千戶郭侃，疏言建國號、築都城、立省臺、興學校等事及平宋之策，其略曰：「宋據東南，以吳越爲家，其要地則荆襄而已。今日之計，當先取襄陽。既克襄陽，彼揚、廬諸城，彈丸地耳，置之弗顧而直趨臨安，疾雷不及掩耳，江淮、巴蜀，不攻自平。」蒙古主頗采其言。

17夏，四月，戊戌朔，蒙古立中書省，以王文統爲平章政事，張文謙爲左丞。文統本李璮幕屬，有薦其才智者，遂得親幸，更張庶務，悉委裁處。

以巴崇、（舊作八春。）廉希憲、商挺爲陝西、四川等路宣撫使，趙良弼參議司事，鈕祜祿納哈、（舊作粘合南合，今改。）張啓元爲西京等處宣撫使。

18丁未，蒙古以翰林侍讀學士郝經爲國信使，使于宋。

王文統素忌經有重名，既請遣經，復陰屬李璮潛師侵宋，欲假手害經。或謂經曰：「文統叵測，盍以疾辭。」經曰：「自南北搆難，江漢遺黎，弱者被俘略，壯者死原野，兵連禍結久矣。聖上一視同仁，務通兩國之好，雖以微軀蹈不測之淵，苟能弭兵靖亂，活百萬生靈于鋒鏑之下，吾學爲有用矣。」遂行。

19 己酉，揚州大火。

20 左丞相吳潛罷。

初，賈似道在漢陽，以潛移之黃州爲欲殺己，銜之。至是帝欲立忠王禥爲太子，潛密奏云：「臣無彌遠之才，忠王無陛下之福。」帝積怒潛，似道因陳建儲之策，令侍御史沈炎劾潛，且云：「忠王之立，人心所屬，潛獨不然。章汝鈞對館職策，乞爲濟王立後；潛樂聞其論，授汝鈞正字，姦謀叵測。請速召賈似道正位鼎軸。」帝從之，遂罷潛，奉祠。

先是蒙古兵日迫，帝問潛：「策安出？」潛對曰：「當還幸。」又問：「卿何如？」潛曰：「臣當守此。」帝泣下曰：「卿欲爲張邦昌乎？」潛不敢復言。未幾，北兵暫退，帝語羣臣曰：「若從吳潛遷幸之議，幾誤朕！」及潛罷，帝猶怒不已，而似道又陰圖之。帝夜出象簡書疏稿授劉應龍使劾潛，應龍謂：「潛本有賢譽，獨論事失當，臨變寡斷。祖宗以來，大臣有罪，未嘗輕肆誅戮，請姑從寬典以全體貌。」帝大怒。

21 癸丑，進賈似道少師，封衞國公。以朱熠知樞密院事，饒虎臣參知政事，戴慶炣同知樞密院事，刑部尚書皮龍榮簽書樞密院事。

帝手詔曰：「賈似道爲吾股肱之臣，任此旬宣之寄，隱然殄敵，奮不顧身，吾民賴之而更生，王室有同於再造。」及似道至，詔百官郊迎，如文彥博故事，獎眷禮甚至。諸將士悉進官，呂文德檢校少傅，高達寧江軍承宣使，劉整知瀘州兼潼川安撫副使，夏貴知淮安州兼京東招撫使，孫虎臣和州防禦使，范文虎黃州武定諸軍都統制，向士壁、曹世雄各加轉有差。

初，似道惡高達嘗侮己，言於帝，欲殺之，帝知其有功，不從。故論功以文德爲第一，而達居其次。

22帝在位久，內侍董宋臣、盧允升爲之聚斂以媚之，引薦奔競之士，交通賄賂，置諸通顯，又用外戚子弟爲監司、郡守。宋臣雖外出，其黨猶盛。似道既相，悉逐宋臣等所薦林光世等，勒外戚（不得）爲監司、郡守，子弟門客斂迹，不敢干朝政。由是權傾中外，先朝舊法，率意紛更矣。

23禮部侍郎牟子才上言：「開慶之時，天下岌岌矣，今幸復安。不知天將去疾遂無復憂耶，抑順適吾意而基異時不可知之禍也？柰何懷宴安之鴆毒，而不明閒暇之政刑乎？」因具道田里疾苦之狀，帝顰蹙久之。

24權樞密編修官馬廷鸞輪對，言：「國於東南者，楚、越霸而有餘，東晉王而不足。請遏惡揚善以順天，舉直錯枉以服民。」

25蒙古自太祖以來，諸事草創，設官甚簡，以斷事官爲至重之任，位三公上，丞相謂之大必闍赤，掌兵柄則左右萬戶而已。後稍倣金制，置行省及元帥、宣撫等官。蒙古主既立，遂命僧子聰及許衡定內外官制，總政務者曰中書省，秉兵柄者曰樞密院，司黜陟者曰御史臺。其次，內則有監、寺、院、司、衞、府，外則有行省、行臺、宣慰、廉訪，牧民則有路、府、州、縣，官有常職，位有常員，食有常祿，其長則蒙古人爲之，而漢人、南人貳焉。於是故老、舊臣、山林遺佚之士，咸見錄用，一代之制始備。

26 蒙古額哷布格聞蒙古主既立，分遣心腹，易置將佐，散金帛，賚士卒，又命劉太平、果拉噶拘收關中錢穀。時琿塔哈（舊作渾都海。）自先朝將兵屯六盤，太平等陰相結納。琿塔哈復分遣人約成都之密喇卜和卓、舊作密里火者，今改。青居之奇爾台布哈舊作乞台不花，今改。同舉事。是月，額哷布格遂自稱帝於和林，阿勒達爾（舊作阿蘭答兒。）及六盤守將琿塔哈舉兵應之。

27 五月，戊辰，朔，參知政事饒虎臣罷。

28 蒙古主命雅克特穆爾、舊作燕帖木兒，今改。蒙古岱舊作忙古帶，今改。節度黃河以西諸軍。

29 蒙古劉太平、果拉噶聞廉希憲將至，乘傳急入京兆，謀爲變，秦人前被阿勒達爾、太平等威虐，聞其來，皆破膽。越二日，希憲亦至，宣示詔旨，遣人馳往六盤宣諭安撫。未幾，城門候引一急使至，云來自六盤，希憲詢之，盡得太平、果拉噶與琿塔哈等要結狀。希憲集僚佐謂曰：「主上命我輩，正爲今日。」遂分遣人掩捕太平、果拉噶等，復遣劉嶷誅密喇卜和卓於成都，汪惟正誅奇爾台布哈於青居。又命總帥汪良臣率秦、鞏諸軍進討琿塔哈，良臣以未得旨爲辭，希憲卽解所佩虎符、銀印授之曰：「此皆身承密旨，君但辦吾事，制符已飛奏矣。」良臣遂行。又摘蜀卒四千，命巴崇（舊作八春，今改。）帥之，爲良臣聲援。會有詔赦至，希憲命殺太平等於獄，尸於通衢，方出迎詔。

30 庚辰，同知樞密院事戴慶炣卒。

31 癸未，以右諫議大夫沈炎簽書樞密院事。

32 蒙古以王鶚爲翰林學士承旨，制誥典章，皆所裁定，又薦李治〔冶〕、圖克坦（舊作徒單。）公履、高鳴等爲學士，皆從之。

33 丙戌，蒙古主建元中統。蒙古有年號自此始。

34 乙未，熒惑入南斗。

35 蒙古立十路宣撫司：以賽音諤德齊、（舊作賽典赤，今改。）李德輝爲燕京路宣撫使，徐世隆副之；宋子貞爲益都、濟南等路宣撫使，王磐副之；河南路經略使史天澤爲河南宣撫使；楊果爲北京等路宣撫使，趙昞副之；張德輝爲平陽、太原路宣撫使，謝瑄副之；鄂囉哈雅、（舊作孛魯海牙，今改。）劉肅並爲眞定路宣撫使；姚樞爲東平路宣撫使，張肅副之；中書左丞張文謙爲大名、彰德等路宣撫使，游顯副之；鈕祜祿納哈爲西京路宣撫使，崔巨濟副之；廉希憲爲京兆等路宣撫使。

36 張文謙在中書省，以安國便民爲務。王文統見信於蒙古主，素忌文謙，議論不相下，故文謙求外出。將之大名，語文統曰：「民困日久，況當大旱，不量減稅賦，何以慰來蘇之望？」文統曰：「上新卽位，國家經費正仰稅賦，苟復減損，何以供給？」文謙曰：「百姓足，君孰與不足！俟時和年豐，取之未晚也。」於是蠲常賦十之四，商酒稅十之一。

37 六月，庚子，竄丁大全於南康軍。

38 壬寅，立忠王禥爲皇太子。帝家敎甚嚴，太子雞初鳴，問安；再鳴，回宮；三鳴，往會議所參決庶事；退，入講堂講經史；將晡，復至榻前起居。問今日講何經，答之，是則賜坐賜茶，否則爲之反復剖析，又不通，則繼以怒，明日須復講，率以爲常。

39 商挺言於蒙古主曰：「南師宜還扈乘輿，西師宜軍便地。」蒙古主從之，撤江上軍，以史天澤爲江淮經略使，李璮爲江淮大都督。璮侵淮安，主管制置使事李庭芝擊敗之。

40 壬子，蒙古以陝西、四川宣撫司巴祟節制諸軍。

41 是月，蒙古召眞定劉郁、邢州郝子明、彰德胡子遹、燕京馮渭、王光益、楊恕、李彥通、趙和之、東平韓文獻、張昉等乘傳赴開平。

42 秋，七月，壬申，貴妃閻氏薨，賜謚惠昭。

43 癸酉，蒙古以燕京路宣慰使瑪穆舊作禡禡，今改。行中書省事，燕京路宣慰使趙璧平章政事，張啓元參知政事，王鶚翰林學士承旨兼修國史。

44 戊子，蒙古使者郝經來告卽位，且徵前日請和之議。

先是賈似道還朝，使其客廖瑩中輩撰福華編，稱救鄂功，通國皆不知所謂和也。經至宿州，遣其副使何源、劉人傑請入國日期，不報。經數遺書於三省、樞密院及兩淮制置使李庭芝，似道恐經至謀泄，遂以李璮爲辭，命庭芝寓書於經，誣以款兵，拘經於眞州忠勇軍營。經答書言：「弭兵息民，通好兩國，實出聖衷，衆所聞知。今啓釁自李璮，一旦律以違詔，將無所逃罪，此何預使人事也？」帝聞有北使，謂宰執曰：「北朝使來，事體當議。」似道言：「和出彼謀，豈容一切輕徇！倘以交隣國之道來，當令入見。」經遂被留。

45 庚寅，以賈似道兼太子太師，朱熠、皮龍榮、沈炎並兼賓客。

46 以冷應澂知德慶府。

前守政不立，縱豪吏漁獵，峒獠遂爲變，逼城六十里而營。應澂未入境，馳檄諭之曰：「汝等不獲已至此，新太守且上，轉禍爲福一機也。脅從影附，亦宜早計去就，否則不免矣。」獠欲自歸，不果，衆稍引去。應澂知其勢解，卽厲士馬，出不意一鼓擒之。乃請諸監司，歸郡之避難留幕府者，誅豪吏之激禍者。

應澂嘗曰：「治官事當如家事，惜官物當如己物。方今國計內虛，邊聲外警，吾等受上厚恩，安得清談自高以誤世！陶士行、卞望之，吾師也。」

47 是月，蒙古主自將討額埒布格。

48 八月，丁未，蒙古命都元帥耨埒（舊作紐璘。）所過毋擅捶掠官吏。

49 己酉，蒙古主立秦蜀行中書省，以京兆等路宣撫使廉希憲爲中書右丞，行省事。

50 癸丑，蒙古李璮乞遣將益兵，渡淮攻宋，蒙古主以方遣使修好，不從。九月，乙亥，李璮復請攻宋，蒙古主諭止之。

51 壬午，蒙古初置拱衞儀仗。

52 蒙古琿塔哈知京兆有備，西渡河，趨甘州。會阿勒達爾自和林帥兵至，遂合軍而南。諸王哈坦率騎兵與巴祟、汪良臣兵合，分三道以拒之。既陣，大風吹沙，良臣令軍士下馬，以短兵突其左，繞出陣後，潰其右而出。巴祟直擣其前，哈坦勒精騎邀其歸路，大戰于甘州東，殺琿塔哈、阿勒達爾。關隴悉平。

廉希憲乃遣使自劾停赦行刑，徵調諸軍，擅以良臣爲帥，請罪，蒙古主曰：「委卿方面之寄，正欲從宜；若拘常制，豈不坐失事機！」詔賜希憲金虎符，進平章政事，行省秦蜀如故。以商挺參知政事。

53蒙古中書省檄諸路養禁衞之羸馬，數以萬計，芻秣與其什器，前期戒備。燕京路宣撫副使徐世隆曰：「國馬牧於北方，往年無飼於南者。上新臨天下，京師根本地，煩擾之事，必不爲之，馬將不來。」吏曰：「此軍需也，其責匆輕。」世隆曰：「責當我坐。」遂勿爲備，馬果不至。

54冬，十月，甲辰，詔：「黨丁大全、吳潛者，臺諫嚴覺察，舉劾以聞，當置於罪，以爲同惡相濟者戒。」時賈似道專政，臺諫何夢然、孫附鳳、桂錫孫承順風旨，凡爲似道所惡者，無賢否皆斥。

55癸丑，蒙古初行中統寶鈔。

先是王文統創造交鈔，以絲爲本，每銀五十兩易絲鈔一千兩，諸物之直，並從絲例。至是又造中統元寶，每一貫同交鈔一兩，二貫同白銀一兩，詔行之，立互市於潁州、漣水、光化軍。凡寶鈔，不限年月，諸路通行，賦稅並聽收受，仍申嚴私鹽、酒醋、麴貨等禁。文統又以文綾爲中統銀貨，每兩同白銀一兩，未及行而罷。

56蒙古河北宣撫使張文謙奏杜瑛爲提舉學校官，瑛辭，遺書執政，略曰：「先王之道不明，異端邪說害之也。橫流奔放，天理不絕如綫。今天子聖神，俊乂輻湊，言納計用，先王之禮樂教化，興明修復，維其時矣。若夫簿書期會，文法末節，漢、唐猶不屑也。執事者因陋就簡，此焉是務，良可惜哉！夫善始者未必善終，今不能遡流求源，明法正俗，育材興化，以拯數百年之禍，僕恐後日之弊，將有不可勝言者矣。」時王文統用事，識者憂之。

57 壬戌，竄吳潛于潮州。

58 十一月，戊子，蒙古發常平倉賑益都、濟南、濱、棣飢民。

59 十二月，辛丑，詔改建陽爲嘉禾縣。

60 蒙古主至自和林，次燕京近郊，始置饗太廟祭器、法服。

61 蒙古主召李昶，訪以國事，昶知無不言。時徵需煩重，行中書省科徵賦稅，雖逋戶不貸，昶移書時相，其略曰：「百姓困於弊政久矣，聖主龍飛，首頒明詔，天下之人，如獲更生，拭目傾耳以俟太平，半年之間，人漸失望，良以渴仰之心太切，興除之政未孚故也。側聞欲據丁巳戶籍，科徵租稅，比之見戶，或加多十七八。止驗見戶應輸，猶恐不逮，復令包補逃故，必致艱難。苟不以撫字安集爲心，惟事供億，則諸人皆能之，豈聖主擢賢更化之意哉！」於是省府爲蠲逋戶之賦。

62 蒙古以僧帕克斯巴舊作八思巴，今改。爲國師。帕克斯巴，吐蕃薩斯嘉舊作薩斯迦，今改。人也，敏悟過人，國中號爲聖童，年十五，自其國來，見蒙古主於藩邸，與語，大悅，日見親禮。至是尊爲國師，授以玉印，統釋教，時年二十二。

63高麗自蒙古憲宗之世，兵日見加，國大困。及王倎還，感見立之恩，遂請附貢，且乞出水就陸。蒙古主許之。

景定二年蒙古中統二年。（辛酉、一二六一）

1春，正月，癸亥朔，詔：「監司率半歲具劾去贓吏之數來上，視多寡行賞罰。守臣助監司所不及，一以歲定賞罰。本路州無所劾而臺諫論列，則監司、守臣皆罰。有治狀廉聲者，具實以聞。」

2辛未夜，東北赤氣照人，大如席。

3蒙古內亂既平，李昶上表賀，因進諷諫曰：「患難所以存儆戒，禍亂將以開聖明。伏惟日新其德，雖休勿休，戰勝不矜，功成不有，和輯宗親，撫綏將士，增修庶政，選用百官，儉以足用，寬以養民，安不忘危，治不忘亂，恆以北征宵旰之勤，爲南面逸豫之戒。」蒙古主稱善久之。蒙古主嘗宴處，望見昶，輒斂容曰：「李秀才至矣！」其見敬禮如此。

4丁丑，命皇太子謁拜孔子於太學。太子還，奏曰：「朱熹、張栻、呂祖謙，志同道合，切偲講磨，擇精語詳，開牖後學，聖道大明。今熹已秩從祀，而栻、祖謙尚未奉明詔，臣竊望焉。」帝從之。旋封栻華陽伯，祖謙開封伯，並從祀。

5 庚寅，蒙古李璮擅發兵修益都城。

6 二月，癸卯，詔諸路監司申嚴僞會賞罰之令。

7 丙午，蒙古主如開平。詔：「減免民間差發；秦蜀行省借民錢給軍，以今年稅賦償之。」

8 三月，壬戌朔，日有食之。

9 戊寅，賈似道等上玉牒、日曆、會要及孝宗、光宗、寧宗實錄，進秩有差。

10 戊子，知樞密院事朱熠罷知建寧府。

11 是歲，蒙古張文謙入朝，復留居政府。始立左右部，講行庶務，鉅細畢舉，文謙之力爲多。

12 夏，四月，乙未，以皮龍榮參知政事，沈炎同知樞密院事，右諫議大夫何夢然簽書樞密院事。

13 乙卯，竄吳潛於循州。丙辰，竄丁大全於貴州。

14 蒙古詔軍中所俘儒士，聽贖爲民。時淮、蜀士遭俘虜者，皆沒爲奴，翰林學士高智耀言：「以儒爲驅役，古無有也。陛下方以古道爲治，宜除之以風天下。」蒙古主從之，命循行郡縣區別之，得數千人。貴臣或言其詭濫，蒙古主詰之，對曰：「譬則金也，金色有淺深，謂之非金不可；才藝有淺深，謂之非士不可。」蒙古主大悅。

15蒙古主命宣撫司官，勸農桑，抑游惰，禮高年，問民疾苦，舉文學才識可以從政及茂才異等，列名上聞擢用；其職官汚濫及民不孝弟者，量重議罰。

16五月，乙丑，蒙古遣使詣淮東制司，訪問國信使郝經所在。

17癸亥，賈似道請祠祿，不允。

18庚辰，蒙古主召竇默至上都，問曰：「朕欲求如唐魏徵者，有其人乎？」默對曰：「犯顏諫諍，剛毅不撓，則許衡其人也。深識遠慮，有宰相才，則史天澤其人也。」蒙古主納之。丁亥，以天澤爲中書右丞相，召許衡入見。

默又言於蒙古主曰：「臣事陛下十有餘年，數承顧問，與聞聖訓，有以見陛下急于求治，未嘗不以利生民、安社稷爲心。時先帝在上，姦臣擅權，總天下財賦，操執在手，貢進奇貨，衒耀紛華，以娛悅上心，其扇結朋黨，離間骨肉者，皆此徒也。此徒當路，陛下所以不能盡其初心。救世一念，涵養有年矣，今天順人應，誕登大寶，天下生民，莫不歡忻踴躍，引領盛治。然平治天下，必用正人端士；脣吻小人，一時功利之說，必不能定立國家基本，爲子孫久遠之計。其賣利獻勤，乞憐取寵者，使不得行其志斯可矣。若夫鉤距揣摩，以利害驚動人主之意者，無他，意在擯斥諸賢，獨操政柄耳，此蘇、張之流也，惟陛下察之。望別選公明有道之士，授以重任，則天下幸甚。」默之言，爲王文統發也。

19史天澤秉政，定省中規條，以正庶務。憲宗初年，括戶百餘萬，至是諸色占役者大半。至是以天澤言，悉罷之。

20六月，乙未，詔：「霖雨爲沴，避殿，減膳，徹樂。」

21癸卯，蒙古召東平萬戶嚴忠濟還都，以其弟忠範代之。忠範請以李昶爲師，昶遂東歸。忠濟之在東平也，嘗借貸於人，代部民納逋賦，及謝事，債家執券來徵。蒙古主聞之，命發內藏代償。

22乙巳，詔：「近畿水災，安吉爲甚，亟講行荒政。」

23己酉，蒙古以竇默爲翰林侍讀〔講〕學士。蒙古主召默及姚樞入侍，論人才，因及王文統，默、樞皆曰：「此人學術不正，則禍天下，不宜處以相位。」蒙古主曰：「然則誰可相者？」默曰：「以臣觀之，無如許衡。」蒙古主不悅。

24乙卯，蒙古詔：「宣聖廟及管內書院，有司歲時致祭，月朔釋奠；禁諸官員、使臣軍馬無得侵擾褻瀆，違者加罪。」

25蒙古罷平陽路安邑歲貢蒲萄酒。

26庚申，潼川安撫副使劉整以瀘州叛，降蒙古。【考異】宋史本紀作七月甲子，蜀帥俞興奏守瀘州劉整北降，今從元史作六月。

賈似道既憾高達、曹世雄之輕己，令呂文德摘摭其罪，逼世雄死，達廢棄，整懼。會俞興帥蜀，整素與興有隙，而似道方會計邊費，興遣吏下整，整訴于朝，不得達，遂密送款於蒙古。蒙古成都經略使劉嶷，遣其子元振往受其降，諸將皆曰：「整無故而降，不可信也。」元振曰：「宋權臣當國，賞罰無章，有功者往往以計除之，是以將士離心。且整本非南人而居瀘南重地，事勢與李全何異！整此舉無可異者。」元振至瀘，整即出降，元振棄衆先下馬，示以不疑。明日，請入城，元振釋戎服，與整並轡而入，飲宴至醉，整心服焉。蒙古以整爲夔路行省兼安撫使。蒙古由是盡得國事虛實，而似道不以爲虞。

初，整將叛，命制置司參謀官許彪孫草表，彪孫不屈，仰藥死。

27 蒙古城臨洮。

28 蒙古罷金、銀、銅、鐵、丹粉、錫、碌坑冶所役民夫及河南舞陽薑戶、藤花戶，還之州縣。出工局繡女，聽其婚嫁。

29 蒙古懷孟廣濟渠提舉王允中、大使楊端仁，鑿沁河渠成，溉田四百六十餘所。

30 高麗國王倎，更名植，遣其世子愖奉表入朝于蒙古。

31 蒙古以布哈（舊作不花。）爲中書右丞相，耶律鑄爲中書左丞相，張啓元爲中書右丞。

32 秋，七月，辛酉朔，蒙古立軍儲都轉運使司。

33 癸亥，蒙古初設翰林國史院，王鶚請修遼、金二史。又言：「唐太宗置弘文館，宋太宗設內外學士院，今宜除拜學士院官，作養人才。請以右丞相史天澤監修國史，左丞相耶律鑄、平章政事王文統監修遼、金史，仍采訪遺事。」並從之。

34 甲子，蜀帥俞興以劉整叛，移檄討之。蒙古劉元振助整守瀘，興進軍圍之，晝夜急攻，城幾陷。左右勸元振曰：「事勢如此，宜思變通，整非吾人，與俱死，無益也。」元振曰：「人以城歸我，既受其降，豈可以急而棄之！且瀘之得失，關國家利害，吾有死而已。」未幾，援兵至，元振與整出城合擊，興大敗而還。

詔以興妬功啓戎，罷任，鐫職。

35 乙丑，蒙古遣使持香幣祀岳瀆。

36 辛未，制置使蒲擇之，坐密通蠟書於叛賊羅顯，竄萬安軍。

37 戊寅，王惟忠家訟冤，詔奪謝方叔應得恩數，臺臣吳燧奪職罷祠，陳大方、胡大昌皆鐫官。

38 壬子，前知樞密院事、奉祠、致仕陳韡卒，年八十三，謚忠肅。

39 己丑，蒙古主諭將士，舉兵攻宋，詔曰：「朕卽位之後，深以戢兵爲念，故年前遣使於宋以通和好。宋人不務遠圖，伺我小隙，反啓邊釁，東剽西掠，曾無寧日。朕今春還宮，諸大臣以舉兵南伐爲請，朕重以兩國生靈之故，猶待信使還歸，庶有悛心以成和議，和〔留〕而不至者，今又半載矣。往來之禮既絕，侵擾之暴不已，彼嘗以衣冠禮樂之國自居，理當如是乎？曲直之分，灼然可見。今遣王道貞往諭，卿等當整爾士卒，礪爾戈矛，矯爾弓矢，約會諸將，秋高馬肥，水陸分道而進，以爲問罪之舉，尚賴宗廟社稷之靈，其克有勳。卿等當布宣朕心，明諭將士，各當自勉，毋替朕命。」

40 八月，丁酉，詔奪向士璧官。

鄂州圍解，賈似道忌功，行打算法於諸路，欲以軍興時支取官物爲罪。深怨士璧，諷侍御史孫附鳳等劾罷之，送漳州安置。又遣官會計邊費，于是趙葵、史嚴〔巖〕之、杜庶，皆坐侵盜掩匿，罷官徵償。而士璧所費尤多，至是逮至行部責償。幕屬方元善，逢似道意，士璧坐是死，復拘其妻妾徵之，潭人聞之垂涕。元善俄得狂疾，常呼士璧而死。

41 馬光祖代趙葵，與葵素有隙，且迎合似道，召吏稽勾簿書，卒不能得其疵，乃以正月望夕張燈宴設錢三萬緡爲葵放散官物聞于朝。汪立信力爭之曰：「方艱難時，趙公蒞事勤勞，而公以非理擿拾之。公一旦去此，後來者復效公所爲，可乎？」光祖怒曰：「吾不才，不能爲度外事，知奉朝命而已。君他日處此，勉爲之！」立信曰：「使立信不爲則已，果爲之，必不效公所爲也。」光祖益怒，立信遂投劾去。初，立信通判江陵府，葵制置荆湖，嘗以公事劾立信；及在沿江府，亦謀議寡諧；立信與葵，蓋未嘗有一日之歡也。

信州謝枋得，以趙葵檄給錢粟募民兵守禦及會計者至信，枋得曰：「不可以累宣撫。」自償萬緡。餘不能辦，乃上書似道，有云：「千金而募徙木，將取信於市人；二卵而棄干城，豈可聞於鄰國！」遂得免徵。

似道又忌王堅，出知和州。堅鬱鬱而卒。

42 戊戌，蒙古以燕京等路宣撫使賽音謂德齊爲平章政事。辛丑，以宣撫使鈕祜祿納哈爲中書右丞，庫庫舊作闊闊，今改。爲中書左丞。

43 乙巳，以吏部尚書江萬里同簽書樞密院事。

44 蒙古王文統忌竇默、姚樞持異議，疑許衡與爲表裏，乃奏以樞爲太子太師，默爲太子太傅，衡爲太子太保，陽爲尊用之，實不欲使數侍左右也。默因屢攻文統不中，欲因東宮以避禍，與樞拜命。將入，衡曰：「此不安於義也。且禮，師傅與太子位東西鄉，師傅坐，太子乃坐。公等度能復此乎？不能，是師道自我廢也。」乃相與懷制立殿下，言太子未立，豈宜虛設官稱！五辭乃免。丙午，以衡爲國子祭酒。丁未，以樞爲大司農，默仍翰林侍讀學士。默俄謝病歸，衡亦稱疾還懷孟。

45 蒙古燕京諸路總管高天錫，謂左丞張文謙等曰：「農桑者，衣食之本。不務本，則衣食不足，教化不行。古之王政，莫先於此，願留意焉。」文謙等以聞。詔立勸農事，以天錫爲中都、山北道巡行勸農使，陳邃、崔斌、成仲寬、鈕祜祿(舊作粘合。)從中爲濱、棣、平陽、濟南、河間勸農使，李士勉、陳天錫、陳膺武、蒙古岱(舊作忙辜。)爲邢、洺、河南、東平、涿州勸農使。

46 己酉，蒙古封順天萬戶張柔爲安肅公，濟南萬戶張榮爲濟南公。

47 是月，蒙古頒斗斛衡量。

48 九月，庚申朔，蒙古奉遷祖宗神主於聖安寺。

49 辛酉，詔：「湖、秀二郡水災，守令其亟勸分監司申嚴荒政。」

50 癸亥，蒙古邢州安撫使張耕請老，詔以其子鵬翼代之。

51 蒙古大司農姚樞上言曰：「在太宗世，詔孔子五十一代孫元措仍襲衍聖公；卒，其子與族人爭求襲爵，訟之藩邸，帝時曰：『第往力學，俟有成德達才，我則官之。』又，曲阜有太常雅樂，憲宗命東平守臣輦其歌工、舞郎與樂色、俎豆至日月山，帝親臨觀，飭東平守臣，員闕充補，無輟肄習。且陛下閔聖賢之後詩、書不通，與凡庶等，旣命洛士楊庸選孔、顏、孟三族秀異者敎之，請眞授庸敎官，王鏞練習故實，宜令提舉禮樂。」從之。

52 李庭芝言蒙古使郝經久留眞州，乙亥，帝趣與錫賚。

53 癸未，蒙古用王鶚言，立諸路提學校官，以王萬慶、敬鉉等三十人充之。

54 是秋，蒙古洪俊奇訴其父福源之冤，蒙古主憫之，諭曰：「汝父方加寵用，誤挂刑章，故於已廢之中，庸沛維新之澤。可就帶元降虎符襲父職，管領歸附高麗軍民總管。」

55 冬，十月，丙午，以何夢然同知樞密院事。

56 甲寅，皇太子擇配，帝詔其母族全昭孫之女擇日入見。寶祐中，昭孫歿于王事，全氏見帝，帝曰：「爾父死可念！」對曰：「臣妾父固可念，淮、湖百姓尤可念。」帝曰：「卽此語可毋〔母〕天下。」迨丁大全用事，以臨安尹顧嵒女爲議。大全敗，乃有是命。

57 丙辰，同知樞密院事沈炎罷。

58 蒙古修燕京舊城。

59 蒙古主以額埒布格違命，自將討之，十一月，壬戌，與戰于實默圖諾爾舊作昔木土腦兒，今改。之地。諸王哈坦等斬其將多爾濟舊作火兒赤，今改。及兵三千人，塔齊爾等分道奮擊，大破之，追北五十里。蒙古主率諸軍躡其後，合三路蹙之，其部將多降，額埒布格北遁。

60 蒙古左右司郎中賈居貞從北征，每陳說資治通鑑，雖在軍中，未嘗廢書。一日，蒙古主問郎俸幾何，居貞以數對。蒙古主謂其太薄，敕增之。居貞辭曰：「品秩宜然，不可以臣而紊制。」僧子聰奏居貞爲參知政事，又辭，曰：「他日必有由郎官援例求執政者，將何以處之？」不拜。

61甲戌，資政殿學士趙汝騰卒，諡忠靖。

62丁丑，以馬光祖提領戶部財用兼知臨安府、浙西安撫使。

63癸未，封全氏爲永嘉郡夫人。

64蒙古罷十路宣撫使，止存開元路。

65十二月，庚寅，蒙古封皇子珍戩（舊作眞金。）爲燕王，領中書省事。

66甲午，以皮龍榮權知樞密院事，何夢然參知政事，馬光祖同知樞密院事，仍兼知臨安府。

67蒙古主還中都，命太常少卿王鏞敎習大樂。

68壬寅，簽書樞密院事江萬里罷。萬里在賈似道幕下最久，雖俛仰容默，然性峭直，臨事不能無言。似道常惡其輕發，故不能久于其位。

69蒙古初立宮殿府，秩正四品，專職營繕。

70癸卯，册永嘉郡夫人全氏爲皇太子妃。

景定三年蒙古中統三年。（壬戌、一二六二）

1 春，正月，戊子朔，詔申飭百官盡言，命量移丁大全、吳潛黨人，仍永不錄用。

2 癸亥，蒙古修孔子廟成。

3 甲子，福建安撫使馬天驥進資政殿學士，職任依舊。

4 丁卯，以善諮嗣濮王。

5 庚午，詔曰：「在昔趙普有翼戴之元勳，則賜宅第；文彥博有弼亮之偉績，則賜家廟。今丞相賈似道，身任安危，再造王室，其元勳偉績，不在普、彥博下，宜賜第宅、家廟。」遂給緡錢百萬，建第于集芳園，就置家廟。

6 甲戌，劉整率所部朝于蒙古，呂文德遂復瀘州，詔改爲江安軍，文德進開府儀同三司。

7 二月，丁亥，參知政事皮龍榮罷，知潭州。龍榮伉直，不肯降志於賈似道，故罷。

8 辛卯，蒙古始定中外官俸，命大司農姚樞赴中書議事及講定條格，諭曰：「姚樞辭避台司，朕甚嘉焉。省中庶務，須賴一二老成同心圖贊，其與尙書劉肅往盡乃心，其尙無隱。」

9 丙申，蒙古郭守敬造寶山漏成，徙至燕山。

10 癸卯，蒙古以趙璧爲平章政事。

11 戊申，詔：「省試中選士人覆試於御史臺，爲定制。」

12臨安饑，詔賑䘏貧民。時馬光祖知榮王與芮府有積粟，三往見之；王以他辭，光祖乃臥於客次，王不得已見焉。光祖厲聲曰：「天下誰不知儲君爲大王子！民飢欲死，不以收人心乎？」王以廩虛辭，光祖探懷中出片紙曰：「某倉、某倉若干。」王語塞，遂許以三十萬。光祖遣吏分給，活飢民甚衆。

13時近輔兵變，又多水患，宗學博士楊文仲輪對，言：「春多沈陰，豈但麥秋之憂，於時爲決，尤軫莧陸之慮。天目則洪水發焉，蘇湖則弄兵興焉。峨冠于于，而每見大夫之乏使；佩印纍纍，而常慮貪濆之無厭。將習黃金橫帶之娛，兵疲赤籍挂虛之穴。蚩蚩編氓，得以輕統府；瑣瑣警遽，輒以憂朝廷。設不幸事有大於此者，國何賴焉！」帝悚聽，顧問甚至。文仲在講筵，嘗進讀春秋，帝問：「五霸何以爲三王罪人？」文仲曰：「齊桓公當王霸升降之會，而不能爲向上事業，獨能開世變厲階。臣考諸春秋，桓公初年多書人，及伐楚定世子之功既成，然後書侯之辭迭見，此所以爲尊王抑霸之大法。然王豈徒尊哉？蓋欲周王子孫率修文、武、成、康之法度，以扶持文、武、成、康之德澤，則王迹不熄，西周之美可尋，如此方副春秋尊王之意。」帝曰：「先帝聖訓有曰：『絲竹亂耳，紅紫眩目，良心善性，皆本有之。』又曰：『得聖賢心學之指要，本領端正，家傳世守，以是君國子民，以是祈天永命，以是詒謀燕翼。』大哉先訓！朕朝夕服膺。」時帝以疾連不視朝，文仲言：「聲色之事，若識得破，元無可好。」帝斂容端拱久之。

14 蒙古江淮大都督李璮，久萌異志，前後所奏凡數十事，皆恫疑虛喝以動蒙古，而自爲完繕益兵計。至是召其子彥簡於開平，修築濟南、益都等城壁，遂殲蒙古戍兵，以漣海三城來歸，獻山東郡縣，請贖父過，仍遣總管李毅等傳檄列郡。詔授璮保信、寧武軍節度使，督視京東、河北路軍馬，封齊郡王；復其父全官爵。升漣水軍爲安東州，東海縣爲東海軍。璮引麾下，具舟艦，還攻益都，入之，發府庫以犒師，遂復淄州。【考異】薛氏通鑑作李璮久有南歸之志。按璮叛蒙古，借宋爲援，非眞欲南歸也。邵二雲言：永樂大典載宋人復李全官爵制云：「猛知正統，諒垂歿之有言；陵豈辜恩，歎自明之何益。賴有承家之彥，克知報國之誠。」此特撰制者文飾之詞耳，今從元史。

15 蒙古宣撫副使王磐，聞李璮爲亂，脫身走濟南，蒙古主驛召之，令姚樞問計，磐曰：「豎子狂妄，卽敗矣。」蒙古主問樞曰：「卿料何如？」對曰：「使璮乘我北征之釁，瀕海擣燕，閉關居庸，惶駭人心，爲上策；與宋連和，負固持久，數擾北邊，使吾罷於奔救，爲中策；如出兵濟南，待山東諸侯應援，此成擒耳。」蒙古主曰：「今賊將安出？」對曰：「必出下策。」蒙古主然之。

16 蒙古平章政事王文統，遣其子蕘與李璮通謀，事覺，蒙古主召文統，詰之曰：「汝教璮爲叛，積有歲年，舉世皆知之。今問汝所策云何？其悉以對。」文統曰：「臣亦忘之，容臣悉書以上。」書畢，蒙古主命讀之，其間有曰：「螻蟻之命，苟能存全，保爲陛下取江南。」蒙古主曰：「汝今日猶欲支詞旁說耶？」會璮遣人持文統三書自洺水至，以書示之，文統始錯愕駭汗。書中有「期甲子」語，蒙古主曰：「甲子之期云何？」文統曰：「李璮久蓄反心，以臣居中，不敢即發。臣欲告陛下縛璮久矣，第緣陛下加兵北方，猶未靖也，比至甲子，猶可數年。臣爲是言，姑遲其反期耳。」蒙古主曰：「無多言！朕拔汝布衣，授之政柄，遇汝不薄，何負而爲此？」命左右斥使就獄。召姚樞、王鶚、僧子聰及張柔等至，示以前書，曰：「汝等謂文統當得何罪？」樞等皆言：「人臣無將，將而必誅。」柔獨疾聲大言曰：「宜剮。」蒙古主曰：「汝等同辭言之。」皆曰：「當死。」文統乃伏誅。子蕘併就戮。

蒙古主追憶竇默之言，謂廷臣曰：「曩言王文統不可用，惟竇漢卿一人。向使更有一二人言之，朕寧不之思耶？」命召默還京師。漢卿，默之字也。【考異】元史王文統傳，竇默與姚樞等同議文統罪，今從竇默傳。

文統雖以反誅，而立國之規模法度，猶多出於文統云。

17 三月，乙丑，以右諫議大夫孫附鳳簽書樞密院事。

18 癸酉，蒙古命史樞、阿珠（舊作阿朮。）各將兵赴濟南。李璮帥衆出掠輜重，將及城北，蒙古兵邀擊，大破之，斬首四千。璮退保濟南。

戊寅，蒙古萬戶韓世安大破李璮兵於南苑。
19 乙酉，蒙古諭諸路管民官：「毋令軍馬、使臣入州城、村居、鎮市，擾及良民。」
20 夏，四月，辛卯，蒙古修河中禹廟，賜名建極宮。
21 甲辰，蒙古命行中書省、宣慰司、諸路達魯噶齊、（舊作達魯花赤。）管民官，勸誘百姓，開墾田土，種植桑棗，不得擅興不急之務，妨奪農時。
22 五月，戊午，夏貴復蘄縣，殺蒙古權萬戶李義、千戶張好古。
23 丙寅，雨雹。
24 辛未，同知樞密院事兼知臨安府、浙西安撫使馬光祖，以病請祠，詔知福州兼福建安撫使。
25 丁丑，賜禮部進士方山京以下六百三十七人及第、出身。
26 蒙古主命諸王哈必齊（舊作哈必赤，今改。）總諸道兵擊李璮，復命丞相史天澤往，諸將皆受節制。天澤至濟，謂哈必齊曰：「璮多譎而兵精，不宜力角，當以歲月斃之。」乃深溝高壘，遏其侵軼。

初，行軍總管張弘範臨發，父柔謂曰：「汝圍城勿避險地，險則己無懈心，兵必致死。主者慮其險，有犯必救，可因以立功。」至是弘範營城西，璮出兵突諸將營，獨不向弘範。弘範曰：

「我營險地，璮乃示弱於我。必以奇兵來襲。」遂築長壘，內伏甲士，外爲壕，開東門以待。夜，浚壕加深廣。明日，璮果擁飛橋來攻，未及岸，軍陷壕中；得升壕者突入壘門，遇伏皆死。

27 蒙古眞定、順天、邢州蝗。

28 故丞相、特進、許國公、致仕董槐薨。

疾革時，衣冠爲諸生講兌、謙二卦，問夜如何，諸生以中夜對，遂逝。旋贈少師，謚文清。

【考異】宋史董槐傳：槐以五月卒，本紀作七月壬戌卒，疑本紀所書乃其贈官賜謚之日，連書之也。今從傳。

29 六月，戊子，朝廷聞李璮受圍，給銀五萬兩，下益都府犒軍，遣青陽夢炎帥師援之。夢炎至山東，不敢進而還。

30 庚寅，以禮部尚書楊棟同簽書樞密院事。

31 壬寅〔辰〕，故丞相吳潛暴卒於循州。

賈似道以黃州之事，必欲殺潛，乃使武人劉宗申守循以毒潛，潛鑿井臥榻下，毒無從入。一日，宗申開宴，以私忌辭；再開宴，又辭；不數日，移庖，不得辭；遂得疾，曰：「吾其死矣，夜必風雷大作。」已而果然。潛撰遺表，作詩頌，端坐而逝，循人悲之。潛既沒，似道貶宗申以塞外議。

32 癸丑，詔：「應謫臣僚死於貶所者，許歸葬。」

續資治通鑑卷第一百七十七

賜進士及第兵部尚書兼都察院右都御史總督湖北湖南等處地方軍務兼理糧餉世襲二等輕車都尉畢沅編集

宋紀一百七十七 起玄黓掩茂（壬戌）七月，盡閼逢困敦（甲子）十二月，凡二年有奇。

理宗建道備德大功復興烈文仁武聖明安孝皇帝

景定三年 蒙古中統三年。（壬戌、一二六二）

1 秋，七月，丙辰，詔：「州縣官廩祿不時給者，御史臺覺察；或以他物折支，計贓論罪。」

2 蒙古命宋子貞參議軍事。子貞至濟南，觀形勢，說史天澤曰：「李璮擁衆東來，坐守孤城，宜增築外城，防其奔突。彼糧盡援絕，不攻自破矣。」議與天澤合，遂築環城圍濟南。璮自是不得出城。

西南有大澗亙歷山，史樞一軍獨當其險，夾澗而城，豎木栅於澗中。淫雨暴漲，木栅盡壞，樞曰：「賊乘吾隙，俟夜必出。」命作葦炬數百置城上，三鼓，賊果至，飛炬擲之，風怒火烈，弓弩齊發，賊大潰，蹂躪死者不可勝記（計）。

以人爲食。

董文炳知其勢蹙，乃抵城下，呼璮愛將田都帥曰：「反者璮耳，餘來卽吾人，毋自取死也。」田緫降城（城降），璮猶日夜拒守，分軍就食民家，發其蓋藏以繼，不足，則家賦之鹽，令

參議官姜彧言於哈必齊（舊作哈必赤。）曰：「聞王面受詔，勿及無辜。今城旦夕破，宜早諭諸將，分守城門，勿令縱兵，不然，城中無噍類矣。」哈必齊曰：「汝言城破，解陰陽耶？」彧曰：「以人事知之。」哈必齊爲下令禁止。

甲戌，璮知城且破，乃手刃妻妾，乘舟入大明湖，自投水中，爲蒙古所獲，天澤殺之，解其體以徇。引軍東行，未至益都，城中人已開門迎降，三齊復爲蒙古所有。

事聞，贈璮太師，賜廟額曰精忠。【考異】宋史理宗紀：八月，戊戌，李璮兵敗，爲大元所誅。事聞，詔沿邊諸郡嚴邊防。元史本紀及逆臣傳俱作七月甲戌，蓋宋史據事聞之日也，今從元史。至宋贈官，則連書之。

初，璮兵有沂、漣兩軍二萬餘人，勇而善戰，哈必齊以配蒙古諸軍，陰使殺之。文炳當殺二千人，馳告哈必齊曰：「彼爲璮所脅耳，殺之，恐乖天子仁聖之意。」哈必齊從之，然他殺者已衆，皆大悔。時山東尚未靖，蒙古主以文炳爲經略使。文炳至益都，從數騎便服而入，至府，不設警衞，召璮故將吏，撫諭於庭下，所部大悅，山東以安。

初，天澤征璮，蒙古主臨軒授詔，委以專征，天澤至軍，未嘗以詔示人。旣還，蒙古主慰

勞之。時言者謂璮之變，由大藩子弟盡專兵民之權，天澤奏罷之，請自臣家始。於是史氏及張柔、嚴忠濟子弟皆還私第。

3蒙古廉希憲治關中，政事修舉。宋將家屬之在北者，歲給其糧；仕於宋者，子弟得越界省其親，人皆感之。

趙璧素忌希憲勳名，及李璮以叛誅，因言：「王文統之進，由希憲及張易所薦引，遂至大用。且關中形勝之地，希憲得民心，有商挺、趙良弼爲之輔，此事宜關聖慮。」蒙古主曰：「希憲自幼事朕，朕知其心。挺、良弼皆正士，何慮焉！」

4戊寅，侍御史范純，言前四川制置使俞興，罷任鐫秩罰輕，宜更褫奪以紓衆怒，奏可。

5蒙古以夔府行省劉整行中書省於成都、潼川。

6蒙古閬、蓬等路都元帥汪良臣，以釣魚山險絕不可攻，請就近地築城曰武勝，以扼南師往來，從之。

7辛巳，詔重修吏部七司法，從賈似道意也。

8蒙古以都督府參議姜彧知濱州。時山東新復，行營軍士，多占民田爲牧地，縱牛馬，壞民田，殘桑棗。彧言於行省，遣官分畫疆畔，捕其強猾者置之法，乃課民種桑。歲餘，新桑徧野，人名爲「太守桑」。

9蒙古張文謙薦郭守敬習水利，巧思絕人。蒙古主召見，面陳水利六事：「其一，中都舊漕河，東至通州，引玉泉山水以通舟，歲可省雇車錢六萬緡。通州以南，於蘭榆河口徑直開引，由蒙村、跳梁務至楊村運河，以避浮雞淘盤淺風浪遠轉之患。其二，順德達泉引入城中，分爲三渠，灌城東地。其三，順德灃（澧）河東至古任城，失其故道，沒民田千三百餘頃。此水開修成河，其田卽可耕種，自小王村徑滹沱合入御河，通行舟栰。其四，磁州東北滏、漳二水合流處，引水由滏陽、邯鄲、洺州永年下經雞澤合入灃河，可灌田三千餘頃。其五，懷孟沁河雖可澆灌，猶有漏堰餘水，東與丹河餘水相合，引東流至武涉縣北，合入御河，可灌田二千餘頃。其六，黃河自孟州西開引，少分一渠，經由新、舊孟州中間，順河北岸，下至溫縣南，復入大河，其間亦可灌田二千餘頃。」每奏一事，蒙古主歎曰：「任事者如此人，不爲素餐矣！」授提舉諸路河渠。

八月，己丑，守敬請先引玉泉水以通漕運。廣濟河渠司王允中，亦請開邢、洺等處漳、滏、灃河、達水以溉民田，並從之。

10甲午，海州石湫堰城（成）。

11丁酉，築蘄州城。汪立信上新城圖，詔獎諭。

12戊申，蒙古敕王鶚集廷臣商榷史事，鶚等請以先朝事蹟錄付史館。

13 蒙古河間、平濼〔灤〕、廣寧、西京、宣德、北京隕霜害稼。

14 九月，戊午，蒙古濠州萬戶張弘略破宿、蘄二州。

15 壬戌，蒙古改邢州爲順德府。

16 溫州布衣李元老，讀書守貧，不事科舉，年百有四歲。丁丑，詔授迪功郎、致仕，本郡給俸。

17 癸酉，蒙古都元帥庫庫（舊作闊闊。）卒於軍，以其兄阿珠（舊作阿朮。）代之。

18 閏月，甲申朔，蒙古賑沙、肅二州饑。

19 丙午，詔：「應知縣已罷，雖經赦，毋注緊望。著爲令。」

20 庚戌，蒙古發粟三十萬，賑濟南飢民。

21 冬，十月，庚申，蒙古禁諸王、使臣、師旅恃勢擾民者，所在執以聞。

22 蒙古以郝經、劉人傑使宋未還，廩其家。

23 甲子，以楊棟簽書樞密院事，葉夢鼎同簽書院事。

24 庚午，蒙古鞏昌總使汪惟正屯田利州。

25 甲戌，歸化州岑從毅納土輸賦，詔改爲來安州，從毅知州事，世襲。

26 乙亥，蒙古立中書左右部，分總庶務，命回紇人阿哈瑪特舊作阿合馬，今改。領之，仍兼諸路都轉運使，專理財賦。阿哈瑪特欲每事得專奏，不關白中書，張文謙言：「分制財用，古有是理；中書不預，無是理也。若中書不問，則天下孰蒞之乎？」蒙古主然之。

27 十一月，丁大全既安置貴州，與州將游翁明失色盃酒間。翁明愬大全陰招游手，私立將校，造弓矢、舟楫，將通蠻爲變，廣西經略朱禩孫聞於朝。壬辰，詔改竄大全於新州土牢拘管，日具存亡。賈似道諷禩孫殺之，禩孫遣將官畢遷護送，舟過藤州，擠大全於水而死。

28 癸巳，馬光祖提舉洞霄宮。

29 丙申，資政殿大學士、致仕徐淸叟卒，謚忠簡。

30 戊戌，以夏貴知廬州、淮西安撫副使。

31 乙巳，蒙古主諭史天澤曰：「朕或乘怒欲有所誅殺，卿等宜遲留一二日，覆奏行之。」

32 丁未，皇孫資國公焯卒。

33 戊申，蒙古升撫州爲隆興府。

34 十二月，甲寅，蒙古封皇子珍戩舊作眞金，今改。爲燕王，守中書令。

35 丙辰，蒙古立河南、山東統軍司。東拒亳州，西至鈞州，諸萬戶隸河南；西自宿州，東至寧海州，諸萬戶隸山東。

36 丁巳，蒙古立十路宣慰司，以趙璠等爲之。

37癸亥，蒙古饗於太廟。

38戊寅，蒙古詔：「諸路管民官理民事，管軍官掌兵戎，各有所司，不相統攝。」

39蒙古楊大淵入覲，拜東川都元帥，命與征南都元帥奇徹（舊作欽察，今改。）同署。大淵還東川，於渠江濱築虎嘯城以逼大良城，不踰時而就。

40蒙古割北京興州隸開平府，建行宮於興隆路。

41是歲，蒙古成都經略使劉嶷卒，諡忠惠，以其子元振代爲經略使。

景定四年（蒙古中統四年。）（癸亥、一二六三）

1春，正月，乙酉，賈似道遣楊琳賫空名告身及蠟書、金幣至大獲山，招蒙古楊大淵南歸。大淵從子文安，執琳以聞，蒙古主命殺之。

2丙戌，蒙古以姚樞爲中書左丞。

時或言中書政事大壞，蒙古主怒，大臣罪且不測，樞上言：「自中統至今，五六年間，外侮內叛，相繼不絕，然能使官離債負，民安賦役，國用粗足，政事更新，皆陛下信用先王之法所致。今創始治道，正宜上答天意，下結民心，睦親族以固本，定大臣以當國，開經筵以格心，立學校以育才，則可以光先烈，遺子孫。邇者伏聞聰聽日煩，朝廷政令，日改月異，遠近臣民，不勝戰懼，惟恐大本一廢，遠業雖成，爲陛下之後憂耳。」蒙古主怒始釋。

3蒙古興元判官費寅【考異】廉希憲傳作「費正寅」，今從商挺、趙良弼傳。有罪，懼誅，誣廉希憲、商挺在京兆因李璮叛修城治兵，潛畜異志，以趙良弼爲徵。癸卯，召挺、良弼赴闕。既至，蒙古主詰問，良弼泣對曰：「二臣忠良，保無是心，願剖臣心以明之。」蒙古主已入趙璧之譖，切責良弼，無所不至，至欲斷其舌，良弼誓死不少變，乃罷。

蒙古主召商挺問曰：「卿在關中、懷孟，兩著治效，而毀言日至，豈同寅有沮卿者邪，抑位高而志怠邪？比年論王文統者甚衆，卿獨無一言。」挺對曰：「臣素知文統之爲人，嘗與趙璧言之，想陛下猶能記也。臣在秦三年多過，其或從横以應變者有之，若功或以歸己，事敗分咎於人，臣必不敢。請就戮。」挺既出，蒙古主顧近臣數挺前後大計凡十有七，因曰：「挺有功如是，猶自言有罪，若此，誰復爲朕戮力邪！卿等識之。」

蒙古命右丞納哈（舊作南合。）代廉希憲爲秦蜀行省，覆視費寅所告，無實狀，詔希憲還京師。上見，言曰：「方關陝叛亂，川蜀未寧，事急星火，臣隨宜行事，不謀佐貳。如寅所言，罪止在臣，臣請逮繫有司。」蒙古主撫御牀曰：「當時之言，天知之，朕知之，卿果何罪！」慰諭良久，進拜中書平章政事。一日，召入禁中，從容道藩邸時事，因及趙璧所言，希憲曰：「昔攻鄂時，賈似道作木栅環城，一夕而成。陛下顧扈從諸臣曰：『吾安得如似道者用之？』僧子聰、張易曰：『山東王文統，才智士也，今爲李璮幕僚。』詔問臣，臣對亦聞之，實未識其人也。」蒙古主曰：「朕亦記此。」由是璧之譖不行，寅卒以反誅。

4 二月，癸丑，詔：「吳潛、丁大全黨人，遷謫已久，遠者量移，近者還本貫，並不復用。」

5 賈似道以國計困於造楮，富民困於和糴，思有以變法而未得其說。知臨安府劉良貴，浙西轉運使吳勢卿，獻買公田之策，似道乃命殿中侍御史陳堯道、右正言曹孝慶、監察御史虞宓、張希顏上疏言：「三邊屯列，非食不飽；諸路和糴，非楮不行。既未免於廩兵，則和糴所宜廣圖；既不免于和糴，則楮幣未容縮造。爲今日計，欲便國便民而辦軍食、重楮價者，莫若行祖宗限田之制。以官品計頃，以品級計數，下兩浙、江東、西和糴去處，先行歸併詭析，後將官戶田產踰限之數抽三分之一，回買以充公田。但得一千萬畝之田，則每歲可收六七百萬石之米，其於軍餉沛然有餘，可免和糴，可以餉軍，可以杜造楮幣，可平物價，可平富室，一事行而五利興矣。」帝從之。丁巳，詔：「置官田所，以劉良貴提領，通判陳訔爲檢閱，副之。」

良貴請下都省，嚴立賞罰，究歸併之弊。給事中徐經孫條具其害，似道諷御史舒有開劾罷之。經孫嘗舉陳茂濂，至是爲公田官，分司嘉興，聞經孫去國，曰：「我不可以負徐公。」亦謝事，終身不起。

浙西安撫魏克愚言：「取四路民田，立限回買，所以免和糴而益邦儲。議者非不自以爲公忠，然未見其利而適見其害。徐經孫所奏江西買田之弊甚詳，若浙西之弊，則見有甚於彼者。」因歷述爲害者八事，疏奏，不省。

未幾，帝手詔曰：「永免和糴，無如買踰限之田爲良法。然東作方興，權俟秋成，續議施行。」似道憤然，上疏求去，復諷何夢然、陳堯道、曹孝慶抗章留之，且勸帝下詔慰勉。帝乃趣似道出視事，且曰：「當始於浙西，諸路視之爲則。」似道具陳其制，帝悉從之，三省奉行惟謹。似道首以己田在浙西者萬畝爲公田倡，榮王與芮繼之，趙立奎自陳投賣，由是朝野無敢言者。

6 甲子，蒙古主如開平。

7 蒙古以王德素充國信使，劉公諒副之，致書於帝，詰稽留郝經之故。

經久羈眞州，上表曰：「願附魯連之義，排難解分；豈如唐儉之徒，款兵誤國！」又數上書於帝，其略曰：「貴朝自太祖受命，創立規模，一本諸理，校其武功，有不逮漢、唐之初；而革弊政，弭兵凶，弱藩鎭，強京國，意慮深遠，貽厥孫謀，有盛於漢、唐之後者。夫有天下者，孰不欲九州四海，奄有混一，端委垂衣而有天下，晏然穆淸也哉！理有所不能，勢有所難必，亦安夫所遇之理而已。貴朝祖宗深見夫此，持勒控約，不肯少易，是以太祖開建大業，太宗丕承基統，仁宗治效浹洽，神宗大有作爲，高宗坐弭強敵，皆有其勢而弗乘，安於理而不妄者也。今乃或者欲於遷徙戰伐之極，三百餘年之後，不爲扶持安全之計，欲斷生民之餘命，棄祖宗之良法，不以理，以勢；不以守，以戰；欲收奇功，取幸勝，爲詭遇之舉，不亦誤乎？

伏惟陛下之與本朝，初欲復前代故事，遣使納交，越國萬里，天地人神，皆知陛下計安生民之意。而氣數未合，小人交亂，雖行李往來，迄無成命，非兩朝之不幸，生民之不幸也。有繼好之使而無止戈之君，有講信之名而無修睦之實，有報聘之命而無輸平之約，是以藉藉紛紛，不足以明信而適足以長亂，至瀘、合、交、廣之役，而禍亂極矣。主上卽位之初，過以相與，惟恐不及，不知貴朝何故接納其使，拘於邊郡，蔽幂蒙覆，不使進退，一室之內，顚連宛轉，不覩天日，綿延數年？主上何罪，經等亦何罪，而窘逼至是邪？或者必以爲本朝兵亂，有隙可乘。本朝骨肉睽閱，諸侯背叛，則或有之；以主上之仁聖，必能享國以致太平、使南北之民，免殺戮之禍而共躋仁壽，不然，則戰爭方始而貴朝可憂矣。事至今日，貴朝宜汲汲皇皇以應主上美意，講信修睦，計安元元；而乃置而不問，豈天未厭亂，將由是以締起兵端耶，抑由是以別有藴蓄耶，抑其間有主張是者必不使之成耶？皆不可得而知也。

竊嘗思之，本朝用兵四十年，亦休息之時也；天畀仁聖而有主上，亦治平之世也；貴朝受兵三十餘年，亦厭苦之時也；保有天命而有陛下，亦非生事之君也。夫邦交之事，振古以然，至貴朝而後盛。眞宗幸澶淵，南北之交始定，好聘往來，甲兵不試。至於宣、政，盟約遂壞，靖康之末，因棄都邑。高宗南幸，隳讎崇好，與金源再定盟誓。海陵凶虐，貫盈自斃，高宗遂與金世宗定盟，好聘往來。又數十年，生事之人妄啓邊釁，寧宗復與章宗定盟好。由是觀之，以和議邦交爲國者，貴朝之事也。契丹與貴朝定盟，數世、數十年之後也；金源與貴朝定盟，亦數世、數十年之後也。今主上之世數、年數，亦金源氏之世數、年數也；大定、明昌之盛，將復見於今。即位之初，先遣信使，繼好弭兵，而貴朝擯而不問，經反復思惟，必有橫議之人，將以弊貴朝、誤陛下者。必爲此事，於經何有，於本朝何有！妨經何事，害本朝何事！所惜者，貴朝之國體，陛下之盛德也。此事必行，經不過失一身，本朝不過失一臣，太倉耗一粒，滄海揚一波，鄧林飄一葉，泰山落一石，於國何損！使貴朝所舉皆中，所圖皆獲，返舊京，奄山東，取河朔，平關中，劃白溝之界，上盧龍之塞，即本朝亦不失故物。若爲之而不成，圖之而不獲，復欲洗兵江水，挂甲淮壖，而遂安然無事，殆恐不能。一有所失，則不旣大矣乎？

經聞有國者不畏夫有亂，畏夫自致其亂；自致其亂則人也，橫逆之來則天也。天欲亂人之國，其如彼何哉？盡其在我者而已矣。或者乃徇夫一己之勢，狃於一時之利，不忌天之所警，欲於大變之後，抵巇投罅，拘滯使人而別作爲，舉祖宗三百年之成烈，再爲博者之一擲，遂以干戈易玉帛，殺戮易民命，戰爭易禮義。彼間探造釁之人，大抵皆爲弱彼強此之說以取容悅，又惡知夫國家利害、生民休戚哉！

經本布衣，教授保塞，主上聘起，問以治道，卽以議和止殺爲請，是以卽位之初，卽命經行。入境以來，綿亙四年，凡有蘊蓄，無不傾盡。在經等今日之事，止是告登寶位，布弭兵息民之意，無他蔽匿。貴朝必以爲不可，必不能從，何用置經於此！或欲與較量疇昔，必決勝負，一主於戰，則通好使人，尤爲無用。而乃仍自拘留，陳說不答，告歸不許，老天長日，寖以銷鑠，必自斃館下，亦非貴朝美事也。」前後皆不報。

驛吏棘坦〔垣〕鑰戶，晝夜守邏，欲以動經，經不屈，語其下曰：「嚮受命不進，我之罪也。一入宋境，死生進退，聽其在彼，屈身辱命，我則不能。汝等不幸同在患難，宜忍以待之，揆之天時人事，宋祚殆不遠矣。」

8 蒙古詔：「諸路置局造軍器，私造者罪死；民間所有不輸官者，與私造同。」

9 三月，丁巳，以呂文德爲寧武、保康軍節度使。

10 庚子，以何夢然兼權知樞密院事。

11 蒙古伊克迪爾鼎舊作亦黑迭兒丁，今改。請修瓊華島，蒙古主不從。

12 癸卯，蒙古始建太廟。

蒙古國俗，祭饗之禮，割牲，奠馬湩，以巫祝致辭。蒙古主初立，始設位於中書省，用登歌樂，尋命製祭器、法服，至是建太廟於燕京。

13 是春，蒙古都元帥汪良臣攻重慶，朱禩孫出師拒之。良臣塞其歸路，引兵橫擊，斷南師爲二，南師敗走，其趨城不及者，悉爲蒙古所殺。

14 夏，四月，丙寅，官田所言知嘉興縣段浚、知宜興縣葉哲佐，買公田不遵原制，詔罷之。

15 蒙古西京、武州隕霜殺稼。

16 五月，乙酉，蒙古初立樞密院，以皇子燕王珍戩守中書令兼判樞密院事。

17 戊子，蒙古升開平府爲上都。

18 辛卯，蒙古立燕京平準庫，以均平物價，通利鈔法。

19 丁酉，詔以婺州布衣何基、建寧府學布衣徐幾並授本州府教授。

20 六月，壬子，蒙古河間、益都、燕京、眞定、東平諸路蝗。

21 乙卯，臨安火。

22 戊午〔癸酉〕，蒙古建帝堯廟於平陽。

23 庚申，詔：「平江、江陰、安吉、嘉興、常州、鎭江六郡已買公田三百五十餘萬畝，今秋成在邇，其荊湖、江西諸道仍舊和糴。」（校者按：此條應移22前。）

24丙寅，詔：「公田竣事，進劉良貴等官。」

初，買官田，猶取其最多者；繼而敷派，除二百畝以下者免，餘各買三分之一；其後雖百畝之家亦不免。立價以租一石償十八界會子四十，而浙西之田，石租至有直十緡者，亦就此價。價錢稍多，則給銀絹各半。又多，則給以度牒、告身準直，登仕郎準三十〔千〕楮，將仕郎準千楮，許赴漕試；校尉準萬楮，承信郎準萬五千楮，承節郎準二萬楮，安人準四千楮，孺人準二千楮。民失實產而得虛告，吏又恣爲操切，浙中大擾，民破產失業者甚衆。官吏有奉行不至者，劉良貴輒劾之，追毀出身，永不收敘，由是有司爭以多買爲功。似道又以陳訔往秀、湖，廖邦傑往常、潤催督。其六郡買田有專官，平江則包恢、成公策，嘉興則潘墀、李補、焦煥炎，安吉則謝奕、趙與訔、王唐珪、馬元演，常州則洪濂、劉子庚，鎮江則章坰、郭夢熊，江陰則楊班、黃伸。恢在平江，至用肉刑；邦傑在常州，害民特甚，至有本無田而以歸併抑買自經者。朝廷唯以買公田爲功，進良貴官兩轉，餘人進秩有差。

25庚午，宰執進玉牒、日曆、會要、經武要略及徽宗長編、寧宗日錄。

26蒙古以烏珍舊作線眞，今改。爲中書右丞相，塔齊爾舊作塔察兒，今改。爲中書左丞相。

27劉整言於蒙古主曰：「南人惟恃呂文德耳，然可以利誘也。請遣使以玉帶餽之，求置榷場於襄陽城外。」從之。使者至鄂，請於文德，文德許之。使者曰：「南人無信，安豐等處榷場，每爲盜所掠，願築土牆以護貨物。」文德不許。或謂文德曰：「榷場誠我之利，且可因以通好。」文德請于朝，秋，七月，置榷場於樊城外，築土牆於鹿門山，外通互市，內築堡壁，蒙古又築堡於白鶴。由是敵有所守，以遏南北之援，時出兵哨掠襄、樊城外，兵威益熾。文德弟文煥，知爲蒙古所賣，以書諫止，文德始悟，然事無及，徒自咎而已。

28 戊戌，詔以董宋臣爲入內內侍省押班，舉朝爭之不能得。

祕書少監湯漢上疏曰：「比年董宋臣聲焰薰灼，其力能去臺諫，排大臣，結連凶渠，惡德參會，以致兵戈相尋之禍。陛下灼見其故，斥而遠之，臣意其影滅而形絕矣，豈料夫陰銷而再凝，冰解而驟合，旣得自便，卽圖復用！以其罪戾之餘，一旦復使之出入壺奧之中，給事宗廟之內，此其重干神人之怒，再基禍亂之源，上下皇惑，大小切齒。陛下方爲之辨明，大臣方與之和解，臣竊重傷此計過也！自古小人復出，其害必慘，將逞其憤怒，嘯其儔伍，顚倒宇宙，陛下之威神，有時而不得自行，甚可畏也！」不聽。

29 禮部侍郎兼同修國史實錄院同修撰牟子才，疏言董宋臣不可復用，帝出其疏示輔臣曰：「子才有憂君愛國之眞，無取譽沽名之巧。」擢權禮部尙書。

30 蒙古詔弛河南沿邊軍器之禁。

31 蒙古燕京、河間、開平、隆興四路屬縣，雨雹害稼。

32 八月，辛亥，蒙古升宣德州爲府，隸上都。

33 壬子，蒙古以旱免彰德路今歲田租之半，洺、磁二州十之七。

34 丙辰，蒙古以成都路綿州隸潼川，命阿托、（舊作阿脫。）商挺行樞密院於成都，凡成都、順慶、潼川都元帥府，並聽節制。

35 甲子，蒙古敕諸臣，傳旨有疑者，須覆奏。

36 壬申，蒙古主至自上都。

37 蒙古濱、棣二州蝗，眞定路旱。

38 九月，乙酉，蒙古立漕運河渠司。

39 辛卯，祀明堂，大赦。

40 甲午，以何夢然知樞密院事，楊棟同知樞密院事，葉夢鼎簽書樞密院事。

41 冬，十月，己未，發緡錢百四十萬，命浙西六郡置公田莊。

42 甲子，命張珏兼知合州。

43 十一月，甲申，蒙古以東平、大名等旱，量減今年田租。

44 丙戌，蒙古饗於太廟，以哈坦、（舊作合丹。）塔齊爾、張文謙行事。

45 十二月，丁未朔，詔：「皇太子宮講官、詹事以下，日輪一員，辰入酉出，專講讀，備咨問，以稱輔導之實。」

景定五年蒙古至元元年。（甲子、一二六四）

1 春，正月，癸巳，出奉宸庫珠、香、象、犀，下務場貨易，助收楮幣。

2 己亥，蒙古立諸路平準庫。

3 癸卯，蒙古罷南邊互市，申嚴持軍器、販馬、越境私商之禁。

4 二月，癸亥，蒙古敕選儒士編修國史，譯寫經書，起館舍，給俸以贍之。

5 壬子，蒙古修瓊花島，疏雙塔漕渠。

6 辛未，雨土。

7 癸酉，蒙古主如上都，詔諸路總管史權等二十三人赴上都大期會。

8 蒙古弛邊城軍器之禁。

9 三月，辛巳，王堅卒，賜謚忠壯。

10 馬光祖復爲沿江制置使，知建康府。

11 己亥，蒙古命尚書宋子貞陳時事，子貞上便宜十事，大略謂：「官爵，人主之柄，選法宜盡歸吏部。律令，國之紀綱，宜早刊定。監司，總統一路，用非其才，不厭人望，宜選公廉有才德者爲之。今州縣官相傳以世，非法賦斂，民窮無告，宜遷轉以革其弊。又請建國學，教胄子，敕州縣提學課試諸生，三年一貢舉。」蒙古主命中書次第行之。

12 辛丑，蒙古立漕運司。

13 賈似道奏：「公田已成，若復以州總之，恐害不除而利不可久。請以江陰、平江公田隸浙西憲司，安吉、嘉興公田隸兩浙運司，常州、鎮江公田隸總所，每歲租輸之官倉，特與饒減二分，或水旱則別議放數，仍立四分司以主管公田繫銜。平江、嘉興、安吉各一員，鎮、常、江陰共一員。每鄉置官莊一所，民爲官耕者曰官佃，爲官督者曰莊官。莊官以富饒者充，應兩歲一更。每租一石，明減二斗，不許多收。」時毘陵、澄江，務爲迎合，欲買數之多，凡六七斗皆作一石，及收租之時，元額有虧，則取足於田主，遂爲無窮之害。或內有磽瘠及租佃頑惡之處，又從田主責換，其禍尤慘。

14 是春，蒙古太常寺言：「自古帝王，功成作樂，樂各有名，盛德形容，於是乎在。皇上踐阼以來，留心至治，聲名文物，思復承平之舊，首敕有司，修完登歌、宮縣、八佾、樂舞，以備郊廟之用。若稽古典，宜有徽稱。」尚書省遂定名曰大成之樂。

15 夏，四月，丙午，詔：「管景模妻孥陷沒，效忠愈堅，平時所得俸入，率以撫循將士，遂至空乏，特賜緡錢三十萬。」

16 丁未，以夏貴爲四川安撫制置使，兼知重慶府。

17 戊申，蒙古以彰德、洺磁路引漳、滏、洹水灌田，致御河淺澀，鹽運不通，乃塞分渠以復水勢。

18 辛亥，詔郡邑行鄉飲酒禮。

19 壬子，蒙古東平、太原、平陽旱，分遣西僧祈雨。

20 乙丑，何夢然、馬天驥以臺臣劾，罷。

21 丁卯，蒙古追治李璮黨萬戶張邦直兄弟及姜郁、李在等二十七人罪。

22 都統張喜攻蟠龍城，爲蒙古安撫使楊文安所敗。喜潛師宵遁，出得漢城，文安遣兵又襲敗之。

23 五月，乙亥，蒙古遣索托延、(舊作唆脫顏。)郭守敬行視西夏河渠，俾具圖來上。

24 庚辰，以何夢然知建寧府。辛卯，以楊棟參知政事，葉夢鼎同知樞密院事兼權參知政事，姚希得端明殿學士、簽書樞密院事，馬天驥提舉洞霄宮。

25 乙未，安南表進方物，詔卻之，仍厚賚以獎恭順。

26 己亥，蒙古以中書右丞鈕祜祿納哈(舊作粘合南合。)爲平章政事。

27 六月，甲辰朔，知衢州謝堅，因土寇詹沔焚掠常山縣，棄城遁。臺臣言詹沔之變，乃謝堅任都吏徐信苛取激之，詔斬信，籍其家，堅削秩，不敘。

28乙巳，蒙古主召王鶚、姚樞赴上都。竇默、僧子聰，嘗偕樞等入侍，默言：「君有過舉，臣當直言，都俞吁咈，古之所尙。今則不然，君曰可，臣亦以爲可，君曰否，臣亦以爲否，非善政也。」次日，復侍幄殿，獵者失一鶻，蒙古主怒，侍臣或從旁大聲謂宜加罪，蒙古主惡其迎合，杖之，釋獵者不問。既退，子聰等賀。默曰：「非公誠結主知，安能感悟如此！」

29乙丑，命董宋臣兼主管御前馬院、御前酒庫。帝眷宋臣不衰，未幾，宋臣死。

30夏貴攻虎嘯山。蒙古宣撫使張庭瑞新築城，當礮皆裂，立栅守之；栅壞，乃依大樹，張牛馬皮以禦礮。貴以城中飲於澗外，絕其水道。庭瑞袠溲瀉土中以洩臭，人日飲數合，脣皆瘡裂，堅守踰月不懈。帥府參議焦德裕援之，夜薄貴營，令卒各持三炬，貴驚走，德裕追之，敗貴於鵝谿。【考異】元史張庭瑞傳，以守虎嘯山事繫於中統二年以後，徐氏後編遂於中統二年末全載庭瑞傳，非也。元史焦德裕傳載在中統四年以後，或疑即中統四年事。按是年即景定四年，夏貴未爲四川制置使也。世祖紀，至元元年六月，宋制置使夏貴欲攻虎嘯山，蓋即其事，特言之不詳耳。今酌書之。

31秋，七月，甲戌，彗星出柳，光燭天，長數十丈，自四更見東方，日高始滅。【考異】元史作彗星出輿鬼，昏見西北，貫上台，掃紫微、文昌及北斗，且見東北，凡四十餘日。今從宋史。丁丑，避殿，減膳，詔中外直言。

考功郎官兼崇政殿說書趙景緯上封事曰：「今日求所以解天意者，不過悅人心而已，百姓之心，卽天心也。錮私藏而專天下之同欲，則人不悅；保私人而違天下之公議，則人不悅；閭閻之糟糠不厭而宴私之供奉自如，則人不悅；百姓之膏血日朘而符移之星火愈急，則人不悅；不公於己而欲絕天下之私，則人不悅；不澄其源而欲止天下之貪，則人不悅。夫必有是數者，斯足以召怨而致災。願陛下損內帑以絕壅利之謗，出嬪嬙以節用度之奢，弄權之貂寺素爲天下之所共惡者，屛之絕之，毒民之恩澤侯嘗爲百姓之所憤者，黜之棄之。擇忠鯁敢言之士，置之臺諫以通關隔之壅；選慈惠忠信之人，使爲守宰以保元氣之殘；又必稽乾、淳以來，凡利源窠名之在百司庶府者，悉還其舊，以濟經用之急；公田派買不均之弊，聽民自陳，隨宜通變，以安田里之生；則人心悅而天意解矣。人之常情，懼心每發於災異初見之時，不能不潛移於諂諛交至之後。萬一過聽左右寬譬之言，曲爲他說以自解，毛擧細故以塞責，而弛恐懼之初心，則下拂人心，上違天意，國之安危，或未可知也。」

牟子才疏請罷公田，更七法。時臺諫、士庶上書者，皆以爲公田不便，民間愁怨所致。於是賈似道上書力辯，乞避位，帝曰：「言事易，任事難，自古然也。使公田之說不可（行），則卿建議之始，朕已沮之矣。惟其公私兼濟，所以決意行之。今業已成矣，一歲之軍餉，仰給於此，若遽因人言罷之，雖可快一時之異議，如國計何！卿旣任事，亦當任怨，禮義不愆，何卹人言！卿宜安心，毋孤朕倚畀之意。」知臨安府劉良貴以人言籍籍，自陳括田之勞，乞從罷免，不允。由是公論頓沮。

32 臨安府學生葉李、蕭規應詔上書，【考異】元史葉李傳作李與同舍生康棣而下八十三人伏闕上書，與宋史異，今從宋史。詆賈似道專權，誤國、害民，以致上干天譴，似道大怒，令劉良貴捃摭其罪，坐以僭用金飾齋扁下獄。牟子才請宥之，又遺書似道，似道復書，詞甚忿，徑斷遣，黥配李於漳州，規於汀州。

33 丙戌，臨安大火。

34 乙未，馬天驥以臺臣劾其貪贓，奪職，罷祠。【考異】宋史馬天驥傳，祇言其未見卓然可稱道者，於彈劾之詞俱刪而不書，今從本紀書之。

35 丁酉，蒙古龍門禹廟成。

36 己亥，蒙古定用御寶制：凡宣命，一品、二品用玉，三品至五品用金，其文曰「皇帝行寶」者，即位時所鑄，惟用之詔誥；別鑄宣命金寶行之。

37 蒙古額哷布格，舊作阿里不哥，今改。自實默圖舊作昔木土，今改。之敗，不復能軍，至是與諸王玉龍達實、舊作玉龍答失，今改。阿彌達舊作阿里帶，今改。及其謀臣布拉哈、舊作不魯花，今改。呼察圖們舊作忽察禿滿，今改。等自歸于上都。詔諸王皆太祖之裔，並釋不問。其謀臣布拉哈等伏誅。

時額哷布格黨千餘人，蒙古主將盡置於法，以語宿衞安圖，舊作安童，今改。安圖曰：「人各爲其主。陛下甫定大難，遽以私憾殺人，將何以懷服未附？」蒙古主驚曰：「卿年少，何從得老成語！此言正與朕意合。」由是所全者衆。

安圖，穆呼哩（舊作木華黎。）四世孫，巴圖魯（舊作霸突魯。）子也，中統初，追錄元勳，令入宿衞，年方十三，位在百寮上。母鴻吉哩氏，（舊作弘吉剌氏。）昭睿皇后之姊，通籍禁中，蒙古主一日見之，問及安圖，對曰：「安圖雖幼，公輔器也。」蒙古主曰：「何以知之？」對曰：「每退朝，必與老成人語，未嘗狎一年少。」蒙古主至是益深重之。嘗命安圖舉漢人識治體者一人，安圖舉馬邑崔斌。斌入見，敷陳時政得失。時蒙古主鋭意圖治，斌危言讜論，面斥是非，無有所諱。

38 臺臣言參知政事楊棟，以彗星爲蚩尤旗，欺天罔君，請治其罪，丙申，詔棟罷職，予郡，尋命知建康府。【考異】宋史楊棟傳云：彗星見，棟乃言蚩尤旗，非彗也。爲世所少。或謂棟姑爲是言，陰告於帝，謀逐似道。似道覺之，遂蒙擬（疑）而去。據浩然齋雅談云：廖瑩中以賈相入幕之賓，例行推賞外，別賜上金百兩，廖以之鑄盤匜。楊棟爲作古篆銘曰：「皇帝御極之三十七年，國有大功，一相禹肼，曰余瑩中」云云。是棟嘗稱頌似道，與瑩中往來，謀逐似道之說，殊無確據，今不取。

39 八月，乙巳，蒙古立諸路行中書省，以中書省丞相耶律鑄、參知政事張惠等行省事。

40蒙古行新立條格，併州縣，定官吏員數，分品從官職，給俸祿，頑〔頒〕公田，計日月以考殿最，均賦稅，招流移。禁擅用官物，勿以官物進獻，勿借易官錢，勿擅科差役。凡軍馬不得停泊村坊，詞訟不得隔越陳訴。卹鰥寡，勸農桑，驗雨澤，平物價。其盜賊囚徒起，數月申省部。又頒陝西、四川、西夏、中興、北京行中書省條格。

41癸丑，蒙古翰林承旨王鶚言：「僧子聰參密謀，定大計，積有忠勤，然猶仍其野服散號；宜正其衣冠，崇以顯秩。」蒙古主命子聰復姓劉，賜名秉忠，拜太保，參預中書省事，以竇默女妻之，賜第奉先坊。秉忠既受命，以天下爲己任，知無不言。凡宴閒顧問，輒推薦人物可備器使者；其所甄拔，後皆爲名臣。

42蒙古劉秉忠請定都於燕，蒙古主從之，詔營城池及宮室。乙卯，改燕京爲中都，大興府仍舊。

43丁巳，蒙古詔改中統五年爲至元元年，大赦。

44蒙古主召翰林待制孟攀鱗入見，攀鱗條陳政務，如郊祀天地，祠太廟，制禮樂，建學校，行科舉，擇守令以字民，儲米以贍軍，省無名之賦，罷不急之務，百姓庶官統於六部，紀綱制度悉田中書，是爲長久之計，蒙古主咨問者良久。復與論王鶚、許衡優劣，攀鱗曰：「百一文華之士，可置翰苑；仲平明經傳道，可爲後學矜式。」蒙古主深然之。百一，鶚之字；仲平，衡之字。蒙古主數呼諸臣之字，故攀麟亦以字對。

45 戊午，彗滅；甲子，復見於參。趙景緯復上言曰：「損玉食，不若損內帑、卻貢奉之爲實；避正朝，不若塞倖門、廣忠諫之爲實；肆大眚，固所以廣仁恩，不若擇循良、黜貪暴之爲實。蓋天意方回而未豫，人心乍悅而旋疑，此正陰陽勝復之會，眷命隆替之機也。」除兼國史院編修官、實錄院檢討官，辭，不許。

祕書郎王應麟疏論行公田之害，又言：「應天變莫先回人心，回人心莫先受直言。箝天下之口，沮直臣之心，如應天何！」時直言者多忤賈似道意，故應麟及之。

46 高斯得自罷歸，杜門不出，至是應詔上封事曰：「陛下專任一相，虛心委之，果得其人，宜天心克享，災害不生。而己未、庚申之歲，大水爲災，浙西之民，死者數千萬；連年旱暵，田野蕭條，物價翔踊，民命如綫。今妖星突出，其變不小，若非大失人心，何以致天怒如此之暴！」賈似道匿其疏不以聞。

47 辛未，彗化爲霞氣而散，自見至滅，凡四十餘日。

48 九月，壬申朔，蒙古立翰林國史院。

49 辛巳，蒙古主至自上都。

50 建寧府學教授謝枋得考試宣城及建康，摘賈似道政事爲問，極言權姦擅國，天心怒，地氣變，民心離，人才壞，國有亡證。漕使陸景思，上其藁於似道，於是左司諫舒有開劾枋得校文發策，怨望騰謗，大不敬，乙未，謫居興國軍。【考異】元文類載李源道文節先生謝公神道碑云：至元初，長星竟天踰月，我師壓江上，先生憤賈竊政，發策十問。然其時元師未嘗即壓江上也，今從宋史本傳。

51 賈似道請行經界推排法於諸路，由是江南之地，尺寸皆有稅，而民力益竭。似道又以物貴由於楮賤，楮賤由於楮多，乃更造銀關，每一準十八界會之三，出奉宸庫珍貨，收斂會於官，廢十七界會不用。其制，上一黑印如「西」字，中三紅印相連如「目」字，下兩旁各一小長黑印，宛然一「賈」字也。」自銀關行，物益貴而楮益賤。

52 冬，十月，壬寅朔，高麗國王王植（禃）入朝于蒙古。

53 乙丑，帝有疾。丁卯，帝崩。

帝多嗜慾，怠於政事，經筵性命之講，徒資虛談。權移姦臣，史彌遠、丁大全、賈似道，竊弄威福，與相終始。兵連禍結，疆土日蹙，拘留聘使，自速滅亡。崩年六十一。

皇太子禥卽位，尊皇后謝氏曰皇太后。時有議太后垂簾聽政者，權參知政事葉夢鼎曰：「母后垂簾，豈是美事！」乃止。

54 以太后生日爲壽崇節。

55 總統祁昌由間道運糧入得漢城，幷欲遷其郡守向良及官吏親屬於內地，蒙古都元帥楊大淵遣從子文安邀擊之。昌立栅椒原以守，大淵合兵攻之，連戰三日，獲祁昌，并得其所獲官吏親屬。

56十一月，丙戌，帝初聽政，御後殿。進葉夢鼎參知政事，命馬廷鸞，留夢炎兼侍讀，李伯玉、陳宗禮、范東叟兼侍講，何基、徐幾兼崇政殿說書。詔求直言。又詔先朝舊臣趙葵、謝方叔、程元鳳、馬光祖、李曾伯，各上言以匡不逮，召江萬里、王爚、洪天錫、湯漢等赴闕。夢鼎力辭新命，賈似道奏：「參政去則江萬里、王爚必不至。」帝亦慰留之。

57詔躬行三年喪。復濟王竑元贈少師、節度使，有司討論墳制，增修之。

58趙葵疏陳邊事曰：「老臣出入兵間，備諳此事，願朝廷謹之重之。」賈似道見而作色曰：「此三京敗事者之言也。」

59御史劾宦官李忠輔、何舜卿等贓罪，並竄遠方。

60壬辰，蒙古罷領中書左右部，併入中書省。

初，中書左右部，阿哈瑪特、阿哩（舊作阿里。）領之。阿哈瑪特以河南鈞、徐諸州俱有鐵冶，請興鼓鑄之利，乃括戶三千興煽之，歲輸鐵一百三萬七千斤。又以太原民煮小鹽，越境販賣，民貪其價廉，競買食之，解鹽以故不售，歲入課銀止七千五百兩，請歲增五千兩，無問諸色兵民，均出其賦。至是罷左右部，以阿哈瑪特爲平章政事，阿哩爲中書右丞。

61蒙古廉希憲建言：「自開國以來，納土及始命之臣，咸令世守，至今將六十年，子孫皆奴視部下，都邑長吏皆其皁隸僮使，前古所無。宜更張之，使考課黜陟。」蒙古主從之。庚午，詔罷諸侯世守，立遷轉法。

62蒙古以張惠行省山東。

惠至官，以銀贖俘四二百餘家爲民，其不能歸者使爲僧，建寺居之。山東民因李璮之亂，被軍士擄掠者甚衆，惠大括軍中，悉縱之；又奏選良吏，去冗官，民瘼以蘇。

63（十二月），辛丑（朔），詔改明年爲咸淳元年。

64壬寅，戒贓吏，絕貢羨餘。

65甲辰，詔以生日爲乾會節。

66是歲，蒙古眞定、順天、河間、順德、大名、濟南、東平、泰安、高唐、洺、磁、曹、濮、濟、博、德、濱、棣等府、州大水。

67蒙古張文謙以中書左丞行省西夏、中興等路，董文用爲行省郎中，以河渠副使郭守敬從。

中興自琿搭哈舊作渾都渾（海），今改。之亂，民間相恐動，竄匿山谷，文用爲書置通衢諭之，民乃安。羌俗素鄙野，事無統紀，文謙得蜀士陷於俘虜者五六人，理而出之，使習吏事，旬月間，簿書有品式，子弟亦知讀書，俗爲一變。先是古渠在中興者，一名唐來，其長四百里，一名漢延，長二百五十里，他州正渠十，皆長二百里，支渠大小六十八，灌田九萬餘頃。兵亂以來，廢壞淤淺，守敬更立牐堰，皆復其舊，遂墾中興、西涼、甘、肅、瓜、沙等州之土爲水田，民之歸者四五萬，悉授田。

文用造舟黃河中，受諸部落及潰叛之來降者。時諸王遜克特穆爾舊作只必帖木兒，今改。鎮西方，其下縱橫需索無厭，行省不能支，文用坐幕府，輒面折以法。其徒積忿，譖文用於王，王怒，召文用，使左右雜問之，意叵測。文用曰：「我天子命吏，非汝等所當問。願得與天子所遣爲王傅者辨之。」王卽遣其傅訊文用。傅故中朝舊臣，不肯順王意，文用曰：「我漢人，生死不足計。所恨仁慈寬厚如王，以重威鎮遠方，其下毒虐百姓，淩暴官府，傷王威名，於事體不便。」因歷指其不法者數十事。其傅驚起白王，王卽召文用謝之，曰：「非郎中，我殆不知。郎中持此心事朝廷，宜勿怠。」由是譖不行，而省府事始立。

續資治通鑑卷第一百七十八

賜進士及第兵部尚書兼都察院右都御史總督湖北
湖南等處地方軍務兼理糧餉世襲二等輕車都尉　畢沅　編集

宋紀一百七十八 起旃蒙赤奮若（乙丑）正月，盡著雍執徐（戊辰）九月，凡三年有奇。

度宗端文明武景孝皇帝 諱禥，太祖十一世孫，父嗣榮王與芮，理宗母弟也。嘉熙四年四月九日，生于紹興府榮邸。初，榮文恭王夫人全氏夢神言：「帝命汝孫，然非汝家所有。」嗣榮王夫人錢氏夢日光照東室。是夕，齊國夫人黃氏亦夢神人采衣擁一龍納懷中，已而有娠。及生，室有赤光。七歲始言，言必合度，理宗奇之。及在位歲久無子，乃屬意託神器焉。淳祐六年十月，賜名孟啓，以皇姪入內小學；十年正月，封益國公；十一年正月，改賜名孜，進封建安郡王；寶祐元年正月，改賜今名，進封永嘉郡王；二年十月，進封忠王；景定元年六月壬寅，立爲皇太子。

咸淳元年 蒙古至元二年。（乙丑、一二六五）

1春，正月，辛未朔，日有食之。

2丞相賈似道請爲總護山陵使，不允，尋下詔獎諭。癸酉，直學士院留夢炎疏留似道。甲戊，諫議大夫朱貔孫等亦請改命，不報。

[3]以牟子才爲翰林學士，力辭。帝在東宮，雅敬子才，言必稱先生。子才求去不已，以資政殿學士致仕，尋卒。

[4]己卯，蒙古以鄧州監戰諸海、舊作訥懷，今改。新舊軍萬戶董文炳並爲河南副統軍。

[5]甲申，蒙古申嚴越界販馬之禁，違者死。

乙酉，以河南、北荒田分給蒙古軍耕種。

[6]蒙古千戶楊文安，俘得漢守臣向良家屬以招良，良以城降於蒙古。

[7]二月，辛丑朔，南軍與蒙古元帥約哈蘇舊作按東，今改。戰于釣魚山而敗，沒戰艦百四十六艘。

[8]甲辰，蒙古初立宮闈局。

[9]丁未，以姚希得參知政事，江萬里同知樞密院事。

[10]丁巳，蒙古主如上都。

蒙古主嘗召崔斌，斌下馬步從，蒙古主命之騎，因問爲治大體，今當何先。斌以任相對。蒙古主曰：「汝爲我舉可爲相者。」斌以安圖、舊作安童，今改。史天澤對。蒙古主默然良久，斌曰：「陛下豈以臣猥鄙，所舉未允公議，有所惑歟？今近臣咸在，乞采輿言，陛下裁之。」蒙古主俞其請。斌立馬飈言曰：「有旨問安圖爲相可否。」衆歡然呼萬歲。蒙古主悅。

11 庚申，置籍中書，記諫官、御史言事，歲終以考成績。

12 壬戌，以端明殿學士王爚簽書樞密院事。

13 癸亥，蒙古并六部爲四，以敏珠爾多卜丹舊作麥朮丁，今改。爲吏、禮部尚書，馬亨戶部尚書，嚴忠範兵、刑部尚書，帕哈哩舊作別魯丁，今改。工部尚書。

14 甲子，蒙古以蒙古人充各路達嚕噶齊，舊作達魯花赤，今改。漢人充總管，回回人充同知，永爲定制。

15 蒙古以同知東平路宣慰使保赫鼎舊作寶合丁，今改。爲平章政事，山東廉訪使王晉參知政事。廉希憲、商挺罷。

16 蒙古詔：「總統所僧人，通五大部經者爲中選，以有德業者爲州郡僧錄、判、正副都綱等官，仍於各路設三學講、三禪會。」

17 三月，甲申，葬建道備德大功復興烈文仁武聖明安孝皇帝于永穆陵，廟號理宗。

18 丁亥，蒙古敕邊軍習水戰、屯田。

19 乙未，蒙古罷南北互市，括民間南貨，官給其直。

20 蒙古以遼東饑，發粟賑之。

21 夏，四月，戊午，加賈似道太師，封魏國公。帝以似道有定策功，每朝，必答拜，稱之曰「師臣」而不名，朝臣皆稱爲「周公」。山陵事竣，似道徑棄官還越，而密令呂文德詐報蒙古兵攻下沱急，朝中大駭。帝與太后手詔起之，似道乃至。欲以經筵拜太師，而典故須建節，乃授鎭東軍節度使。似道怒曰：「節度使，粗人之極致耳！」遂命出節，都人聚觀。節已出，復曰時日不利，亟命返之。舊制，節出，撤關壞屋，無倒節理，以示不屈，至是人皆駭歎。

22 五月，庚寅，蒙古令：「軍中犯法，不得擅自誅戮，罪輕斷遣，重者聞奏。」

23 閏月，乙巳，以久雨，京城減直糶米三萬石。自是米價高卽發廩平糶以爲常。

24 丁未，發錢二十萬贍在京小民，二十萬賜殿步馬司軍人，二萬三千賜宿衞。自是行慶、卹災或遇霪雨、雪寒，咸賜如上數。

25 癸丑，以江萬里參知政事，王爚同知樞密院事，禮部尚書馬廷鸞簽書樞密院事。

26 召高斯得爲中書舍人兼侍講。斯得進高宗繫年要錄綱目，帝善之。

27 癸亥，蒙古移秦蜀行省於興元。

28 丁卯，蒙古以平章政事趙璧行省於南京，廉希憲行省於東平，姚樞行省於西京。

29 蒙古詔：「諸路州府，若自古名郡戶數繁庶，且當衝要者，不須改併，其戶不滿千者，可併則併之，附郭縣止令州府官兼領。」於是併省州縣凡二百二十餘所。

30 六月，己卯，蒙古參知政事王晉罷。

31 乙酉，名理宗御製閣曰顯文，置學士、待制等官。

32 殿中侍御史陳宗禮疏言：「恭儉之德，自上躬始；淸白之規，自宮禁始。左右之言利者必斥，蹊徑之私獻者必誅。」時帝多內寵，故宗禮以爲言。宗禮嘗以詩進講，因言：「帝王舉動，無微不顯，古人所以貴愼獨也。」帝擢宗禮權禮部侍郎兼給事中。

33 秋，七月，辛酉，蒙古益都大蝗，饑，命減價糶官粟以賑。

34 癸亥，以諒陰，命宰執類試阮登炳以下，依廷試例出身。

35 八月，己卯，蒙古諸宰執皆罷，以安圖爲中書右丞相，巴延舊作伯顏，今改。爲左丞相。安圖時年二十一，入辭曰：「今三方雖定，江南未附，臣以年少，謬膺重任，恐四方有輕朝廷心。」蒙古主曰：「朕熟思之，無踰卿者。」

巴延少隨其父於西域，宋王實喇圖舊作旭烈兀，今改。遣入奏事，蒙古主見其貌偉，曰：「非諸侯王臣也，其留事朕。」與謀國事，恆出廷臣右，益賢之；敕安圖以女弟妻之，曰：「爲巴延婦，不慚爾氏矣。」至是拜左丞相。諸曹百事有難決者，徐以一二語決之，衆服曰：「眞宰輔也！」

36 （甲午），蒙古元帥阿珠舊作阿朮，今改。率兵至廬州及安慶諸路，統制范勝、統領張林、正將高興、副將高迪迎戰，皆死之。詔各官其一子。

37總管方富由開州運糧餉達州，蒙古千戶楊文安邀擊之，富被擒。蒙古以文安充東路征行元帥。

38戊子，蒙古主歸自上都。（校者按：此條應移36前。）

39九月，庚子，蒙古皇孫特穆爾舊作鐵木爾，今改。生，燕王珍戩舊作眞金，今改。子也。

40蒙古大名大水，管民總管張弘範輒免其租賦，朝議罪其專擅，弘範請入見，進曰：「臣以爲朝廷儲小倉，不若儲之大倉。」蒙古主曰：「何說也？」對曰：「今歲水潦不收，而必責民輸租，倉雖實而民死亡且盡，明年租將安出？若使不致逃亡，則歲有恆收，非陛下之大倉乎？」蒙古主曰：「知體，其勿問。」

41壬子，命訪司馬光、蘇軾、朱熹後人之賢能者，各上其名錄用。

42庚申，吏部侍郎李常上七事，曰崇廉恥，嚴鄉學，擇守令，黜貪汚，讞疑獄，任儒帥，修役法。

43起居郎兼侍讀湯漢言：「陛下持敬心以正百度，其愛身也，必不以物欲撓其和平；其正家也，必不以私昵隳其法度。政事必主於朝延〔廷〕而預防夫私門，人才必出於明揚而深杜夫邪徑。」帝不納。

44 先是蒙古主以安圖幼未更事，召許衡于懷孟，楊誠於益都，俾議中書省事，及衡至，陳時務五事：

其一曰：「考之前代，北方之有中夏者，必行漢法，乃可長久，故後魏、遼、金，歷年最多，他不能者，皆亂亡相繼，史冊具載，昭然可考。夫陸行宜車，水行宜舟，反之則不能行；幽燕食寒，蜀漢食熱，反之則必有變。以是論之，國家之當行漢法無疑也。然萬世國俗，累朝勳舊，一旦驅之下從臣僕之謀，改就亡國之俗，其勢有甚難者。竊嘗思之，寒之與暑，固爲不同；然寒之變暑也，始于微溫，積百有八十餘日而寒始盡，暑之變寒，其勢亦然，是亦積之驗也。苟能漸之摩之，待以歲月，心堅而確，事易而常，未有不可變者。此在陛下尊信而堅守之，不雜小人，不責近效，不卹流言，則致治之功，庶幾可成矣。」

其二曰：「中書之務，不勝其煩，然大要在用人、立法二者而已。近而譬之，髮之在首，不以手理而以櫛理；食之在器，不以手取而以匕取。手雖不能，而用櫛與匕，是卽手之爲也。上之用人，何以異此！人莫不飲食也，獨膳夫爲能調五味之和，莫不覩日月也，獨星官爲能步虧食之數者，誠以得其法也。古人有言曰：『爲高必因丘陵，爲下必因川澤，爲政必因先王之道。』今里巷之談，動以古爲詬戲，不知今日口之所食，身之所衣，皆古人遺法而不可違者，豈天下之大，國家之重，而古之成法反可違也！夫治人者，法也；守法者，人也。

人法相維，上安下順，而宰執優游於廊廟之上，不煩不勞，此所謂省也。」

其三曰：「民生有欲，無主乃亂。上天眷命，作之君師，此蓋以至難任之，非予之可安之地而娛之也。天下之大，兆民之衆，事有萬變，日有萬機，人君以一身一心而酬酢之，欲言之無失，豈易能哉！故有昔（之）所言而今日忘之者，今之所命而後日自違者，可否異同，紛更變易，紀綱不得布，法度不得立，臣下無所持循，姦人因以爲弊，天下之人，疑惑驚眩，議其無法無信，此無他，至難之地，不以難處而以易處故也。苟一言一行，必求其然與其所當然，不牽于愛憎，不蔽于喜怒，虛心端意，熟思而審處之，雖有不中者鮮矣。人之情僞，有易有險，險者難知，易者易知。然又有衆寡之分焉，寡則易知，衆則難知。故在上者難于知下，而在下者易于知上，其勢然也。處難知之地，御難知之人，欲其不見欺也難矣。故人君惟無喜怒也，有喜怒，則贊其喜以市恩，鼓其怒以張勢；惟無愛憎也，有愛憎，則假其愛以濟私，藉其憎以復怨。甚至本無喜也詎之使喜，本無怒也激之使怒，本不足愛也而妄譽之使愛，本無可憎也而強短之使憎。若是，則進者未必爲君子，退者未必爲小人，予者未必有功，奪者未必有罪，以至賞之、罰之，生之、殺之，鮮有得其正者。人君不悟其受欺也，而反任之以防天下之欺，欺而至此，尚可防耶！雖然，此特人主之不悟者也，猶可說也。如宇文士及之佞，太宗灼見其情而不能斥，李林甫妒賢嫉能，明皇洞見其姦而不能退，邪之惑人有如此者，可不畏哉！夫上以誠愛下，則下以忠報上，感應之理然也。然考之往昔，有不可以常情論者。禹抑洪水以救民，啓又能敬承繼禹之道，其澤深矣；然一傳而太康失道，則萬姓仇怨而去者，何耶？漢高帝起布衣，天下景從，滎陽之難，紀信至捐生以赴急，則人心之歸可見矣；及天下已定，而沙中有謀反者，又何耶？竊嘗思之，禹、啓愛民如赤子，而太康逸豫以滅德，是以失望；漢高以寬仁得天下，及其已定，乃以愛憎行誅賞，是以不平。古今人君，凡有恩澤於民而民怨且怒者，皆類此也。」

其四曰：「今國家徒知斂財之巧而不知生財之由，徒知防人之欺而不知養人之善。誠能優重農民，勿擾勿害，毆游惰之人而歸之南畝，課之種藝，懇諭而篤行之，十年之後，倉府之積，當非今日之比矣。自都邑而至州縣，皆設學校，使皇子以下至于庶人之子弟，皆入于學，以明父子、君臣之大倫，自洒掃應對以至平天下之要道。十年以來，上知所以御下，下知所以事上，上下和睦，又非今日之比矣。二者之行，萬目斯舉，否則他皆不可期也。」

其五曰：「天下所以定者，民志也；民志定而士安於士，農安於農，工、商安於工、商，則在上之人有可安之理矣。苟民不安於白屋，必求祿仕，士不安於卑位，必求尊榮，四方萬里，輻輳並進，各懷無厭無恥之心，在上之人，可不爲寒心哉！臣聞取天下者尙勇敢，守天下者尙退讓，取也、守也，各有其宜，君人者不可不審也。夫審而後發，發無不中，否則觸事而遽喜怒之，色見于貌，言出于口，人皆知之。徐考其故，知其無可喜者，則必悔其喜之失；無可怒者，則必悔其怒之失；甚至先喜而後怒，先怒而後喜，號令數變，喜怒不節之故也。先王潛心恭默，不易喜怒，其未發也，雖至近莫能知；其發也，雖至親莫能移；是以號令簡而無悔，則無不中節矣。」

蒙古主嘉納之。

45夏貴率軍五萬攻潼川，蒙古都元帥劉元禮所領纔數千，衆寡不敵，諸將登城有懼色。元禮曰：「料敵制勝，在智不在力。」乃出戰，貴軍卻走。復大戰於蓬溪，自寅至未，勝負不決。元禮激厲將士曰：「此去城百里，爲敵所乘，則城不可得入，潼川非國家有矣。丈夫當以死戰取功名，時不可失也。」卽持長刀突陣，將士咸奮，貴兵大敗。元禮，元振之弟也。蒙古主召而厚賚之，命復還潼川，元禮遂立蓬溪寨。

46冬，十月，己卯，蒙古饗於太廟。

47蒙古安圖，言事忤旨，董文忠曰：「丞相素有賢名，今秉政之始，人方傾聽，所請不得，後何以爲！」遂從旁代對，懇悃詳切，蒙古主從之。

48十一月，辛丑，以禮部尙書留夢炎簽書樞密院事。

49十二月，庚午，蒙古平章政事宋子貞，言朝省之政，不宜數行數改；及刑部所掌，事干人命，尙書嚴忠範年少，宜選老于刑名者爲之；又請罷北京行中書省，別立宣慰司以控制東北州郡；並從之。蒙古主頗悔用子貞晚；未幾，子貞以年老告退，蒙古主慰留之。

50 己丑，蒙古瀆山大王(玉)海成，敕置廣寒殿。

咸淳二年 蒙古至元三年。(丙寅、一二六六)

1 春，正月，壬子，蒙古立制國用使司，以阿哈瑪特(舊作阿合馬。)爲使。阿哈瑪特專以掊克爲事，左右司郎崔斌曰：「與其有聚斂之臣，寧有盜臣。」屢言其姦惡，蒙古主不聽。

2 癸丑，參知政事江萬里罷。

時賈似道以去要君，帝至拜留之，萬里以身掖帝云：「自古無此君臣禮！陛下不可拜，似道不可復言去。」似道不知所爲，下殿，舉笏謝萬里曰：「微公，似道幾爲千古罪人！」然以此益忌之。帝在經筵，每問經史疑義及古人姓名，似道不能對，萬里常從旁代對，王夫人稍知書，帝語夫人以爲笑。似道聞之，積慚怒，謀逐萬里，萬里亦四上疏求退，乃以資政殿大學士奉祠。

3 蒙古許衡以病告，安圖親候其館，與語良久，既還，念之不釋。蒙古主諭衡曰：「安圖尙幼，未更事，卿輔導之。汝有嘉謨，當先告之以達，朕將擇焉。」衡對曰：「安圖聰敏，且有執守，告以古人所言，悉能領解，臣不敢不盡心。但慮中有人間之則難行，外用勢力納人

〔入〕其中則難行。臣入省之日淺，所見如此。」蒙古主命衡五日一赴省議事。

4 二月，丙寅，蒙古以廉希憲爲中書平章政事，張文謙爲中書左丞，史天澤爲樞密院副使。

時諸勢家言有戶數千當役屬爲奴者，議久不決。文謙請「以乙未歲戶帳爲斷，奴之未占籍者，歸之勢家可也；其餘良民，無爲奴之理。」議遂定。

5 癸未，蒙古主如上都。

6 甲申，蒙古罷西夏行省，立宣慰司。

7 辛卯，詔左右史循舊制立侍御坐前。

8 三月，乙巳，詔：「郡守爲任兩年，方別授官。」

9 夏，四月，丁卯，蒙古五山珍御榻成，置瓊華島廣寒殿。

10 壬午，參知政事姚希得罷。

11 甲申，侍御史程元岳上言：「帝王致壽之道在修德，後世怵邪說以求之，往轍可鑒。修德之目有三：曰清心，曰寡慾，曰崇儉。皆致壽之原。」帝嘉納之。

12 五月，丙午，蒙古詔：「凡良田爲僧所據者，聽蒙古人分墾。」

13 甲寅，以王爚參知政事，留夢炎同知樞密院事，刑部尚書包恢簽書樞密院事。

惬所至以嚴爲治，破豪猾，去姦吏，治蠱獄，政聲赫然。經筵奏對，誠實懇切，至身心之要，未嘗不從容諄至，帝比爲程顥、程頤。

14陳宗禮進讀孝宗聖訓，因言：「安危治亂，第起於念慮之間。念慮稍差，禍亂隨見，天下之亂，未有不起於微而成於著。」又言：「不以私意害公法，乃國家之福。」帝曰：「孝宗家法，惟賞善罰惡爲尤謹。」宗禮曰：「有功不賞，有罪不罰，雖堯、舜不能治天下，誠不可不謹也。」旋擢禮部尚書。宗禮乞奉祠，帝曰：「豈朕不足與有爲耶！」遂予郡。

15六月，丁卯，蒙古封皇子納穆哈舊作南木合，今改。爲北平王。

16丙子，蒙古立漕運司。

17戊寅，蒙古命山東統軍副使王仲仁督造戰船于汴。

18壬午，以衢州饑，命守令分勸諸藩邸，發廩助之。

19史館檢閱慈谿黄震輪對，言時弊：曰民窮，曰兵弱，曰財匱，曰士大夫無恥。請罷給僧道度牒，使其徒老死即消弭之，收其田入，可以富軍國，紓民力。時宫中建内道場，故震首及之，帝怒，批降三級，用諫官言得寢，出通判廣德軍。

20秋，七月，壬寅，禮部侍郎李伯玉言：「人才貴乎養，養不貴速成，請罷童子科，息奔競，以保幼稚良心。」詔從之。

21賈似道嘗集百官議事，忽厲聲曰：「諸君非似道拔擢，安得至此！」衆默然莫敢應者。李伯玉曰：「伯玉殿試第二人，平章不拔擢，伯玉地步亦可以至此。」似道雖改容，而有怒色。伯玉退，即治歸，遂以顯文閣待制出知隆興府。

22丙午，蒙古遣使祀五岳、四瀆。

23先是蒙古東平萬戶嚴忠範【考異】禮樂志作「光範」，今從傳。奏：「太常登歌樂器，樂工已完，宮縣文武二舞未備，請以東平漏籍戶充之，合用樂器，官爲置備。」中書命左三部、太常寺、少府監於興禪寺置局，委官楊天祐、太祝郭敏董其事。大樂正翟剛，辨驗音律，充收受樂器官。丞相耶律鑄又言：「今製宮縣，大樂內編磬十二虡，宜於諸處選石材爲之。」太常寺以新撥宮縣樂工、文武二舞四百十二人，未習其藝，遣大樂令許政往東平敎之。大樂署言：「堂上下樂舞官員及樂正合用衣冠、冠冕、鞾履，請行製造。」中書、禮部移準太常博士議定制度，下所屬製造。既而省臣言：「太廟殿室向成宮縣，樂器咸備，請徵東平樂工赴京師肄習。」是月，新樂服成，樂工至自東平，敕翰林院定擬八室樂章，太樂署編運舞節，俾肄習之。

24八月，癸亥，蒙古賜丞相巴延第一區。

25丁卯，蒙古遣兵部侍郎赫迪、舊作黑的，今改。禮部侍郞殷弘使日本，賜書，約通問結好。詔高麗導使至其國。

26九月，戊午，蒙古主歸自上都，謂廉希憲曰：「吏廢法而貪，民失業而逃，工不給用，財不贍費，先朝患此久矣。自卿等爲相，朕無此憂。」對曰：「陛下聖猶堯、舜，臣等未能以皋陶、稷、契之道贊輔太平，懷愧多矣。今日小治，未足多也。」蒙古主因論及魏徵，希憲曰：「忠臣、良臣，何代無之！顧人主用不用爾。」未幾，有內侍傳旨入朝堂，言某事當爾。希憲曰：「此閹宦預政之漸也。」遂入奏，杖之。

27冬，十月，丁丑，蒙古太廟成，丞相安圖、巴延言祖宗世數、尊謚、廟號，增祀四世各廟神主，配饗功臣法服、祭器等事，皆宜定議，蒙古主命平章政事趙璧等集羣臣，議定烈祖、太祖、太宗、卓沁、（舊作朮赤。）察哈岱、（舊作察合台。）睿宗、定宗、憲宗爲八室。

28蒙古同知滕州郭侃言：「宋人羈留我使，宜興師問罪。淮北可立屯田三百六十所，一屯所田，足供軍旅一日之需。」

29壬寅，蒙古命制國用司造神臂弓千張，矢六萬。

30蒙古總帥汪惟正，遣將由間道襲開州，楊文安遣千戶王福引兵助之。福先登，城遂陷，守將龐彥海投崖死，蒙古留兵戍其地。

31十一月，辛卯，蒙古初給京府州縣司官吏俸及職田。

32戊戌，蒙古瀕御河立漕倉。

33丁未，蒙古平章政事宋子貞致仕。子貞私居，每聞朝延〔廷〕事有不便于民者，必封疏上奏。愛君憂國，不以進退異其心。尋卒。

34辛亥，蒙古以呼圖塔爾（舊作忽都答兒。）爲中書左丞相。

35蒙古詔禁天文、圖讖等書。

36乙卯，少師致仕趙葵卒，謚忠靖。

37丁巳，利東安撫使、知合州張珏，遣統制史炤、監軍王世昌復廣安大梁城。

38初，孝宗頒朱熹社倉法于天下，廣德軍官爲置倉，民困于納息，至以息爲本，而息皆橫取于民，至有自經者。人以熹之法，不敢議，黃震曰：「堯、舜、三代聖人，猶有變通，安有先儒爲法，不思救其弊耶！況熹法，社倉歸之于民，而官不得與。官雖不與，終有納息之患。」震爲別買田六百畝，以其租代社倉息，約非凶年不貸，而貸者不取息。由是民得免于橫取。

39十二月，辛酉，蒙古改四川行樞密院爲中書省，以賽音諤德齊（舊作賽典赤，今改。）約蘇爾岱〔岱爾〕（舊作也速帶兒，今改。）等僉行中書省事。

40蒙古劉元禮奏：「嘉定去成都三百六十里，其間舊有眉州城，可修復之，以扼嘉定往來之路。」蒙古主命趙璧往視可否。或以爲眉州荒廢已久，立之無關利害，徒費財力，元禮力爭。璧從元禮議，遂城之。

41 蒙古都水少監郭守敬言：「金時自燕京之西麻峪郝分引盧溝一支東流，穿西山而出，是謂金口，其水自金口以東，燕京以北，灌田若干頃，其利不可勝計。兵興以來，典守者懼有所失，因以大石塞之。今若按視故蹟，使水得通流，上可以致西山之利，下可以廣京畿之漕。」又言：「當于金口西預開減水口，西南還大河，令其深廣，以防漲水突入之患。」蒙古主善之。丁亥，命鑿金口，導盧溝水以漕西山木石。

42 蒙古平陽路總管鄭鼎，以平陽地狹人衆，常乏食，乃導汾水溉民田千餘頃，開潞河鵬黃嶺道，以來上黨之粟，建橫澗故橋，以便行旅，修學校，厲風俗，民德之。

43 是歲，蒙古東平、濟南、益都、平灤、眞定、洺磁、順天、中都、河間、北京蝗，京兆、鳳翔旱。

咸淳三年 蒙古至元四年。（丁卯、一二六七）

1 春，正月，己丑朔，郊，大赦。

2 壬辰，以王爚知樞密院事，知慶元軍府事葉夢鼎參知政事，吏部尙書常挺簽書樞密院事。

3 丁酉，奉皇太后寶，上尊號曰壽和。謝堂等二十七人各進一秩，旋命太后親屬謝奕修等二十八人各升補一秩。

4 癸卯，册妃全氏爲皇后。

5 蒙古敕修曲阜孔子廟。

6 乙巳，蒙古禁僧官侵理民訟。

7 戊申，帝詣太學謁孔子，行釋菜禮。以顏淵、曾參、孔伋、孟軻配饗，升顓孫師于十哲，列邵雍、司馬光于從祀，雍封新安伯。講官、監官、三學長、貳及諸生，推恩有差。

8 辛卯〔亥〕，蒙古以趙璧爲樞密副使。

9 戊午，蒙古城大都，以張柔判行工部尚書事，柔子弘略爲築宮城總管。尋進封柔蔡國公。【考異】元城大都，張柔傳及弘略傳俱作三年事，今從本紀。

10 許衡屢以疾告，蒙古主時賜藥醞；是月，乃聽其歸懷孟。

11 二月，己未，復廣安軍，詔改爲寧西軍。

12 庚申，蒙古以鈕祜祿納哈（舊作粘合南合。）復爲平章政事，阿哩（舊作阿里。）復爲中書右丞。

13 賈似道上疏乞歸養，帝命大臣侍從傳旨固留之。祕書少監王應麟，奏孝宗朝闕相者亦踰年，似道聞而惡之，語包恢曰：「我去朝士若王伯厚者多矣，但此人素著文學名，不欲使天下謂我棄士，盍思少貶！」伯厚，應麟字也。恢以告應麟，應麟笑曰：「迕相之患小，負君之罪大。」

14乙丑，特授賈似道平章軍國重事，一月三赴經筵，三日一朝，治事都堂，賜第西湖之葛嶺，使迎養其中。似道於是五日一乘湖船入朝，不赴都堂治事，吏抱文書就第呈署，大小朝政，一切決于館客廖瑩中、堂吏翁應龍，宰執充位而已。

似道雖深居，凡臺諫彈劾、諸司薦辟及京尹、畿漕一切事，不關白不敢行。正人端士，斥罷殆盡。吏爭納賂求美職，圖爲帥閫、監司、郡守者，貢獻不可勝計，一時貪風大肆。兵喪於外，匿不以聞，民怨於下，誅責無藝，莫敢言者。太府寺主簿陳蒙嘗入對，極言似道爲相，國政闕失。後爲淮東總領財賦，似道誣以貪汚，安置建昌軍，籍其家。

15丁卯，蒙古改經籍所爲弘文院。

16丁亥，蒙古主如上都。

17三月，己丑，蒙古復以耶律鑄爲中書左丞相。

安圖言：「比者省官員數，平章、左丞各一員，今丞相五人，素無此例。臣等擬設二丞相，臣等蒙古人三員，惟陛下所命。」詔以安圖爲長，史天澤次之，其餘蒙古、漢人參用，勿令員數過多。安圖又言：「內外官須用老成人，宜令儒臣姚樞等入省議事。」蒙古主曰：「此輩雖閑，猶當優養，其令入省議事。」

18 丁巳，蒙古耶律鑄制宮縣樂成，賜名大成樂。

19 夏，四月，甲子，蒙古新築宮城成。

20 五月，丁丑朔，日有食之。

21 蒙古敕上都重建孔子廟。

22 戊申，詔曰：「比嘗命有司按月給百官俸，惟官愈卑，去民愈親，仍聞過期弗予，是吏奉吾命不虔也，諸路監司其嚴糾劾。」

23 六月，壬戌，加授呂文德少傅，馬光祖參知政事，李庭芝兵部尚書，並職任依舊。

24 乙丑，蒙古復以史天澤爲中書左丞相，呼圖達爾、耶律鑄並降平章政事，巴延降中書右丞，廉希憲降中書左丞，阿哩、張文謙並降參知政事。

25 蒙古近臣有訟史天澤親黨布列中外，威權日盛，漸不可制，詔罷天澤政事，使待鞫問。廉希憲進曰：「天澤事陛下久，知天澤深者，無如陛下。始自潛邸，多經任使，將兵牧民，悉有治效。陛下知其可付大事，用爲輔相。小人一旦有言，陛下嘗熟察其心迹，果有橫肆不臣者乎？今日信臣，故臣得預此旨；他日有訟臣者，臣亦遭疑。臣等備員政府，陛下之疑信若此，何敢自保！天澤旣罷，亦當罷臣。」蒙古主良久曰：「卿且退，朕思之。」明日，諭希憲曰：「昨思之，天澤無對訟者。」事遂解。

26 癸酉，進封美人楊氏爲淑妃。

27 己卯，知樞密院事王爚罷，知慶元府。

28 蒙古以高麗不能導使達日本，詔責高麗王禃（禃）；仍令遣官至彼宣布，以必得要領爲期。

29 秋，八月，乙丑，進封嗣榮王與芮爲福王，主榮王祀事。

30 辛未，以留夢炎爲樞密使，常挺同知樞密院事。

31 壬申，以久雨，命決滯獄。

32 以沿海制置使葉夢鼎爲特進、右丞相兼樞密使，累辭，不許，乃與賈似道分任。利州路轉運使王价以言去，及价死，其子愬求遺澤，夢鼎與之。似道以恩不出己，罷省部吏數人，夢鼎怒曰：「我斷不爲陳自強。」卽求去。似道母責似道曰：「葉丞相安于家食，未嘗求進。汝強與之相印，今乃牽制至此，若不從吾言，吾不食矣。」似道曰：「爲官不得不如此。」會太學諸生亦上書言似道專權固位，似道乃屬臨安尹洪燾求解。夢鼎請去愈力，帝不許。

33 丁丑，蒙古封皇子呼格齊（舊作忽哥赤。）爲雲南王。

34 是月，蒙古都元帥阿珠侵襄陽，遂入南郡，取僊人、鐵城等柵，俘生口五萬。軍還，南師邀之襄、樊間。阿珠乃自安陽灘以濟，留精騎五千陣牛心嶺，復立虛寨，設疑火。夜半，南師至，伏發，大敗，死者萬餘人。

35 九月，壬辰，蒙古作玉殿于廣寒殿中。

36 乙未，蒙古總帥汪良臣，請立寨于毋章德山，控扼江南，以當釣魚之衝，從之。

37 戊申，蒙古以許衡爲國子祭酒。

38 安南國王陳光昞遣使貢于蒙古，優詔答之。又俾其君長來朝，子弟入質，編民出軍，投納賦稅，置達嚕噶齊統治之。

39 癸丑，蒙古主歸自上都。王鶚請立選舉法，詔議舉行，有司難之，事遂寢。

40 蒙古左右司郎中崔斌，論事明決，進見必與近臣偕，其所獻替，雖密近之臣有不得與聞者，人多忌之。旋以論阿哈瑪特忤旨，出守東平。

41 冬，十月，庚申，復開州。

42 甲戌，大雷電。

趙景緯上疏曰：「雷發非時，竊藉迹今日之事而有疑焉。內批疊降而名器輕，宮閫不嚴而主威褻，橫恩之濫已收而復出，戢貪之詔方嚴而墮弛。宮正什伍之令，所以防奇衺，而或縱于乞憐之卑詞；緇黃出入之禁，所以嚴宸居，而間惑于禬禳之小數。以致彈墨未乾，而收拭之旨已下；駁奏未幾，而捷出之徑已開；命令多疑，則陽縱而不收；主意不堅，則陰閉而不密。陛下可不思致災之由，而亟求所以正之哉！願清其天君，以端出治之源；謹其號令，以肅紀綱之本；毋牽于私恩而廢公法；毋遷于邇言而亂舊章；去讒遠色，賤貨而貴德；則人心悅而天意得，可以開太平而兆中興矣。」

權中書舍人王應麟言：「十月之雷，惟東漢數見。命令不專，姦邪並進，卑踰尊，外淩內之象。當清天府，謹天命，體天德，以回天心。守成必法祖宗，御治必總威福。」賈似道惡其言，旋予祠。

43 庚辰，蒙古定品官子孫廕敍格

44 十一月，乙酉，蒙古饗於太廟。

45 丙申，故左丞相吳潛，追復光祿大夫。

46 庚戌，以常挺參知政事，馬廷鸞同知樞密院事。

廷鸞入奏，言培命脈，植根本，崇寬大，行仁厚。又言：「恢大度以優容，虛聖心而延佇，推內恕以假借，忍難行而聽納，則情無不達，理無不盡，姦人破膽，直士吐氣，天下事尚可為也。」

47 蒙古南京宣慰使劉整言于蒙古主曰：「攻宋方略，宜先從事襄陽。襄陽吾故物，由棄勿成，使宋得築爲強藩。若復襄陽，浮漢入江，則宋可平也。」蒙古主從之，詔徵諸路兵，命阿珠與整經略襄陽。

48 十二月，丙辰，以呂文煥改知襄陽府兼京西安撫副使。

49 丁卯，臺臣言敍復觀文殿學士皮龍榮，貪私傾險，嘗朋附丁大全，宜寢新命，詔予祠祿。

50 敕謝枋得放歸田里。

51 是歲，京師糴貴，勒平江、嘉興上戶運米入京，鞭笞囚繫，死于非命者十七八。太常寺主簿陸達，謂買田本以免和糴，今勒其運米，害甚于前。賈似道怒，出達知台州，未至而怖死。

52 司農卿李鏞言：「經界嘗議修明矣，而修明卒不行，嘗令自實矣，而自實卒不竟，豈非上之任事者每欲避理財之名，下之不樂其成者又每倡爲擾民之說！故寧坐視邑政之壞，而不敢詰猾吏姦民之欺，寧忍取下戶之苛，而不敢受豪家大姓之怨。蓋經界之法，必多差官吏，必悉集都保，必徧走阡陌，必盡量步畝，必審定等色，必細折計算，姦弊轉生，久不迄事。乃若推排之法，不過以縣統都，以都統保，選任富厚公平者，訂田畝稅色，載之圖册，使民有定產，產有定稅，稅有定籍而已。臣守吳門，已嘗見之施行，今聞紹興亦漸就緒，湖南漕臣亦以一路告成。竊謂東南諸郡，皆奉行惟謹，其或田畝未實，則令鄉局釐正之；圖册未備，則令縣局程督之。又必郡守察縣之稽違，監司察郡之怠弛，嚴其號令，信其賞罰，期之秋冬以竟其事，責之年歲以課其成，如周官日成、月要、歲會以綜核之。」于是詔諸路漕帥施行焉。

53 蒙古廉希憲，奏對激切，無少回曲，蒙古主曰：「卿昔事朕王府，多所容受。今爲天子臣，乃爾木強耶？」希憲對曰：「王府事輕，天下事重，一或面從，天下將受其害。臣非不自愛也。」

有訟四川帥奇徹舊作欽察，今改。者，蒙古主敕中書省急遣使誅之，明日，希憲覆奏，蒙古主怒曰：「尙爾遲回耶？」希憲對曰：「奇徹大帥，以一小人言被誅，民心必駭。收繫至此，與訟者廷對，然後明其罪於天下爲宜。」詔遣使者按問。其後事竟無實，奇徹得免。

方士請煉大丹，敕中書省給所需，希憲具以秦、漢故事進曰：「堯、舜得壽，不因大丹也。」蒙古主曰：「然。」遂卻之。

時方尊禮帝師，蒙古主命希憲受戒，對曰：「臣受孔子戒矣。」蒙古主曰：「孔子亦有戒耶？」對曰：「爲臣也忠，爲子也孝，孔子之戒，如是而已。」

咸淳四年蒙古至元五年。（戊辰、一二六八）

1 春，正月，癸巳，故守合州王堅，賜廟額曰報忠。

2 庚子，蒙古建城隍廟于上都。

3 乙巳，樞密使留夢炎罷，知潭州。

4 庚戌，詔曰：「邇年近臣無謂，輒引去以爲高，勉留再三，弗近益遠，往往相尙，不知其非義也。亦有一二大臣嘗勇去以爲重望，相踵至今。孟子與齊王不遇故去，是未嘗有君臣之情也，然猶三宿出晝，庶幾改之。儒者家法，無亦取此乎！朕于諸賢，允謂無負，其弗高尙，使人疑于負朕。」

5 閏月，戊午，蒙古令益都漏籍戶四千，淘金登州棲霞縣，每戶輸金歲四錢。

6 三月，甲（丙）寅，蒙古禁民間兵器，犯者驗多寡定罪。

7 丁丑，蒙古罷諸路女直、契丹、漢人爲達嚕噶齊者，回回、輝和爾、（舊作畏兀兒。）奈曼、（舊作乃蠻。）唐古特（舊作唐兀。）人仍舊。

8 夏，四月，庚寅，乾會節，帝御紫宸殿受賀。謝方叔以嘗爲東宮官，自豫章以一琴、一鶴、金丹一鑪獻帝，賈似道疑其觀望再相，諷諫官趙順孫，論其不當誘人主爲聲色之好，帝曰：「謝方叔託名進香，擅進金器，且以先帝手澤，每繫之跋，率多包藏，至以先帝行事爲己功，殊失大臣體，宜貶一秩。」於是盧鉞等相繼論列方叔昨蜀、廣敗事，誤國殄民，今又違制擅進，削一秩罰輕。詔削四秩，奪觀文殿大學士、惠國公，罷宰臣恩數，仍追寶奎錄并繫跋眞本來。上欲謫之遠郡，呂文德請以己官贖方叔罪，乃止奪官祠。

9丙申，右正言黃鏞言：「今守邊急務，非兵農合一不可。一曰屯田，二曰民兵。川蜀屯田爲先，民兵次之。淮、襄民兵爲先，屯田次之。以足食足兵良策也。」不報。

10五月，癸亥，蒙古都元帥伯嘉努，（舊作百家奴。）破嘉定之五花、石城、白馬三砦。

11壬申，賜禮部進士陳文龍以下六百六十四人及第、出身。

12丙子，賈似道稱疾求去，帝泣涕留之，不從。令六日一朝，一月兩赴經筵。

13六月，辛巳，詔：「罷浙西諸州公田莊，官募民自耕，輸租減什三，毋私相易田，違者以盜賣官田論。」

14詔免諸州守臣上殿奏事。葉夢鼎言：「祖宗謹重牧守之寄，將赴官，必令奏事，蓋欲察其人品，及面諭以廉律己，愛育百姓。其至郡，延見吏民，具宣上意，庶幾求無負臨遣之意。今不遠數千里而來，咫尺天顏而不得見，甚非立法本意。」又請容受直言，不報。夢鼎乞歸田里，慰留之，尋加少保。

15蒙古濟南人王保和，妖言惑衆，事覺，逮捕百餘人。丞相安圖以張文謙之言入奏曰：「愚民無知，爲所誑誘，誅其首惡足矣。」蒙古主卽命文謙往決其獄，惟三人棄市，餘皆釋之。

16甲申，蒙古阿珠言：「所領者蒙古軍，若遇山水、砦栅，非漢軍不可。宜令史樞率漢軍協力進征。」從之。

17 己酉，蒙古封諸王實訥埒舊作習怯吉，今改。爲河平王。

18 蒙古蔡國公張柔卒，贈太師，謚武康。

19 秋，七月，癸丑，蒙古置御史臺，以右丞相塔齊爾（舊作塔察兒。）爲御史大夫，諭之曰：「臺臣職在直言，朕或有未當，其極言無隱。毋憚他人，朕當爾主。」以翰林直學士眞定高鳴爲侍御史，風紀條章，多鳴所裁定。

20 （丙子），高麗國王植（禃）遣其臣崔東秀詣蒙古，言備兵一萬，造船千隻，詔遣都統領托濟爾（舊作脫朶兒。）往閱之，就相視黑山、日本道路，乃命耽羅別造船百艘以俟調用。

21 八月，乙酉，蒙古程思彬，以投匿名書言斥乘輿，伏誅。

22 蒙古以劉整爲都元帥，與阿珠同議事。九月，整至軍中，與阿珠計曰：「我精兵突騎，所當者破，惟水戰不如宋耳。奪彼所長，造戰艦，習水兵，則事濟矣。」初，阿珠過襄陽，駐馬虎頭山，宿漢東白河口，曰：「若築壘于此，襄陽糧道可斷也。」至是整亦議築白河口及鹿門山，遣使以聞，許之。于是遂城其地。

呂文煥大懼，遣人以蠟書告呂文德。文德怒，且詈曰：「汝妄言邀功，設有之，亦假城耳。襄、樊城池堅深，兵儲支十年，令呂六堅守。果整妄作，春水下，吾往取之，比至恐遁去耳。」識者竊笑之。

阿珠繼又築臺漢水中，與夾江堡相應，自是南軍援襄者皆不能進。

23 丁巳，蒙古建堯廟及后土太寧宮。

24 己丑，蒙古主歸自上都。命赫迪、殷弘齎國書復使日本，仍詔高麗遣人導送，期于必達，毋致如前稽阻。是日，復以史天澤爲樞密副使。

25 蒙古征南之師道壽張，卒有撤民席，投其赤子於地以死，訴于東平守臣崔斌，斌馳謂主將曰：「未至敵境而先殺吾民，國有常刑，汝亦當坐！」於是下其卒于獄，自是莫敢犯。東平歲祲，徵賦如常，斌馳奏，以免復請于朝，得楮幣千餘緡以賑民飢。

續資治通鑑卷第一百七十九

賜進士及第兵部尚書兼都察院右都御史總督湖北湖南等處地方軍務兼理糧餉世襲二等輕車都尉　畢　沅　編集

宋紀一百七十九　起著雍執徐（戊辰）十月，盡玄黓涒灘（壬申）七月，凡四年有奇。

度宗端文明武景孝皇帝

咸淳四年　蒙古至元五年。（戊辰、一二六八）

1 冬，十月，戊寅朔，日有食之。

2 （皇）子憲生。

3 參知政事常挺罷，尋卒。

4 蒙古以中書、樞密事多壅滯，言者請置督事官各二人。高鳴上言曰：「官得人，自無滯政。臣職在奉憲，願舉察之，毋爲員外置人也。」己卯，詔：「中書省、樞密院，凡有事與御史臺同奏。」

5 蒙古立河南等路行中書省，以參知政事阿哩（舊作阿里。）行中書省事。庚辰，以御史中丞阿哩爲參知政事。【考異】阿哩方行中書省事，復有阿哩參知政事，本係兩人，蒙古不嫌同名也。

[6]庚寅，蒙古命從臣錄毛詩、論語、孟子。

[7]乙未，蒙古饗於太廟。

[8]蒙古中書省言前朝必有起居注，故善政嘉謨，不致遺失，詔卽以和爾果斯、舊作火禮霍孫，今改。通呼喇舊作獨胡剌，今改。充翰林待制兼起居注。

[9]戊戌，蒙古宮城成。劉秉忠辭領中書省事，許之，爲太保如故。

[10]己亥，詔：「四川州縣鹽酒課再免徵三年。」

[11]十一月，癸丑，樞密院言：「南平鎭撫使韓宣，築城於渝、嘉、開、達、常、武諸州縣，峽州至江陵，水陸有備。宣盡瘁以死，宜視歿於王事加恩。」詔任其子承節郎。

[12]戊午，(皇)子鍏生。

[13]庚申，襄陽軍攻沿山諸寨，爲阿珠舊作阿朮，今改。所敗，被殺甚衆。

[14]丙寅，福建安撫使湯漢再辭免，乞祠祿，詔別授職。

[15]辛未，以文武官在選，困于部吏，隆寒旅瑣可閔，命吏部長、貳、郎官日趣銓注，小有未備，特與放行，違者有刑。自是隆寒盛暑，申嚴戒飭。

[16]壬申，行義役法。

17癸酉，蒙古御史臺言：「立臺數月，發摘甚多，追理侵欺糧粟近二萬石，錢物稱是。」詔褒諭之。

18蒙古朝儀未立，凡遇稱賀，臣庶雜至帳殿前，執法者患其諠擾，不能禁。太常少卿王磐上疏曰：「按舊制，天子宮門不應入而入者，謂之闌入；闌入之罪，由第一門至第三門輕重有差。宜令宣徽院籍兩省而下百官姓名，各依班序，聽通事舍人傳呼贊引然後進。其越次者，殿中司糾察定罰。不應入而入者，準闌入罪。庶朝廷之禮漸可整肅。」於是議定朝儀。

19十二月，戊寅，蒙古以中都、南京、北京州郡大水，免田科。

20丙戌，簽書樞密院事包恢罷。

21辛卯，以夏貴爲沿江制置使兼知黃州。

22戊戌，以汪立信知潭州兼湖南安撫使。

咸淳五年蒙古至元六年。（己巳、一二六九）

1春，正月，丁未，以李庭芝爲兩淮制置大使兼知揚州。州新遭火，公私蕭然。庭芝放民負鹽二百餘萬，又鑿河四十里入金沙餘慶場，以省車運。始，平山堂瞰揚城，敵至則構望樓其上，張弓弩以射城中，庭芝築大城包之，募汴南流民二萬餘人以實之，號武銳軍。修學賑飢，民德之如父母。

2甲寅，蒙古劉秉忠、鄂（博）囉，舊作奥（孛）羅，今改。奉詔命趙秉溫、史杠訪前代知禮儀者肄習朝儀。秉忠曰：「二人習之，雖知之莫能行也。」詔許用十人。乃訪問于金故老烏庫哩（舊作烏古論。）居貞等，遂偕許衡、徐世隆，稽古典，參時宜，沿情定制而肄習之。秉忠又曰：「無樂以相須，則禮不備。」詔搜訪樂工，依律運譜，被諸樂歌。

3戊午，蒙古阿珠率衆侵復州、德安府、京山等處，掠萬人而去。

4右丞相葉夢鼎，扼於賈似道，不得行其志，乃引杜衍故事致仕，單車宵遁。癸亥，詔以少保、觀文殿大學士判福州，辭不拜。以馬廷鸞參知政事。甲戌，以江萬里參知政事。

5蒙古括諸路兵以益襄陽，遣史天澤與樞密副使呼喇楚舊作呼剌出，今改。往經畫之。天澤至，呂文煥遺吏餉以鹽、茗。天澤築長圍，起萬山，包百丈山，令南北不相通。又築峴山、虎頭山爲一字城，聯互諸堡，爲久駐計。

6蒙古阿哈瑪特舊作阿合馬，今改。專總財賦，以新立憲臺，言於蒙古主曰：「庶務責成各路，錢穀付之轉運；今繩治之，事何由辦！請罷御史臺及諸道提刑司。」廉希憲曰：「立臺察，古制也，內則彈劾姦邪，外則察視非常，訪求民瘼；裨益國政，無大于此者。如阿哈瑪特所言，必使上下專恣，貪暴公行，事豈可集耶？」阿哈瑪特語塞，乃止。

7二月，己丑，蒙古頒行新字，詔曰：「國家創業朔方，制用文字，皆取漢楷及輝和爾舊作畏吾兒,今改。字以達本朝之言。考諸遼、金及遐方諸國,例合有字。今文治寖興,字書尚缺,特命國師帕克斯巴舊作八思巴,今改。創蒙古新字,頒行諸路,譯寫一切文字,期於順言達事而已。」更號帕克斯巴爲「大寶法王」。其字凡千餘,大要以諧聲爲宗。尋詔諸路蒙古字學各置教授。

8 三月,丙午,蒙古阿珠自白河率兵圍樊城,遂築堡鹿門山。

9 己未,詔浙西六郡公田設官督租有差。

10 辛酉,京湖都統制張世傑,將兵拒蒙古圍樊之軍,戰于赤灘浦,敗績。

時羣臣多言高達可援襄陽者,御史李旺入言於賈似道,似道曰:「吾用達,如呂氏何?」旺出,歎曰:「呂氏安,則趙氏危矣。」呂文煥聞達且至,亦不樂,以語其客,客曰:「易耳。今朝廷以襄急,故遣達,吾以捷聞,則達不必〔必不〕成遣矣。」會獲哨騎數人,文煥即以大捷奏。然朝廷實未嘗急于援襄也。

11 戊辰,以江萬里爲左丞相,馬廷鸞爲右丞相。

廷鸞每見文法太密,功賞稽遲,將校不出死力於邊閫,升辟稍越拘攣,賈似道頗疑異己,黥堂吏以泄其憤。

12 己巳,以馬光祖知樞密院事。

13夏，四月，辛巳，蒙古製玉璽大小十紐。

14高郵夏世賢，七世義居，癸巳，詔署其門。

15甲午，蒙古遣使祀岳、瀆。

16五月，己酉，知樞密院事馬光祖罷，提舉洞霄宮。

17乙卯，少保、觀文殿大學士、醴泉觀使程元鳳卒。

元鳳之在政府也，一仕者求遷，元鳳謝之。其人累請，不許，乃以先世爲言，元鳳曰：「先公疇昔相薦者，以元鳳恬退故也。今子所求躐次，豈先大夫意哉！矧以國家官爵報私恩，元鳳所不敢。」有嘗遭元鳳論列者，後見其可用，更薦拔之，曰：「前日之彈劾，成其才也；今日之擢用，盡其才也。」帝聞訃，震悼，贈少師，謚文淸。

18蒙古淯川縣達嚕噶齊（舊作達魯花赤。）貪暴，盛夏役民捕蝗，禁不得飲水。民不勝忿，擊之而斃，有司當以大逆，置極刑者七人，連坐者五十餘人。開封判官袁裕曰：「達嚕噶齊自犯衆怒而死，安可悉歸罪于民！」議誅首惡一人，餘各杖之有差。部使者錄囚至縣，疑其太寬，裕辨之益力，遂陳其事於中書，刑曹竟從裕議。

19六月，庚辰，皇子昰生。

20高麗國王植〔禃〕遣其世子愖朝于蒙古。

21 秋，七月，辛酉，蒙古製太常寺祭服。

22 癸酉，蒙古立國子學。

23 （蒙古）降詔，諭宋官民以不欲用兵之意。

24 蒙古主命諸路決滯獄，釋輕罪。

25 沿江制置副使夏貴，襲蒙古阿珠于新郢，敗績。

初，貴率衆援襄、樊，乘春水漲，輕兵部糧至襄陽城下，懼蒙古軍掩襲，與呂文煥交語而還。及秋，大霖雨，漢水溢，貴分遣舟師出沒東岸林谷間。阿珠謂諸將曰：「此虛形，不可與戰，宜整舟師以備新城。」明日，貴果趣新城，至虎尾洲，爲蒙古萬戶解汝楫等舟師所敗，士卒溺漢水死者甚衆，戰艦五十艘皆沒。范文虎以舟師援貴，至灌子灘，亦爲蒙古所敗。文虎以輕舟遁。

26 八月，丙申，蒙古詔：「諸路勸課農桑，命中書省采農桑事，列爲條目，仍令提刑按察司與州縣官相風土之所宜，講究可否，別頒行之。」

27 九月，丙申〔寅〕，明堂禮成，加上皇太后尊號曰壽和聖福。

28 辛未，蒙古以呼喇楚、史天澤並平章政事，阿哩爲中書右丞、行河南等路中書省事；賽音諤德齊舊作賽典亦〔赤〕，今改。行陝西五路、西蜀、四川中書省事。

29蒙古主歸自上都。

30高麗權臣林衍廢其主禃而立禃弟安慶公淐。(八月己卯)，蒙古遣使往其國詳問，條具以聞。(校者按：此條應移26前。)

31冬，十月，蒙古劉秉忠等，奏朝儀已定，請備執禮員，詔丞相安圖(舊作安童。)擇蒙古宿衞士可習容止者百餘人肄之。己卯，定朝儀服色。

32蒙古鄂爾多舊作斡爾朵，今改。布哈、舊作不花，今改。(校者按：元史世祖紀作斡朵思不花，乃一人，此誤分爲二人，且誤斡朵思爲斡爾朵。)李諤還自高麗，以其臣金方慶至，奉權國王淐表，訴國王王禃遘疾，令弟淐權國事。丁亥，詔遣兵部侍郎赫迪、舊作黑的，今改。淄萊總管判官徐世雄召禃、淐及林衍俱赴闕，命國王特默格舊作頭輦哥，今改。以兵壓其境，趙壁(璧)行中書省于東京。仍降詔諭高麗國軍民。

33十一月，癸卯，高麗都統領崔坦等，以林衍作亂，挈西京五十餘城附于蒙古。丁未，發兵往定。(庚午)，高麗國王禃遣其臣朴烋從赫迪入朝，表稱受詔已復位，尋當入覲，乃命止誅林衍，餘無所問。

34庚午，(校者按：二字衍。)蒙古敕：「諸路鰥寡廢疾之人，月給米二斗。」

35先是蒙古主以安南入貢不時，以同簽土番經略使張庭珍爲朝列大夫、安南國達嚕噶齊，由吐蕃、大理至安南。世子光昞立受詔，庭珍責之曰：「皇帝不欲以汝土地爲郡縣，而聽汝稱藩，遣使喻旨，德至厚也，王猶與宋爲脣齒，妄自尊大！今百萬之師圍襄陽，拔在旦夕，席捲渡江，則宋亡矣，王將何恃？且雲南之兵，不兩月可至汝境，覆汝宗祀有不難者，其審謀之！」光昞惶恐，下拜受詔。既而語庭珍曰：「天子憐我，而使者多無禮。汝官朝列，我王也，相與抗禮，古有之乎？」庭珍曰：「有之。王人雖微，序於諸侯之上。」光昞曰：「汝過益州，見雲南王，拜否？」庭珍曰：「雲南王，天子之子；汝蠻夷小邦，特假以王號，豈得比雲南王？況天子命我爲安南之長，位居汝上耶！」光昞曰：「大國何索我犀象？」庭珍曰：「貢獻方物，藩臣職也。」光昞無以對，益慚憤，使衞兵露刃環立以恐庭珍，庭珍解所佩刀，坦臥室中，曰：「聽汝所爲。」光昞及其臣皆服。至是遣使隨庭珍入貢。【考異】元史張庭珍傳以入貢爲六年以後事，今從本紀。

36蒙古築新城於漢水西。【考異】宋史以築新城爲十二月事，今從元史。

37十二月，癸酉，少師、衞國公呂文德卒。文德以許蒙古置榷場爲恨，每曰：「誤國家者我也！」因疽發背，致仕。卒，謚武忠。

賈似道以其壻范文虎爲殿前副都指揮使，總禁兵。

38是歲，蒙古益都、淄、萊大水，河南、河北、山東諸郡蝗，恩州、曹州、開元、東昌、大名、東平、濟南、高唐、固安饑，賑之。

咸淳六年 蒙古至元七年。（庚午、一二七〇）

1春，正月，壬寅，以李庭芝爲京湖制置大使，督師援襄、樊。時夏貴、范文虎相繼大敗，聞庭芝至，文虎遺書賈似道曰：「吾將兵數萬入襄陽，一戰可平，但願無使聽命於京閫，事成則功歸于恩相矣。」似道卽命文虎爲福州觀察使，其兵從中制之。庭芝屢約進兵，文虎但與妓妾、嬖倖擊鞠、飲宴，以取旨未至爲辭。

2初，蒙古主命劉秉忠、張文謙、許衡定官制，衡考古今分併統屬之序，去其權攝、增置、冗長、側置者，凡省、部、院、臺、郡、縣與夫后妃、儲藩、百司所聯屬統，制定爲圖，至是奏上之。使集公卿，雜議中書、院、臺行移之體，衡曰：「中書佐天子總國政，院、臺宜具呈。」時商挺在樞密，高鳴在臺，皆定爲咨稟，因大言以動衡曰：「臺、院皆宗親大臣，若一忤，禍不可測。」衡曰：「吾論國制耳，何與于人！」遂以其言質於蒙古主前，蒙古主曰：「衡言是也。」

3丙午，蒙古左丞相耶律鑄、右丞相廉希憲並罷。

時有詔釋大都囚，西域人伊贊瑪鼎，（舊作匿贊馬丁。）爲怨家所訴繫獄，亦被原免，蒙古主自開平還，怨家復訴之。時希憲在告，實不預其事，乃取堂判補署之曰：「天威不測，豈可幸其獨不署以苟免耶！」希憲入見，以詔書爲言，蒙古主曰：「詔釋囚耳，豈有詔釋伊贊瑪鼎耶？」對曰：「不釋伊贊瑪鼎，臣等亦未聞此詔。」蒙古主怒曰：「汝等號稱讀書，臨事乃爾，宜得何罪？」對曰：「臣等忝爲宰相，有罪當罷退。」蒙古主曰：「但從汝言。」卽與鑄同罷。

4蒙古立尚書省，罷制國用使司，以平章政事呼圖達爾（舊作忽都答兒。）爲中書左丞相，國子祭酒許衡爲中書左丞，制國用使阿哈瑪特平章尚書省事。阿哈瑪特多智巧，以功利自負。蒙古主急於富國，試以事，頗有成績，又見其與史天澤爭辨，屢有以詘之，由是奇其才，授以政柄，言無不從，專愎益甚。尚書省既立，詔：「凡銓選各官，吏部定擬資品呈尚書，尚書咨中書，中書聞奏。」阿哈瑪特擢用私人，不由部擬，不咨中書。安圖舊作安童，今改。以爲言，蒙古主令問阿哈瑪特，阿哈瑪特言：「事無大小，皆委之臣，所用之人，臣宜自擇。」安圖因請「自今惟重刑及遷上路總管始屬之臣，餘並付阿哈瑪特」，蒙古主從之。阿哈瑪特遂請重定條畫，下諸路，括戶口，增太原鹽課，以千錠爲常額。

5庚戌，以高達爲湖北安撫使、知鄂州，孫虎臣起復淮東安撫副使、知淮安州。賈似道迫于人言，故起用達，達懷宿憾，不爲似道用。

6甲寅，高麗國王禃遣使詣蒙古言：「臣已復位，今從七百人入覲。」詔令從四百人來，餘留之西京。詔改西京曰東寧府，畫慈悲嶺爲界，以莽賚扣（舊作蒙哥。）爲安撫高麗使，率兵戍其西境。

7 辛酉，頒成天曆。

8 丙寅，以廣東經略安撫使陳宗禮簽書樞密院事，吏部尚書趙順孫同簽書樞密院事。

故事，宮中飲宴，名曰排當。理宗朝，排當之禮，多內侍自爲之，遇有排當，則必有私事密啓；帝即位，益盛，至出內帑爲之。宗禮嘗上疏言：「內侍用心，非借排當以侵羨餘，則假秋筵以奉殷勤，不知費幾州汗血之勞，而供一夕笙歌之樂，請禁絕之。」不報。

9 丁卯，帝製字民、牧民二訓，以戒百官。

10 戊辰，左丞相江萬里罷。

萬里以襄、樊爲憂，屢請益師往救，賈似道不答，萬里遂力求去，出知福州。時王應麟起爲起居郎兼權吏部侍郎，上言曰：「國家所恃者大江，襄、樊其喉舌，議不容緩。朝廷方從容如常時，事幾一失，豈能自安！」賈似道謀復逐之，會應麟以憂去。

11 二月，辛未朔，蒙古前中書右丞相巴延（舊作伯顏。）爲樞密副使。

12 甲戌，蒙古築昭應宮于高粱河。

13 丙子，蒙古主御行宮，觀劉秉忠、鄂〔博〕囉、舊作奧〔孛〕羅，今改。許衡及太常卿徐世隆所起朝儀，大悅，舉酒賜之。

14 丁丑，蒙古以歲饑，罷修築宮城役夫。

15 壬辰，蒙古立司農司，以參知政事張文謙爲卿，設四道巡行勸農司。文謙請開籍田，行祭先農、先蠶等禮。阿哈瑪特議拘民間鐵，官鑄農器，高其價以配民，創立行戶部于東平、大名以造鈔，及諸路轉運使干政害民，文謙悉極論，罷之。

16 乙未，襄陽出步騎萬餘人，兵船百餘艘，攻蒙古萬山堡，爲萬戶張弘範等所敗。

17 高麗國王禃朝于蒙古。蒙古令國王特默格舊作頭輦哥，今改。舉軍入高麗舊京，以托克托多勒、舊作脫脫朵兒，今改。焦天翼爲其國達嚕哈（噶）齊，護送禃歸國。仍下詔：「林衍廢立，罪不可赦，安慶公淐，本非得已，在所寬宥。有能執送衍者，雖其黨，亦必重增官秩。」

18 三月，庚子朔，日有食之。

19 蒙古改諸路行中書省爲行尚書省。

20 癸丑，詔曰：「吏以廉稱，自古有之，今絕不聞，豈不自章顯而壅於上聞歟？其令侍從、卿監、郎官各舉廉吏，將顯擢焉。」

21 甲寅，蒙古主如上都。

22 戊午，蒙古阿珠與劉整上言圍守襄陽，必當以教水軍、造戰艦爲先務，詔許之。於是造戰艦五千艘，日練水軍七萬人，雖雨不能出，亦畫地爲船而習之。

23蒙古平章尚書省事阿哈瑪特，勢傾中外，一時大臣多阿附之。中書左丞許衡，每與之議，必正言不少讓。已而其子呼遜舊作忽辛，今改。有同簽樞密之命，衡獨執奏曰：「國家事權，兵、民、財三者而已。今其父典民與財，子又典兵，不可。」蒙古主曰：「卿慮其反耶？」衡對曰：「彼雖不反，此反道也。」帝以語阿哈瑪特，阿哈瑪特由是怨衡，欲以事中之。衡屢入辭免，蒙古主不許。

24四川制置司遣將修合州城，蒙古立武勝軍以拒之。總帥汪惟正，臨嘉陵江作柵，阨其水道，夜懸燈柵間，編竹爲籠，中置火炬，順地勢轉走，照百步外，以防不虞。南師知有備，不敢逼。

25廉希憲既罷，蒙古主念之，嘗問侍臣：「希憲居家何爲？」侍臣以讀書對。蒙古主曰：「讀書固朕所教，然讀之而不肯用，多讀何爲！」意責其罷政而不復求進也。阿哈瑪特因譏之曰：「希憲日與妻孥宴樂爾。」蒙古主變色曰：「希憲清貧，何從宴飲！」阿哈瑪特慚而退。希憲有疾，醫言須用沙糖，家人求於外，阿哈瑪特與之二斤，希憲卻之曰：「使此物果能活人，吾終不受姦人所與求活也。」蒙古主聞而遣賜之。

26夏，四月，戊寅，以文天祥兼崇政殿說書、直學士院，尋罷。賈似道以去要君，命學士降詔。天祥當制，語皆諷似道。時內制，相承必先呈稾於宰相，天祥獨不循此例。似道見制，意不滿，諷別院改作，天祥援楊億故事，亟求解職，還祕書監，似道又使臺官張志立劾罷之。天祥數被斥，乃援錢若水例致仕，時年三十七。

27 壬午，蒙古擅州隕黑霜二夕。

28 己丑，蒙古高麗行省奏言：「高麗林衍死，其子惟茂擅襲令公位，爲尚書宋宗禮所殺。島中民皆出降，已還之舊京。衍黨裴仲孫等復集餘衆，立王禃庶族承化侯爲王，竄入珍島。」

29 五月，辛丑，以吳革爲沿江制置宣撫使。

30 癸卯，四川制置司遣都統牛宣，與蒙古陝西簽省伊蘇岱爾、（舊作也速帶兒，今改。）嚴忠範等戰于嘉定、重慶、釣魚山、馬湖江，皆敗，宣爲蒙古所獲，遂破三砦。

31 丁未，蒙古以同知樞密院事哈達（舊作合答，今改。）爲平章政事。

32 丙辰，蒙古尚書省言：「諸王遣使取索諸物及鋪馬等事，請自今並以文移，毋得口傳敎令。」從之。

33 蒙古改宣徽院爲光祿司，仍以烏珍（舊作線眞。）充使。

34 六月，庚午，詔：「太極圖說、西銘、易傳序、春秋傳序，天下士子宜肄其文。」

35 庚辰，（皇）子憲薨。

36 丙申，蒙古立籍田于大都之東南郊，從張文謙之言也。

37 蒙古禁民擅入宋境剽掠。

38 秋，七月，復開州，更鑄印給之。

39 蒙古都元帥伊蘇岱爾侵光州。

40 八月，戊辰朔，蒙古築環城以逼襄陽。

41 壬辰，詔：「郡縣行推排法，虛加寡弱戶租，害民爲甚。其令各路監司詢訪，亟除其弊。」

42 詔賈似道入朝不拜。每朝退，帝必起避席，目送之出殿庭始坐。癸巳，詔十日一朝。時蒙古攻圍襄、樊甚急，似道日坐葛嶺，起樓閣亭榭，作半閒堂，延羽流，塑己像其中，取宮人葉氏及倡尼有美色者爲妾，日肆淫樂，與故博徒縱博，人無敢窺其第者。有妾兄來，立府門若將入狀，似道見之，縛投火中。嘗與羣妾據地鬭蟋蟀，所押客戲之曰：「此軍國重事耶？」酷嗜寶玩，建多寶閣，一日一登玩。聞余玠有玉帶，已殉葬，發冢取之。人有物，求不與，輒得罪。自是或累月不朝，雖朝饗景靈宮亦不從駕。有言邊事者，輒加貶斥。一日，帝問曰：「襄陽圍已三年，柰何？」似道對曰：「北兵已退，陛下何從得此言？」帝曰：「適有女嬪言之。」似道詰其人，誣以他事，賜死。由是邊事雖日急，無敢言者。

43 蘭溪處士金履祥，以襄、樊之師日急，進牽制擣虛之策，請以重兵由海道直趨燕薊，則襄、樊之師不攻而自解，聞者以爲迂闊。然履祥所敘海舶經由之郡縣，以及巨洋、別隖，難易遠近，後驗之無或爽者。

44 九月，庚戌，以黃萬石爲沿海制置使。

45 冬，十月，丁丑，詔：「范文虎總統殿前司兩淮諸軍，往襄、樊備禦，賜犒師錢一百五十萬。」

46 台州大水，己卯，詔發倉米賑之。

47 甲申，以陳宗禮、趙順孫兼權參知政事。

48 乙酉，蒙古饗于太廟。

49 己丑，蒙古主歸自上都，議立三省。侍御史高鳴上封事曰：「臣聞三省設自近古，其法，由中書出，改移門下。議不合，則有駁正或封還詔書；議合，則還移中書。中書移尙書，尙書乃下六部、郡國。方今天下大於古而事益繁，取決一省，猶曰有壅，況三省乎！且多置官者，求免失政也。但使賢俊萃於一堂，速署參決，自免失政，豈必別官異坐而後無失政乎！故曰政貴得人不貴多，不如一省便。」蒙古主深然之。

50 閏月，己酉，以安吉州水，免公田租。

51 十一月，丁丑，以嘉興、華亭兩縣水，免公田、民田租。

52 陳宗禮疏言：「國所以立曰天命、人心，因其警而加敬畏，天命未有不可回也；因其未壁而加綏定，人心未嘗不可回也。」

53 庚辰，詔犒賞襄、郢屯戍將士。

54 癸未，蒙古命西夏管民官禁僧徒冒據民田。

55 壬辰，蒙古申明勸課農桑賞罰之法。

56 乙未，陳宗禮罷，尋卒。

57 十二月，丙申朔，蒙古改司農司爲大司農司，添設巡行勸農使、副各四員，以御史中丞鄂〔博〕囉兼大司農卿。安圖言鄂〔博〕囉以臺臣兼領，前無此例，蒙古主曰：「司農非細事，朕深喻此，故令鄂〔博〕囉總之。」尋以都水監隸大司農司。

58 蒙古以趙良弼爲祕書監、充國信使，使日本。

59 丁未，金齒、驃國二部酋長內附于蒙古。

60 蒙古以董文炳爲山東路統軍副使，治沂州。沂與宋接壤，鎮兵仰內郡餉運。有詔和糴本部，文炳命收州縣所移文。衆懼違詔旨，文炳曰：「第止之。」乃遣使入奏，略曰：「敵人接壤，知吾虛實，一不可；邊民供頓甚勞，重苦此役，二不可；困吾民以懼來者，三不可。」蒙古主大悟，罷之。

61 蒙古張弘範言于史天澤曰：「今規取襄陽，周于圍而緩于攻者，計待其自斃也。然夏貴乘江漲送衣糧入城，我無禦之者。而江陵、歸、峽行旅休卒，道出襄陽者相繼，寧有自斃之時乎！若築萬山以斷其西，立栅灌子灘以絕其東，則速斃之道也。」天澤從之，遂城萬山，徙弘範于鹿門。自是襄、樊道絕，糧援不繼。

62 是歲，蒙古以應昌府及山東、淄、萊路饑，賑之。南京、河南兩路旱，減其賦。

咸淳七年 元至元八年。（辛未、一二七一）

1 春，正月，乙丑朔，封皇子昰爲建國公。

2 召湯漢、洪天賜，不至。

3 詔戒貪吏。

4 己卯，蒙古以同簽河南行省事阿爾哈雅舊作阿里海牙，今改。參知尚書省事。丙戌，蒙古高麗安撫阿哈（舊作阿海。）等略地珍島，與林衍餘黨遇，多所亡失。中書省臣言，諜知珍島餘糧將竭，宜乘弱攻之，詔不許，令巡視險要，常爲之備。

5 壬辰，蒙古敕：「諸鰥寡孤獨疾病不能自存者，官給廬舍、薪米。」

6 二月，丁酉，蒙古發中都、眞定、順天、河間、平、灤民二萬八千餘人築宮城。

7 己亥，蒙古罷諸路轉運司入總管府，移陝蜀行中書省于興元。

8 癸卯，蒙古以東京行省事趙壁（璧）爲中書右丞。

9蒙古陝西〔四川〕行省伊蘇爾岱〔岱爾〕言「比因饑饉，盜賊滋多，若不顯戮一二，無以示懲。」敕中書詳議。安圖舊作安童，今改。奏曰：「強竊盜賊，一皆處死，恐非所宜。罪至死者，宜仍舊待報。」從之。

10甲辰，蒙古命呼圖達爾持詔招諭高麗林衍餘黨裴仲孫。

11乙巳，蒙古大理等處宣慰都元帥保赫鼎、（舊作寶合丁。）王傅庫庫岱舊〔作〕闊闊帶，今改。等，謀毒殺皇子雲南王呼格齊，舊作忽哥赤，今改。事覺，並伏誅。

12辛酉，蒙古敕：「凡訟而自匿及誣告人罪者，以其罪罪之。」

13三月，乙丑，蒙古增置河東、山西道按察司，改河東、陝西道爲陝西、四川道，山北東、西道爲山北、遼東道。

14甲申，蒙古主如上都。

15蒙古中書左丞許衡上疏論阿哈瑪特專權、罔上、蠹政、害民諸事，不報，因以老病請解機務。蒙古主不許，且命舉自代者，衡奏曰：「用人，天子之大柄也。臣下汎論其賢否則可，若授之以位，則當斷自宸衷，不可使臣下有市恩之漸。」乙酉，拜衡集賢大學士兼國子祭酒，即燕京南城舊樞密院設學。衡聞命，喜曰：「此吾事也。」因請徵其弟子王梓、耶律有尙、姚燧等十二人爲齋長。時所選弟子皆幼穉，衡待之如成人，愛之如子，出入進退，其嚴如君臣。

其爲教，因覺以明善，因善以開蔽，相其動息以爲張弛。課誦少暇，即習禮或習書算，少者則令習拜跪、揖讓、進退、應對。或射，或投壺，負者罰讀書若干徧。久之，諸生人人自以爲得師。

16蒙古侍講學士圖克坦（舊作徒單。）公履欲奏行科舉，知蒙古主於釋氏重教而輕禪，乃言儒亦有之；科舉類教，道學類禪，蒙古主怒，召姚樞、許衡與宰臣廷辨。董文忠自外入，蒙古主曰：「汝日誦四書，亦道學者。」文忠對曰：「陛下每言士不治經講孔、孟之道而爲詩賦，何關修身，何益治國！由是海內之士稍知從事實學。臣今所誦皆孔、孟之言，焉知所謂道學！而俗儒守亡國餘習，欲行其說，故以是上惑聖聽。恐非陛下教人修身治國之本也。」事遂止。

17是月，以和州、吉州、無爲、鎭巢、安慶諸州、平江府饑，賑之。

18夏，四月，壬寅，蒙古經略司實都舊作忻都，今改。言：「高麗逆黨裴仲孫，稽留使命，負固不服，請與浩爾齊、舊作忽林赤，今改。王國昌分道進討。」蒙古主從之，命高麗簽軍征珍島。

19戊午，范文虎與蒙古阿珠等戰于湍灘，軍敗，統制朱勝等百餘人爲蒙古所獲。

20五月，乙丑，蒙古以東道兵圍守襄陽，命賽音諤德齊、鄭鼎率諸將水陸並進，以趣嘉定；汪良臣、彭天祥出重慶，扎拉布哈（舊作扎剌不花。）出瀘州，立吉思出汝州，以率制之。所至順流縱筏，斷浮橋，獲將卒、戰艦甚衆。

21 辛未，蒙古分大理國三十七部爲三路，以大理八部蠻新附，降詔撫諭。

22 壬申，蒙古造內外儀仗。

23 己卯，蒙古以史天澤平章軍國重事。

24 蒙古實都，言珍島賊徒敗散，餘黨竄入耽羅。

25 乙酉，賜禮部進士張鎭孫以下五百二人及第、出身。

26 六月，甲午，蒙古敕樞密院：「凡軍事徑奏，不必經由尙書省；其干錢糧者議之。」

27 丙申，以諸暨大雨、暴風，發米賑被水之家。

28 己酉〔癸卯〕，范文虎將衞卒及兩淮舟師十萬，進至鹿門。時漢水溢，阿珠夾漢東西爲陣，別令一軍趣會丹灘，擊其前鋒。諸將順流鼓譟，文虎軍逆戰，不利，棄旗鼓，乘夜遁去。蒙古俘其軍，獲戰船、甲仗不可勝計。

29 是月，淮東制置使印應雷城五河口，命鎭江轉米十萬石貯新城，賜名淮安〔安淮〕軍。蒙古統軍司庫春、舊作塔出，今改。董文炳來爭，不能得。

30 秋，七月，壬戌朔，蒙古設回回司天臺官屬。

31 壬午，四川制置使朱禩孫言：「五月以來，江水凡三泛溢，自嘉而渝，漂蕩城壁，樓櫓圮壞。又，嘉定地震者再，被災害爲甚。乞賜黜罷，上答天譴。」詔不允。

32 乙酉，襄陽遣將米〔來〕興國攻蒙古百丈山營，爲阿珠所敗，追至湍灘，殺傷二千餘人。

33 八月，壬辰朔，日有食之。

34 壬子，蒙古主歸自上都。

35 蒙古選〔遷〕成都統軍司於眉州。

36 己未，蒙古聖誕節，初立內外儀仗及雲和署樂位。

37 蒙古東川統軍司攻銅鈸寨，守寨官李慶降。蒙古以慶知梁山軍事。

38 九月，甲戌，蒙古太廟柱壞，御史劾都水劉晸監造不敬，晸以憂卒。張易請先期告廟，然後完葺，從之。

39 乙亥，以湯漢、洪天錫屢辭召命，並權華文閣學士，仍予祠祿。

40 壬午，統制范廣攻膠州，爲蒙古千戶蔣德所敗，廣被擒。

41 癸未，蒙古主以四川民力困敝，詔免茶、鹽等課，以軍民田租給軍食。仍敕：「有司有言茶、鹽之利者，以違制論。」

42 己丑，皇子㬎生。

43 冬，十月，癸巳，蒙古大司農司言高唐州達嚕噶齊呼圖納、（舊作忽都納。）州尹張庭瑞、同知陳思濟勸課有效，陝縣尹王仔怠於勸課，宜加黜陟以示勸懲，從之。

44 丙申，嗣秀王與澤卒，追封臨海郡王。

45 丁酉，蒙古饗於太廟。

46 十一月，壬戌，蒙古罷諸路交鈔都提舉司。

47 己巳，湯漢以端明殿學士致仕。

48 乙亥，蒙古建國號曰大元，取易「大哉乾元」之義，從太保劉秉忠請也。

49 丙戌，元置四川行省於成都。

50 元萬安閣成。

51 十二月，辛卯朔，元宣徽院請以闌遺戶淘金，元主曰：「姑止，毋重勞吾民也。」

52 辛亥，初置士籍。

賈似道欲制東南士心，乃令御史陳伯大請籍士人，開其〔具〕鄉里姓名、年甲、三代、妻室，令鄉鄰結勘，于科舉條制無礙，方許納卷。又嚴後省覆試法，比校中省元卷字迹稍異者，黜之。覆試之日，露索懷挾。有李鈁孫者，少時戲雕股間，索者視之，駭曰：「此文身者！」事聞，被黜。時邊事危急，束手無策，而以科舉累士人，其謬至此。

初，陳仲微爲江西提刑，忤似道，罷去，至是起知惠州，遷太府寺丞，輪對，言：「祿餌可以釣天下之中才，而不可以啖嘗天下之豪傑；名航可以載天下之猥士，而不可以陸沈天下之英雄。」似道怒，又諷言者論罷其官。

咸淳八年（元至元九年。）（壬申、一二七二）

1春，正月，庚申，詔曰：「朕惟崇儉必自宮禁始，自今宮禁敢以珠翠、銷金爲首飾服用，必罰無赦。臣庶之家，咸宜體卹工匠，犯者亦如景祐制，必從重典。」

又詔曰：「有虞之世，三載考績，三考黜陟幽明。漢之爲吏者長子孫，則其遺意也。比年吏習媮薄，人懷一切，計日待遷，事未克究，又望而之他。吏胥狎玩，竊弄官政，吾民莫〔奚〕賴焉！繼自今，內之郎曹，外之牧守以上，更不數易。其有治狀昭著，自宜大擢。」時有識者皆以襄、樊爲憂，而詔書徒託空言，泄泄如平時。

2甲子，元併尚書省入中書省，平章尚書阿哈瑪特、張易並爲中書平章政事，參知尚書省事張惠爲中書左丞，參知尚書省事李堯咨、敏珠爾丹（舊作麥朮丁。）並爲參知中書政事。罷給事中、中書舍人、檢正等官，仍設左右司。省六部爲四，改稱中書。

3辛未，皇子昺生。

4庚辰，元改北京、中興、四川、河南四路行尚書省爲行中書省，京兆復立行省。

5壬午，元改山東東路都元帥府統軍司爲行樞密院，以伊蘇爾岱、庫春並爲副使。

6己丑，端明殿學士、致仕湯漢卒，謚文清。

7 二月，庚寅朔，元奉使日本趙良弼，遣書狀官張鐸同日本二十六人，至中都求見。

8 壬辰，元改中都爲大都。

9 癸巳，故左丞相謝方叔卒。方叔相業，無過人者，晚困于權臣，至以玩好、丹劑壽其君，爲時論所鄙。

10 前知台州趙子寅，死無所歸，詔：「特贈直祕閣，給沒官宅一區、田三百餘〔畝〕，養其遺孤，以旌廉吏。」

11 甲午，元命阿珠典蒙古軍，劉整、阿爾哈雅典漢軍。

12 庚子，元建中書省署于大都。

13 戊申，元始祭先農，如祭社之儀。

14 元詔諸路開浚水利。

15 元主如上都。

16 三月，乙丑，元主諭中書省，日本使人速議遣還，安圖言：「趙良弼請移金州戍兵，勿使日本妄生疑懼。臣等以爲金州戍兵，彼國所知，若復移戍，恐非所宜。但開諭來使，此戍乃爲耽羅暫設，爾等不須疑畏也。」元主稱善。

17 甲戌，元阿珠、劉整、阿爾哈雅破樊城外郛，守將堅閉內城，阿珠等增築重圍以困之。

18 元賑濟南路饑。

19 夏，四月，戊子，利路安撫張珏創築宜勝山城。

20 元庫春侵漣州，破射龍溝、五港口、鹽場、白頭、河城堡。

21 甲寅，元賑大都路饑。

22 五月，辛巳，元敕修築都城，凡費悉從官給。

23 乙酉，元宮城初建東、西華、左、右掖門。

24 襄陽被圍五年，援兵不至，呂文煥竭力拒之。城中稍有積粟，乏鹽、薪、布帛。張漢英守樊城，募善泅者，置蠟書于髻，藏積草下浮水而出，謂「鹿門既築，勢須自荊、郢援救。」至隘口，元守卒見積草多，鉤爲薪，泅者被獲，郢、鄧之路亦絕。

至是詔荊〔京〕湖制置使李庭芝移屯郢州，將帥悉駐新郢及均州、河口以守要津。庭芝闖知襄陽西北一水曰清泥，源于均、房，即其地造輕舟百艘，每三舟聯爲一舫，中一舟裝載，左右舟則虛其底而掩覆之，出重賞，募死士，得襄、郢、山西民兵之驍悍善戰者三千人，求得民兵部轄張順、張貴俱智勇，素爲諸將所服，俾爲都統，號貴曰「矮張」，順曰「竹園張」。出令曰：「此行有死而已，汝輩或非本心，宜亟去，毋敗吾事。」人人感奮。漢水方生，泝沂〔流〕發舟，稍進團山下，又進高頭港口，結方陣，各船置火鎗、火礮、熾炭、巨斧、勁弓，夜漏下三刻，起矴行，以紅燈爲號，貴率先，順殿之，乘風破浪，徑犯重圍。至磨洪灘，元舟師蔽水，無隙可入，順等乘銳斷鐵絙，攢找〔杙〕數百，轉戰百二十里，元兵皆披靡。黎明，抵襄陽。城中久絕援，聞順等至，踴躍過望，勇氣百倍。及收軍，獨失順。越數日，有浮尸逆流而上，被甲胄，執弓矢，直抵浮梁，視之順也，身中（四槍）六箭，怒氣勃勃如生。諸軍驚以爲神，結冢斂埋之。

25 六月，甲午，高麗告饑，元命轉東京米以賑之。【考異】元史本紀作八月癸卯，敗襄陽援兵，斬其將張順，蓋據奏聞之日也。今從宋史本紀作五月。

26 丙申，徙皮龍榮于衡州。龍榮，舊宮僚也，知賈似道忌之，家居杜門，不預人事。一日，帝偶問龍榮安在，似道恐其召用，陰諷湖南提刑李雷應誣劾以事，徙衡州居住。龍榮恐不爲雷應所容，未至，飲藥卒。龍榮少有智略，性伉直，故卒爲似道所擠死。

27 丁酉，以吏部尙書章鑑同簽書樞密院事。

28 發錢十萬緡，命京湖制置司糴米百萬石，轉輸襄陽積貯。

29 乙巳，以家鉉翁兼權知紹興府、浙東安撫提舉司事，以唐震爲浙西提點刑獄。鉉翁，眉州人；震，餘姚人也。

30 辛亥，臺臣言江西推排田結局已久，舊設都官團長等虛名尙在，占怯常役，爲害無窮，又言廣東運司銀場病民，詔俱罷之。

31高麗國王禃請元討耽羅餘寇。

32秋，七月，丁巳朔，元河南省臣言：「往歲徙民實邊屯耕，以貧苦悉散還家。今唐、鄧、蔡、息、徐、邳之民，愛其田廬，仍守故屯，願以絲銀準折輸糧，而內地州縣轉粟餉軍者，反厭苦之。臣議令歲沿邊州郡，驗其戶數，俾折鈔就沿邊和糴，庶幾交便。」從之。

33壬午，元和爾果斯，舊作和禮霍孫，今改。言蒙古字設國子學，而漢官子弟未有學者，及官府文移猶有輝和爾字，詔：「自今凡詔令並以蒙古字行，仍遣百官子弟入學。」

34元董文炳遷樞密院判官，行院事於淮西，築正陽兩城，夾淮相望，以綴襄陽。

35元大司農司以安肅州被徐水之害，議奪水故道，決使東入清苑。然地勢不便，徒使害及清苑而故道必不可奪，清苑縣尹耶律伯堅陳其形勢，圖其利害，要大司農司官及郡守行視可否，事遂得已。清苑西有塘水，溉民田甚廣，勢家據以爲磑，民以失利訴，伯堅命毀磑，決其水而注之田，許以溉田之餘月乃得堰水置磑；仍以事聞於省部，著爲定制。

續資治通鑑卷第一百八十

賜進士及第兵部尚書兼都察院右都御史總督湖北湖南等處地方軍務兼理糧餉世襲二等輕車都尉畢沅編集

宋紀一百八十 起玄黓涒灘（壬申）八月，盡閼逢掩茂（甲戌）十二月，凡二年有奇。

度宗端文明武景孝皇帝

咸淳八年 元至元九年。（壬申、一二七二）

1 八月，丙戌朔，日有食之。

2 乙巳，元主歸自上都。

3 張貴既入襄陽，呂文煥固留共守，貴恃其勇，欲還郢。乃募得死士二人，能伏水中數日不食，持臘（蠟）書赴郢，求援于范文虎。時元軍增守益密，水路連鎖數十里，列撒星樁，雖魚蝦不得度；二人遇樁，即鋸斷之，竟達郢，還報，許發兵五千駐龍尾洲以助夾擊。刻日既定，九月，甲子，貴別文煥東下。點視所部軍，洎登舟，帳前一人亡去，乃有過被撻者，貴驚曰：「吾事泄矣！亟行，彼或未及知。」乃舉礮鼓譟發舟，乘夜順流斷絙，破圍冒進。夜半天黑，至小新河，阿珠、（舊作阿朮。）劉整分率戰艦邀擊，貴以死戰拒，沿岸束荻列燭〔炬〕，火光如白晝。至勾林灘，漸近龍尾洲，遙望軍船旗幟紛披，貴軍以爲郢兵來會，喜躍而進，舉流星火示之。軍船見火即前迎，及勢近欲合，則來舟皆元軍也。蓋郢兵前二日以風水驚疑，退屯三十里，而元軍得逃卒之報，先據龍尾洲，以逸待勞。貴力困，且出不意，與之戰，所部殺傷殆盡。貴身被數十創，力不能支，遂被執，見阿珠于櫃門關，欲降之，貴誓不屈，乃見殺。元令降卒四人舁貴尸至襄陽城下，曰：「識矮張都統乎？」守陴者皆哭，城中喪氣。文煥斬四卒，以貴祔葬順家，立雙廟祀之。【考異】宋史忠義傳，張貴之死不繫月，今從元史本紀作九月。

4 丁卯，洪天錫以端明殿學士致仕，尋卒，謚文毅。

5 辛未，有事于明堂，以賈似道爲大禮使。禮成，詣景靈宮。將還，大雨，似道期帝雨止升輅，胡貴嬪之兄帶御器械顯祖，請如開禧故事，卻輅，乘逍遙輦還宮，帝曰：「平章得無不可？」顯祖紿曰：「平章已允。」帝遂歸。似道大怒曰：「臣爲大禮使，陛下舉動不得預聞，乞罷政。」即日出嘉會門，帝固留之不得，乃罷顯祖，涕泣出貴嬪爲尼，似道始還。自是專恣日甚，畏人議己，務以權術駕馭上下，以官爵牢寵一時名士，以故言路斷絕，威福肆行，相視以目。

6 冬，十月，丙戌，元封皇子蒙古岱（舊作忙哥剌。）爲安西王，賜京兆爲分地。

7 癸巳，元以趙璧爲平章政事，【考異】元史趙璧傳以復拜平章爲十年事，今從本紀。張易爲樞密副使。

8 癸卯，元初立會同館。

9 己亥，以會稽、餘姚、上虞、諸暨、蕭山大水，減其田租。

10 丁未，以章鑑兼權參知政事。

11 十一月，馬廷鸞扼于賈似道，力辭相位，乙卯〔朔〕，授觀文殿大學士、知饒州。入辭，帝惻怛久之曰：「丞相勉爲朕留。」廷鸞對曰：「臣死亡無日，恐不得再見君父。然國事方殷，疆圉孔棘，天下安危，人主不知；國家利害，羣臣不知；軍前勝負，列閫不知。陛下與元老大臣惟懷永圖，臣死且瞑目。」泣拜而出。旋命提舉洞霄宮。

12 丁卯，元城光州。

13 己巳，元發兵伐耽羅。

14 時朝廷患劉整爲元用，荆〔京〕湖制置使李庭芝，請以整爲盧龍軍節度使，封燕郡王，帝從之，遣永寧僧齎告身、金印、牙符及庭芝書期致之。僧入元境，事覺，元主敕張易、姚樞雜問。整自軍中入見元主曰：「此宋人患臣用兵襄陽，欲以此殺臣耳。臣實不知。」元主賞整，使還軍中，誅永寧僧及其黨，且令整移書來責執政。

15元阿爾哈雅舊作阿里海牙，今改。奏言：「襄陽之有樊城，猶齒之有脣也。宜先攻樊城，斷其聲援。樊城下，則襄陽可不攻而得。」元主以爲然。會回回創作巨石礮來獻，用力省而所擊甚遠，命送襄陽軍前用之。

16元劉整築新門於鹿頭山，使千戶隨世昌總其役。樊城出兵來爭，且拒且築，不終夜而就。整授軍二百，令世昌立礮簾於樊城攔馬牆外。夜大雪，城中矢石如雨，軍校多死傷，達旦而礮簾立。南師列艦江上，世昌乘風縱火，燒其船。樊城出兵鏖戰攔馬橋下，世昌流血滿甲，氣愈壯，南師退入城。

17十二月，辛亥，四川安撫使昝萬壽遣兵攻成都，元簽省嚴忠範戰敗，同知王世英等八人棄城遁，遂毀其大城。元以罪在主將，元（遣）世英等縛忠範至都治之，罷其官。

18甲寅，召葉夢鼎入相，詔加少傅。夢鼎引疾，力辭。使者相繼促行，扶病至嵊縣，疏奏願上厲精寡欲，規當國者收人心，固邦本，扁舟徑還。使者以禍福告，夢鼎曰：「廉恥事大，死生事小，萬無可回之理。」賈似道大怒，勒令休致。

咸淳九年元至元十年。（癸酉、一二七三）

1春，正月，戊午，元宿州萬戶額森布哈舊作愛先不花，今改。請築堡牛頭山，扼兩淮糧運，不允。額森布哈因上言：「前宋人城五河，統軍司臣皆當得罪。今不築，恐爲宋人所先。」元主曰：「汝言雖是，若坐視宋人戍之，罪亦不免也。」

2乙丑，樊城破。【考異】元史本紀作癸亥，今從宋史。

樊被圍四年，荆〔京〕湖都統制范天順及部將牛富力戰不爲屈。富數射書襄陽城中，期呂文煥相與固守爲脣齒。未幾，阿爾哈雅以回回新礮進攻，張弘範爲流矢中其肘，束創見阿珠舊作阿朮，今改。曰：「襄在漢水南，樊在其北，我陸攻樊，則襄出舟師來救，終不可取。若截水道，斷救兵，水陸夾攻，則樊破而襄亦下矣。」阿珠從之。

初，襄、樊兩城，漢水出其間，文煥植大木水中，鎖以鐵絙，上造浮橋，以通援兵，樊亦恃此爲固。元水軍總管張禧曰：「斷鎖毀木，樊城必下。」阿珠以機鋸斷木，以斧斷絙，燔其橋，襄兵不能援，乃以兵截漢而出銳師薄樊城，城遂破。天順仰天歎曰：「生爲宋臣，死爲宋鬼！」即所守地縊死。富率死士百人巷戰，元兵死傷者不可計。渴飲血水，轉戰而進，遇居民〔民居〕燒絕街道，富身被重傷，以頭觸柱，赴火死。裨將王福見之，歎曰：「將軍死於國事，吾豈宜獨生！」亦赴火死。天順，文虎之姪；富，霍丘人也。

3二月，甲申，詔爲郢州統制張順立廟荆湖，賜額曰忠顯，官其二子。

4庚戌，京西安撫副使呂文煥以襄陽叛降元。【考異】元史本紀作丁未，今從宋史。

襄陽久困，援絕，撤屋爲薪，緝關、會爲衣。文煥每一巡城，南望慟哭而後下，告急于朝。賈似道累上書請行邊，而陰使臺諫上章留己。樊城既破，復申請之，事下公卿雜議。監察御史陳堅等以爲師臣出，顧襄未必能及淮，顧淮未必能及襄，不若居中以運天下，帝從之。【考異】癸辛雜識載壬申十一月，荆閫李庭芝奏襄圍不解，客主易位。賈平章奏曰：「若辦此事，非臣捐軀勇往，終未能遂。然縱使臣，亦行後時矣，恐無益於襄陽之存亡，尚可使江南無虞，而不至內地之震駭也。庭芝欲臣建督於荆之謀，不過姑爲是說。督既建矣，設有警動，臣欲安坐於此，得乎？臣今爲此行也，則諸閫皆受節度。若推至來年春夏之交，則調一大將統三萬兵船直擣潁、亳，又調一大將統三萬兵直擣山東，則襄圍之賊，皆河南、北、山東之人，必將自顧其父母、妻子，相率離叛，如是，則襄圍不解，臣未之信。倘陛下不容臣跬步離左右，縱有奇謀祕計，一無所施，且當以擇相爲急。」癸酉，二月，賈平章又奏：「忽得李庭芝信，連日乃知襄帥呂文煥爲敵誘脅，竟以城降。臣一聞，戰眩顛沛，幾於無生，不謂事不可期，力無所措，乃至此極，容臣自效，以報國恩。」按似道請行邊諸疏，徙（徒）爲虛語，實無意行，宋史略之是也。今從略。

未幾，阿爾哈雅率總帥索多等移破樊攻具以向襄陽，一礮中其譙樓，聲如震雷，城中洶洶，諸將多踰城降者。初，劉整常躍馬獨前，與文煥語，爲文煥伏弩所中，幸甲堅不入，至是欲立碎其城，執文煥以快意。阿爾哈雅不可，乃身至城下，宣元主所降招諭文煥詔曰：「爾等拒守孤城，于今五年，宣力于主，固其宜也。然勢窮援絕，如數萬生靈何！若能納款，悉赦勿治，且加遷擢。」文煥狐疑未決，因折矢與之誓。文煥乃出降，先納筦鑰，次獻城池，且陳攻郢之策，請己爲先鋒。

阿珠入襄陽，阿爾哈雅遂偕文煥入朝，元主以文煥爲襄陽大都督。

事聞，似道言于帝曰：「臣始屢請行邊，陛下不之許，向使早聽臣出，當不至此。」文煥兄文福知廬州，文德子師夔知靜江府，俱上表待罪。似道庇之，詔皆不問。

5 工部侍郎高斯得疏論邊事，帝善而不能行。斯得旋出知建寧府。

6 三月，庚申，四川制置司言：「劉整故吏羅鑑自北還，上整書稾一帙，內有取江南二策：其一言先取全蜀，蜀平，江南可定。其二言淸口、桃源，河、淮要衝，宜先城其地，屯山東軍以圖進取。」帝亟詔淮東制置司往淸口，擇利地築城備之。

7 辛未，元劉整請敎練水軍五六萬及于興元、金、洋州、汴梁等處造船二千艘，從之。

8 癸酉，元以前中書左丞相耶律鑄平章軍國重事，中書左丞張惠爲中書右丞。是日，元主如上都。

9 壬午，詔建機速房于中書。

時襄城既失，賈似道復上書言：「事勢如此，非臣上下驅馳，聯絡氣勢，將有大可慮者。」帝曰：「師相豈可一日離左右！」似道乃建機速房，以革樞密院漏泄兵事、稽遲邊報之弊。

10 太學生郭昌子上守備六策：一曰分游擊以屯南岸，二曰重歸、峽以扼要衝，三曰備鄂、漢以固上流，四曰調精兵以護漢、江，五曰備下流以絕窺伺，六曰飭隘口以備要害。

11 元立皇子燕王珍戩舊作眞金，今改。爲太子，守中書令兼判樞密院事。劉秉忠薦中山王恂以輔之，元主以爲太子贊善。敕兩府大臣：「凡有啓稟，必令恂與聞。」恂言：「太子天下本，付託至重，當延名德與之居處，況兼領中書、樞密之政，詔條所當徧覽，庶務亦當屢省。」又以遼、金之事近接耳目者，區別善惡上之。太子問恂以心之所守，恂曰：「嘗聞許衡言，人心猶印板然。本不差，雖摹千年，板皆不差；本既差矣，摹之于紙，無不差者。」太子曰：「善！」

12 夏，四月，詔以范天順、牛富死節襄、樊，官其二字〔子〕，賜土田、金帛。

13 甲申，以汪立信爲京湖制置使兼知江陵。

14 辛卯，以趙溍爲沿江制置使，兼建康留守。溍多獻寶玉于賈似道，故有是命。

15 元將相大臣皆以南伐爲請，召姚樞、許衡、圖克坦舊作徒單，今改。公履等問計，公履等曰：「乘破竹之勢，席卷三吳，此其時矣。」元主然之，以史天澤、阿珠、阿爾哈雅行荆州等路樞密院事，鎭襄陽；哈坦、舊作合丹，今改。劉整、達春、舊作塔出，今改。董文炳行淮西等路樞密院事，守正陽。天澤等陛辭，詔諭以襄陽之南多有堡砦，可乘機進取。仍以鈔五千錠賜將士及賑新附軍民。

16 五月，壬子朔，元定內外官，復舊制，三歲一遷。

17戊辰，元詔：「天下獄囚，除殺人者待報，其餘一切疎放，限以八月內自至大都，如期而至者皆赦之。」

18庚辰，詔：「諸人上書，請以丞相賈似道督兵者不允，餘付機速房。」

19六月，前四川宣撫司參議官張夢發，上書陳危急三策：曰鎖漢江口岸，曰城荆門軍當陽界之玉泉山，曰峽州宜都而下，聯置堡砦以保聚流民，且守且耕。幷圖上城築形勢。似道不以上聞，下荆〔京〕湖制司審度可否，事竟不行。

20左藏東庫蹇材望，上書言邊事大可憂者七，急當爲者五，不報。

21己丑，刑部尚書兼給事中陳宜中，言襄、樊之失，皆由范文虎怯懦逃遁，請斬之，賈似道不許，止降一官。監察御史陳文龍，言文虎失襄陽，猶使知安慶府，是當罰而賞也。趙溍乳息小子，何足以當大閫之寄！請皆罷之。似道大怒，黜文龍知撫州，旋又使臺官李可劾退之。

22癸卯，京湖制置司汪立信奏：「臣奉命分閫，延見吏民，皆痛哭流涕，言襄、樊之禍，皆由范文虎及俞興父子。文虎以三衙長，聞難怯戰，僅從薄罰；其姪天順守節不屈，或可少贖其愆。興奴隸庸材，務復私怨，激叛劉整，流毒至今；其子大忠，挾多貲爲父行賄，且自希進，今雖寸斬，未足以快天下之忿，請置之重典，則人心興起，事功可圖。」詔除大忠名，循州羈管。

23時國勢危甚，太府寺丞陳仲微上封事，其略曰：「襄陽之陷，其罪不專在于庸閫、疲將、孩兵也，君相當分受其責，以謝先皇帝在天之靈。天子若曰罪在朕躬，大臣宜言咎在臣等，宣布十年養安之往繆，深懲六年玩敵之昨非。救過未形，固已無及，追悔既往，尚愈于迷。或謂覆護之意多，尅責之辭少；或謂陛下乏哭師之誓，師相飾分過之言，甚非所以慰衈死義，祈天悔禍之道也。今代言乏知體之士，翹館鮮有識之人，吮脂茹柔，積習成痼，君道相業，兩有所虧。顧此何時，而在廷無謀國之臣，在邊無折衝之帥！監之先朝宣和未亂之前，靖康既敗之後，凡前日之日近冕旒，朱輪華轂，俛首吐心，奴顏婢膝，即今日奉賊稱臣之人也；強力敏事，捷疾快意，即今日叛君賣國之人也。爲國者亦何便于若人哉！迷國者進慆憂之欺以逢其君，誤國者護恥敗之局而莫能議，當國者昧安危之機而莫之悔。臣常思之，今之所少，不至（止）于兵，閫外之事，將軍制之，而一級半階，率從中出，斗粟尺布，退有後憂，平素無權，緩急有責。或請建督，或請行邊，或請築城，創聞駭聽，因諸閫有辭于緩急之時，故廟堂不得不掩惡于敗闕之後。有謀莫展，有敗無誅，上下包羞，噤無敢議。是以下至器仗、甲馬，衰颯龐涼，不足以肅軍容；壁壘、堡柵，折樊隳漏，不足以當衝突之騎。號爲帥閫，名存實亡也。城而無兵，以城與敵；兵不知戰，以將與敵；將不知兵，以國與敵；光景蹙近目睫矣。惟君相幡然改悟，天下事尚可爲也。」似道大怒，黜仲微江東提點刑獄。

24 元以劉整、阿爾哈雅不相能，分軍爲二，各統之。

25 元高麗經略實都（舊作忻都。）等以兵入耽羅，撫定其地。詔以迪里巴（舊作失里伯。）爲耽羅國招討使，尹邦寶副之。

26 初，元趙良弼使至日本，其太宰府官來索國書，良弼曰：「必見汝國王，始授之。」越數日，復來求書，且以兵脅良弼，良弼終不與。後又聲言：「大將軍以兵十萬來求書。」良弼曰：「不見汝國王，寧持我首去，不可得也！」日本知不可屈，乃遣人送良弼至對馬島。及是始還，具以日本君臣、爵號、州郡名數、風俗土宜來上。元主曰：「卿可謂不辱君命矣！」

27 閏月，丙申，前臨安府司法梁炎午陳攻守之要五事，不報。

28 辛未，元敕翰林院纂修國史，采錄累朝事實以備編集。

29 元阿哈瑪特（舊作阿合馬，今改。）等屢毀漢法，國學諸生廩食或不繼。秋，七月，許衡請還懷孟，元主以問翰林學士王磐，磐對曰：「衡教人有法，諸生行可從政，此國之大體，宜勿聽其去。」元主又命諸老臣議其去留，竇默爲衡懇請，乃聽衡還。劉秉忠、姚樞及磐、默等，復請以贊善王恂主國學，衡弟子耶律有尚、蘇郁、白棟爲助教，庶幾衡之規模不致廢墜，從之。

30 元人城馬騣山，（戊戌），知合州張珏擊走之。

初，蒙古兵入蜀，玨副王堅協力戰守；堅還，以玨代之。自開慶受兵，民凋斂甚。玨外以兵護耕，內教民墾田積粟，再期，公私兼足。劉整既叛，獻計欲自靑居進築馬騣、虎項二山，扼三江口以圖合州，遣統軍哈喇（舊作合剌。）帥兵築之。玨聞哈喇至，乃張疑兵于嘉渠口，潛師渡平陽灘，火其資糧器械，越砦七十里，焚船場，由是馬騣城築卒不就。玨善用兵，出奇設伏，算無遺策。其治合州，士卒必練，器械必精。御部曲有法，雖奴隸，有功必優賞之；有過，雖至親必罰；故人人用命。

31 元主以天下獄囚滋多，敕諸路自死罪以下縱遣歸家，期仲秋悉來京師聽決。囚如期至，元主惻然。八月，庚戌，詔並赦之。既而命詞臣作詔戒諭天下，皆不稱旨，王磐獨以縱囚之意命詞，元主喜曰：「此朕所欲言而不能者，卿乃爲朕言之。」賜酒嘉獎。

32 九月，辛巳，以章鑑簽書樞密院事，吏部尚書陳宜中同簽書樞密院事。

33 冬，十月，元初建正殿、寢殿、香閣、周廡兩翼室。

34 元西蜀都元帥伊蘇岱爾（舊作也速答兒，今改。）與皇子西平王鄂羅齊（舊作奧魯赤，今改。）合兵攻建都蠻，擒酋長下濟等四人，獲其民六百，建都乃降。

35 十一月，壬午，封皇子㬎爲嘉國公。

36 以李庭芝爲淮東制置使兼知揚州，夏貴爲淮西制置使兼知廬州，陳奕爲沿江制置使兼知黃州。庭芝請分所部兩淮爲二司，故以淮西付貴。奕以兄事賈似道玉工陳振民以求進，自小官歷顯要，遂掌禁兵，擢分閫。

37 起前直學士院文天祥爲湖南提刑。天祥因見故相江萬里，萬里素奇天祥志節，語及國事，愀然曰：「吾老矣，觀天時人事，必當有變。世道之責，其在君乎！君其勉之！」

38 元大司農司言：「中書移文，以畿內秋禾始收，請禁農民覆耕，恐妨芻牧。」元主以農事係民生命，詔勿禁。

39 是歲，元諸路大水、蝗，賑米凡五十四萬餘石。

咸淳十年 元至元十一年。（甲戌、一二七四）

1 春，正月，己卯朔，元宮闕告成。元主始御正殿，受朝賀。

2 壬午，城鄂州漢口堡。

3 戊子，福建安撫使江萬里以疾辭職任，詔依舊職奉祠。

4 庚寅，城鄂州沌口西岸堡。

5 乙巳，雨土。

6 丙午，元免于闐采玉。

7 是月，賈似道母死，似道歸台州治喪，詔以天子鹵簿葬之，起墳擬山陵，百官奉喪事，立大雨中終日，無敢易位者。既葬，詔似道起復，似道遂還朝。

8 元阿爾哈雅言：「荊、襄自古用武之地，漢水上流已爲我有，順流長驅，宋必可平。」阿珠又言：「臣略地江、淮，見宋兵弱于往昔，今不取之，時不能再。」元主趣召史天澤同議，天澤對曰：「此國大事，可命重臣一人，如安圖（舊作安童，今改。）、巴延（舊作伯顏，今改。）都督諸軍，則四海混同，可計日而待。臣老，猶足爲副。」元主曰：「巴延可以任此事。」阿爾哈雅因言：「我師南征，必分爲三，舊軍不足，非益兵十萬不可。」遂詔中書省簽軍十萬人。

9 二月，己酉，趙順孫罷，爲福建安撫使。

10 壬申，元造戰船八百艘于汴梁。

11 元主如上都，聞遼陽行省國王特默格（舊作頭輦哥，今改。）擾民不便，乃起廉希憲爲北京行省平章政事。將行，命肩輿入見，賜坐。元主曰：「昔在先朝，卿深識事機，每以帝道啓朕。及鄂漢班師，屢陳天命，朕心不忘。丞相，卿實宜爲，顧退託耳。遼瀋戶不下數萬，諸王、國壻分地所在，彼皆素知卿能，故命卿往鎭，體朕此意。」

12 三月，庚寅，元遣鳳州經略使實都、軍民總管洪俊奇等將兵伐日本，戰船凡大小九百艘，軍萬五千人。元主以討日本事問趙良弼，良弼曰：「臣居日本歲餘，覩其俗很勇嗜殺，不知有父子之親，上下之禮。其地多山水，無耕桑之利，得其人不可役，得其地不加官田。況舟師渡海，海風無期，禍害莫測。是謂以有用之民塡無窮之巨壑也，臣謂勿擊便。」元主從之。

13 辛卯，元改荆湖、淮西樞密院爲行中書省。巴延、史天澤並爲左丞相，阿珠爲平章政事，阿爾哈雅爲右丞，呂文煥爲參知政事，行省事于荆湖。哈達舊作合答，今改。爲左丞相，劉整爲左丞，達春、董文炳並參知政事，行省事于淮西。

14 癸巳，元獲嘉縣尹常德課最，詔優賞。

15 元翰林學士王磐，嘗於會議時數言：「前代用人，二十從政，七十致仕，所以資其才力，閔其衰老，養其廉恥之心也。今入仕者不限年，而老病者不肯退，彼旣不自知恥，朝廷亦不以爲非，甚不可也。」磐先以疾，請斷月俸毋給，至是堅乞致仕，元主遣使諭之曰：「卿年雖老，非任劇務，何以辭爲！」仍詔祿之終身，併還所斷月俸，磐不得已復起。

16 夏，四月，乙卯，封皇子㬎爲永國公。

17 五月，丙申，元以皇女下嫁高麗世子王愖。

18 壬申，張珏表請城馬騣、虎頭山，或先築其一以扼險要。

19 六月，庚申，元主命諸將率兵南伐，且數賈似道負約執郝經之罪。詔曰：「爰自太祖皇帝以來，與宋使介交通。憲宗之世，朕以藩職，奉命南伐，彼賈似道復遣宋京詣我，請罷兵息民。朕即位之後，追憶是言，命郝經等奉書往聘，蓋爲生靈計也，而乃執之。以致師出連年，死傷相藉，係累相屬，皆彼宋自禍其民也。襄陽既降之後，冀宋悔禍，或起令圖，而乃執迷，罔有悛心，問罪之師，有不能已。今遣汝等水陸並進，布告遐邇，使咸知之。無辜之民，初無預焉，將士毋得妄加殺掠。有去逆效順，別立奇功者，驗等第遷賞。其或固拒不知及逆敵者，俘戮何疑！」

20 元廉希憲知北京，民大悅服。異時遼東多親王使者傳令旨，官吏立聽，希憲革正之。有西域人自稱駙馬，營于城外，繫富民，誣其祖父嘗貸息錢，索償甚急。民訴之行省，希憲命收捕之。其人怒，乘馬入省堂，坐榻上，希憲命捽下跪而問之曰：「法無私獄，汝何人！」惶懼求哀，國王特默格亦爲之請，乃稍寬令待對，舉營夜遁。俄詔國王歸國，希憲獨行省事。長公主及國壻入朝，于路縱獵擾民，希憲面諭國壻，欲入奏之。國壻驚愕，入語公主，公主出，飲希憲酒曰：「從者擾民，吾不知也，請以鈔萬五千貫還斂民之直，幸勿遣使者。」自是貴人過者，皆莫敢縱。

21 秋，七月，癸未，帝崩于嘉福殿，年三十三。嘉國公㬎即皇帝位。

帝自爲太子，以好內聞，既立，耽于酒色。故事，嬪妾進御，晨詣閤門謝恩，主者書其月日。及帝之初，一日謝恩者三十餘人。

及崩，賈似道入宮議所立，衆以建國公是當立，似道主嫡，乃立嘉國公，時年四歲，皇太后臨朝聽政。

22甲申，封皇兄建國公是爲吉王，皇弟永國公昺爲信王。

23詔賈似道依文彥博故事，獨班起居。

24丙戌，尊皇太后曰太皇太后，皇后曰皇太后。又詔以生日爲天瑞節。

25初，京湖制置使汪立信，移書賈似道曰：「今天下之勢，十去八九，誠上下交修，以迓續天命之幾，重惜分陰以趨事赴功之日也。而乃酣歌深宮，嘯傲湖山，玩歲愒月，緩急倒施，卿士師師非度，百姓鬱怨。欲上當天心，俯遂民物，拱揖指揮而折衝萬里，不亦難乎！爲今之計者，其策有三：夫內郡何事乎多兵，宜盡出之江干以實外禦。算兵帳，見兵可七十餘萬人，老弱柔脆，十分汰二，爲選兵五十餘萬。而沿江之守則不過七千里，若距百里而屯，屯有守將，十屯爲府，府有總督，其有要害處，輒三倍以兵，無事則泛舟長淮，往來游徼；有事則東西齊奮，戰守並用，刁斗相聞，餽餉不絕，互相應援，以爲聯絡之固。選宗親大臣忠良有幹用者，立爲統制，分蒞東西二府。此上策也。久拘聘使，無益于我，徒使敵得以爲辭，請禮而歸之，許輸歲幣，以緩師期。不二三年，邊遽稍休，藩垣稍固，生兵日增，可戰可守，此中策也。二策果不得行，則銜璧輿櫬之禮，請備以俟！」似道得書大怒，抵之地，詬曰：「瞎賊，狂言敢爾！」蓋立信一目微眇云。尋中以危法，廢斥之。

26 辛卯，以朱禩孫爲京湖、四川宣撫使兼知江陵府。

27 乙未，元巴延出師，陛辭，元主諭之曰：「古之善取江南者唯曹彬一人。汝不嗜殺，是吾曹彬也。」

28 八月，丁未，元史天澤言：「今大師方興，荊湖、淮西各置行省，勢位既不相下，號令必不能一，後當敗事。」元主是其言，復改淮西行中書省爲行樞密院。天澤又以病，表請專任巴延，乃以巴延領河南等路行中書省，所屬並聽節制。

29 癸丑，大霖雨，天目山崩，水湧流，安吉、臨安、餘杭民溺死者無算。

30 元中書省言：「江、漢未下之州，請令呂文煥率其麾下臨城諭之，令彼知我善遇降將，亦策之善者也。」元主從之。

31 元四川總帥汪惟正上言曰：「蜀未下者數城耳，宜併力攻臨安，根本既拔，此將焉往！願以本兵由嘉陵下夔、峽，與巴延會錢塘。」元主優詔答曰：「四川事重，舍卿誰託！異日蜀平，功豈在巴延下耶！」

32 甲寅，元弛河南軍器之禁

33 是月，元太保劉秉忠薨。

秉忠好學，至老不衰，雖位極人臣，而齋居蔬食，終日澹然。扈從至上都，其地有南屏山，築精舍居之，至是無疾端坐而逝。元主驚悼，謂左右曰：「秉忠事朕三十年，小心愼密，不避艱險，言無隱情。其陰陽術數之精，占事知來，若合符契，惟朕知之，他人不得與聞也。」遣官護其喪還葬大都，謚文貞，後改謚文正。

34 九月，（癸未），元左丞相河南行省巴延會師于襄陽，分軍爲三道並進。丙戌，巴延與平章行省阿珠由中道循漢水趣郢州，萬戶武秀爲前鋒，遇水潦，霖雨水溢，無舟不能涉。巴延曰：「吾且飛渡大江，而憚此潢潦耶！」使一壯士騎而前導，麾諸軍畢濟。癸巳，次鹽山，距郢州二十里。

張世傑將兵屯郢，郢在漢北，以石爲城，新郢城在漢南，橫鐵絙鎖，戰艦密植，椿木水中，夾以礮弩，凡要津，皆施杙〔杙〕，設守具。元軍薄城，世傑力戰，元軍不能前，遣人招世傑，不聽。阿珠獲俘民，言：「沿漢九郡，精銳皆萃于二郢，若舟師出其間，騎兵不能護岸，此危道也，不若取下流黃家灣堡，堡西有溝，南通藤湖，可由其中拖船入湖，轉而下漢僅三里。」呂文煥亦以爲便，諸將曰：「郢城，我之襟喉，不取，恐爲歸路患。」巴延曰：「用兵緩急，我則知之，大軍之出，豈爲一城哉！」遂舍郢，順流而下，遣總管李庭、劉國傑攻黃家灣堡，拔之。諸軍破竹席地，盪舟由藤湖入漢，巴延、阿珠殿後，下不滿百騎。

35 己亥，賜禮部進士王龍澤以下及第、出身。

36 元主歸自上都。時有言漢人毆傷蒙古人，及太府監盧甲盜翦官布，元主怒，命殺以懲衆。董文忠進曰：「刑曹於罪囚當死者，已有服詞，猶必詳讞，豈可因人一言遽加之重典！請付有司閱實以俟後命。」乃遣文忠及近臣圖們舊作突滿，今改。分覈之，皆得其誣狀，遂詔原之。元主因責侍臣曰：「方朕怒時，卿曹皆不敢言，非文忠開悟朕心，則殺二無辜之人，必取議中外矣。」因賜文忠金尊，曰：「用旌卿直。」太子亦語宮臣曰：「方天威之震，董文忠從容諫止，實人臣難能者。」太府監屬奉物詣文忠，泣謝曰：「鄙人賴公復生。」文忠曰：「吾素非知子，所以相救於危急者，蓋爲國平刑，豈望子報哉！」卻其物不受。

37 冬，十月，己酉，元饗於太廟。

38 甲子，詔以明年爲德祐元年。

39 乙丑，以章鑑同知樞密院事，陳宜中簽書樞密院事。

40 元軍之去郢也，副都統趙文義帥精騎二千追之。巴延、阿珠還軍迎擊之，及泉子湖，文義力戰而敗，巴延擒殺之，其士卒死者五百人，餘衆皆潰。

元軍進至沙洋，遣俘持黄榜檄文入城，守將王虎臣、王大用，斬俘焚榜，巴延復命呂文煥至城下招之，亦不應。丙寅，日暮，風大起，巴延命順風掣金汁礮，焚其廬舍，烟熖張〔漲〕天，城遂破，生擒虎臣、大用，餘悉屠之。

進薄新城，都統制邊居誼力戰，文煥列沙洋所馘于城下，縛虎臣等至壁，使招降，居誼不答。明日，又至，居誼曰：「吾欲與呂參政語耳。」文煥以爲降己，馳馬至；伏弩亂發，中文煥右臂，并中其馬，馬仆，幾鉤得之，衆挾文煥以他馬奔還。會總制黄順、副總制任寧相繼出降，其部曲多欲縋城出者，居誼悉驅入，當門斬之。文煥乃麾兵攻城，居誼以火具卻之。己巳，元總管李庭攻破外堡，諸軍蟻附而上，居誼度力不支，拔劍自殺，不殊，赴火死。所部三千人猶力戰，悉死焉，居誼舉家自焚。巴延壯居誼，購其尸觀之，遂殺虎臣、大用。居誼，隨人，初事李庭芝，積戰功擢都統制，至是死節。事聞，詔立廟死所。

41 閩中地震。

42 十一月，浙東安撫使馬廷鸞力辭去任，戊寅，詔依舊職奉祠。

43 詔爲趙文義與其兄文亮共立廟揚州，賜額曰傳忠。

44 初，李庭芝帥淮南，聞進士鹽城陸秀夫名，辟置幕下，主管機宜文字。秀夫性沈靜，不求人知，每僚吏至閤，賓主交歡，秀夫獨無一語，或時宴集府中，矜莊終日，未常少有希合，至察其事皆治，庭芝益器之，雖改官，不使去己。時稱得士多者，淮南第一，號小朝廷。及是以秀夫爲淮東制置司參議。

45 丙戌，以王爚爲左丞相，章鑑爲右丞相，並兼樞密使，從賈似道請也。

46 元東川元帥楊文安，自達州進趨雲安軍，至馬湖江，與南師遇，大破之，遂拔雲安、羅拱、高陽城堡。

47 元安圖奏：「阿哈瑪特蠹國害民，凡官屬所用非人，請別加選擇。其營作宮殿，夤緣爲姦，亦宜詰問。」元主命窮治，然阿哈瑪特委任如故。

48 元巴延軍逼復州，知州翟貴以城降。諸將請點視其倉庫軍籍，巴延不聽，諭諸將不得入城，違者以軍法論。

阿珠使阿爾哈雅來言渡江之期，巴延不答，明日又來，又不答，阿珠乃自來。巴延曰：「此大事也，主上以付吾二人，可使餘人知之乎？」潛刻期而去。乙未，軍次蔡店。丁酉，往視漢口形勢。

時淮西制置使夏貴，以戰艦萬艘分據要害，都統制王達守陽邏堡，京湖宣撫使朱禩孫，以游擊軍扼中流，元軍不得進。阿珠部將馬福，言自淪河走湖中，可從陽邏堡西沙蕪口入江，巴延使覘沙蕪口，夏貴亦以精兵守之。乃進圍漢陽，聲言取漢口渡江，貴果移兵援漢陽。十二月，丙午，巴延乘間遣阿喇罕（舊作阿剌罕。）將奇兵倍道襲沙蕪口，奪之。辛亥，自漢口開壩引船入淪河，轉沙蕪口以達江。壬子，戰艦萬計相踵而至，以數千艘泊淪河灣口〔口〕，屯布蒙古漢軍數十萬騎于江北。

癸丑，巴延遣人招諭陽邏堡，守將王達等曰：「我輩受宋厚恩，戮力死戰，此其時也，安有叛逆歸降之理！備吾甲兵決之。今日我宋天下，猶賭博孤注，輸贏在此一擲爾。」巴延麾諸將以白鷂子千艘攻之，三日不克。巴延密謀于阿珠曰：「彼謂我必拔此堡，方能渡江，此堡甚堅，攻之徒勞。汝夜以鐵騎三千汎舟直趨上流，爲擣虛之計，明日渡江，襲江南岸，已過則亟遣人報我。」阿珠亦曰：「攻城，下策也。若分軍船之半，循岸西上，泊青山磯下，伺隙而動，可以如志。」

巴延計定，乙卯，遣阿爾哈雅督萬戶張弘範等進薄陽邏堡，夏貴率衆援之。阿珠卽以昏時率四翼軍，遡流四十里至青山磯。是夜，雪大作，黎明，阿珠遙見兩〔南〕岸多露沙洲，卽登舟，指示諸將令徑渡，載馬後隨。萬戶史格一軍先渡，爲荊鄂都統程鵬飛所敗，格中三創，喪其師三百，阿珠引兵繼之。大戰中流，格中流矢，戰益力，鵬飛亦卻。阿珠遂登沙洲，攀岸步鬬，散而復合者數四，出馬于岸，力戰，追至鄂東門，鵬飛被七創走。阿珠獲其船千餘艘，遂起浮橋，成列而渡，乃遣人還報。巴延大喜，揮諸將急攻陽邏堡。夏貴聞阿珠渡江，大驚，引麾下三百艘先遁，沿流東下，縱火焚西南岸，大掠，還廬州，陽邏堡遂破，王達領所部八千人及定海水軍統制劉成俱戰死。元諸將請追貴，巴延曰：「陽邏之捷，吾欲遣使前告宋人。今貴走，是代吾使也。」遂渡江與阿珠會。

元諸將議師所向，或欲先取蘄、黃，阿珠曰：「若赴下流，退無所據。上取鄂、漢，雖遲旬日，可以萬全。」巴延遂趣鄂州。己未，焚戰艦三千艘，烟焰漲天，城中大恐。時朱禩孫帥師援鄂，道聞陽邏之敗，夜，奔還江陵。庚申，知漢陽軍王儀以城叛降元。

鄂恃漢陽爲蔽，及禩孫既遁，漢陽復失，鄂勢遂孤。呂文煥列兵城下曰：「汝國所恃，江、淮而已。今大軍渡江、淮如蹈平地，汝輩不降何待！」權守張晏然度不能守，遂以州降，程鵬飛亦以其軍降。幕僚張山翁獨不屈，元諸將請殺之，巴延曰：「義士也。」釋之。因檄下信陽諸郡，以鵬飛爲荆湖宣撫使，撤守兵分隸諸將，取壽昌糧四十萬斛以充軍餉。命阿爾哈雅以四萬人守鄂，而自率大衆與阿珠東下趣臨安。阿爾哈雅戍鄂，禁將士毋得侵掠，其下無敢取民一菜者，民大悅。

49 癸亥，詔賈似道都督諸路軍馬。

時鄂州既破，朝廷大懼。三學生及羣臣上疏，以爲非師相親出不可。似道不得已，始開都督府于臨安，以孫虎臣總統諸軍，以黃萬石等參贊軍事。所辟官屬，皆先命後奏，仍于封椿庫撥金十萬兩，銀五十萬兩，關子一千萬貫，充都督府公用。

50 詔天下勤王。

51 元賜太乙眞人第一區，仍賜額曰太一廣福萬壽宮。

52 乙丑，以高達爲湖北制置使。

53 詔：「邊費浩繁，吾民重困，貴戚、釋道，田連阡陌，安居暇食，有司覈其租稅，收之。」

54 庚午，元巴延遣程鵬飛至黄州，招諭陳奕，奕使人過江請降，且求名爵，巴延曰：「汝旣率衆來歸，何必慮及名爵！」以沿江大都督許之。奕大喜，遂以城降，仍以書招知蘄州管景模。時沿江諸郡，皆呂氏舊部曲，望風款附。

55 李庭芝遣兵入援。

56 是歲，元諸路蟲災凡九所，發米七萬五千石、粟四萬石以賑之。

57 元主謂秦蜀行省平章賽音諤德齊舊作賽典赤，今改。曰：「雲南，朕常親臨。比因委任失宜，使遠人不安，欲選謹厚者撫治之，無如卿者。」賽音諤德齊受命，即訪求知雲南地理者，畫其山川、城郭、驛舍、軍屯夷險遠近，爲圖以進。帝大悅，遂拜平章政事、行省雲南，賜鈔五十萬緡，金寶無算。

時宗王托果噜舊作脫忽魯，今改。方鎭雲南，惑于左右之言，以賽音諤德齊至，必奪其權，具甲兵爲備。賽音諤德齊聞之，乃遣其子尼雅斯拉鼎舊作納速剌丁，今改。先至其所，請曰：「天子以雲南守者非人，致諸國背叛，故命臣來安集之，且戒以至境卽加撫循。今未敢專，願王遣一人來共議。」王聞，遽罵其下曰：「吾幾爲汝輩所誤！」明日，遣親臣撒滿位哈乃等至。賽音諤德齊問以何禮見，對曰：「吾等與尼雅斯拉鼎偕來，視猶兄弟也，請以子禮見。」皆以名馬爲贄，拜跪甚恭，觀者大駭。乃設宴，陳所賜金寶飲器，酒罷，盡以與之，二人大喜過望。明日，來謝，語之曰：「二君雖爲宗王親臣，未有名爵，不可以議國事。欲各授君行省斷事官，以未見王，未敢擅授。」令一人先還稟王，王大悅。由是政令一聽賽音諤德齊所爲。

續資治通鑑卷第一百八十一

賜進士及第兵部尚書兼都察院右都御史總督湖北
湖南等處地方軍務兼理糧餉世襲二等輕車都尉畢沅編集

宋紀一百八十一 起旃蒙大淵獻（乙亥）正月，盡七月，凡七月。

帝㬎 帝㬎，度宗第二子，母曰全皇后，咸淳七年九月己丑，生于臨安府之大內。九年，封嘉國公；十年七月癸未，即皇帝位。德祐二年三月丁丑，入元，降封瀛國公。 按帝㬎紀年，謹遵通鑑輯覽。

德祐元年 元至元十二年。（乙亥、一二七五）

1春，正月，癸酉朔，元兵入黃州。

2壬午，葬端文明武景孝皇帝于永紹陵，廟號度宗。

3乙亥，元東川副都元帥張德潤拔禮義城，殺安撫使張資；繼遣元帥張桂孫略地，擒總管郭武及都轄唐惠等六人。

4癸未，元兵攻蘄州，知州管景模以城降。【考異】宋史作丁丑，知蘄州管景模遣人請降於黃州，今從元史作癸未。

5乙酉，以陳宜中同知樞密院事兼參知政事。

6初，呂師夔提舉江州興國宫，請募兵以禦元，詔與知州錢眞孫同募。至是賈似道承制召爲都督府參贊，任中流調遣。師夔不受命，與眞孫遣人詣蘄，以江州降元巴延舊作伯顏，今改。以師夔知江州。

丙戌，元兵侵江州，知安東軍陳巖夜遁。時知壽昌軍胡夢麟寓治江州，自殺；知南康軍葉閶，知德安府來興國，知六安軍曹明，俱迎降于江州。

師夔設宴庾公樓，選宗室女二人，盛飾以獻巴延，巴延怒曰：「吾奉天子命，興仁義師，問罪于宋，豈以女色移吾志乎！」斥遣之。

7丁亥，元樞密院言宋邊郡如嘉定、重慶、江陵、郢、漣、海皆阻兵自守，宜降璽書招諭，從之。

8初，元人南侵，用呂文煥與劉整爲嚮導，尋別命整出淮南。整銳欲渡江，曰：「大軍自襄、樊東下，宋悉力西拒，東方虛弱，徑造臨安，可一鼓而捷也。」巴延不可，曰：「吾受詔特綴東兵使無西爾，濟江非所聞。」至是整帥騎兵攻無爲軍，久不克，聞呂文煥入鄂捷至，整失聲曰：「首帥束我，使我成功後於人。善作者不必善成，果然！」遂發憤成疾，死于無爲城下。

9壬辰，元以宣撫使賈居貞簽書行中書省事，戍鄂州。居貞謂阿爾哈雅（舊作阿里海牙。）曰：「江陵乃宋制閫，重兵所屯。聞其諸將不睦，遷徙之民盈城，復皆疾疫，芻薪乏闕，杜門不敢樵采，當乘隙先取之。」阿爾哈雅深以爲然。

10知安慶軍范文虎，遣人以酒饌詣江州迎元軍，且謂巴延曰：「行樞密院臨城招諭，衆心不從，願俟丞相。」巴延初以安慶城在山頂，且兵糧皆足，勢不可攻，又慮文虎爲勍敵，甚憂之，及聞欲降，大喜，乃使阿珠（舊作阿朮。）先造之，文虎遂以城降，通判夏椅仰藥死。巴延至湖口，繫浮橋以渡，風迅水駛，橋不能成，乃禱于大孤山神，有頃風息，橋成，大軍畢渡。巴延承制授文虎兩浙大都督。

11乙未，以孫虎臣爲寧武軍節度使。

12元使兵部尚書廉希賢、工部侍郎嚴忠範奉國書來使。

13初，賈似道畏劉整，不敢出師，及聞其死，喜曰：「吾得天助矣！」乃上表出師，抽諸路精兵十三萬以行，金帛輜重，舳艫相銜百餘里。命幸執小事專決，大事則關白督府，不得擅行，又以所親信韓震爲殿帥，總禁兵。至安吉州，似道所乘舟膠于堰中，劉師勇以千人入水拽之，不能動，乃易他舟而去。遂由新安池口以進，次于蕪湖，遣人通呂師夔以議和。

14二月，夏貴引兵會賈似道于江上，袖中出一書示似道曰：「宋曆三百二十年。」似道俛首而已。

15癸卯，以汪立信爲江淮招討使，俾就建康府庫募兵以援江上諸郡。立信受詔，即日上道，以妻子託其愛將金明，執其手曰：「我不負國家，爾亦必不負我。」遂行。與賈似道遇于蕪湖，似道拊立信背哭曰：「不用公言，以至於此！」立信曰：「平章平章，瞎賊今日更說一句不得！」似道因問立信何向，立信曰：「今江南無寸土乾淨，吾去尋一片趙家地上死，第要死得分明耳。」既至建康，守兵悉潰，四面皆北軍。立信知事不可成，歎曰：「吾終爲國一死，但徒死無益，以此負國耳！」率所部數千人至高郵，欲控引淮南以爲後圖。

16似道自蕪湖遣還元俘曾安撫，且以荔子、黃柑遣（遺）巴延，復使宋京如元軍，請稱臣、奉歲幣。阿珠謂巴延曰：「宋人無信，唯當進兵。若避似道不擊，恐已降州郡，今夏難守。」巴延乃令囊嘉特舊作囊加歹，今改。來言：「未渡江時，議和入貢則可。今沿江州郡皆已內附，欲和則當來面議。」因索答書，似道不答。囊嘉特歸報，京亦還。【考異】經世大典載巴延答書云：「如君臣相率納土，即當奏聞。不然，備爾甲兵，以決勝負。」囊嘉特回，言似道不肯降。蓋巴延祇許其降而不許其和也。今參宋、元二史書之。

17甲辰，以黃萬石爲江西制置使。

18元立后土祠于臨汾，立伏羲、女媧、舜、湯、河瀆等廟于河中、解州、洪洞、趙城。

19元主將用兵日本，問王磐以便宜，磐言：「今方伐宋，當用吾全力，庶可一舉取之。若復分力東夷，恐曠日持久，功卒難成，俟宋滅，徐圖之未晚也。」庚戌，遣禮部侍郎杜世忠、兵部郎中何文著賫書使日本。

20元兵攻池州，知州王起宗遁去。通判昌化趙卯發攝州事，繕壁聚糧，爲固守計。元遊騎至李陽河，都統張林屢諷之降，卯發忿氣塡膺，瞠目視林，林不敢復言。已而林率兵巡江，陰遣人納款，而陽助卯發爲守，守兵皆歸於林。卯發知事不濟，乃置酒會親友與訣，謂妻雍氏曰：「城將破，吾守臣，不當去，汝先出走。」雍曰：「君爲忠臣，我獨不能爲忠臣婦乎！」卯發笑曰：「此非婦人女子所能也。」雍曰：「吾請先君死。」卯發笑止之。明日，乃散其家貲與弟姪，僕婢悉遣之。元兵薄城，卯發晨起，書几上曰：「國不可背，城不可降。夫婦同死，節義成雙。」遂與雍氏同縊死於從容堂。林開門降。巴延入城，問太守何在，左右以死對，深歎息之，命具棺衾合葬于池上，祭其墓而去。

事聞，贈華文閣待制，謚文節，雍氏順義夫人。

21元太宗長孫曰哈都，（舊作海都。）居北方，自定宗以來，日尋干戈。至是詔封諾摩罕（舊作那木罕，今改。）爲北平王，率諸王兵鎭守，而安圖（舊作安童，今改。）總省院之政。

22元平章軍國重事史天澤，至眞定病篤，附奏曰：「臣死不足惜，但願天兵渡江，愼勿殺掠。」語不及他，遂卒。元主聞訃震悼，謚忠武，追封鎮陽王。

天澤平居未嘗自矜其能，及臨大事，毅然以天下自任。年四十，始折節讀書，立論多出人意表。拜相之日，門庭悄然。或勸以權自張，天澤舉唐韋澳告周墀之語曰：「願相公無權。爵祿刑賞，天子之柄，何以權爲！」言者慚服。出入將相五十年，上不疑而下無怨，人以比郭子儀、曹彬。

23 賈似道以精銳七萬餘人盡屬孫虎臣，軍于池州之下流丁家洲，夏貴以戰艦二千五百艘橫亙江中，似道自將後軍軍魯港。貴失利于鄂，恐督府成功，無所逃罪，又恐虎臣新進出己上，殊無鬬志。會巴延令軍中作大栰數十，采薪芻置其上，陽言欲焚舟，諸軍但晝夜嚴備而已。巴延分步騎夾岸而進，麾戰艦，合勢衝虎臣軍。

時阿珠與虎臣對陣，巴延命舉巨礮擊虎臣軍，阿珠以划船數千艘乘風直進，呼聲動天地。虎臣先鋒將姜才方接戰，虎臣遽過其妾所乘舟，衆見之，讙曰：「步帥遁矣！」軍遂亂。夏貴不戰而走，以扁舟掠似道船，呼曰：「彼衆我寡，勢不支矣！」似道聞之，錯愕失措，遽鳴鉦收軍，舳艫簸蕩，乍分乍合。阿珠與鎮撫何瑋、李庭等，以小旗麾將校，左右掎之，殺溺死者不可勝計，軍資器械盡爲元所獲。【考異】魯港之敗，由於賈似道不知兵，將士離心，元人以力戰取勝耳。癸辛雜識云：或謂賈平章魯港之師，嘗與北軍議定歲幣講解，約于來日各退師一舍以示信。既而西風大作，北軍之退西者，旗幟皆東指，南軍都撥轉。孫虎臣意以爲北軍順風進師，遂倉卒告急於賈，賈以爲北軍失信而相紿，遂鳴鑼退師，及知其誤，則軍潰已不可止矣。是南軍既退之後，越一宿而北軍始進，蓋以此也。此傳聞之誤，殊不足信。今據宋史賈似道傳，參用元史阿珠、李庭、何瑋諸傳。

似道夜駐珠金沙，召貴計事。頃之，虎臣至，撫膺哭曰：「吾兵無一人用命者。」貴微笑曰：「吾嘗血戰當之矣。」似道曰：「計將安出？」貴曰：「諸軍俱膽落，吾何以戰！師相惟有入揚州招潰兵，迎駕海上，吾當以死守淮西耳。」遂解舟去。似道乃與虎臣單舸奔還揚州。明日，潰兵蔽江而下，似道使人登岸，揚旗招之，皆莫應，至有爲惡語嫚罵者。

24 壬戌，元軍攻饒州，知州唐震發州民城守。時元遣使來取降款，通判萬道同陰使於所部斂白金、牛、酒，備降禮，微諷震降，震叱之曰：「我忍偷生負國耶！」城中少年感震言，殺元使者。已而元軍登陴，衆皆散。震入坐府中，元軍執牘使署降，震擲筆於地，不屈，遂死之；郴州守趙崇榞寓居城中，亦死之。道同以城降。震始以忤賈似道罷官，家居久之，起知饒州，至是死節。贈華文閣待制，謚忠介。

初，特進、奉祠江萬里，聞襄、樊城破，鑿池芝山後圃，扁其亭曰止水，人莫喻其意。及聞警，執門人陳偉器手曰：「大勢不可支，余雖不在位；當與國爲存亡。」至是元軍執其弟知南劍州萬頃，索金銀不得，支解之，萬里赴止水死，左右及子鎬相繼投池中，積尸如疊。翼日，萬里尸獨浮出，從者斂葬之。尋贈太傅、益國公，謚文忠。

25甲子，元兵攻臨江軍，知軍鮑廉死之。

26中書舍人王應麟言：「圖大患者必略細故，求實效者必去虛文。請集諸路勤王之師，有能率先而至者，厚賞以作勇敢之氣，并力進戰，惟能戰斯可守。」因條上求將材、練軍實、備糧餉等事，不報。

27乙丑，賈似道至揚州，檄列郡如海上迎駕，上書請遷都。太皇太后不許，詔下公卿雜議。王爚請堅蹕，未決，以己不能與大計，乞罷政，不待報徑去。已而宗學生上言：「陛下移蹕，不于慶元則于平江；事勢危急，則航海幸閩；不思我能往彼亦能往，徒驚擾無益。」乃止。時方危急，徵諸將勤王，多不至，惟郢州守將張世傑率兵入衞，復饒州。陳宜中疑世傑歸自元，易其所部軍。

28元阿爾哈雅舊作阿里海涯，今改。言：「江陵，宋巨鎮，地居大江上流，屯精兵不啻數十萬，若非乘此破竹之勢取之，江水泛溢，鄂、漢之城亦恐難守。」元主從其請，仍璽書遣使招降。

29丙寅，以文天祥爲江西安撫副使，知贛州。

勤王詔至贛，天祥捧之涕泣，發郡中豪傑，并結谿峒山蠻，有衆萬人，遂入衞。其友止之曰：「今元兵三道鼓行，破郊畿，薄內地，君以烏合萬餘赴之，是何異驅羣羊而博（搏）猛虎！」天祥曰：「吾亦知其然也。第國家養育臣庶三百餘年，一旦有急徵天下兵，無一人一騎入關者。吾深恨於此，故不自量力而以身徇之，庶天下忠臣義士將聞風而起。義勝者謀立，人衆者功濟，如此，則社稷猶可保也。」天祥性豪華，平生自奉甚厚，聲伎滿前，至是痛自抑損，盡以家資爲軍費，每與賓客、僚佐語及時事，輒撫几曰：「樂人之樂者憂人之憂，食人之食者死人之事。」聞者爲之感動。

30 戊辰，湖南提刑李芾，遣將率壯士三千人入援，尋以芾知潭州兼湖南安撫使。時湖北州郡皆破，其友勸芾勿行，曰：「無已，卽以身行可也。」芾曰：「吾豈拙於謀身哉！第以世受國恩，雖廢棄中，猶思所以報者。今幸用我，我以家許國矣。」

31 己巳，以陳宜中知樞密院事，曾淵子同知樞密院事，禮部侍郎文及翁簽書樞密院事，倪普同簽書樞密院事。召王爚爲浙西、江東宣撫使，使居京師以備咨訪。

時元行人郝經尚留儀眞，元主復使禮部尚書中都哈雅（舊作中都海牙。）及經弟行樞密院都事郝庸等來問執行人之罪，賈似道大恐，乃遣總管段佑以禮送經歸。經道病，元主敕樞密院及尙醫近侍迎勞，所過，父老瞻望流涕。

32 元兵攻嘉定，都統侯興力禦，死之。

33 庚午，平章軍國重事、都督諸路軍馬賈似道罷。

初，陳宜中附似道，驟得登政府。至是堂吏翁應龍，自軍中以都督府印還，宜中問似道所在，應龍以不知對。宜中意其已死，卽上疏請誅似道以正誤國之罪，太皇太后曰：「似道勤勞三朝，安忍以一朝之罪，失待大臣之禮！」詔授醴泉觀使，罷平章、都督。凡似道諸不卹民之政，次第除之，放還諸竄謫人。趙與可除名，令臨安府捕按之。

34 辛未，右丞相章鑑，聞元兵日迫，託故巡遁去。

35 江淮招討使汪立信，聞賈似道師潰，江、漢守臣望風降遁，歎曰：「吾今日猶得死于宋土也！」乃置酒召賓僚與訣，手自爲表，起居三宮，與從子書，屬以家事。夜分，起步庭中，慷慨悲歌，握拳撫案者三，以是失聲三日，扼吭而卒。【考異】宋史本紀云汪立信卒于七月，陳桱續編云卒于二月，薛氏因之。宋史汪立信傳，言立信卒，巴延入建康，金明以其家人免。巴延入建康以三月，則立信之卒當在二月中，非七月也。今酌書之。

36 是月，沿江制置大使、建康行宮留守趙溍，棄城南走；都統徐王榮、翁福等，以城降元。知寧國府趙與可，知隆興府吳益，亦棄城遁。知太平州孟之溍，知和州王善，知無爲軍劉權，知漣州孫嗣武，相繼迎降。

37 元主如上都。

38 鄂、漢降臣張晏然等上書於元主曰：「宋之權臣，不踐舊約，拘留使者，實非宋主之罪，敢仰祈聖慈，止罪擅命之臣，不令趙氏乏祀。」元主召赴闕，諭之曰：「卿言良是。卿既不忘舊主，必能輔弼我家。已遣巴延按兵不進，仍遣廉希賢等持書往使。果能悔過來附，既往之愆，朕復何尤！至於權臣賈似道，尚無罪之之心，況肯令趙氏乏祀乎！若其執迷罔悛，未然之事，朕將何言！天其鑒之！」

39三月，壬申朔，殿前都指揮使韓震，復請帝遷都，如賈似道之議。陳宜中欲示己非似道黨，乃召震計事，伏壯士，袖鐵椎擊殺之。震部將李大時等叛，攻嘉會門，射火箭至大內。急發兵捕之，皆散走，擕震母妻及諸子出奔元軍。

40癸酉，元巴延入建康。時江東大疫，居民乏食，巴延開倉賑之，遣醫治疾，民大悅。或以汪立信二策及死告巴延，請戮其孥，巴延歎息久之，曰：「宋有是人，有是言哉！使果用之，吾安得至此！」命求其家，厚卹之。於是金明以立信之喪歸葬丹陽。其子麟在建康，不肯從衆降元，崎嶇走閩以死。

41元主詔巴延，以時方暑，不利行師，俟秋再舉，巴延奏曰：「宋人之據江海，如獸保險；今已扼其吭，縱之則逸而逝矣。」元主曰：「將在軍不從中制，兵法也。」遂詔巴延以行中書省駐建康，阿珠分駐揚州，與博爾歡、舊作博羅歡，今改。達春舊作搭出，今改。絕宋淮南之援。巴延分兵四出，鎮江統制石祖忠請降。

朝廷以元兵漸迫，命浙西提刑司準備差遣劉經戍吳江，兩浙轉運司準備差遣羅林、浙江安撫司參議官張濡戍獨松關，山陰縣丞徐垓、正將郁天興戍四安鎮，起趙淮爲太府寺丞，戍銀林東壩。濡，俊之曾孫也。

42 召章鑑還朝。鑑言：「韓震雖請遷都，意實無他，遽置之死，震驚乘輿，似亦太過。」陳宜中銜之。

43 甲戌，元兵攻無錫縣，知縣阮應得出戰，一軍皆沒，應得赴水死。

44 乙亥，詔諭叛將呂文煥、陳奕、范文虎，使通和於元，議息兵。

45 以王爚爲左丞相兼樞密使。

46 閩中地復大震。

47 右丞相章鑑爲御史王應麟所劾，削官，放歸田里，太皇太后命仍與祠祿。

鑑居相位，號寬厚，與人多許可，時目爲「滿朝歡」。

48 侍御史陳過，請竄賈似道，并治其黨，翁應龍等不俟報而去，監察御史潘文卿、季可請從過所請。乃命捕應龍，下臨安府獄，罷廖瑩中、王庭、劉良貴、游汶、朱浚、陳伯大、董樸，謫洪起畏鎮江自效。

49 丙子，下詔罪己。

以陳宜中爲右丞相兼樞密使。王爚還朝，與宜中論事多不合。宜中請建督府于京，檄召諸路軍馬勤王，并令潰軍各歸所部，團結內外兵十七萬五千人，分廂，差官督之。

50 召高斯得權兵部尚書。斯得疏請誅姦臣以謝天下，開言路以回天心，聚人才以濟國是，旌節義以厲懦夫，竭財力以收散亡。斯得痛國事之危，激烈言事無所避，擢翰林學士。

51 御史孫嶸叟，請竄籍潛說友、吳益等，陳宜中以爲簿錄非盛世事，祖宗忠厚，未嘗輕用。王爚力爭，謂當如嶸叟所言，議不決。楊文仲言：「事危且急矣，祖宗所深賴，億兆所寄命，在乎二相；苟以不協之故，今日不戰，明日不征，時不再來，後悔何及！」

52 丁丑，知滁州王應龍以城降元。

53 己卯，杖翁應龍，刺配吉陽軍。

54 命王爚、陳宜中並都督諸路軍馬。

55 壬午，追復吳潛、向士壁官。

56 元兵攻常州，知州趙與鑑遁，州人錢訔以城降。

57 甲申，元兵攻西海州，知州丁順降。乙酉，知東海州施居文乞降於西海州。

58 知平江府潛說友以城降元。

59 詔張世傑總都督府諸軍。丙戌，知廣德軍令狐槩以城降元。世傑遣其將閻順、李存進軍廣德，謝洪永進軍平江，李山進軍常州。順遂復廣德軍。

60 丁亥，有二星鬭于中天，頃之，一星隕。

61 己丑，趣五郡鎮撫使呂文福將兵入衞，文福殺使者，不受命。

62 庚寅，元兵既迫，臨安戒嚴，同知樞密院曾淵子、左司諫潘文卿、右正言季可、兩浙轉運副使許自、浙東安撫使王霖龍、侍從陳堅、何夢桂、曾希賢等數十人皆遁，朝中爲之蕭然。簽書樞密院事文及翁、同簽書樞密院事倪普，諷臺諫劾己，章未上，亟出關遁。太皇太后聞之，詔榜朝堂曰：「我朝三百餘年，待士大夫以禮。吾與嗣君遭家多難，爾大小臣未嘗有出一言以救國者，內而庶僚畔官離次，外而守令委印棄城，耳目之司既不能爲吾糾擊，二三執政又不能倡率羣工，方且表裏合謀，接踵宵遁。平日讀聖賢書，自許謂何！乃於此時作此舉措，生何面目對人，死亦何以見先帝！天命未改，國法尙存，其在朝文武，並轉二資，其負國棄予者，御史臺覺察以聞。」然不能禁也。

63 辛卯，元使者康（廉）希賢、嚴忠範至建康。希賢請兵自衞，巴延曰：「行人以言不以兵，兵多反致疑耳。」希賢固請，遂以兵五百送之。巴延仍下令諸將各守營壘，勿得妄有侵掠。希賢等至獨松關，張濡部曲殺忠範，執希賢送臨安，希賢病創死。

64 元阿爾哈雅率兵規取荊湖，留賈居貞守鄂。居貞發倉廩以賑流亡，宋宗室子孫流寓者，廩食之，不變其服而行其楮幣，東南末下郡縣商旅留滯者，給引使歸，免括商稅及湖荻之禁，造舟數百艘，駕以水軍，不致病民，一方安之。

65 壬辰，元阿爾哈雅攻岳州，安撫使高世傑，會郢、復、岳三州及上流諸軍戰船數千艘，扼荊江口。阿爾哈雅督諸翼水軍屯東岸，世傑乘夜陣于洞庭湖中。阿爾哈雅追逐世傑，斬之以徇，岳州總制孟子縉舉城降。

66 丙申，以陳合同簽書樞密院事。

67 戊戌，赦邊城降將罪，能自拔而歸者錄之。有能復一州者予知州，復一縣者予知縣，所部僚吏將卒及土豪立功者同賞。

68 詔：「公田最爲民害，稔禍十有餘年，自今並給原主，令率其租戶爲兵。」

69 庚子，元從王磐、竇默請，分置翰林院，專掌蒙古文字；其翰林兼國史院，仍舊纂修國史，典制誥，備顧問。

70 辛丑，元命阿珠分兵取揚州。

趙良弼言於元主曰：「宋重兵在揚州，宜以大軍先擣錢唐。」元主然之。

71 是月，知滁州王虎臣，知寧國府顏紹卿，皆以城降元。

72 管景模之降元也，其子如德從之入覲，元主問：「天下何以得？宋何以亡？」如德對曰：

「陛下以福德勝之。襄、樊，宋咽喉也，咽喉被塞，不亡何待！」元主曰：「善！」旋慰諭之曰：「朕治天下，重惜人命，凡有罪者，必令面對再四，果實也而後罪之，非如宋權姦擅權，書片紙數字即殺人也。汝但一心奉職，毋懼忌嫉之口。」旋授如德湖北招討使。

73夏，四月，文天祥兵至吉州。江西制置副使黃萬石，與天祥有舊嫌，且忌其聲望出己右，言於朝曰：「天祥軍皆烏合，兒戲無益。」乃詔天祥留屯隆興府。

74乙巳，元兵入廣德軍，知廣德縣王汝翼與寓居官趙時敏率義兵戰，孟唐老與其二子皆死。汝翼被執，至建康，死之。

75丙午，元兵入沙市城，都統孟紀死之，監鎮司馬夢求自經死。夢求，光五世孫也。

76戊申，京湖宣撫使朱禩孫，湖北制置副使高達，以江陵降元。

達先以賈似道忌其功，懷怨望。及元阿爾哈雅自岳州攻江陵，達累戰敗，遂與禩孫及提刑青陽夢炎、李湜等出降。阿爾哈雅入城，命禩孫檄所部歸附，於是歸、峽、郢、復、鼎、澧、辰、沅、靖、隨、常德、均、房諸州，相繼皆降，阿爾阿〔哈〕雅承制並復官守。江陵捷聞，元主謂近臣曰：「巴延東下，阿爾哈雅孤軍守鄂，朕常憂之，今荆南定，吾東兵可無後患矣。」乃親作手詔褒之，授達參知政事。禩孫至上都，死。

77元阿爾哈雅請命重臣，開大府，鎮江陵。元主急召廉希憲於北京，入見，賜坐，諭曰：

「荆南入奉版籍，欲使新附者感恩，未來者向化，宋知我朝有臣如此，亦足以降其心。南土卑濕，於卿非宜，今以大事付託，度卿不辭。」賜田以養居者，賜馬五十以給從者。希憲曰：「臣每懼才識淺近，不能勝負大任，何敢辭疾！然敢辭新賜。」復詔希憲承制授三品以下官。

78 壬子，以高斯得簽書樞密院事。

79 有司議建藩屏以強王室，乙卯，詔以福王與芮爲浙東安撫大使、判紹興，開府，置長史、司馬。

80 甲寅，元諭中書省，議立登聞鼓。

81 庚申，知金壇縣李成大，率義局官合山縣尉胡傳心，陽春主簿潘大同，濠梁主簿潘大本，進士潘文孫、潘應奎，攻復金壇縣。鎮江統制侯嵒、縣尉趙嗣濱反，助元兵來戰，成大被執，不屈，與二子及傳心等皆死之。

82 時元兵東下，所過迎降，李庭芝率勵所部，固守揚州。阿珠遣李虎持招降榜入城，庭芝殺虎，焚其榜。總制張俊出戰，持叛臣孟子縉書來招降，庭芝焚其書，梟俊首于市。時出金、帛、牛、酒宴犒將士，人人感激自奮。

83 辛酉，度支尚書吳浚遣人至建康，爲陳宜中移書言：「前殺廉希賢，乃邊將所爲，太皇太后及嗣君實不知，當按誅之。願輸幣，請罷兵通好。」巴延曰：「彼爲詐計，視我虛實耳。

當擇人同往，觀其事體，令彼速降。」乃遣議事官秦中、張羽同遣人還臨安，羽行至平江驛亭，復被殺。

84 壬戌，阿珠攻眞州，知州苗再成、宗子趙孟錦帥兵大戰于老鸛觜，敗績。

85 癸亥，加知思州田謹賢、知播州楊邦憲並團練使，趣兵入衞。

86 丁卯，加李庭芝參知政事。

87 庚午，阿珠乘勝進趣揚州，姜才爲三疊陣，逆之于三里溝，敗之。阿珠佯退，才逐之，阿珠反戰。至揚子橋，揚州撥發官雷大震出戰，死之。兩軍夾水而陣，元張弘範以十三騎絕渡衝才軍，才軍堅不可動，弘範引卻以誘之。才將回回躍馬奪〔揮〕大刀，直前向弘範，弘範反轡迎刺之，應手而仆，元兵歡聲動地，才軍遂潰。阿珠與弘範追之，自相蹂踐與陷濠水死者甚衆，流矢中才肩。才拔矢揮刀而前，元軍辟易不敢逼，遂入城，誓死守。阿珠乃築長圍，自揚子橋竟瓜洲，東北跨灣頭至黃塘，西北抵丁村務，欲以久困之。

88 吏部尚書常楙入見，言：「霅川之變，非其本心，置之死過矣，不與立後又過矣。巴陵，帝王之胄，生不得正命，死不得血食，沈冤幽憤，鬱結四十五年之久，不爲妖爲札於冥冥中者幾希。願陛下勿搖浮議，特發神斷，宗社幸甚！」於是詔國史院討論典故以聞。

89 元遣使召嗣漢四十代天師張宗演赴闕。

90 五月，癸酉，元兵攻寧國縣，知縣趙與糖出戰，死之。

91 丁丑，環衞官劉師勇復常州，加濠州團練使，助姚訔守常，以張彥守呂城，兵威稍振，由是浙右諸城降元者復與張世傑軍合。師勇，盧州人；訔，希得子也。【考異】劉師勇復常州，元史作庚辰，今從宋史。

92 己卯，賜處士何基諡文定，王柏贈承事郎，從祭酒楊文仲之請也。

93 以張珏爲四川制置副使。

94 庚辰，元詔諭參知政事高達曰：「昔我國家出征，所獲城邑，即委去之，未嘗置兵戍守，以此連年征伐不息。夫爭國家者，取其土地人民而已。雖得其地而無民，其誰與居！今欲保守新附城壁，使百姓安業力農，蒙古未之知也，爾熟知其事，宜加勉旃。湖南州郡，皆汝舊部曲，未歸附者何以招懷，生民何以安業，聽汝爲之。」

95 丁亥，元召巴延赴大都，以蒙古萬戶阿喇罕（舊作阿剌罕。）權行中書省事。

96 庚寅，五郡鎭撫使呂文福降元。

97 辛卯，籍潛說友、吳益、呂文煥、孟子縉、陳奕、范文虎家。

98 丙申，遣使告天地、宗廟、社稷、諸陵、宮觀。

時知慶遠府仇子眞，淮東兵馬鈐轄阮克己，各將兵入衞，詔與張世傑、張彥分道出擊元軍。臺諫請命大臣監護，事下公卿雜議，久而不決。陳文龍上言：「三后協心，同底于道。北兵今日取某城，明日築某堡，而我以文相遜，以迹相疑，譬猶拯溺救焚而爲安行徐步之儀也。請詔大臣，無滋虛議。」不報。

99 己亥，吳繼明復蒲圻、通城、崇陽三縣，以繼明權知鄂州，令擇險爲寓治。

100 是月，元廉希憲至江陵，阿爾哈雅率其屬望拜塵中，荆人大驚。希憲即日禁剽奪，通商販，兵民安堵。首錄宋故宣撫、制置二司幕僚能任事者，以備采訪，仍擇二十餘人，隨材授職。左右難之，希憲曰：「今皆國家臣子也，何用致疑！」時宋故官禮謁大府，必廣致珍玩，希憲拒之，且語之曰：「汝等身仍故官，或不次遷擢，當念聖恩，盡力報效。今所饋者，若皆己物，我取之爲非義，一或係官，事豈宜盜竊（事同盜竊）。若斂於民，不爲無罪。宜戒慎之！」希憲令：「俘獲之人，軍士敢殺者，以故殺平民論；爲軍士所擄，病而棄之者，許人收養，病愈，故主不得復役；立契券（質）賣妻子者，重其罪，仍沒入其直。」先是江陵城外蓄水扞禦，命決之，得良田數萬頃（畝），以爲貧民之業，發沙市倉粟之不入官（籍）者二十萬斛，以賑公安之饑，民悅之。

101 六月，庚子朔，日有食之，既。晝晦如夜，星見，雞鶩皆歸。王爚言：「日食不盡僅一分，陰盛陽微，災異未有大於此者，乞賜罷黜！」不許。

102初，成都安撫使昝萬壽守嘉定、興元，與元賽音諤德齊舊作賽典赤，今改。對壘，賽音諤德齊一以誠意待之，不爲侵掠，萬壽心服。未幾，元召賽音諤德齊還，萬壽請置酒爲好，賽音諤德齊徑往不疑。酒至，左右言未可飲，賽音諤德齊笑曰：「若等何見之小耶！昝將軍能毒我，其能盡我朝之人乎？」萬壽歎服。

至是元主召汪良臣入朝，命之曰：「成都被兵久，須卿安集之。」良臣進攻嘉定，萬壽堅守不出。良臣度有伏兵，大搜山谷，果得而殺之，進壘薄城。萬壽悉軍出戰，大敗，遂籍境內三龜、九鼎、紫雲諸城降。元以萬壽簽四川行樞密院事，賜名順。

103辛丑，太皇太后詔削聖福尊號，以應天戒，命侍從官以上各舉才堪文武者，雖在謫籍，亦聽舉之。

104庚戌，誅翁應龍，籍其家。

105甲寅，留夢炎自湖南入朝，王爚、陳宜中皆請相夢炎而求去，太皇太后曰：「二相毋藉此求閒也。」乃以爚平章軍國重事，一月兩赴經筵，五日一朝。宜中爲左丞相，夢炎爲右丞相，並兼樞密使，都督諸路軍馬。爚卽日就民居，以丞相府讓宜中。宜中言：「一辭一受，何以解天下之譏！」因辭去。遣使遮留，乃還。

106己未，加李庭芝知樞密院事。

107 辛酉，潼州安撫使、知江安州梅應春以城降元。

108 丙寅，揚州都統姜才，副將張林，率步騎二萬人乘夜攻元揚子橋木柵。守柵萬戶史弼告急於阿珠，阿珠率總管管如德等自瓜洲以兵赴之，詰旦，至柵下。才軍夾水爲陣，阿珠麾騎兵渡水夾擊，陣堅不可動，阿珠引卻。才進逼之，戰不利而走，阿珠麾步騎並進，遂大敗。如德生擒林，才僅以身免，士卒死者萬餘人。

109 丁卯，朱禩孫除名，籍其家。

110 秋，七月，辛未，張世傑與劉師勇、孫虎臣等，大出舟師萬餘艘，次於焦山，令以十舟爲方，碇江中流，非有號令，毋得發碇，示以必死。元阿珠登石公山望之曰：「可燒而走也。」遂遣健卒善彀者千人，載以巨艦，分兩翼夾射，阿珠居中，合勢進戰，繼以火矢，篷檣俱焚，煙熖蔽江，諸軍死戰，欲走不能前，多赴江死。張弘範、董文炳、劉國傑復以銳卒橫衝，世傑不復能軍，奔圌山，阿珠、（弘）範追之，獲白鷂子七百餘艘。師勇還常州，虎臣還眞州。世傑請濟師；不報。國傑，本女直人，姓烏庫哩，（舊作烏古論。）後入中州，改姓劉氏。貌魁梧，善騎射，膽力過人，數有軍功，蒙古主壯之，詔加懷遠大將軍，賜號巴圖。（舊作拔都。）國傑行二，故呼之曰「劉二巴圖」。

111 甲戌，三學生及臺諫、侍從，皆上疏請誅賈似道，太皇太后不許。及賈似道上表自劾，且言爲夏貴、孫虎臣所誤，乞保餘生，乃削似道三官，令李庭芝津遣似道歸越，以終喪制，似道留揚不還。王爚言：「似道既不死忠，又不成孝，請下詔切責。」似道乃還紹興，紹興守臣閉城不納。王爚復言於太皇太后曰：「本朝權臣稔禍，未有如似道之烈者。搢紳草茅，不知幾疏，陛下皆抑而不行，付人言于不卹，何以謝天下！」於是始詔似道婺州居住。婺人聞似道至，率衆爲露布逐之。

丁丑，復詔徙似道于建寧府。

翁應龍既誅，廖瑩中、王庭除名，流之嶺南，皆自殺。于是御史孫嶸叟等又以似道罰輕，請斬之以正法。方回復上疏論似道僥、詐、貪、淫、褊、驕、吝、專、忍、謬十罪。太皇太后猶不聽。翁合上言：「似道總權罔上，賣國召兵，專利虐民，滔天之罪，人人能言，迫于衆怒，僅謫建寧。夫建寧實朱熹講道之闕里，雖三尺童子亦知向方，聞似道名，咸欲嘔吐，況見其面乎！宜遠投荒服以禦魑魅。」庚寅，詔謫賈似道高州團練副使、循州安置，籍其家，遣使監押之貶所。

會稽縣尉鄭虎臣以其父嘗爲似道所配，欲報之，欣然請行。似道時寓建寧之開元寺，侍妾尚數十人。虎臣至，悉屏去，撤轎蓋，暴行秋日中，令舁轎夫唱杭州歌謔之，每名斥似道，窘辱備至。一日，入古寺，壁上有吳潛南行所題字，虎臣呼似道曰：「賈團練，吳丞相何以至此？」似道慚而不能對。至泉州洛陽橋，遇葉李自漳州放還，見于客邸，李賦詩贈之，似道俯首謝焉。

112 追復皮龍榮官。

113 辛卯，陳宜中去位。

初，張世傑之將出師也，王爚謂：「二相宜一人督師吳門，否則臣雖老無能爲，若效死於封疆，亦不敢辭。」會世傑敗于焦山，爚復言曰：「事無重于兵。今二相並建都督，廟算指授，臣不得而知。比者六月出師，諸將無統。臣豈不知吳門去京不遠？而爲此請者，蓋大敵在境，非陛下自將，則大臣開督。今世傑以諸將心力不一而敗，不知國家尚堪幾敗耶？臣既不得其職，又不得其言，乞罷平章。」太皇太后不許。

京學士劉九臯等伏闕上書，言：「宜中擅權，黨賈似道；趙溍、趙與鑒皆棄城遁，宜中乃假使過之說以報私恩；令狐槩、潛說友皆以城降，乃受其苞苴而爲之羽翼；文天祥率兵勤王，信讒而沮撓之；似道喪師辱國，陽請致罰而陰佑之；元兵薄國門，勤王之師，乃留之京城而不遣；宰相當出督，而畏縮猶豫，第令集議而不行；呂師夔狠子野心，而使之通好乞盟；張世傑步兵而用之於水，劉師勇水兵而用之于步，指授失宜，因以敗事。臣恐誤國將不止一似道也。」初，宜中事多專決，不關白爚，或謂京學之論，實爚嗾之。書上，宜中徑去，遣使四輩召之，不至。

114 壬辰，太皇太后下劉九皋于臨安獄。手詔曰：「給舍之奏，謂爚與宜中必難久處。兼爚近奏乞免平章，辭氣不平，誠有如人言者，可罷爚平章軍國重事，以少保、觀文殿大學士充醴泉觀使。」是歲，卒。

爚清修剛勁，不阿權勢。及爲相，屬國勢危亡，乃不能協謀以濟大事，士論惜之。

115 昝萬壽既降，兩川郡縣多送款，獨張珏固守重慶不下，元主建東西行樞密院，會兵圍之。

116 巴延至上都，面陳形勢，乞進兵，遂拜右丞相，巴延辭曰：「阿珠功多，臣宜居後。」乃進阿珠左丞相，仍詔巴延直趨臨安，阿珠仍攻淮南，阿爾哈雅取湖南，萬戶宋都木達舊作宋都斛，今改。及武秀、張榮實、李恆、呂師夔等取江西。元主仍詔諭巴延曰：「宋君臣相率來附，則趙氏族屬可保無虞，宗廟悉許如故。」

117 癸巳，詔知廬州夏貴加樞密副使、兩淮宣撫大使，與淮東制置副使、知揚州朱煥互調，召李庭芝還朝。貴不奉詔，煥仍還揚，庭芝亦不行。

118 起復文天祥爲兵部尚書。

119 高斯得罷。乙未，以殿中侍御史陳文龍同簽書樞密院事。

120 丙申，以開慶兵禍，追罪史嵩之，削其謚。

續資治通鑑卷第一百八十二

賜進士及第兵部尚書兼都察院右都御史總督湖北
湖南等處地方軍務兼理糧餉世襲二等輕車都尉畢沅編集

宋紀一百八十二 起旃蒙大淵獻(乙亥)八月，盡柔兆困敦(丙子)閏三月，凡九月。

帝㬎

德祐元年元至元十二年。(乙亥、一二七五)

1八月，己亥朔，總制毛獻忠將衢州兵入衛。

2辛丑，疏決臨安府罪人。

3壬寅，右正言徐直方遁。

4加夏貴兩淮宣撫大使，李芾爲湖南鎮撫大使、知潭州。

5乙巳，吳繼明復平江縣，旋加繼明湖北招討使。

6己酉，拘閻貴妃集慶寺、賈貴妃演福寺田還安邊所。

7丁巳，加張世傑神龍(龍神)衞四廂都指揮使、總都督府諸兵。

8 庚戌，劉師勇攻呂城，破之，戊午，加師勇和州防禦使。

9 趙淇除大理少卿。王應麟言：「昔內外以寶玉獻賈似道，淇兄弟爲甚。」己未，罷之。

10 辛酉，元主歸自上都。

11 甲子，文天祥至臨安，上疏言：「本朝懲五季之亂，削藩鎮，建都邑，雖足以矯尾大之弊，然國以寖弱，故敵至一州則一州破，至一縣則一縣破，中原陸沈，痛悔何及！今宜分境內爲四鎮，建都督統御於其中，以廣西益湖南而建閫于長沙，以廣東益江西而建閫于隆興，以福建益江東而建閫于番陽，以淮西益淮東而建閫于揚州。責長沙取鄂，隆興取蘄、黃，番陽取江東，揚州取兩淮，地大力衆，乃足以抗敵。約日齊奮，有進而無退，日夜以圖之，彼備多力分，疲於奔命，而吾民之豪傑者，又何間出於其中，如此則敵不難卻也。」時議以爲迂闊，不報。命天祥知平江府。

12 元廉希憲既安輯荊南之民，歎曰：「教不可緩也！」遂大興學校，選教官，置經籍，希憲仍親詣講舍以厲諸生。由是思、播田、揚二氏及西南谿峒，皆越境請降。元主聞之曰：「先朝非用兵不可得地，今希憲能令數千百里外越境納土，其治化可見也。」

13 九月，己巳，授陳宜中觀文殿大學士、醴泉觀使兼侍讀，不至。

14 庚午，元阿哈瑪特，舊作阿合馬，今改。以軍興國用不足，請復立都轉運使九，量增課程元額，鼓鑄鐵器，官爲局賣，禁私造銅器。

15 丁丑，元弛河南鬻馬之禁。

16 己卯，陳宜中乞任海防，不允。

17 辛丑，有事於明堂，赦。

先是議以上公攝行，權工部侍郎兼給事中楊文仲曰：「今祗見天地之始，雖在幼沖，比郎喪次，已勝拜跪，執禮無違，所當親饗。」從之。

18 丙戌，命文天祥爲都督府參贊官，總三路兵，仍知平江。

19 鄭虎臣監押賈似道，舟次南劍州黯淡灘，虎臣曰：「水清甚，何不死於此？」似道曰：「太皇許我不死。」至漳州木綿庵，虎臣曰：「吾爲天下殺似道，雖死何憾！」遂拘其子與妾于別館，郎廁上，拉其胸殺之。後陳宜中至福州，捕虎臣，斃于獄。

20 元兵入泰州，孫虎臣自殺，旋贈太尉。

21 甲午，揚州都統姜才，率步騎萬五千人攻元灣頭堡，爲阿珠舊作阿朮，今改。所敗。

22 乙未，元兵攻呂城，張彥被執，降于元。呂城既失，常州勢益孤。

23 丙申，元以伊實特穆爾舊作玉昔帖木兒，今改。爲御史大夫，括江南諸郡書版及臨安祕書省乾坤寶典等書。

24元兵攻常州，久不下，昭文殿（館）大學士姚樞言於元主曰：「陛下降不殺人之詔，巴延（舊作伯顏。）濟江，兵不踰時，西起蜀川，東薄海隅，降城三十，戶踰百萬，自古平南未有如此之神捷者。今自夏徂秋，一城不降，皆由軍官不思國之大計，不體陛下之深仁，劫財剽殺所致。揚州、焦山、淮安，人殊死戰，我雖克勝，所傷亦多。宋之不能爲國審矣，而臨安未肯輕下。好生惡死，人之常情，惟懼我招徠止殺之信不堅耳。宜申止殺之詔，使賞罰必立，恩信必行，聖慮不勞，軍力不費矣。」【考異】元史姚樞傳作十一年。按十一年九月，巴延始會師于襄陽，則姚樞所言非十一年事明矣，今定作十二年。

25冬，十月，戊戌朔，元饗於太廟。

26己亥，加張世傑沿江招討使，劉師勇福州觀察使，總統出戍兵。

27癸卯，玉牒殿災。

28丁未，以留夢炎爲左丞相，陳宜中爲右丞相，並兼樞密使，都督諸路軍馬。宜中在溫州，被召，以親老辭。太后自爲書遺其母揚州，使諭之，宜中乃赴召。

29李芾至潭州，元游騎已入湘陰、益陽諸縣。城中守卒不滿三千，芾結峒蠻爲援，繕器械，峙芻糧，栅江修壁。及元兵圍城，芾慷慨登陴，與諸將分地而守，民老弱皆出，結保伍助之，不令而集。芾日以忠義勉將士，死傷相籍，人猶歃血乘城殊死戰，有來招降者，輒殺之以徇。

30元阿珠攻揚州，旣築長圍，於是城中食盡，死者枕籍滿道，而李庭芝志益堅。

31元巴延次灣頭，阿喇罕（舊作阿剌罕。）自建康來會，巴延令還建康起兵，乃留博爾歡舊作孛魯花，今改。及阿里布舊作阿里伯，今改。守灣頭，而自帥衆渡江。壬戌，至鎭江，分軍爲三道：阿喇罕帥右軍，自建康出廣德四安鎭，趣獨松關；董文炳帥左軍，出江入海，以范文虎爲鄉導，取道江陰，趣澉浦、華亭；巴延及阿塔哈舊作阿塔海，今改。將中軍，以呂文煥爲鄉導，趣常州；期並會于臨安。【考異】巴延分兵三道，元史本紀繫於十一月，今從宋史本紀。

32癸亥，常州告急，朝廷遣張全將兵二千救之，知平江府文天祥亦遣部將尹玉、麻士龍、朱華將兵三千隨全赴援。士龍戰虞橋，敗死，全不救，走還五牧。時朱華駐軍五牧，華欲掘溝塹，設鹿角，全皆不許。旣而元兵薄華，華率廣軍與之戰，自辰至未，勝負未決。逮晚，元兵繞出山後薄贛軍，尹玉力戰，殺千人，全提軍隔岸，不發一矢，玉遂敗。諸敗軍爭渡水，挽全軍船，全令其軍斬挽者指，於是溺死者甚衆。玉收殘卒五百人，復鏖戰，自夕達旦，殺元軍人馬，委積田間，玉復手殺數十人，力屈，被執，元人恨之，横四鎗於其項，以棍擊殺之，其部下皆死，無一人降者。天祥欲斬全以警衆，帥府不許，宥之使贖。

33十一月，丁卯朔，銅關將貝寶、胡巖起攻溧水，敗死。

34庚午，以陳文龍同知樞密院事，黃鏞同簽書樞密院事。

35 癸酉，贈尹玉濠州團練使，麻士龍高州刺史。

36 戊寅，元阿喇罕破銀林東壩，戍將趙淮兵敗，與其妾俱被執，妾死之。阿珠使淮招李庭芝，許以大官，淮佯諾，至揚州城下，乃大呼曰：「李庭芝，爾爲男子，死則死耳，毋降也！」阿珠怒，殺之。

37 元兵入廣德軍四安鎮，陳宜中倉皇發臨安民年十五以上者，皆籍爲兵，號武定軍，召文天祥自平江入衞。

38 壬午，元將宋都木達（舊作宋都解。）等長驅而進，所至莫當其鋒，隆興轉運判官劉槃以城降。不數日，取江西十一城，進逼撫州。時黃萬石爲江西制置使，開閫州治，聞兵至，奔建昌。都統密佑率衆逆戰進賢坪，元兵呼曰：「降者乎，鬭者乎？」佑曰：「鬭者也。」麾其兵突進，至龍馬坪，元軍圍之數重，矢下如雨。佑身被四矢、三鎗，猶揮雙刀，率死士數十人斫圍南走，前渡，橋板斷，被執，宋都木達曰：「壯士也！」欲降之，縶之月餘，終不屈，罵萬石爲賣國小人，使我志不得伸。宋都木達又命劉槃、呂師夔以金符遺之，許以官，佑不受。復令佑子說之曰：「父死，子安之？」佑斥曰：「汝行乞于市，第云密都統子，誰不憐汝！」怡然解衣請刑，遂死，元兵皆泣下。佑之先，密州人，後渡淮，居廬州。

39 元兵進入建昌，黃萬石走入閩。

40 元改順天府爲保定府。

41 元樞密院言：「新附郡縣，有既降復叛及糾衆爲盜，犯罪至死者，請從權宜處決。」詔：「今後殺人者死，問罪狀已白，不必待時即行刑；其奴婢殺主者，具五刑論。」

42 癸未，元兵入興化縣，知縣胡拱辰自殺。

43 甲申，元巴延至常州，會兵圍城。知州姚訔，通判陳炤，都統王安節、劉師勇，力戰固守。巴延遣人招之，譬喻百端，終不聽。巴延怒，命降人王良臣役城外居民，運土爲壘，土至，併人以築之，且殺之，煎油作礮，焚其牌杈，日夜攻不息。城中甚急，而訔等守志益堅。巴延叱帳前諸軍奪〔奮〕勇爭先，四面並進。攻二日，城破，訔死之。炤與安節猶巷戰，或謂炤曰：「城北東門未合，可走。」炤曰：「去此一步，非死所矣！」日中，兵至，死焉。巴延命盡屠其民。執安節至軍前，不屈，亦死。師勇以八騎潰圍走平江。

安節，堅之子也，事聞，贈龍圖閣待制，炤直寶章閣，並官其子。【考異】元史本紀作壬午巴延大軍至常州，宋史作甲申，經世大典作十八日克其城，即甲申日也，今從之。又，元史云：劉師勇變服單騎南走，亦與宋史微異。

44 乙酉，升宜興縣爲南興軍。

45 以江東提刑謝枋得爲江西招諭使。

初，枋得聞淮西、江東、西州郡守將，皆呂師夔部曲，故爭降附，自以與師夔善，乃應詔上書，保師夔可信，宜分沿江諸屯，以師夔爲鎭撫使，使之行成，且請身至江州見文煥與議。朝廷乃以枋得爲沿江察訪使以往，會文煥北還，不及而反，遂改知信州。

46 丙戌，禮部尚書兼給事中王應麟，請爲濟王立後，乃詔贈太師、尚書令，進封鎭王，謚昭肅，擇後奉祀，賜田萬畝。

47 留夢炎用徐囊爲御史，擢黃萬石、吳浚等。王應麟繳奏曰：「囊與夢炎同鄉，有私人之嫌。萬石粗戾無學，南昌失守，誤國罪大，今方欲引以自助，善類爲所搏噬者，必攜持而去。吳浚貪墨輕躁，豈宜用之！况夢炎舛令慢諫，讜言勿敢告，今之賣降者，多其任用之士！」疏再上，不報，出關俟命，再奏曰：「因危急而紊紀綱，以偏見而咈公議，臣封駁不行，與大臣異論，勢不當留。」遂歸。

48 己丑，元兵破獨松關，馮驥死之，守將張濡遁。詔贈驥集英殿修撰。

獨松既破，隣疆守者皆望風而走，朝廷大懼。時勤王師僅三四萬人，文天祥與張世傑議，以爲：「淮東堅壁，閩、廣全城，若與敵血戰，萬一得捷，則命淮師以截其後，國事猶可爲也。」世傑大喜。陳宜中白太后降詔，以王師務宜持重，議遂止。祕書監陳著，上疏請從天祥之議，曰：「與其坐以待困，曷若背城借一，萬有一幸，則人心賈勇！且敵非必眞多智力，不過乘勝長驅，若少沮之，則主兵之與懸軍，其壯弱卽異矣。」宜中不聽，出著知台州。

49 元董文炳破江陰軍。

50 元以高麗國官制僭濫，遣使諭旨，凡省、院、臺、郡，官名、爵號與朝廷相類者，改正之。

51 乙未，左丞相留夢炎遁。

52 十二月，丁酉朔，詔賈似道歸葬，返其田廬。

53 庚子，以吳堅簽書樞密院事，黃鏞兼權參知政事。

時陳宜中當國，遭時多難，不能措一策，唯事蒙蔽，將士離心，郡邑降破，方且理會科舉、明堂等事及士大夫陳乞差遣，士人覬覦恩例。至是遣柳岳奉書如元軍，稱「廉尙書之死，乃盜殺之，非朝廷意，乞班師修好。」岳見巴延于無錫，泣謂曰：「嗣君幼沖，在衰絰之中，自古禮不伐喪。凡今日事至此者，皆姦臣賈似道失信誤國爾。」巴延曰：「汝國執戮我行人，故我興師。錢氏納土，李氏出降，皆汝國之法也。汝國得天下於小兒，亦失之於小兒，天道如此，尙何多言！」遂令囊嘉特舊作囊嘉〔加〕歹，今改。偕岳還。

54 癸卯，以陳文龍參知政事，謝堂同知樞密院事。

55 丙午，追封呂文德爲和義郡王。

朝議以呂文煥爲元嚮導，乃追封文德，而以文德子師孟爲兵部侍郎，覬成和議。

56平江通判王矩之、都統制王邦傑，以城迎降于常州，巴延使呂文煥先往受之。

57丁未，巴延入平江，張世傑未至，城已破，乃以兵入衛。

58戊申，元右丞相呼圖岱爾（舊作忽都帶兒。）請上尊號曰憲天述道仁文義武大光孝皇帝，皇后曰貞懿順聖昭天睿文光應皇后，不許。

59庚戌，柳岳至自元軍。癸丑，陳宜中復奏遣岳及宗正少卿陸秀夫、侍郎呂師孟等同囊嘉特使元軍，求稱姪納幣，不從則稱姪孫，且救呂文煥令通好罷兵。秀夫等見巴延于平江，巴延不許。宜中乃白太皇太后，奉表求封爲小國，太后從之。

60以文天祥簽書樞密院事。

61黃萬石叛降元，都統米立死之。

立，淮人，三世爲將，初從陳奕守黃州，奕降，立潰圍出，萬石署爲帳前都統。元軍略江西，迎戰于江坊，兵敗，被執不降，繫獄。至是萬石舉軍降，元行省遣萬石諭立曰：「吾官銜一牙牌書不盡，今亦降矣。」立曰：「侍郎國家大臣，立一小卒爾。但三世食趙氏祿，趙亡，何以生爲！立乃生擒之人，當死，與投拜者不同。」萬石再三諭之，不屈，遂遇害。

62元以中興路行省陳祐爲南京總管兼開封府尹，吏多震慴失措，祐曰：「何必若是！前爲盜跖，今爲顏子，吾以顏子待之。前爲顏子，今爲盜跖，吾以盜跖待之。」由是吏皆修飭，不敢弄法。

63元賽音諤德齊舊作賽典赤，今改。奏：「雲南諸夷未附者尚多，今擬宣慰司兼行元帥府事，並聽行省節制。」又奏：「哈喇章、雲南壤地均也，而州縣皆以萬戶、千戶主之，宜改置令長。」並從之。

64潭州被圍，湖南安撫使兼知州李芾，拒守三閱月，大小戰數十合。至是元阿爾哈雅（舊作阿里海牙。）射書城中曰：「速下以活州民，否則屠矣。」不答。阿爾哈雅與諸將晝地分圍，決隍水以樹梯衝。阿里〔爾〕哈雅中流矢，創甚，督戰益急，城中大窘，力不能支。諸將泣請曰：「事急矣，吾屬爲國死可也，如民何！」芾罵曰：「國家平時所以厚養汝者，爲今日也。汝第死守，有復言者，吾先戮汝！」

德祐二年元至元十三年。（丙子、一二七六）

1春，正月，丁卯朔，元兵蟻附登城。知衡州長沙尹穀寓城中，時方爲二子行冠禮，或曰：「此何時，行此迂闊事？」穀曰：「正欲令兒曹冠帶見先人於地下耳！」既畢禮，乃積薪扃戶，朝服，望闕拜已，即縱火自焚。隣家救之，火熾不可前，但遙見烈燄中，穀正冠危坐，闔門少長皆死。李芾命酒酹之，字穀曰：「尹務實，男子也，先我就義矣！」因留賓佐會飲。夜傳令，猶手書「盡忠」字爲號，飲達旦，諸賓佐出，參議楊霆赴園池死。芾坐熊湘閣，召帳下沈忠，遣之金，曰：「吾力竭，分當死。吾家人亦不可辱於俘，汝盡殺之，後殺我。」忠伏地叩頭，辭以不能。芾固命之，忠泣而諾。取酒，飲其家人，盡醉，乃徧刃之。芾亦引頸受刃。忠縱火焚其居，還家，殺其妻子，復至火所，大慟，舉身投地自刎。幕僚陳億孫、顏應焱、鍾蜚英皆死。潭民聞之，多舉家自盡，城無虛井，縊林木者相望。守將吳繼明、劉孝思〔忠〕以城降元兵利於擄掠，欲屠之，行省郎中和尙宣言曰：「拒我師者宋耳，其民何罪！旣受其降，卽是吾民，殺之何忍！且今列城多未附，降而殺之，是堅其效死之心也。」阿爾哈雅從之。由是袁、連、衡、永、郴、全、道、桂陽、武岡皆降。寶慶通判曾如驥，亦不屈死。

芾爲人剛介，不畏強禦。臨事精敏，姦猾不能欺。且強力過人，自旦治事，至暮無倦容，夜率至三鼓始休，五鼓復起視〔事〕。望之凜然若神明，而好賢禮士，復藹然可親，雖一藝小善，必奬薦之。居官廉，家無餘貲。

穀性剛直莊厲，士友皆嚴憚之，居官廉正有聲。丁內艱，家居敎授諸生，舉動有禮，每行市中，市人相謂曰：「是必尹先生門人也。」至是死節，諸生往哭之者數百人。

霆自少以志節聞，辟京湖制置司幹官。時呂文德爲帥，素侮慢士，常試以難事，霆倉卒立辦，皆合其意。一日，謂霆曰：「朝廷有密旨，出師策應淮東，誰可往者？」卽對曰：「某將可。」又曰：「兵器糧草若何？」卽對曰：「某營兵馬，某庫器甲，某處矢石芻糧。」口占授吏，頃刻案成。文德大驚曰：「平生輕文人，以其不事事也。君材幹若此，何官不可爲！吾何敢不敬！」後通判江陵，江陵雄據上流，表裏襄、漢，兵民雜處，庶務叢集，霆隨事裁決，處之泰然。霆有心計，善出奇應變，故所至有能聲。

2 元呂師夔與萬戶武秀分定江東地，謝枋得以兵逆之，使前鋒呼曰：「謝提刑來！」師夔軍馳至，射之，矢及馬前。枋得走入安仁，調淮士張孝忠逆戰團湖坪，矢盡，孝忠揮雙刀擊殺百餘人，前軍稍卻，後軍繞出孝忠後，衆驚潰，孝忠中流矢死，馬奔歸。枋得坐敵樓見之，曰：「馬歸，孝忠敗矣！」遂奔信州。師夔破安仁，進及信州，枋得棄妻子，負母，變姓名走建寧唐石山轉茶坂，每東鄉號哭，人不識之，以爲被病也。已而去，賣卜建陽市中，有來卜者，惟取米、屨，委以錢，率謝不取。其後人稍稍識之，多延至家，使爲子弟論學。【考異】李源道文節先生神道碑云：易服負母走閩中，隱於卜。信守將悉捕公妻子弟姪送建康獄。夫人李氏，有容德，有廉帥者欲妻之，一夕，自經死。弟某某、姪某某及一女、二婢，皆死獄中，惟二子熙之、定之移獄廣陵得釋。又有弟禹在九江，亦以不屈斬於市。是枋得當日所以不卽死者，以有母在耳。其弟與妻死節甚烈，而宋史惟於烈女傳載枋得妻李氏而不及禹，蓋闕文也。又，宋史枋得傳云：日衣麻衣，躡草屨。考至元二十三年，枋得以丁內艱辭徵，此當其丁內艱時事，宋史未及詳書耳。

3（庚午），參知政事陳文龍、同簽書樞密院事黃鏞遁。

4 辛未，以吳堅爲左丞相兼樞密使，端明殿學士常楙參知政事。日午，宣麻慈元殿，文班止六人。

5諸關兵皆潰，（己巳），知嘉興府劉漢傑以城降元。（校者按：此條應移3前。）

6元兵圍安吉州，知州趙良淳與提刑徐道隆同守，范文虎致書誘良淳降，良淳焚書，斬其使。及元兵迫臨安，道隆召入衞，良淳率衆獨守，夜，茇舍陴上。既而戍將吳國定開門納元兵，良淳命車歸府，兵士止之曰：「侍郎何自苦？」良淳叱去之，閉閤自經。道隆未至臨安，元兵追及之，一軍盡沒，道隆見執，守者稍怠，赴水死，長子載孫亦赴水死。良淳，汝愚之曾孫；道隆，武義人也。

7元諸將利擄掠，爭欲趣臨安。巴延問計於郎中孟祺，對曰：「宋人之計，惟有竄閩耳，若以兵迫之，彼必速逃。一旦盜起，臨安三百年之積，焚蕩無餘矣。莫若以計安之，令彼不懼，正如取果，稍待時日爾。」巴延曰：「汝言正合我意。」遣人至臨安安慰之。

8陸秀夫自元軍還，言巴延不肯從伯姪之稱，太皇太后命用臣禮，陳宜中難之，太皇太后涕泣曰：「苟存社稷，稱臣，非所較也。」乙亥，遣監察御史劉岊如巴延軍，奉表稱臣，上尊號，歲貢絹、銀二十五萬兩、匹，乞存境土以奉烝嘗，且約巴延會長安鎮以輸平。

9己卯，參知政事常楙遁，以夏士林簽書樞密院事，士林亦遁，獨三學士誓死不去。

10癸未，進封吉王昰爲益王，判福州；信王昺爲廣王，判泉州。

先是召文天祥知臨安府，天祥辭不拜，請以福王、秀王判臨安以係民望，身爲少尹，以死衞宗廟，又請命吉王、信王鎭閩、廣以圖興復，俱不許。至是宗親復以請，太皇太后從之。以駙馬都尉楊鎭及楊淑妃弟亮節、俞充容弟如珪提舉二王府事。

11 召留夢炎不至，以爲江東、西、湖南、北宣撫大使。

12 陳宜中以元不許和，計無所出，乃率羣臣入宮，請遷都，太皇太后不許。宜中慟哭以請，太皇太后命具裝。及暮，宜中不入，太皇太后怒曰：「吾初不欲遷，而大臣數以爲請，顧欺我耶！」脫簪珥，投之地，遂閉閤，羣臣請見，皆不納。蓋宜中實以翼日行，倉卒失於陳奏耳。

13 元巴延至長安鎭，宜中違約，不往議事。甲申，巴延進次皐亭山，阿喇罕、董文炳之師皆會，游騎至臨安北關。文天祥、張世傑請移三宮入海，而已帥衆背城一戰，宜中不許，白太皇太后，遣監察御史楊應奎上傳國璽以降。

表曰：「宋國主㬎謹百拜言：㬎眇焉幼沖，遭家多難，權姦賈似道，背盟誤國，至勤興師問罪。㬎非不欲遷避以求苟全，柰天命有歸，㬎將焉往！謹奉太皇太后命，削去帝號，以兩浙、福建、江東·西、湖南、二廣、四川、兩淮見存州郡，悉上聖朝，爲宗社生靈祈哀請命。伏望聖慈垂念，不忍㬎三百餘年宗社遽至隕絕，曲賜存全，則趙氏子孫世世有賴，不敢弭忘！」

巴延受之，遣使召陳宜中出議降事，而使囊嘉特舊作囊嘉〔加〕歹，今改。奉璽表赴上都。是夜，宜中遁歸溫州之清澳。

14 張世傑、劉師勇及蘇劉義，以朝廷不戰而降，各以所部去。世傑次于定海，元石國英使都統卞彪說世傑降。世傑以彪來從己俱南也，椎牛享之。酒半，彪從容爲言，世傑大怒，斷彪舌，磔之于巾子山。師勇至海上，見時不可爲，憂憤縱酒卒。

15 楊應奎自元軍還，言巴延欲執政面議。

乙酉，太皇太后以文天祥爲右丞相兼樞密使、都督諸路軍馬。丙戌，以家鉉翁簽書樞密院事，賈餘慶同簽書樞密院事，知臨安府。

16 元巴延下令，禁軍士入城，違者以軍法從事，復遣呂文煥齎榜諭臨安中外軍民，俾安堵如故。時三司衞兵白晝殺人，小民乘時剽殺，令下，乃止息。

17 戊子，命文天祥同吳堅、謝堂、賈餘慶使元軍。

先是天台杜滸糾合四千人來勤王，當國者不省；往見天祥于西湖上，天祥奬異之，至是遂隨天祥出使。天祥見巴延于明因寺，因說巴延曰：「本朝承帝王正統，衣冠禮樂之所在，北朝將以爲與國乎，抑將毀其社稷也？」巴延以北詔爲辭，言社稷必不動，百姓必不殺。天祥曰：「北朝若以欲爲與國，請退兵平江或嘉興，然後議歲幣與金帛犒師，北朝全兵以還，策之上也。若欲毀其宗廟，則淮、浙、閩、廣，尚多未下，利鈍未可知，兵連禍結，必自此始。」

巴延語漸不遜，天祥曰：「我南朝狀元、宰相，但欠一死報國，刀鋸鼎鑊，非所懼也。」巴延辭屈。諸將相顧動色。巴延見天祥舉動不常，疑有異志，留之軍中，遣堅等還。天祥怒，數請歸，曰：「我此來爲兩國大事，何故留我！」巴延曰：「勿怒，君爲宋大臣，責任非輕，今日之事，正當與我共之。」令萬戶蒙古岱、舊作忙古帶，今改。宣撫索多舊作唆都，今改。羈縻之，且以其降表不稱臣，仍書宋號，遣程鵬飛、洪君祥偕賈餘慶來易之。

18 駙馬都尉楊鎮等奉益王、廣王走婺州，楊淑妃、秀王與擇從行。

19 知廣德軍方回，知婺州劉怡，知處州梁椅，知台州楊必大，俱降于元。

20 辛卯，元張弘範、孟祺、程鵬飛，賫所易宋稱臣降表至軍前。

21 甲午，元立隨路都轉運使。

22 元穿濟州漕渠。

23 二月，丁酉朔，日中有黑子相盪。帝率文武百僚詣祥曦殿望元闕上表，乞爲藩輔。

24 元巴延承制以臨安爲兩浙大都督府，命蒙古岱、范文虎入城，治都督事，又令程鵬飛取太皇太后手詔及三省、樞密院吳堅、賈餘慶等檄，諭天下州郡降附。執政皆署，家鉉翁獨不署。鵬飛命縛之，鉉翁曰：「中書省無縛執政之理，歸私第以待命可也。」乃止。

25 元巴延進屯湖州市，復令呂文煥及范文虎慰諭太皇太后。文煥因使人上表謝而出，有曰：「茲銜北命，來抗南師，視以犬馬，報以仇讎，非曰子弟攻其父母，不得已也，尙何言哉！」巴延令張惠、阿喇罕、董文炳、張弘範、索多等封府庫，收史館、祕省圖書及百司符印告敕，罷官府及侍衞軍。

26 壬寅，罷遣文天祥所部勤王兵，以賈餘慶爲右丞相兼樞密使，劉岊同簽書樞密院事，與吳堅、謝堂、家鉉翁並充祈請使，詣元大都。

餘慶凶狡殘忍，岊狎邪小人，皆乘時竊美官，謂使畢卽歸，不以爲意。謝堂獨納賂北軍，得先歸。

27 元巴延引文天祥與吳堅等同坐。天祥面斥賈餘慶賣國，且責巴延失信。呂文煥從旁諭解之，天祥并斥文煥及其姪師孟，父子兄弟受國厚恩，不能以死報國，乃合族爲逆。文煥等慚恚，遂與餘慶共勸巴延拘天祥，令隨祈請使北行。

是日，元兵屯錢塘江沙上，臨安人方幸波濤大作，一洗空之，而潮三日不至。

28 丁未，元諭臨安新附府州司縣官吏軍民人等曰：「間者行中書省右丞相巴延遣使來奏，宋母后、幼主暨諸大臣百官，已于正月十八日齎璽綬奉表降附。朕惟自古降王，必有朝覲之禮，已遣使特往迎致，爾等各守職業，其勿妄生疑畏。凡歸附前罪，悉從原免，公私逋欠，不得征理，一應抗拒王師及逃亡嘯聚者，並赦其罪。百官有司、諸王邸第、三學、寺、監、祕省、史館及禁衞諸司，各宜安居。所在山林、河泊、巨木、花果外，餘物權免征稅。祕書監圖書、太常寺祭器、樂器、法服、樂工、鹵簿、儀衞、宗正譜牒、天文、地理圖册，凡典故文字幷戶口、版籍，盡仰收拾。前代聖賢之後，儒、醫、僧、道，通曉天文、曆數幷山林隱逸名士，所在官司以名聞。名山、大川、寺觀、廟宇幷前代名人遺迹，不許拆毀，鰥寡孤獨不能自存之人，量加贍給。」

於是巴延就遣宋內侍王埜入宮，收宋袞冕、圭璧、符璽及宮中圖籍、寶玩、車輅、輦乘、鹵簿、麾仗等物。

29 益王、廣王自嘉會門出，渡浙江而南，巴延聞之，遣范文虎將兵追之。楊鎭得報即還，曰：「我將死於彼，以緩追兵。」楊亮節等遂負二王及楊淑妃徒走，匿山中七日。統制張全以兵數十人追及，遂同走溫州。

30 戊午，元主祀先農於東郊。辛酉，如上都。

81 是月，夏貴以淮西叛降元。

初，阿珠屯淮南東道，其西道屬之萬戶昂（昂）吉爾，（舊作昂吉兒。）俾駐和州，進攻廬州。貴以書抵巴延曰：「毋費國力，攻奪邊城，若行都歸附，邊城焉往！」至是舉所部納款，元以貴爲淮西安撫使。

洪福，貴家僮也，從貴積勞知鎭巢軍。貴既降，招福，不聽，使其從子往，福斬之。元兵攻城，久不拔，貴至城下，好語紿福，請單騎入城，福信之，門發，伏兵起，執福父子，屠其城，貴蒞殺福一門。福子大源、大淵呼曰：「法止誅首謀，何乃舉家爲戮？」福叱曰：「以一命報宋朝，何至告人求活耶？」次及福，福大罵，數貴不忠，請南向死以明不背國，聞者流涕。

【考異】元史本紀作鎮巢軍復叛，夏貴遣使招之，守將洪福殺其使。貴親至城下，福始降，阿珠斬之。今定從宋史忠義傳。

32 元人索宮女、內侍及諸樂官，宮女赴水死者以百數。

33 三月，丁卯，元以樞密副使張易兼知祕書監事。

34 元巴延入臨安城，建大將旗鼓，率左右翼萬戶巡視，觀潮于浙江，又登獅子峯，觀臨安形勢，部分諸將，以獨松關守將張濡嘗殺廉希賢，斬之，籍其家。遣管如德招諭諸郡。福王與芮自紹興至，巴延深慰之。

太皇太后及帝欲與相見，巴延固辭，曰：「未入朝，無相見之禮。」明日，發臨安，按塔哈、舊作阿答海，今改。孟祺等入宮宣詔，趣帝及全太后入覲。祺讀至「免繫頸牽羊」之語，太后泣謂帝曰：「荷天子聖恩，汝宜拜謝。」禮畢，帝與太后肩輿出宮。太皇太后以疾留內。與芮及沂王乃猷、度宗母隆國夫人黃氏幷楊鎮、謝堂、高應松、庶僚劉裒然等及三學士諸生皆行。太學生徐應鑣與其二子琦、崧、女元娘同赴井死。應鑣，江山人。

35 元巴延北還，承制留阿喇罕、董文炳經略閩、浙，以蒙古岱鎮浙西，索多鎮浙東。會江西都元帥宋都木達，（舊作宋都觧。）言宋二王在閩、廣聚兵將攻江西，乃遣達春（舊作搭出。）移軍，與李恒、呂師夔會阿喇罕、文炳同取未下州縣，以追二王。

36閏月，陸秀夫、蘇劉義等聞二王走溫州，繼追及于道，遣人召陳宜中於清澳。宜中來謁，復召張世傑於定海，世傑亦以所部兵來。溫之江心寺舊有高宗南奔時御座，衆相率哭座下，奉益王昰爲天下兵馬都元帥，廣王昺副之，發兵除吏，以秀王與擇〔檡〕爲福建察訪使，先往閩中，撫吏民，諭百姓，檄召諸路忠義，同奬王室。會太皇太后遣二宦者以兵八人召二王還臨安，宜中等沈其兵於江中，遂入閩。

時黃萬石降元，以嘗爲福建漕使，欲取全閩以爲己功，汀、建諸州方謀從萬石送款，聞二王至，復閉門以拒萬石。南劍守臣林起鼇遣軍逐之，萬石敗走，其將士多來歸，兵勢稍振。宜中等遂傳檄嶺海，言夏貴已復瀕江州郡。元諸戍將以江路既絕，不可北歸，皆欲託計事還靜江，獨廣西宣慰使史格曰：「君等勿爲虛聲所懼，待貴踰嶺，審不可北歸，取途雲南，未爲不可，豈敢輒棄戍哉！」元行省又欲棄廣之肇慶、德慶、封州，并戍梧州，亦爲格所沮。

37全太后與帝隨元兵北行，至瓜洲，李庭芝與姜才涕泣誓將士，出兵奪兩宮，將士皆感泣。乃盡散金帛犒兵，以四萬人夜擣瓜洲，戰三時，衆擁帝避去。才追至蒲子市，夜，猶不退。阿珠使人招之，才曰：「吾寧死，豈作降將軍耶！」眞州苗再成亦謀奪駕，不克。